# 新时代老龄科学研究文集

## ——中国老龄科学研究中心科研成果汇编（2021—2022）

主　编　高成运

副主编　党俊武　李明镇

华龄出版社

**图书在版编目（CIP）数据**

新时代老龄科学研究文集：中国老龄科学研究中心
科研成果汇编：2021-2022 / 高成运主编；党俊武，李
明镇副主编. -- 北京：华龄出版社，2023.10
ISBN 978-7-5169-2612-3

Ⅰ. ①新… Ⅱ. ①高… ②党… ③李… Ⅲ. ①人口老
龄化—科学研究—成果—汇编—中国— 2021-2022 Ⅳ.
① C924.24

中国国家版本馆 CIP 数据核字（2023）第 187577 号

| 责任编辑 | 程 扬 | 责任印制 | 李未圻 |
|---|---|---|---|
| 责任校对 | 张春燕 | | |

| 书 名 | 新时代老龄科学研究文集：中国老龄科学研究中心科研成果汇编：2021—2022 | 主 编 | 高成运 |
|---|---|---|---|
| | | 副主编 | 党俊武　李明镇 |

| 出 版 | 华龄出版社 HUALING PRESS | | |
|---|---|---|---|
| 发 行 | | | |
| 社 址 | 北京市东城区安定门外大街甲 57 号 | 邮 编 | 100011 |
| 发 行 | （010）58122250 | 传 真 | （010）84049572 |
| 承 印 | 北京天工印刷有限公司 | | |
| 版 次 | 2023 年 12 月第 1 版 | 印 次 | 2023 年 12 月第 1 次印刷 |
| 规 格 | 787mm×1092mm | 开 本 | 1/16 |
| 印 张 | 35 | 字 数 | 503 千字 |
| 书 号 | ISBN 978-7-5169-2612-3 | | |
| 定 价 | 139.00 元 | | |

# 目 录

# 上篇
# 理论前沿

# 我国老年友好型社会建设存在的
# 问题及对策

高成运

我国自 20 世纪末进入老龄化社会以来，目前已成为世界上老年人口数量超过 2 亿人的国家。截至 2021 年底，我国 60 岁及以上老年人口已达到 2.67 亿人，占总人口的比例为 18.9%[1]。预计到 2033 年，老年人口将突破 4 亿人，占总人口的 1/4，达到高收入国家平均水平。到 21 世纪中叶，我国老年人口将达到峰值 4.87 亿，比届时发达国家老年人口总和多约 6700 万人[2]。老年人口将逐步由社会边缘群体转变为重要的社会参与主体，对社会保障、社会服务、平等参与和精神文化等方面的诉求越来越强烈，必将对整个社会的利益诉求格局变化带来深刻影响。

2017 年 10 月，党的十九大提出，"积极应对人口老龄化，构建养老、孝老、敬老政策体系和社会环境，推进医养结合，加快老龄事业和产业发展。"勾勒了我国老年友好型社会建设的基本政策框架。2019 年 11 月，党中央、国务院制定《国家积极应对人口老龄化中长期规划》，第一次从国家战略高度正式提出了老年友好型社会建设的要求。2021 年 11 月，党中央、国务院印发《关于加强新时代老龄工作的意见》明确提出了构建老年友好型社会的具体措施。老年友好型社会建设是贯彻落实积极应对人口老龄化国家战略的重要举措，是提高老年人生活质量与生命质量的重要途径，是增进社会和谐发展的重要保障，是国家治理体系和治理能力现代化的重要内容，不仅能够体现中国政府与社会应对人口老龄化的决心与信心，更能够通过老年友好的举措向世界展现中国的现代文明水平。

## 一、老年友好型社会的内涵

老年友好型社会这一概念是随着人类社会对人口老龄化问题认识的不断深化而形成的。国外不同国家及机构对"老年友好型社会"，最初使用了不同的术语，较早的描述来自美国纽约探访护理服务机构所使用的"长者友善社会（elder-friendly community）"，而后，陆续出现"宜居社会（livable community）""终生社区（lifetime neighborhood）""全龄社会（community for all ages）"等名词，用来指为老年人所创造的良好居住环境。2005 年，世界卫生组织首次提出了"老年友好城市（age-friendly city）"这一全新概念，此后世界卫生组织在全球 33 个城市推动了老年友好城市的创建，并在许多政策文件中使用了术语"老年友好社会（age-friendly community）"，自此，"老年友好社会"这一名词逐渐被各国政府、民间机构和专家学者所广泛采用。

迄今为止，不同国家和机构对"老年友好型社会"的内涵并没有完全统一的规定、定义。各国的学者们更多借鉴了世界卫生组织对"老年友好城市"界定的理念，对老年友好型社会的理解大多包括老年人的健康、自理的最大化以及住宅、外部空间和社会参与情况。世界卫生组织将老年友好型城市定义为拥有"促进积极老龄化的包容和可及的城市环境"的地方，在该定义内，世界卫生组织确定了影响老年人健康和生活质量的八个领域，包括：室外空间和建筑物；运输；住房；社会参与；尊重和社会包容；公民参与和就业；交流和信息；社会支持和卫生服务。世界卫生组织提出老年友好城市的目的在于让人们从老年人的视角认清城市的发展现状、存在的问题与不足，思考和界定城市功能，并通过对城市养老服务资源的有效整合，为老年人创造一个生活上可以更加自主和自立，精神上可以更加独立和自尊的生活空间和城市环境，进而推进社会和谐。

国内开展老年友好型社会的研究相较于国外起步晚，前期的研究大多集中在老年宜居城镇规划设计等方面，比如周燕珉20世纪90年代中期开始对老年人居住建筑设计进行了研究，基于我国居家养老的政策导向，她认为安全、舒适的居住环境是构建美好养老生活的基础，也是承载社会福利的重要平台，我国养老住宅的设计需要对我国老龄化社会有深切的把握，对老年人生理、心理及生活习惯做科学研究[3]。近几年，国内有少数学者开始关注老年友好型社会，以概念性、倡导性的居多，如张凤宝提出，老年友好型社会建设重点包括物理环境、健康保障、社会氛围、社会参与、均衡发展等5个方面[4]。穆光宗认为，要从政策、制度和文化三大方面加强应对，引导和重塑老龄化社会的政府行为，构建共建共融共享的老年友好型社会[5]。杨燕绥认为要从《联合国老年人原则》确定的自立、参与、照护、自我充实和尊严五大原则出发来构建老年友好型社会的构架，将老年友好型社会建设纳入全面建成小康社会发展目标，并进入政府工作的绩效考核指标[6]。林闽钢提出构建中国老年友好型社会政策体系要注重国家、社会、家庭责任的有机统一，强调要发挥国家养老、家庭孝老、社会敬老相互支持的合力作用，为老年人营造支持性的社会环境，最大限度地发挥出老年人生活能力和社会融入能力，让老年人都能实现颐养天年的梦想[7]。

我国立足新发展阶段，提出建设老年友好型社会的目标。本文认为我国推进的老年友好型社会建设，应该从以下方面理解其内涵：

第一，老年友好型社会是一种新的社会发展形态。老年人从社会边缘群体转变为重要的社会参与主体，拥有全面发展、终身发展的机会，在老龄社会治理中充分体现以人民为中心的发展思想，尊重老年人的社会主体地位，发挥老年人在社会变革中的重要力量，使老年人的发展水平和社会整体发展水平相协调。

第二，老年友好型社会是年龄平等、共建共享的社会。老年友好不是排他性的，在全生命周期的视角和代际公平和谐的准则下，更好地善待老年人，使老年人和其他社会成员共享社会发展成果。

第三，老年友好型社会是将积极老龄观、健康老龄化的理念转变为政策制度的过程。通过发挥政策制度优势，将老年友好的理念渗透到社会运行的各个环节，促进国家、社会、家庭和个人的共同行动，从而提高全体公民老年期生活质量。

第四，老年友好型社会是从根本上解决人口老龄化问题的有效行动。不仅要推动教育、文化、就业、医疗、养老、金融等各方面的政策衔接，更应从宏观上把握经济、政治、文化、社会、生态文明等系统之间的协调、可持续发展。

## 二、存在问题

### （一）老年友好型社会建设缺乏创新理念

历史制度主义认为，理念影响政策制定和政策变迁的模式、方向和结果。我国建设老年友好型社会在政策理念上仍有偏差：一是理念滞后，缺乏一种积极全面的思维来看待老龄社会和老年人。总体而言，我们对老龄社会和老年人的认识跟不上时代变化的步伐。政策制定者对老龄社会的认知观念仍未从根本上转变，将老龄社会视为没有活力的社会，甚至对老龄社会的到来充满恐惧，将老年人视作负担和包袱，甚至形成严重的老年歧视现象。这种传统的老龄观念不能及时破除，反映在政策应对上就是消极被动的，老年友好的理念就难以体现到各个领域的政策制定上。实际上，老龄社会不是短期现象，而是未来社会的常态特征。老年人是宝贵的社会财富。应主动适应老龄社会的到来，尊重老龄社会的特点规律和发展趋势，积极看待老年人。如果没有这样的思维观念，建成老年友好型社会恐将难以实现。二是理念短视，尚未从现代文明国家构建和生命历程的视角来认识老年友好型社会。一个国家单凭经济和军事实力成不了强国。一个国家对待老人的态度，体现着这个国家的文明程度。国民老年期的生命生活质量是国家强大的标志之一。老年友好是强国文明程度和软实力的重要体现。目前，无论是在老年友好型社会建设的政策、制度还是机制各个方面，都没有体现出这一价值理念的追求和格局，而仅仅是把建设老年友好型社会看作应对老龄化的权宜之计。从生命历程的角度来看，个体老年期出现的诸多问题是年轻时期问题累积的结果。"老年友好"不是排他性的，"老年"是每一个公民人生的必然阶段，因此，"老年友好"是对所有群体的"友好"。当前我国制定出台的诸多政策主要着眼于老年期的个体，就老年人问题谈老年人问题，属于事后补救型政策[8]，尚未突破老龄问题只与老年人相关的传统观念，缺乏关口前移意识，这也导致引导公民全生命周期的养老准备、健康促进、终身教育、终身发展等方面的政策十分匮乏。三是理念窄化，把建设老年友好型社会等同于老年照顾、老年优待、老年福利保障，忽视了老年人的主体地位。将老年人看作客体，认为建设老年友好型社会就是解决老年人的"衣食住行"，就是把老年人"养"起来，多年来政策上也侧重于养老、医疗、住宅及生活环境的提升等老年人的福利需求。然而随着老年人口特性的改变以及新时代老年人需求的变化，以往传统模式下的老年社会福利、经济保障和生活服务已经难以满足老年人日益多元和个性化的需求。当前来看，这种福利主义导向的观念和意识仍然根深蒂固地存在社会上上下下，将老年人看作被关怀、被照顾的对象，忽略了老年群体的能动性和创造性，忽视了老年群体对经济社会发展的巨大潜能，老年人缺少全面发展的机会和理性的价值认同[9]。其实，老年人从来都是社会发展的主体，建设一个能包容所有年龄者并使老年人能够充分、不受歧视而平等地参与的友好社会，仍需要理念上的调整和深化。

## （二）老年社会保障的政策供给不够公平

这种不公平主要指与健康老年人相比，失能老年人的保障政策不到位。我国有 4000 多万失能老年人，"一人失能，影响全家"的情况很突出，长期护理保险至今仍处于试点阶段，尚未建立覆盖全国、统筹城乡的长期护理保险制度，商业保险发展滞后，老年人的长期照护费用缺乏制度性保障。其次体现在与城市相比，农村养老保障的政策不具体。随着工业化、城镇化的推进，我国完全或部分失去土地的农民达 5000 万人，同时由于农产品价格较低的原因，个人依靠土地收益养老难以为继。

农村老年人的供养直接受子女的经济收入的影响，缺乏稳定性。农村老年人对养老保险缴费意愿不高，收入来源少。再次，对不同老年人的平等保障尚有差距。不同性质单位退休的职工，退休待遇悬殊。很多老年大学设置门槛，主要面向离退休干部，一般老年人很难进入。老年优待"同城同待遇"的政策在一些地方没有落实好，非户籍常住老年人享受不到同等优待，比如有的地方对户籍老年人实行综合补贴，客观上将非户籍老年人挡在了享受公交优惠、免费等社会优待政策的门外 [10]。

## （三）健康养老服务的政策碎片化现象明显

近年来，我国老龄政策的重心偏向养老服务和医养结合，政策出台频繁，牵头部门多，但政策碎片化情况严重。2016 年《国家经济和社会发展"十三五"规划纲要》提出："建立以居家为基础、社区为依托、机构为补充的多层次养老服务体系。"2017 年国务院《"十三五"国家老龄事业和养老体系建设规划》提出："建立居家为基础、社区为依托、机构为补充、医养相结合的养老服务体系。"2019 年党的十九届四中全会提出："要加快建设居家社区机构相协调、医养康养相结合的养老服务体系"。2021 年党中央、国务院《关于加强新时代老龄工作的意见》提出："构建居家社区机构相协调、医养康养相结合的养老服务体系和健康支撑体系。"可见，具有中国特色的健康养老服务政策体系仍在不断探索，远未定型。当前养老服务的政策偏重养老机构建设，支持居家社区养老服务的政策力度不够。老年健康管理、健康促进缺乏具体政策，医养结合政策措施有待完善。养老服务体系、老年健康服务体系分属不同的部门主导，各自推进，缺乏有效整合、相互融合。

## （四）老年宜居环境的政策短板突出

一是城乡规划中宜居政策滞后，适老的公共环境远未形成。目前的《城乡规划法》没有老年宜居的理念，《无障碍环境建设条例》局限于保障"残障人群"权益，缺乏对老年人的关注。老年人出行难，交通障碍多，老旧小区普遍缺乏适老设计，医院、商场、公园等公共场所适老化程度低。我国城乡规划在价值取向上长期偏重于发展效率，对老龄社会宜居需求预见性不足，使得城乡空间开发和建设难以满足日益庞大的老年人口在居住环境、公共服务设施方面的需求。二是老年人在信息社会环境中面临的挑战日益增大。随着以信息化、智能化和网络化等为代表的高新技术不断应用，"老年数字鸿沟"问题日益凸显，造成了信息化时代新的不平等，缺乏积极老龄化导向的数字化治理政策。三是敬老的社会环境有待改进，老年歧视现象严重。家庭层面，传统孝道日渐式微，有的成年子女不履行赡养父母的责任，视年迈的父母为负担，甚至虐老、弃老、啃老现象时有发生。社会层面，一部分人对老年人抱有不合理的偏见，忽视老年人的能力和价值，认为老年人是社会问题的制造者、社会财富的耗费者、社会发展的拖累者，缺乏对老年人的尊重和宽容，排挤老年人现象也屡见不鲜。

### （五）老年社会参与的政策供给不足

目前我国老年人社会参与渠道较少，大多被排斥于社会活动之外，难以在社会领域找到体现自身价值的合适位置。从经济参与上看，劳动市场对老年劳动力是排斥的，老年人力资源未被重视和充分利用。调查显示，60~69岁的老年人具有较强的就业愿望，70~79岁的老年人仍有部分还能继续为社会服务，尤其是知识分子，但目前60岁以上的老年人仍在正常工作的仅为8.01%。目前国家层面尚未实行弹性退休、灵活就业的制度安排，《中华人民共和国劳动法》《中华人民共和国劳动合同法》等法律法规对老年人就业的法律保护也需要调整。从公益参与上看，老年人的公益志愿活动大多局限在义务劳动、治安维护、青少年帮扶、聊天解闷等方面，大多数有一定知识、经验的老年人缺乏实现自身价值的志愿活动平台。从政治参与上看，各地各部门在制定涉及老年人权益的法律和政策时，很少主动听取老年人的意见和建议，老年人政治参与渠道单一。此外，许多关于老年人的政策文件中几乎都把"发挥余热"作为其政策理念，政策上也更侧重于价值奉献，对老年人社会参与价值的认识尚需提高。

## 三、原因分析

### （一）人口老龄化国情观念薄弱

人口老龄化是我国今后长期发展面临的重大基本国情要素。老龄社会的治理水平将影响国家治理体系和治理能力现代化的进程。但从当前来看，人口老龄化问题并没有得到实质上的关注和重视，人口老龄化国情观念尚未真正渗透到政策制定的各领域、各行业和各个环节，从政府到社会对老龄社会这一新的社会形态的认知层次需要尽快提升，城乡社会建设、基础设施建设依然从考虑年轻人口需要出发，依然从年轻型社会出发。各级党委政府在推进各项政策的过程中，很少基于全生命周期的视角，对"老年友好"的理解比较狭隘，年龄平等、人人共享的理念在政策上未能得到充分体现。建设老年友好型社会如果不能取得基本共识，全面推进和全面建设也只能停留在口号上。

### （二）顶层设计不够到位

老年友好型社会是从根本上解决人口老龄化问题的一种整体性、系统性思维和方案，老龄政策不仅涉及老年人生活的方方面面，也涉及老年人家庭、社区，以及更大的社会范围，不仅需要政策和制度上的保障，还需要完善的社会服务体系与更加富有人性关怀的良性环境。国家应从全局考虑，从整体上统筹和把握经济、政治、文化、社会等各个层面之间的政策法律制度问题，实现整个老龄社会大系统的最优化发展。现在我国老年友好型社会建设在思想、理论、物质、文化尤其是体制机制等方面的准备仍不充分，政策体系的设计、制定与老年友好型社会的要求还有很大距离，特别是多数政策规定仅着眼落实到城市，城乡二元性的政策特征明显，总体上看仍缺乏前瞻性、系统性的顶层设计。

### （三）国际经验和中国国情结合不够

发达国家早于我国进入人口老龄化的行列，在老年友好城市和老年友好社会建设方面有很多的宝贵经验，其中不少做法对我国推进老年友好型社会建设有重要参考价值。但是近年来在借鉴国外政策经验的过程中，有盲目照抄照搬的倾向，比如一些涉及老年人的政策过度强调套用西方福利主义的做法，结果脱离实际不可持续。老年友好型社会建设必须坚持从我国社会主义初级阶段这一基本国情出发，只有根据经济发展水平和实际财政承受能力，尽力而为、量力而行，不超越阶段，不违背规律，才能实现经济社会可持续发展与改善亿万老年人福祉的双赢。再比如在家庭养老上，由于中西方文化与国情不足，相比于西方发达国家老年人独立自主、子女并无赡养老人的义务，我国则具有家庭赡养的优良传统，但目前我国家庭养老支持政策严重不足，家庭养老功能弱化，未来在借鉴国际经验打造社会养老服务体系的同时，无论我国国力如何强大，政府责任如何强化，都要凸显家庭养老的基础地位，这种兼容并蓄又具有国情特色的政策路径探索仍须下很大的功夫[11]。

## 四、对策建议

### （一）树立符合中国国情的老年友好型社会建设理念

一是要体现中国特色、中国优势。充分发挥党在老年友好型社会建设中总揽全局、协调各方的领导核心作用，确保正确方向。要坚持从我国基本国情出发，尽力而为、量力而行，既实现经济社会可持续发展，又不断增强老年人获得感、幸福感、安全感、价值感。要立足实际，扬长避短，发挥我国的政治优势、体制优势、文化传统优势以及后发优势等优势，科学制定政策措施，努力探索出一条具有中国特色的老年友好型社会建设路径。二是要树立积极老龄观、健康老龄化理念。习近平总书记对老龄工作作出重要指示强调，"贯彻落实积极应对人口老龄化国家战略，把积极老龄观、健康老龄化理念融入经济社会发展全过程。"积极老龄观、健康老龄化理念首先要落实到老年友好型社会建设的过程中，坚决纠正将老年友好型社会建设简单理解为解决养老问题、简单等同于老年福利和老年优待问题的错误观念；坚持以全生命周期的视角看待老龄社会和个体老化，引导公民个体尽早树立生命健康观念，做好全生命周期的养老准备，强化健康养老能力；坚持年龄平等、代际和谐原则，消除各种形式的年龄歧视，使老年人生活得更加舒适、更有尊严、更有价值。三是要突出老年人主体地位。老年友好型社会建设，老年人是主体，不是客体。要贯彻习近平总书记"着力发挥老年人积极作用"的重要要求，引导老年人树立终身发展、全面发展的理念，始终保持自尊自爱、自立自强的精神状态。要尊重老年人、赋权老年人、动员老年人积极参与到老年友好型社会建设中来，发挥正能量，作出新贡献。要推动完成从"老有所养""老有所医"到"老有所为"的政策目标跨越，全面拓展老年人社会参与的渠道、方式，建设一个能够让老年人充分发挥自身潜能、充分实现自身价值的友好社会。

## （二）完善老年社会保障政策体系

织密筑牢老年民生保障网，政策上务必做到精准，为全体公民提供可预期的美好未来。加快实现法定人员养老保险全覆盖和养老保险全国统筹，推进个人养老金制度落地见效，推动异地就医直接结算尽快实现。老年民生保障在惠及全体老年人的基础上，要特别重视提高困难老年人、低收入老年人和农村老年人的保障水平，加大对失能、失智、失独、高龄老年人的重点保障。建立全国老年群体的统计监测制度，根据收入水平和需求评估等级，以精准化扶持的原则，对低收入、失能等特殊老年人进行优先保障。建立长期照护保险制度，切实保障特殊困难失能老年人的长期照护服务需求。落实普惠型老年人照顾服务项目政策，实现城乡老年人同等待遇。提高家庭养老保障能力，鼓励家庭和个人建立养老计划和养老财富储备。研究制定孝老爱亲的法律法规以及有利于成年子女与老年父母共同居住的支持政策，制定赡养扶持老年人的住房、户籍、用工、休假等家庭养老支持政策，进一步巩固家庭养老的基础地位。

## （三）强化健康养老服务政策整合

将构建养老服务体系纳入"健康中国战略"，将健康理念贯穿养老服务各环节，用健康理念重塑养老服务体系，建立新时代具有中国特色的健康养老政策体系。以老年人健康养老需求为导向，政策重点应围绕居家养老解决上门送医的问题，以支持居家养老为主，出台家庭医生＋居家养老、社区医疗＋居家养老、医院医护＋居家养老的政策措施，推动医疗卫生服务向社区、家庭延伸，为老年人提供优质便捷的健康养老服务。统筹推进"家庭养老床位"和"家庭病床"建设。建立全国联网的老年人电子健康管理系统，推进远程健康管理服务。树立全方位、全周期保障人民健康的理念，加强老年健康管理，实施老年健康促进工程，完善老年心理健康政策。尽快建立新型冠状病毒感染疫情后的养老机构公共卫生应急管理体系，建立居家社区养老服务卫生健康预防制度。重新界定公办保障性养老机构的属性，加快解决失能、高龄、特殊困难老年人的"一床难求"问题。围绕"15 分钟养老生活圈"的思路完善社区居家健康养老服务支持政策。加强政府、机构、社区和居民之间养老信息和健康资源的互通共享，形成以互联网为基础的居家社区健康养老服务新模式。

## （四）补齐老年宜居环境政策短板

一是物理环境适老政策。把老年宜居环境建设纳入新型城镇化和新农村建设规划，加快构建老年宜居环境建设标准体系。推进"老年友好型城市""老年友好型社区"创建活动。加快已建居住小区和公共服务设施的适老化改造，着力提升家庭和公共设施适老化水平。鼓励开发老年宜居住宅、老少同居社区、综合养老社区，建设老年友好型居住环境。二是社会环境敬老政策。深入开展人口老龄化国情教育"进机关、进企业、进学校、进社区、进养老机构、进乡村"活动。开展"邻里助老"活动，发挥社区居民和志愿者作用。健全老年人法律服务、法律援助和社会保护网络。实施中华孝老爱亲文化传承和创新工程，让养老孝老敬老成为国家意志、公民素养和社会风尚。三是技术环境助老政策。依托智慧城市建设实现老年人家庭移动智能终端全覆盖，加强经济适用的老年智能终端配备。支持企业开发推广面向老年群体的经济适用的智能手机、数字电视等信息终端设备。开展"助老上网"工程，鼓励培训机构、志愿服务组织等面向老年人开展信息技术培训活动，辅助老年人增强信息运用体验。

### （五）加大老年社会参与政策供给

引导老年人树立终身发展、全面发展的理念。结合我国国情，对我国老年人的年龄标准进行研究，适时调整。逐步延迟法定退休年龄，探索实施弹性工作制度。促进老年人力资源开发，加强老年人才职业技能培训，建设老年人才信息库，充分释放老年人才红利。把老年教育纳入终身教育体系，积极发展老年大学，推进社区老年教育，建设远程老年教育网络。通过宣传提高全社会对老年人社会参与的接纳程度，重新把老年人纳入到社会生活的主流，使老年人的社会价值获得认可。要让老年人参与到政策制定、实施和监督的过程中来，更多地听取老年人的意见和建议，使决策更好地反映和符合老年人的利益。深入开展"银龄行动"和"银龄讲学计划"，探索建立"时间银行"制度，健全老年志愿服务激励机制。依托城乡基层老年协会将老年人"再组织化"，促进老年人自我管理、自我教育、自我服务，推动老龄社会治理体制机制创新。完善相关法律法规，保障老年人社会参与的合法权益。

**参考文献：**

[1] 国家统计局．中华人民共和国 2021 年国民经济和社会发展统计公报 [EB/OL].http://www.stats.gov.cn/xxgk/ sjfb/zxfb2020/202202/t20220228_1827971.html.

[2] 中国老年学和老年医学学会．人口老龄化国情教育大讲堂 [M]. 北京：华龄出版社，2019：5.

[3] 周燕珉．推动适老化住宅发展构建中国特色养老居住 [N]. 中国房地产报，2010-11-01.

[4] 张凤宝．探索老年友好型社会均衡发展之路 [N]. 人民政协报，2019-03-25.

[5] 王健生．"有备而老"构建共建共融共享老年友好型社会 [N]. 中国改革报，2018-03-01.

[6] 杨燕绥，妥宏武．为什么要构建老年友好型社会 [J]. 人民论坛，2017（19）.

[7] 林闽钢，康镇．构建老年友好型社会政策体系 [N]. 中国人口报，2018-10-11.

[8] 刘芷含，吴玉洁．"收放何度？"：中国特色老龄社会治理体制的生成逻辑及实现路径 [J]. 中国行政管理，2021（1）.

[9] 肖金明．积极老龄化法律对策与法制体系研究 [M]. 济南：山东大学出版社，2015：67.

[10] 党俊武，李晶．中国老年人生活质量发展报告（2019）[M]. 北京：社会科学文献出版社，2019：63.

[11] 邬沧萍．全面建成小康社会积极应对人口老龄化 [M]. 北京：中国人口出版社，2016：248.

[12] 李连友，李磊．构建积极老龄化政策体系 释放中国老年人口红利 [J]. 中国行政管理，2020（8）.

（发表于《中国行政管理》2022 年第 9 期）

# 构建适应老龄社会的"主动健康观"①

党俊武

## 一、对被动健康观的理论反思

从理论上说，人类现状是人类行为的结果，更是人类观念的产物。分析人类行为及其现状并发现和解决其中问题，最重要的事情就是通过追踪行为找到引领性的观念问题，并用新的观念取而代之，以正确的观念来引领人的行为。从某种意义上说，人类健康现状是以往年轻社会或短寿时代健康观的产物。这种健康观概括起来就是被动健康观。

这种被动健康观体现在方方面面。第一，从大众的健康意识来看，自我健康通识匮乏；自我健康预警技能缺失；自我预防和纠正健康问题的意识和能力薄弱；自觉健康管理意识淡薄，病后被迫就医成为常态。第二，从大众的健康投入来看，宁肯为住院治疗买单，也不愿为"治未病"花钱。第三，从社会个人健康注意力分配来看，日常行为中疾病预防多流于口头，疾病治疗才是关注焦点。第四，从公共卫生制度安排来看，以疾病治疗为中心，疾病预防缺乏刚性约束机制建构。第五，从公共财政投入来看，预防性公共卫生事业投入与疾病治疗事业投入畸重畸轻。第六，从市场化运作来看，疾病治疗类相关产业与疾病防控类相关

① 基金项目：科技部国家重点研发计划"我国人群增龄过程中健康状态变化特点与规律的研究"子课题"健康状态影响因素的分析研究"（项目号 2018YFC2000303）的阶段性成果。

产业（"治未病"相关产业、亚健康干预相关产业）发展不均衡。第七，精神（心理）疾病发生率上升，但和身体疾病相比，仍难以引起政府、市场、家庭和个人的应有关注。这说明，人们健康观、疾病观的重心仍落在身体上。第八，对于社会性疾病即身体之外的社会关系和经济劳作引发的疾病尚未建构有效管理机制。第九，没有针对健康知行分离和健康惰性建构刚性管理机制。第十，老龄社会焦虑症。按照以往的被动健康观，面对老龄社会特别是超老龄社会的到来，很多人认为活到高龄就是疾病缠身，老龄社会就是健康灾难社会。一言以蔽之，在被动健康观下，病越治越多，治疗费用直线攀升，疾病治疗成了无底洞，人类健康在老龄社会和超老龄社会背景下前景黯淡。

换个角度看，被动健康观就是以医院、医生为主导而不是以个体为主导的健康观。实际上，抛开病越治越多的医疗困境来说，从整个人类医疗事业产业历史来看，虽然现代以来医疗科技日新月异，人类寿命普遍得到大幅延长，但人类医疗科学的智慧与经历漫长演化形成的生命逻辑渐行渐远。从某种意义上说，就涉及精神、社会和身体三维一体恒在结构的人类生命演化来说，我们对于身体维度的探索已经走得很远，但对于另外两个维度的探索还远远不够，一些领域甚至尚未破题。即便对于身体，所有一流外科手术大夫的共同体验也不过是：演化了数万年，经历了无数种间、种内斗争的生命是神奇的，医生只不过是延续神奇生命的助手，而绝非生命的创造者；否则，医生就是上帝，就是神。从这个意义上说，以往的被动健康观与其说是问题，毋宁说是人类对自身生命认知和控制有限性的体现。

现在的问题是，被动健康观是人类在漫长短寿时代和年轻社会条件下的认知成果，也是推动老龄社会到来的重要基础。对此，我们不能全盘否定。面临老龄社会和人类普遍长寿的客观趋势，被动健康观难以应对。我们需要一场健康观的革命，需要重新理解人类健康概念，建构更高版本的人类健康行为演化机制理论，创新人类健康观，借以重新审视未来老龄社会条件下的人类健康问题，并在健康干预机制和制度体系上作出新的设计和安排，推动老龄健康事业产业齐头并进，为人类理想老龄社会建设提供健康支撑。

## 二、人类健康行为的演化机制

### （一）人类生命是一个漫长的演化过程和演化序列

人类生命经历了漫长的演化过程和演化序列，从无机物到有机物，从单细胞生物到多细胞生物，一直到人类诞生，不仅过程漫长，而且复杂性递增。对此，不能简单理解，需要强化理解人类生命演化的大尺度逻辑。

第一，人类生命本身是最可敬畏的"自然"[①] 演化的过程和结果。人类生命是最高级、最复杂的"自然"演化过程，人类自身只能通过生育来复制而不能创造生命，人类生命"自然"演化形成的自在生命力、自为恢复力和衰亡终结力构成的自组织复杂系统机能，是人类健康的基本原理（李详臣等，2020）。对此，人类只能从认识上不断逼近，但不可能超越。一切医疗科学及其干预行为都应当以此为限，既不能放任自流又不能干预过度。

第二，人类生命是进化和退化双层逻辑的演化过程，只研究进化逻辑不研究退化逻辑难以全面理解人类生命的真相。人类从诞生至今，有些功能例如语言功能、思维功能等进化了，但有些功能例如奔跑功能、御寒功能等退化了。因此，人类生命的健康状态需要结合进化和退化的双层逻辑来把握。

第三，人类生命演化过程始终伴随着种间斗争。一方面，在长期的演化过程中，人类登上了食物链顶端，赢得了大型生物种间斗争并确立了自己在物种中的霸主地位；但另一方面，人类始终面临着诸如病毒、细菌等微生物的严峻挑战，而且这种挑战不可能终结，将伴随人类生命的始终，这是理解人类健康状态演变的重要逻辑（达尔文，2018）。

第四，人类生命是一个种内竞争与合作双层逻辑的演化过程。人类

---

① 人类生命演化逻辑也遵循自然逻辑和人文逻辑的双重演化逻辑。这里的"自然"既指纯自然演化过程，也指人类文化要素介入健康行为的漫长"自然"过程。

生命演化不仅遵循种间斗争的逻辑，同时，更是种内竞争与合作双层逻辑演化的过程和结果。其中最突出的就是种内竞争的极端形式——阶级斗争。如果说健康在很大程度上是人对身体的使用状态，那么在阶级斗争普遍存在的情况下——例如在资本主义的早期原始积累阶段，工人持续工作 18 小时，他们的健康状态绝非他们自己能够控制的。因此，种内竞争特别是种内制度性竞争乃至制度性斗争是影响人类健康状态的重要因素。随着劳工制度的完善，种内制度性斗争减弱了，但人类加速发展过程中种内竞争性压力却没有得到改善，这是研究人类健康状态问题需要关注的重要因素。

第五，从个体来看，人类生命是一个精神、社会、身体三维互动一体演化的漫长过程。这是人类生命健康状态的恒在结构，万变不离其宗。但是，对此三维一体统合构成人类生命健康状态的内涵及其互动演化关系尚需进一步深入研究。其中，精神维度绝非仅限于心理学意义，社会维度也绝非仅限于社会学意义。这是超越被动健康观从而建构新的健康观需要突破的重要问题。

第六，从整体来看，人类健康状态是人类与自然环境、遗传、生产生活方式以及社会运行结构的互动过程和结果。从被动健康观角度看，影响人类健康的因素十分复杂，需要从多个层面加以分析。从新的健康观来看，人类之所以是高级生命，最根本的就是精神在人类行为中的引领性、统合性作用，人类健康行为的独立性、自主性、持续性和可改良性，借此才有发展的可能空间。因此，研究人类健康行为，既要关注影响健康状态的多种因素，更要纲举目张，从人类精神这一引领性要素出发，以一持万，统揽人类健康行为的整个过程。

第七，从物质演化来看，人类生命的基础是身体与自然能量的交换过程，同时，疾病史也表明，经济因素是影响人类健康状况的重要因素。值得说明的是，富裕既有利于疾病治疗也容易引发"富贵病"，收入的提高并不等于健康水平的提高。当然，贫穷也是影响健康的重要因素。此外，经济不公平对个体和社会整体健康水平的影响也不容低估。这说明，在经济与健康之间存在十分复杂的互动关系。因此，我们不能继续坚持还原论，也不能坚守决定论，更不能局限于多因素论，而是需要强调个体生命健康的独立性，从生命演化复杂性的角度，重新理解经济因素与人类健康状况的互动关系（西格里斯特，2009）。

第八，人类生命整体的健康状态既与所有个体有关，也与个体之外的物质条件、社会关系（如社会公平）和社会精神氛围有关，但所有人构成的社会主体结构本身的作用日益突出。例如：在年轻社会，整个社会的健康状态主要就是年轻人的健康状态；但迈入老龄社会之后，年轻人不断减少，老年人不断增多，青少年人口、中壮年人口和老年人口三大年龄群体三分天下，整个社会的健康状态远比年轻社会更为复杂。因此，理解人类健康演化机制需要更高视野。

过去，我们理解人类健康及其状态主要是着眼于个体的健康影响因素，观察对象主要是个体，观察站位是个体的身体要素，并由此向外延伸到个体的社会经济因素、精神心理因素直至宏观社会结构因素以及公共卫生事业状态等。具体做法是，列出所有影响个体身体健康的因素清单，并最终将其归于身体各项指标的变化，以测度身体的健康状态，弄清健康问题，实施健康干预等。从本质上看，这种多因素论的思维方式既是决定论也是还原论，难以真正解释人类的健康行为、健康状态及其演化的真相。目前，人类健康问题的重大挑战在于，我们没有建构起更高版本的人类健康行为演化机制理论，被动健康观引领下病越治越多等医疗陷阱现象愈演愈烈，加上全球范围内医疗利益博弈机制下的医疗过度商业化、产业化造成利益博弈机制的恶性循环；整体来看，现有健康医疗体系不但难以适应人类寿命普遍大幅延长的老龄社会的要求，而且，如果不从战略上作出重大调整，未来引发全球性医疗灾难的系统性风险将与日俱增。相对来说，解决医疗事业和产业发展模式选择问题比较容易，但构建更高版本的人类生命健康演化机制理论更为困难，也更为重要。它是选择医疗事业产业发展模式的基本依据。

## （二）人类健康行为演化机制理论的基本线索

基于前述论证，本文尝试提出人类健康行为演化机制理论的基本线索。

**1. 人类个体健康行为的演化结构和演化过程**

在自然环境下，人类个体生命及其行为既是精神（相当于中国传统文化中的"心"，其外延比西方的"心理"概念要更高、更宽）、社会和身体三维一体统合运作的恒在结构，更是一个从生命孕育到生命终结的复杂过程，即人类个体健康是一个从低级复杂系统向高级复杂系统不断演化直至生命终结的复杂过程。在这一过程中，身体的演化保持在长期演化形成的生命阈限内，但从出生、成长、进入壮年、衰老到生命终结，人类个体健康状态是一条复杂演化曲线，不能用一套指标衡量。其中，对于人类生命自然演化形成的自在生命力、自为恢复力和衰亡终结力，人类的认识可以不断逼近，但人类的干预不能超越其阈限。

**2. 人类个体的健康行为和状态**

人的健康状态有两个既定条件，一个是自然环境，另一个是社会条件。人的健康行为主要是在这两个既定条件下，在精神的引领下对身体的使用过程；而人的健康状态则是人出生以来在既定自然环境和社会条件下，人的精神演化过程和对身体使用过程的积累性状态。一定时点人的健康状态是以往健康行为的积累，也是预测其后健康状态的重要依据。这里，人与自然的互动是健康的基本背景，不能离开人与自然的互动来考量人的健康问题；社会条件是健康过程和健康状态的既定条件，可以选择自我调适但不能脱离其中；精神是健康行为的引领因素，是健康过程和健康状态的关键；身体是健康过程和健康状态的基础、载体和指示器。

**3. 人类健康行为的基本逻辑**

在生命行为中，个体生命是否健康遵循四层逻辑，即自然逻辑、精神逻辑、社会逻辑和身体逻辑。超越自然逻辑使用身体（现代化过程中污染性生产方式就是突出表现），是现代社会人们普遍不健康的重要原因；越过身体逻辑使用身体（核心是经济劳作）是离开健康的外在表现，即《黄帝内经》所云"生病起于过用"（桑英波等，2010）。健康问题的中介性原因是社会关系网络方面的问题，但其根子在于精神方面的问题。

简单地说，健康状态的总指挥是人的精神，"过用"、生病等只不过是"指挥失灵"的后果。"指挥失灵"的重要原因在大多数情况下主要是：对以上四层逻辑的无知或少知、根植于人性深层的健康知行分离和健康惰性，以及刚性约束机制管理的缺失。

**4. 人类健康行为的关键**

精神引领对于健康行为具有绝对的引领性。在同样的自然环境下，即便社会条件存在诸多问题，个体精神对身体使用也具有自恰性把握的可能性。简言之，精神因素的强大使人完全可以在健康行为上做到"出淤泥而不染"，即保持自己行为的独立性；否则，人就是社会条件的奴隶，也是身体的奴隶，最终演变成"医生的奴隶"。这其实也是绝大多数健康问题的原因。人往往难以真正成为健康的主人，做不到身为心（精神）役使，反而是心（精神）为身所役使。因此，中国传统的健康文化历来注重精神因素对于健康的统合作用，强调养生的关键在于养心（对精神的把控）。总之，强调精神在人类健康行为中的统合作用，这是人类健康的最高原理。

**5. 人类健康行为的主观惰性和客观积累性**

精神是人类健康行为的关键，但精神最大的问题在于其惰性，其最突出的表现是健康知行分离现象，对于正向健康趋向知其应为而不为，对于负向健康趋向知其不可为而为之。但身体运作是客观的，精神惰性反向引领的行为最终会在身体层面形成积累效应。这是人类健康行为的难题，也是新的健康观的重要主攻方向。简言之，被动健康观的失败不在于对健康知行分离和健康惰性缺乏认知，而在于仅仅停留于健康行为倡导，却没有相应的刚性约束管理机制建构，导致客观上形成"被动应对"健康知行分离和健康惰性的局面，由此造成疾病积累性生长，形成被动逆健康恶性循环。再加上全球性医疗过度商业化、产业化机制的深刻固化作用，使得病越治越多现象愈演愈烈。

**6. 人类整体健康状态和社会主体结构健康状态**

从人类整体生命角度来看，国民整体健康水平取决于自然环境友好状况、全体国民精神（心理）素质、社会经济条件、健康制度安排和健康服务体系等诸多方面。但是，导致系统性健康问题的原因在于自然环境和社会经济条件。简言之，个体不健康的原因主要在个体，在其精神；人们普遍不健康的原因，从身体层面来看，虽然问题出在个人身上，病灶在个体身上，病因却在个体的身体之外。从社会主体结构来看，不能用年轻社会的观念来看待老龄社会的健康问题。面对老龄社会乃至超老龄社会，如何看待人类个体健康状态，需要从全生命健康行为演化机理的视野来把握。而把握整体生命健康状态，还需要把健康行为演化机制与人类年龄结构类型结合起来。因此，应对老龄社会，在健康领域之内，除个体层面人人转变健康观念、人人共同行动外，还需要按照生命行为的内生性逻辑和外在性逻辑，建立适应老龄社会的健康事业体系；在健康领域之外，也需要按照生命四层逻辑，建设适合健康行为的自然环境和社会经济环境（党俊武，2019）。

## 三、"主动健康观"之要义

如前所述，对于身体和生命，人类不能创造，只能复制（通过生育）和修复（通过疾病预防和疾病治疗以及康复护理）。但是，和被动健康观不同，"主动健康观"认为，对于身体，我们在疾病预防上的空间很大，更重要的是，在精神和社会维度，人类对于健康行为的操作空间更大。一句话，"主动健康观"不是像被动健康观那样临渴掘井或者江心补漏，而是基于人类健康行为演化机制的一系列新的健康理念。具体而言，其要义如下。

（一）关切结构和整体健康状态，而不是仅仅重点关注身体变化

"主动健康观"认为，人类个体终生健康行为是一个精神、社会和身体三维一体的恒在结构，健康识别、健康干预的焦点既不是单看身体因素，也不是单看精神因素，更不是单看社会因素，而是关切个体人在精神、社会和身体三个维度共时历时的结构化演化状态。因此，观察人的

健康状态需要建构精神、社会和身体三维一体的健康指标体系—精神维度亚指标体系、社会维度亚指标体系和身体维度亚指标体系。从预防、诊断、治疗、预后等角度看，也需要基于精神、社会和身体三维一体统合处置。例如诊断治疗处方应当是精神、社会和身体三方面的处方一体化出具。目前，身体维度处方还需要深入研究和改进，社会维度处方需要加强，精神（心理）处方更需要完善。

**（二）以关切精神状态为纲，而不是以精神健康干预为辅**

人类高于动物的根本原因之一在于人类有高层次发达的精神生活能力。从这一原理出发，"主动健康观"认为，人类健康行为可以用公式表示为：

健康＝精神健康 ×（身体健康＋社会健康）

对这一公式的理解包括如下八个方面。

（1）概念解读。个体整体健康状态是精神健康、身体健康和社会健康的复杂函数。精神健康主要指个体在自我健康通识、自我健康预警技能、自我预防和纠正健康问题的意识和能力、主动预防性健康干预等方面显示出来的整体精神健康状态。身体健康主要指个体通过各项生物学指标和日常生活功能指标所显示出来的状态。社会健康主要指个体在与他人和社会组织的相互关系中显示出来的状态。

（2）精神健康是整体健康状态之纲。假定精神健康数值为零，即使身体强壮，人际关系良好，这样的人整体上也是不健康的，也基本上是一个对社会没有用处的人。假定精神健康数值为负数（例如精神病患者），同样，即使身体强壮，人际关系良好，这样的人整体上也是不健康的，是家庭和社会的负担。相反，只要精神健康，即便身体有问题，社会关系一般，这样的人仍然可以通过治疗疾病和修复社会关系，成为健康人，并成为自我实现和贡献社会的有用之人。即便是高龄老年人身体衰老难以逆转，但只要心智正常，精神健康，功能保持良好，仍然可以有所作为，并获得生命存续的价值和意义。

（3）精神健康与身体健康的关系：精神健康者不一定身体健康，身体健康者不一定精神健康。精神健康有利于身体健康，身体健康也有利于精神健康。一句话，二者之间的关系十分复杂。身体不健康对精神健康进而对整体健康的影响是深刻的，但精神健康始终处于上位，而身体健康始终处于下位。在疾病发生发展、治疗、康复的整个过程中，精神健康的作用贯穿始终。如果精神健康也同时出了问题，那么，在身体疾病治疗康复之前、之中、之后更需要精神健康方法的介入。心病不治，身病是治不好的。在身体疾病导致失能且不可逆的情况下，精神健康的保持更为重要。一旦出现精神疾病并陷入不可逆状态，则身体疾病的治疗不过是纯粹人道主义帮助。

（4）精神健康与社会健康的关系：社会关系状况是个体健康行为的既定条件和环境，对健康的影响十分重要，但个体对于社会关系这一既定条件具有选择性、独立性和调适性（不能改变则自我调适）。更重要的是，个体整体健康的实现最终也需要精神的主动介入和应对。

（5）身体健康与社会健康的关系。没有精神健康这个引领性中介，身体健康与社会健康的关系便无从理解和把握。

（6）整体健康是精神、社会和身体三维一体历时性演化的动态过程。从全生命周期看，身体维度的演化是一条倒 U 形曲线，表明身体经历了从出生、成长，到衰老和死亡的过程。这一过程本身的无疾病演化是一个自然的健康过程，例如无疾病且能生活自理的高龄老人就是身体健康老人。社会维度的演化从丰度看也是一条倒 U 形曲线，经历了从单一（父母、子女、兄弟姐妹等关系）到复杂再到老年期简化的人际关系过程。这一过程也是一个"自然"演化过程，例如一个人能够正确应对人际关系表明其社会维度的健康状态。是否社会健康的关键在于个体人的应对能力。精神维度的演化则是上坡形曲线，即从出生到死亡前精神状态保持向上且运作良好。如果精神健康曲线呈现波浪形或倒 U 形等其他曲线，则表明其在精神层面出现了健康问题，而且是严重的健康问题。总之，整体健康呈现三重曲线交错的特征。

（7）主动健康的核心要义是精神对整体健康的自主监控、自我预防、基本识别、寻求健康救助和纠正不健康行为。由此可知，主动健康的年龄起点应当是成年年龄。

（8）健康是生命持续的完整过程，其测度需要运用精神、社会和身体三维一体联合指标构成的完整指标体系。这是"主动健康观"落地的关键和难点，需要扬弃多因素论思维、还原论思维和决定论思维，从复杂性理论及其方法来构建指标体系，并对其加以不断完善，为人们的主动健康行为提供操作性指引。

为了说明人类健康行为机制的特殊性，也就是精神能力的重要引领作用，我们可以以动物健康行为为参照，作出更明确的阐释。实际上，低于人类健康的动物健康的公式可以表达为：

动物健康 = 身体健康 ×（社会健康 + 精神健康）

换言之，动物健康是动物身体本能与其社会关系网络、低等感性精神之间的复杂性函数。这样看来，被动健康观更接近动物健康公式。这正是"主动健康观"的革命性所在，即强调人类高于动物的精神在健康行为中的引领作用。

### （三）关切个体独立性和能动性，而不是将医院、医生视为健康行为的主导

"主动健康观"的重中之重是强调个体在健康行为中的主体责任，把人类个体置于健康行为的首位。基于人类健康行为演化的机理在于以精神为纲这个关键。"主动健康观"认为，个体是主导，医生是最后才出场的。相对于既定的自然环境和社会关系网络，个体虽然有其不可选择性，但也具有可调适性（自保性和回避性）。实际上，可调适性（自保性和回避性）是人类漫长演化过程中的法宝，是我们经过漫长演化历史反复验证的正确做法。这也是"主动健康观"把个体可调适性（自保性和回避性）重新纳入更重要位置的依据。社会关系无法选择，但我们可以为了健康努力调适，调适不了的则可以采取良性自保和回避措施。说到底，精神在健康行为中的关键作用主要取决于个体的自主性。此外，健康行为中的预防性、持续性、惰性克服，特别是精神、社会、身体三个纬度的统合作用，最终只能通过具有独立性和主动性的个体才能落地。

（四）关切精神、社会和身体三维一体的综合功能，而不是仅仅关切身体功能指标

"主动健康观"认为，人的健康行为是精神、社会和身体三维一体综合功能的优化和维持。这就需要从人的精神功能、社会关系功能和身体功能三方面出发来观察、考量、预警和干预其健康状况。

（五）关切系统安排，但同时高度重视生命个体行为的积极持续参与性

"主动健康观"认为，自然环境和社会关系网络对个体来说是既定的，但对整体来说也是可以持续改变的。因此，社会整体健康状况的改善要从自然环境和社会关系两个方面共同着力，但并不排斥个体的介入，而是要做到个体融入自然环境和社会关系格局的改善之中。重中之重是健康生产方式和生活方式的形成。

（六）关切生命演化形成的既定阈限，重在针对健康知行分离与健康惰性，加强对健康机制的柔性和刚性约束的双重管理

如前所述，人类生命自然演化形成的自在生命力、自为恢复力和衰亡终结力是人类健康的基本原理，人类对此既不能简单顺应也不能过度干预。但这并不意味着人类对于健康无所作为。"主动健康观"概括起来就是，高度重视人类精神对宏观、微观健康因素以一持万的引领作用，强调人在健康行为中的主体作用和首要责任，扬弃被动健康观，不超越自在生命力、自为恢复力和衰亡终结力构成的自组织复杂系统机能的阈限，不断探索健康未知领域，重中之重是在已知健康知识的基础上，建构健康自觉自律柔性约束和健康他律刚性约束双重机制，针对健康知行分离和健康惰性进行系统性、终生持续性干预。需要说明的是，精神对健康行为只能发挥引领性作用，而没有绝对决定性和支配性作用。道理十分简单，我们只能在既定阈限内发挥精神在健康行为中的作用，越过此阈限，无论呼吸、循环等"自然"生命的自组织复杂系统机能都不是

我们所能够控制的。简言之，生命"自然"演化逻辑的阈限，就是精神引领人类健康行为的边界。

### （七）关切生命质量，而不是刻意延长或缩短失能期

面对长寿时代和超老龄社会的来临，"主动健康观"不是刻意强调延长或缩短高龄阶段的失能期以及多种疾病导致的痛苦生命期，而是更加关注个体生命意愿，防止药物滥用和安乐死滥用，倡导生命按自然逻辑存续，最大限度减轻患者痛苦，保持生命尊严，推动生命无痛存续。

### （八）关切终生价值，丰富个体长寿生命体验

"主动健康观"认为，未来所有人类都要进入老龄社会乃至超老龄社会，绝大多数人都将有幸活得更为长寿。因此，人类健康行为的主旨包括两个方面：一方面，通过个体和家庭自我努力、政府和社会的支持和倡导来培育一代又一代的健康长寿人，从根本上降低健康成本，打好健康这个社会基础，确保人们在健康基础之上建设更有意义的高楼大厦，把节省出来的健康成本用于更有意义的事业产业，为人类作出更大的贡献；另一方面，面对比年轻社会更高位阶的老龄社会和长寿时代，通过人类健康行为使人们不仅丰衣足食，还可以拥有更丰富的精神生活，为体验长寿时代创造条件。

### （九）关切终生曲线，而不是一把尺子量到底

"主动健康观"认为，人的终生健康行为是一条复杂的演化曲线，不能用一把包含身体指标而排除精神指标和社会关系指标的尺子从婴幼儿时期一直量到高龄期。这就需要分年龄段的健康指标体系以及干预体系。更重要的是，"主动健康观"的一个重要理念是，健康是全民行为，也是每一个人的终生行为。全民健康和终生健康是非常重要的两个健康关键词。

## （十）关切将预防性健康事业产业做大做强，同时强调治疗性健康事业产业只能做强不能做大

"主动健康观"的核心目标是从源头上降低疾病和失能的发生率，强调预防性健康事业投入不断加大和预防性健康产业产值不断增大，从根本上缓解治疗性健康事业投入无底洞效应和遏制治疗性健康产业直线攀升态势。借此，从根本上扭转被动健康观可能给人类造成的系统性健康风险，从整体上提升长寿时代人们的生命健康质量。

人类已经揖别短寿时代和年轻社会，正在长寿时代和老龄社会的道路上行进。短寿时代和年轻社会形成的被动健康观正在经历一场深刻革命。适应长寿时代和老龄社会的"主动健康观"正在酝酿生成。但是，人类健康观的革命需要从四个层面进行探索：一是人类健康行为演化机制的哲学理论模型；二是人类健康行为演化机制的科学理论模型；三是人类健康行为演化机制的实证技术模型；四是指导人类日常健康行为的操作模型。本文仅仅属于对第一个层面的线索性探究。建构成熟完善的人类新健康观即"主动健康观"还有很长的路要走。

**参考文献：**

[1] 达尔文 . 物种起源 [M]. 北京：北京大学出版社，2018.

[2] 党俊武 . 老龄健康学理论是应对老龄社会的重要顶层思维 [J]. 老龄科学研究，2019（7）：3-13+49.

[3] 李详臣，俞梦孙 . 主动健康：从理念到模式 [J]. 体育科学，2020（2）.

[4] 桑英波，李凤英 . 黄帝内经 [M]. 北京：西苑出版社，2010.

[5] 西格里斯特 . 疾病的文化史 [M]. 北京：中央编译出版社，2009.

（发表于《老龄科学研究》2021 年第 2 期）

# 建构适应老龄社会要求的新劳动就业体系

党俊武

　　人口老龄化是人类社会从年轻社会迈向老龄社会的重要标志，对于现有就业观念、就业制度、就业政策以至整个劳动就业体系的影响逐步显现。

　　客观地说，现有劳动就业体系基本上是漫长年轻社会的产物，难以承载深度演化的老龄社会的新要求。相关研究表明，一方面，我国15岁至59岁劳动年龄人口虽然呈现减少趋势，但到2050年仍然保持在7亿左右，未来面临的就业压力是长期而持续的；另一方面，我国60岁以上老年人口将呈现大幅增长趋势，其中，60~69岁低龄老年人在2050年前始终保持在老年总人口的61%（2021年）~41%（2050年）这一区间，考虑到50岁和55岁提前退休的中年人，低龄健康并退休的中老年人总量规模更大。这一群体阅历深刻，经验丰富，普遍收入不高，实现自我价值意愿依然旺盛，热切希望贡献社会并增加收入。伴随经济波动背景下老龄化快速推进和产业结构深刻转型调整，年轻人的就业压力有增无减，在这一背景下考虑低龄健康老年人的再就业意愿自然会引起社会广泛关注，并引发我们重新思考现有劳动就业体系的战略性调整问题。

　　首先，优先解决年轻人的就业问题是我们必须长期坚持的就业政策导向。在年轻社会条件下，年轻人和老年人之间基本不存在就业上的矛盾。对许多深度老龄化的发达国家来说，年轻劳动力严重不足，鼓励低龄健康老年人延迟退休，继续从事力所能及的劳动成为这些国家的就业政策导向。而对中国来说，虽然我们已经迈入老龄社会，但总体上劳动力规模和就业压力依然巨大。在这种情况下，优先解决年轻人的就业问题仍然是我们的首要就业政策导向，不能盲目简单照搬发达国家的做法。

其次，低龄健康老年人再就业不会冲击年轻人的就业机会。一些高技能低龄健康老年人，例如经验丰富的中医、退休教师等，他们仍被社会需要，如果继续从事原专业劳动、发光发热，恐怕所有年轻人都不会有意见。对规模庞大的低技能低龄健康老年人来说，从事门卫、保洁等低收入工作，也不会对年轻人就业造成太大影响。

再次，要高度重视老龄社会和长寿时代条件下低龄健康老年人力资源的战略作用。从整体上看我们的人口在老龄化，但从个体上看人们却在"年轻化"。人一旦退休，找不到自己喜欢做的事情，不能融入社会，不仅疾病会找上门来，而且会消蚀晚年生活的意义感和价值感。老年人如果能继续发挥作用，贡献社会，过上健康、长寿、向上、快乐和有意义的晚年生活，微观上有利于自身健康长寿，提高生活品质，中观上也有利于减轻家庭和社会的负担，宏观上可以减轻人口老龄化的压力。

此外，要树立适应老龄社会要求的新劳动就业观。老年人再就业热议中之所以存在不同声音，根本原因在于我们还是用年轻社会的劳动就业观来看待老龄社会条件下不同年龄人群的劳动就业问题。年轻社会，应当让老年人享享清福。相关研究表明，2021 年，中国 60 岁以上老年人口目前的平均余寿为 21 年左右，预计 2050 年将延长到 26 年左右。我们需要重建适应老龄社会要求的劳动就业体系，从而让年轻人和老年人都能找到发展空间。

最后，要着力解决影响老年人再就业的卡点瓶颈问题。一是落实开发老年人力资源的政策导向，完善相关法律法规，为老年人再就业创造良好环境。二是消除劳动就业上的年龄歧视，在优先保障解决年轻人就业问题的同时，倡导相关行业适合的岗位面向老年人开放。三是提供法律培训和法律援助，提升老年人再就业的自我法律保障意识和能力。四是针对招聘信息平台、合同签订、最低薪资水平、劳动条件、税收、劳动仲裁以及工伤、事故和纠纷处理等问题抓紧研究出台具体举措，确保老年人无障碍再就业。

在欧洲、美国、日本等地，很多老年人依然在从事劳动。实际上，除少数艰难困苦的老人外，许多外国低龄健康乃至高龄老年人的再就业体验十分快乐。老后依然能够得到社会的认可，这是人生的乐事。他们的劳动已经不同于年轻时的生计性就业，而是生命意义性就业。这种状况在中国才刚刚上演，这就要求我们不能用年轻社会的尺子来衡量老龄社会的老年人。当然，我们还应该开展的一项重要工作就是避免老后被动，即真正兜住老年人的基本保障问题。

年轻时要艰苦奋斗，为自己为家人为社会创造更多的财富，年老后要追求生命价值和生命意义，从事快乐性劳动。面对老龄社会，我们需要重新建构不分年龄、人人平等、代际互惠和谐的新劳动就业观念、新劳动就业制度、新劳动就业体系。

（发表于《光明日报》2022 年 11 月 22 日）

# 新时代养老保险的创新与发展

李明镇

国务院公布了《国务院办公厅关于推动个人养老金发展的意见》，标志着我国个人养老金制度正式出炉。个人养老金实行个人账户制度，缴费完全由参加人个人承担，实行完全积累。参加人可以用缴纳的个人养老金在符合规定的金融机构或者其依法合规委托的销售渠道购买金融产品。个人养老金制度的实施，是贯彻落实党中央、国务院建立多层次、多支柱养老保险体系和规范发展第三支柱养老保险要求的具体举措，对于满足人民群众多样化养老保险需要具有重要意义。认识个人养老金制度，还需要放到整个养老保险制度层面看，借此机会，着重谈谈新时代养老保险面临的新形势、新任务、新要求以及"三支柱"的统筹安排问题。

## 一、养老保险将面临的新形势

养老保险将面临的形势日益复杂，将应对的挑战也日益严峻，总的来说，简单概括为"三化"，即经济增长速度常态化、人口发展深度老龄化、就业方式日益多元化。

一是经济增长速度常态化。众所周知，经济长期保持超高速增长不是常态，经济长期陷入衰退也不是常态，并且经济体量越大，增长速度越难以保持高速增长。从 2011 年以来，我国经济下行压力不断加大，2011 年 GDP 由上一年的 10.64% 将到 9.55%，2012 年降到 7.86%，此后逐年下降，2017 年为 6.76%，虽略有回升，高于 2016 年 0.02 个百分点，但没有改变大趋势，2018 年又回落并低于 2016 年增速，2019 年为 6.1%，2020 年与上一年持平。经济下行会影响企业生产经营，使就业形势更加严峻，导致工资增长和财政收入增长放缓，对养老保险产生诸多影响，主要体现在两个方面，在微观层面，企业经营压力持续加大，对养老保险统筹基金缴纳部分承受能力会不断降低，甚至会出现欠缴断缴现象，导致参保职工断保，侵害职工的养老保险权益，而如果继续维持原来的养老保险缴费标准，企业经营困难会进一步加剧；在宏观层面，经济下行导致的工资和财政收入放缓会进一步使财政收入和养老保险费征缴收入增长放缓，加大养老保险财政补助压力，甚至会影响到养老保险改革的推进步伐。

二是人口发展深度老龄化。我国人口老龄化发展越来越严峻，2020 年我国 60 岁以上老年人口超 2.64 亿，是世界上唯一一个老年人口过两亿的国家。与经济下行形成鲜明对照的是，我国人口老龄化发展一直是上行并且中间没有回落，2015 年 60 岁以上老年人口为 2.22 亿，占总人口比例为 16.1%，2016 年为 2.31 亿，占比为 16.7%，2019 年为 2.54 亿，占比为 18.1%，2020 年为 2.64 亿，占比上升到 18.7%。当前我国正在以史上最快的速度步入深度老龄化社会，预计到 2025 年 60 岁以上老年人口将达到 3 亿多，之后 65 岁及以上老年人口比例将上升到 14%。随着 1962—1975 年第二轮婴儿潮出生人口步入老年，未来 30 多年中国人口老龄化程度将快速深化。老龄化速度如此之快，给养老制度安排造成了压力。我国传统上以居家养老为主，而家庭结构变化、经济发展和人口迁移使得非正式的养老照护受到影响。不仅如此，快速发展的老龄化还使老年抚养比上升，养老保险基金支出将不断增加。以城镇职工基本养老保险为例，2011 年参保离退休人员 6305 万人、基金总支出 10555 亿元，到 2020 年分别达到 12762 万人、51301 亿元，10 年间领取养老金的人数增长了一倍，基金总支出增了四倍左右。

三是就业方式日益多元化。改革开放以来，特别随着新的科学技术的应用，我国就业结构发生了深刻变化，就业形式也发生巨大变化。从城乡结构看，农村剩余劳动力不断转移，就业人数持续减少，1978 年农村就业人数占总就业人数为 76.31%，到 2019 年下降为 42.89%；从产业机构看，第一产业就业人数持续减少，1991 年占总就业人数的比例为 59.7%，到 2019 年下降到 25.1%，也是 20 世纪 60 年代以来首次降到两亿以下。从就业方式看，从 1991 年到 2019 年的 18 年间，城镇个体就业占比由 3.96% 提高 26.42%，乡村个体和私营企业就业站比分别由 3.36% 和 0.24% 提高到 18.06% 和 24.88%。并且随着新的业态、新的商业模式涌现，有别于长期传统的固定就业的新的就业方式不断发展，劳动关系也越发复杂，灵活就业人员不断增长，有的接受了工作任务，但并不签订劳动合同，有的会同时与不同用人单位建立不同类型的劳动关系。就业结构和就业方式的变化，已经并正在深刻地影响到养老保险制度原本的设计原则和分制基础，影响到养老保险的科学性、合理性和适配性。

## 二、养老保险要迎接的新任务

改革开放初期，经济社会发展水平不高，养老保险主要是如何提供基本生活保障问题，是属于有没有的问题。随着中国特色社会主义进入新时代，全面建成小康社会目标的实现，人民群众的生活水平有了大幅提高，基本生活保障问题已经解决，进而转化为对美好生活的需要，养老保险发展不平衡不充分问题就逐步凸显出来，也就是好不好的问题，也成为养老保险所面临的基本矛盾。解决这一矛盾，成为新时代养老保险发展的主要任务。

一是要推进养老保险现代化。要立足中国特色社会主义的"新三步走"战略，逐步实现未来 30 年的发展目标。按照基本实现国家治理体系能力现代化和基本公共服务均等化、全体人民共同富裕迈出坚实步伐的要求，改革完善养老保险制度体系和管理服务体系，基本实现养老保险现代化。按照实现国家治理体系和治理能力现代化、全体人民共同富裕基本实现、我国人民将享有更加幸福安康的生活要求，进一步改革完善养老保险制度体系和管理服务体系，确保养老保险现代化全面实现。

二是要逐步完善制度的保障功能。过去主要是解决有没有、提供基本生活保障的问题，遵循的是"广覆盖、保基本、多层次、可持续"的方针，在覆盖人群、保障内容、待遇支付和基金运作等方面都做了很多限定，导致了多层次、多支柱的制度建设缓慢，保障功能不够健全，已有的功能发挥不充分，待遇确定和调整机制不完善。要在充分发挥现有保障功能的基础上，加快多层次体系建设，不断拓展完善制度保障功能，满足人民群众的养老保险需求。

三是要着力提高制度的统一性。过去为了快速发展养老保险，采取了集中和分散相结合的发展模式，造成了区域间、人群间的差异，主要是在费用负担、待遇水平方面存在较大差异，统筹层次普遍较低，这种差异体现在制度统一性、公平性较差，也增加了不同地区、不同制度间转移接续的难度。要提高统筹层次，尽快实现基本养老保险全国统筹，要在整合统一呈现基本养老保险的基础上，统筹企业职工、机关事业单位和城乡居民养老保险制度，在更高层面、更好程度上实现统一，消除不同区域间、人群间的不平衡性。

四是要不断增强基金的安全性。新形势下，面对越发突出的总体负担偏高、区域间负担不均衡、企业和个人负担不合理，要改革完善养老保险基金筹集机制，促进负担的合理性，提高基金的安全性，保障基金可持续。要将企业和个人缴费基数及缴费率确定权集中到中央和省一级，取消地市一级自行确定的权限，缩小省一级根据本地情况调整的范围和幅度。进一步明确各级政府的责任，对企业职工养老保险历史债务的补偿，通过加大财政补助力度，划拨国有资本充实基金，加大基金投资运营，不断提高收益水平，增强保值增值能力。

## 三、养老保险应进行的新探索

我国养老保险三支柱的制度框架已经基本形成，但各支柱发展不均衡。如何实现多支柱养老保险制度体系的均衡发展，形成各司其职、和而不同、各美其美、美美与共的局面，是今后养老保险发展需要着力探索的重大问题。应该从整个养老保险制度体系的高度出发，完善顶层设计，逐步降低第一支柱缴费负担和支付压力的基础上，为第二支柱和第三支柱发展腾出空间，促进养老保险三支柱协调发展。

一是筑牢第一支柱。城镇职工养老保险已经是第一支柱中发挥实质支持作用的重要组成部分，而城乡居民养老保险还存在基础养老金偏低、个人缴费意愿不高、缴费标准偏低等问题，要逐步健全缴费机制，并与居民收入物价水平挂钩。要坚持保基本、兜底线的原则，在夯实缴费基数的前提下，逐步降低缴费费率标准，将现行的基本养老保险个人账户调整纳入到第二支柱作为未来的制度设计方向进行研究。

二是加固第二支柱。要大力推进职业年金和企业年金制度，不断多大年金制度覆盖面，不断优化年金治理框架，通过将第一支柱所降的缴费转入第二支柱的政策设计，实现第二支柱由自愿参加向强制实施模式转变，从而提高在养老保险制度体系中所占比重。

三是建好第三支柱。随着老龄化的发展、经济社会的变化，第三支柱商业养老保险在社会保障体系中的地位和作用越来越重要，但目前在整个老年保障体系中发挥的作用还很有限，这次个人养老金政策的出台可以说是正当其时，要大力宣传政策，提升个人养老储备意识，不断完善个人养老金的优惠政策措施，鼓励引导个人购买养老金产品，引导金融机构研发提供多样化、个性化的养老财富管理产品，通过规范有序的市场化竞争提高个人养老储备、提高个人金融服务水平。

（收入 2022 年创新个人养老金管理与探索智能养老服务研讨会文集）

# 健康战略背景下我国医养结合政策新进展①

## 王莉莉

　　"七普"数据表明，截至 2020 年 11 月 1 日，我国 60 岁及以上老年人口已达到 2.64 亿，人口老龄化程度已经达到 18.7%，且高龄老年人口的数量和比例进一步提高。以往的研究表明，人口平均预期寿命的延长与自理能力的下降紧密联系，即老龄化与失能化往往同时发生②，老年人的养老服务需求和健康服务需求与日俱增。从国际历史经验来看，推进以人为本、适应多元化需求的整合型连续型服务，是各国发展健康养老服务之本。因此，利用政策创新与模式创新，实现医疗和养老资源的有效整合，推动"医养结合"服务体系的建设，已经成为新形势下我国积极应对老龄化、满足老年人群美好晚年生活的重要举措。尤其是在积极应对人口老龄化和"健康中国"的国家战略背景下，我国医养结合政策密集出台，医养结合模式不断创新，渐成体系。

① 基金项目：主动健康和老龄化科技应对重点专项"医养结合服务模式与规范的应用示范"（项目编号：2020YFC2006100）；北京社科基金项目"'服务链'视域下北京市居家养老服务供需匹配研究"（项目编号：19S R B006）。

② 谷应雯，尚越. 中国失能老人照护模式选择及其影响因素分析——基于非正式照护与正式照护的关系 [J]. 卫生经济研究，2021（1）.

# 一、医养结合政策密集出台的现实背景

## （一）老龄社会背景下人的需求更加多元

我国不断提高的人口老龄化与持续较低的生育水平表明，我国将在较长一段时期内处于快速发展的老龄社会已成为基本国情。这一基本国情对我国政治、经济、社会、文化的影响是全面、深入且持久的，具体在服务供给方面，则更加复杂与多元。日益增长的老年人群在规模不断扩大，需求不断增加的同时，也面临着需求层次的变化与升级。对于中高龄老年人群来讲，健康、医疗、康复、护理等服务已经成为刚性需求，他们不仅需要生活照料、长期护理，对医疗卫生服务的需求也更加强烈。而对于低龄老年人或者即将进入老年期的准老年人来讲，他们在筹谋晚年生活时，更加需要的是健康管理、疾病预防、慢病管理等服务，他们对于老年生活的品质需求更高，对相关医疗卫生服务的需求更加多元。因此，早在 2011 年国务院印发的《中国老龄事业"十二五"规划》中，就已经明确提出要"推进养护、医护型养老机构建设"，即已经开始在老龄服务中强调医疗和养老的服务结合。

## （二）医疗与养老服务的融合发展与供给是必然趋势

从供给端来看，为了满足人们老年期的医疗、养老服务需求，目前我国老年健康服务与养老服务都在快速发展。但一方面，医疗结构在开展养老服务方面"捉襟见肘"。许多医疗机构本身业务工作繁忙，无力开展养老服务，而老年人长期住院造成的"压床"现象也会造成医疗资源的过度占用与浪费，他们亟须向专业的长期照料机构分流"压床患者"，以提高病床的周转率和机构效益。另一方面，养老机构在提供医疗服务方面却"有心无力"。对于大部分养老机构、特别是中小型养老机构来讲，拥有专业的医疗设施与医护人员队伍是需要投入较大成本，且存在一定实际困难，大部分医护人员并不愿意到养老机构工作。此外，养老机构对纳入医保定点和对医疗卫生机构的专业服务指导与绿色服务通道需求强烈。因此，在老龄社会不断发展、老年人口的医疗、照料、康复需求日益增长的背景下，医疗与养老服务资源的融合发展已经成为大势所趋。

### （三）"医养结合"是"健康中国"战略下积极应对人口老龄化的重要内容

根据以往学者的研究，目前我国老年人口的残障期正在不断扩张，功能缺损寿命在余寿中的比重不断扩大，从而使老年人对照料和护理的需求进一步增大。同时，伴随着老龄化程度的不断加深和老年人口数量的不断提高，我国人口的疾病谱系也在发生着重大的变化，已经开始由传染性疾病为主的模式转向以慢性病为主的模式。根据中国老龄科学研究中心 2015 年 "中国城乡老年人口生活状况抽样调查" 的数据显示，我国城市老年人当中患有慢性病的比例高达 82.0%，农村老年人患有慢性病的比例则高达 83.4%，同时患有两种及以上慢性病的老年人比例达 50.5%，在 80 岁及以上老年人中，患有一种及以上慢性病的比例高达 88.3%。疾病谱系的变化，使老年人健康管理、疾病预防、康复护理等方面的服务需求不断提高，医疗费用开支不断膨胀，这已经成为大多数国家面临的现实问题。因此，健康国家战略已经成为世界趋势，中国也于 2016 年 10 月 25 日发布了《"健康中国 2030" 规划纲要》，提出了普及健康生活、优化健康服务、完善健康保障、建设健康环境、发展健康产业等五个方面的战略任务。其中，医养结合已成为其中的重要内容之一。

## 二、我国医养结合政策的发展脉络

我国的医养结合政策体系是伴随着中国老龄化进程而逐渐完善的，总体来看，我国的医养结合政策前后大致经历了四个阶段。

### （一）酝酿萌芽阶段

随着人口老龄化程度的不断加深，老年人照料和护理问题日渐突出。

在家庭养老功能日渐式微的背景下，为了满足人民群众日益增长的养老服务需求，我国于 2011 年提出了加快建立以居家为基础、社区为依托、机构为支撑的社会养老服务体系。并于 2011 年 12 月印发了《社会养老服务体系建设规划（2011—2015 年）》，提出机构养老要具备为老年人提供突发性疾病和其他紧急情况的应急处置救援服务能力，鼓励老年养护机构中内设医疗机构，并提出重点推进医护型养老设施建设。紧接着，国务院办公厅又印发了《社区服务体系建设规划（2011—2015 年）》，指出开展面向全体社区居民的包含医疗卫生在内的服务项目，满足老年人、残疾人等社会群体的服务需求，开展老年人保健服务。

医养结合政策的发展过程，是我国在老龄化进程中对医养结合认识不断深化和细化的过程。2011 年出台的这两个政策尽管还未明确提出医养结合这一概念，但是在政策内容中已经开始对满足老年人康复护理的需求予以重视。此时，作为社会养老服务体系建设的起步阶段，满足老年人康复护理需求和开展紧急救援工作被视为机构养老的服务功能之一，其目的是建立与人口老龄化进程相适应、与经济社会发展水平相协调的社会养老服务体系，实现"老有所养"的战略目标和"优先发展社会养老服务"的要求。这两个政策的发文机关都是国务院办公厅，其他政府部门还没有开展医养结合的相关工作，但是可以看出，有关医疗和养老相融合的理念已经处于萌芽阶段，相关工作已在酝酿之中。

（二）正式确立阶段

"十二五"期间，我国社会养老服务体系初步建立，老龄事业和产业取得快速发展。但同时，老龄服务市场化不足、供需失衡等问题也日益明显。同时，老年人在长期照护服务中对医疗卫生、健康服务的需求也越加突出，养老服务与医疗卫生服务的融合发展呼声日益强烈。在此背景下，国务院办公厅于 2013 年 9 月印发了《关于加快发展养老服务业的若干意见》，明确提出将"积极推进医疗卫生与养老服务相结合"作为养老服务业发展的六大主要任务之一，成为我国医养结合政策的原点。同时，国务院办公厅又印发了《关于促进健康服务业发展的若干意见》，明确提出要"推进医疗机构与养老机构等加强合作"，并提出应在养老服务中充分融入健康理念，加强医疗机构和养老机构间的业务协作，增强服务能力，统筹医疗服务与养老服务资源等要求，并鼓励做好健康延伸服务。

随着我国社会养老服务体系的逐步建立，以及医疗卫生体制改革取得的成效，医疗卫生和养老服务相结合已经成为一个正式的命题，并形成指导性意见。此后，有关医养结合政策的出台也大多以2013年这两个文件为指导，从提出鼓励养老机构中设置医疗机构，到正式提出将医疗卫生服务与养老服务相结合、推进医疗机构与养老机构的合作，我国医养结合工作已经更进了一步。养老服务与医疗服务、健康服务已经紧密地结合在一起。将医疗服务与养老服务相结合已经不仅仅是简单地满足老年人的医疗需求，同样也是建设健康中国的题中应有之义。在发文机关上，民政部、国家发展改革委、国家卫生计生委等各个行政部门开始陆续出台或牵头出台相应的政策，落实医养结合工作，教育部、财政部、人力资源社会保障部等部门均有参与。在政策内容上，逐步细化和深化，涉及范围更加广泛，既有宏观性政策，也涉及具体落实方面的政策。关于医养结合的相关概念也在这一阶段得到了明晰和规范，医养结合政策取得了长足发展，相关工作得到了良好落实，为下一步工作的开展奠定了基础。

### （三）加速发展阶段

随着我国人口老龄化程度的进一步加深，老年人的医疗卫生服务和养老服务需求的叠加趋势越加明显，对医疗卫生和养老服务资源的融合发展提出了更为迫切的需求，为此，国家和相关部门出台了一系列推进医养结合发展的政策文件，包括：2014年，国家发展改革委联合民政部、财政部等9个部门共同印发《关于加快推进健康与养老服务工程建设的通知》，明确指出养老服务体系包括社区老年人日间照料中心、老年养护院、养老院和医养结合服务设施、农村养老服务设施等4类项目。2015年3月，国务院办公厅印发《全国医疗卫生服务体系规划纲要（2015—

2020 年）》，正式明确了"医养结合"的概念，并以专门的篇幅对推进医疗机构与养老机构的合作、发展社区健康养老服务方面提出了明确要求。

2015 年 4 月，国务院办公厅发布了《中医药健康服务发展规划（2015—2020 年）》，提出了积极发展中医药健康养老服务，推动中医医院参与养老服务及养生保健、医疗、康复、护理服务，并开展中医药健康养老服务试点项目。同年 11 月，卫生计生委和中医药管理局又联合发布了《进一步规范社区卫生服务管理和提升服务质量的指导意见》，鼓励社区卫生服务机构与养老服务机构开展多种形式的合作，加强与相关部门配合，协同推进医养结合服务模式。同月，国务院办公厅转发了国家卫生计生委等 8 个部门联合发布的《关于推进医疗卫生与养老服务相结合的指导意见》，正式落实对医养结合的相关要求。文件明确提出了"医养结合机构"的概念，并对医养结合发展的原则、目标、重点任务、保障措施、组织实施等进行了明确要求，成为医养结合政策中一个重要的里程碑，极大地促进了各地医养结合服务的发展与模式的探索。

（四）深化完善阶段

进入"十三五"之后，我国着力推进"健康中国"战略和积极应对人口老龄化战略，医养结合政策开始进入正式试点实施阶段。

2016 年 1 月，国家卫生计生委印发了《2016 年卫生计生委工作要点》，明确提出启动医养结合项目试点，并将其作为加快推进医药卫生体制改革中的一部分。同年 2 月，国务院办公厅印发了《关于中医药发展战略规划纲要（2016—2030 年）的通知》，提出发展中医药健康养老服务，促进中医医疗资源进入养老机构、社区和居民家庭，探索设立中医药特色医养结合机构，建设一批医养结合示范基地。同年 3 月、4 月，国家卫生计生委办公厅、民政部等多部门又相继联合下发了《医养结合重点任务分工方案》《关于做好医养结合服务机构许可工作的通知》，进一步推动医养结合工作的落地实施与流程简化。2016 年 5 月，国家卫生计生委办公厅和民政部办公厅联合下发了《关于遴选国家级医养结合试点单位的通知》，正式启动国家级医养结合试点工作。同时，在这一阶段发布的《"十三五"卫生与健康规划》《"十三五"健康老龄化规划》等专项规划中，都对医养结合服务的工作提出了明确要求，特别是从市场的角度提出了发展医养结合等新兴消费，支持社会力量提供医养结合服务等精神。2017年5月，国务院办公厅印发了《关于支持社会力量提供多层次多样化医疗服务的意见》，明确提出推动发展多业态融合服务，促进医疗与养老融合，支持兴办医养结合机构。同年11月，国家卫生计生委又印发《关于养老机构内部设置医疗机构取消行政审批实行备案管理的通知》，推进医疗领域放管服改革，对部分养老机构内设医疗机构取消行政审批，实行备案管理。2019年10月，国家卫生健康委就进一步推进医养结合工作，专门印发了《关于深入推进医养结合发展的若干意见》。提出了包括强化医疗卫生与养老服务衔接、推进医养结合机构"放管服"改革、加大政府支持力度减轻税费负担、优化保障政策等，进一步加大了对医养结合工作的政策支持力度，政策导向更加明确，政策措施更加具体，极大地促进了各地医养结合工作的开展。

"十三五"之后，我国的医养结合政策的顶层设计进一步完善，政策开始向具体操作层面延伸，可行性、可实施的工作逐渐增多，政策文件的内容与要求也更加具体与细致，包括医养结合的工作重点以及负责单位，医养结合的相关标准、规范、监测、评估等工作也开始逐渐推进，相关部门之间的合作也开始更加频繁，在中医药、膳食营养、慢病防治、医联体建设等方面均开始提出发展医养结合服务。医养结合方面的"放管服"改革进一步加大，相关行政审批程序更加简便，可操作性越来越强，政策指引、支持医养结合服务的效应越加明显。

## 三、我国医养结合政策的主要进展

### （一）完善顶层设计，从战略高度推动医养结合

一是明确了医养结合是我国养老服务体系的重要内容之一。"十二五"期间，根据《中国老龄事业发展"十二五"规划》的要求，我

国不断建立完善了"以居家为基础、社区为依托、机构为支撑的养老服务体系"，但在发展过程中，养老对于医疗卫生资源的需求日益明显。因此，在 2015 年 10 月 30 日公布的党的十八届五中全会会议公报上，明确提出了"推进健康中国建设""积极开展应对人口老龄化行动，推动医疗卫生和养老服务相结合"。2017 年 2 月国务院办公厅下发的《"十三五"国家老龄事业发展和养老体系建设规划》，明确提出要构建"居家为基础、社区为依托、机构为补充、医养相结合的养老服务体系"，这是在我国养老服务体系的内容中首次明确提出"医养相结合"的具体要求。二是将医养结合作为促进健康老龄化的重要举措，体现在"健康中国"战略中。2016 年 10 月 25 日，中共中央、国务院发布了《"健康中国 2030"规划纲要》，明确提出要"推动医养结合，为老年人提供治疗期住院、康复期护理、稳定期生活照料、安宁疗护一体化的健康和养老服务"，并"鼓励社会力量兴办医养结合机构"。2017 年 10 月 18 日，党的十九大召开，在会议公报中明确提出"实施健康中国战略"，并从国家战略的高度提出要"推进医养结合，加快老龄事业和产业发展"。三是全面加快推进医养结合工作。"十二五"后期，我国医养结合的工作加快推动，特别是在国家顶层设计不断提出要加强医养结合工作的背景下，我国医养结合政策进一步加快推动。2015 年，国务院办公厅转发了卫生计生委等部门《关于推进医疗卫生与养老服务相结合的指导意见》，于 2016 年在全国范围内正式开启了国家级医养结合的试点工作，并于 2019 年由国家卫健委下发了《关于深入推进医养结合发展的若干意见》。这些文件从发展医养结合的重要性、发展原则与目标、重点任务、重点工作、保障措施等内容，明确了医养结合的路径与步骤，是推进我国医养结合政策与实践的重要文件。

（二）注重实践总结，加快推进医养结合试点工作

为了进一步鼓励和推动地方进行医养结合的模式创新与探索，国家于 2016 年开始在全国范围内开展国家级医养结合试点工作，并于 2020 年启动了老龄健康医养结合远程协同服务试点工作。这些试点机构的选

择，在很大程度上推动了地方先行先试，积极探索、创新医养结合的政策与实践，包括：一是体制机制创新。特别是在医疗卫生机构和养老机构分属于不同部门管理的情况下，如何构建有分有合、统分结合的共同管理监督模式，是各地医养结合试点的体制机制创新的重要内容。此外，深化医养结合机构"放管服"改革，简化医养结合机构审批登记，放开市场、鼓励社会力量积极参与发展医养康养产业等，都是地方试点在医养结合实施中的重点内容。二是政策创新。特别是医养结合的优惠扶持政策，包括保障土地供应、加大投入支持、拓宽投融资渠道，特别是在支付端，许多地方都加大了医保支持力度，并结合长期护理保险试点，协同推进医养结合的政策扶持力度。三是模式创新。在原有比较多的医办养、养办医的基础上，进一步创新医疗卫生服务与养老服务资源的融合模式，鼓励更多基层医疗卫生机构拓展、推进康复、护理服务，鼓励公办医院转型、拓展康复、护理服务，鼓励社会力量举办医养结合机构，鼓励在社区、居家层面上的医养融合服务，推进基于信息技术、互联网的远程协同医养结合服务新模式等。

## （三）加大扶持力度，进一步放开医养结合市场

在"健康中国"和"积极应对人口老龄化"的国家战略中，健康产业和"银发经济"已经成为重要内容。十九届五中全会明确提出要加快发展健康产业、发展"银发经济"，医养结合作为兼具健康产业和老龄产业特点的重要领域，已经成为目前政策扶持和社会力量普遍关注的重要板块。一是在发展理念上，已经明确树立了政府主导、市场发展的方向。在《健康中国"2030"规划纲要》《国务院关于加快发展养老服务业的若干意见》《国务院关于加快发展健康服务业的若干意见》等涉及健康、养老的重要文件中，均对发展健康产业、健康养老服务等内容进行了专门部署，并在投融资政策、土地供应政策、税费优惠政策、补贴支持政策、人才培养和就业政策等方面均做出了具体安排。二是加大"放管服"改革，加快促进医养结合发展。为加快推进医疗领域"放管服"改革，国家卫生计生委于2017年11月发布了《关于养老机构内部设置医疗机构

取消行政审批实行备案管理的通知》，明确要求养老机构内部设置诊所、卫生所（室）、医务室、护理站，取消行政审批，实行备案管理。并于2019年又联合民政、发改委、财政部等相关部门联合下发了《关于深入推进医养结合发展的若干意见》，进一步提出推进医养结合机构"放管服"改革。鼓励社会力量举办医养结合机构，明确提出政府对社会办医养结合机构区域总量不做规划限制，按照"非禁即入"的原则，不得设置并全面清理取消没有法律法规依据和不合理的前置审批事项，没有法律法规依据不得限制社会办医养结合机构的经营性质，极大地促进了社会力量兴办医养结合机构的积极性。三是进一步加大产业发展的政策扶持力度。鼓励公立医院通过招标方式确定养老服务的收费标准，提高公立医疗机构开展相关养老服务的积极性。在企业所得税、房产税、城镇土地使用税、小微企业财税、水电气热、行政事业性收费等方面都给予了相关机构一定的优惠政策。不断加大财政投入，将社会福利事业的彩票公益金用于适当支持医养结合服务，并且不断加大金融支持力度，鼓励各地探索不同方式的投融资渠道，用于支持医养结合领域的发展。

### （四）推动服务下沉，更加注重社区层面的医养融合

社区一直是我国养老服务体系和医疗卫生体系的重要阵地，但从整体来看，无论是在我国的社会养老服务体系，还是在医疗卫生体系建设中，基层社区的养老服务和医疗卫生服务一直没有得到充分的发展。因此，如何更好地融合社区基层卫生服务机构和养老服务机构的服务资源，一直是政策和实践不断探索完善的方面。一是进一步推进社区卫生服务能力。持续推进以健康档案、健康管理、家庭医生、康复护理等为主要内容的基层医疗卫生服务，明确提出每千常住人口基层医疗卫生机构床位数达到 1.2 张的目标，实施社区卫生服务提升工程和基层中医药服务能力提升工程等。二是持续加强社区和居家养老服务能力。目前，我国的社区养老服务已经基本达到了基本养老服务全覆盖，基本养老服务设施在城市社区实现全覆盖。2016 年民政部等部门开始在全国范围内进行居家和社区养老服务改革试点，进一步探索和完善居家与社区养老服务模

式。此外，在税费减免、资金支持、水电气热等优惠措施方面政府也给予了有力保障。在政策鼓励支持下，北京、上海等地在居家、社区养老支持政策以及服务模式等方面都有了许多创新的做法与经验。三是积极推进医疗卫生服务资源和养老服务资源在社区层面的融合发展。包括为65岁以上老年人提供健康管理服务，为困难老年人提供定期体检、上门巡诊、家庭病床、社区护理、健康管理等基本服务。与老年人家庭建立签约服务关系，为老年人提供连续性的健康管理服务和医疗服务等。

### （五）提升服务质量，加强完善相关标准与规范体系

一是在全国范围内开展养老院服务质量建设专项行动。为落实习近平总书记关于提高养老院服务质量的重要指示精神，自2017年以来，民政部会同有关部门在全国范围内连续实施养老院服务质量建设专项行动，专门下发了《关于开展养老院服务质量建设专项行动的通知》《关于做好2020年养老院服务质量建设专项行动工作的通知》等文件，围绕养老院的服务质量、医疗服务、安全管理、服务人员素质、服务监督、业务管理等各个方面进行了持续的专项行动，有效地提升了养老机构的养老与医疗服务能力与水平。二是不断完善老年人需求评估与失能评估标准。2019年，国家卫生健康委员会等部门联合下发了《关于开展老年护理需求评估和规范服务工作的通知》，明确了老年人能力评估的标准、护理需求等级评定、护理服务需求评定等标准。2020年，民政部等相关部门又联合下发了《长期护理失能等级评估标准（试行）》，从日常生活活动能力、认知能力、感知觉和沟通能力等不同方面对老年人的失能等级的标准进行了统一规定，建立了全国统一的长期护理失能等级评估标准，为精准服务与精准保障提供了重要的基础。三是不断规范医养结合机构的建设与服务标准。包括国家卫生计生委发布的《养老机构医务室基本标准（试行）》《养老机构护理站基本标准（试行）》《关于印发康复医疗中心、护理中心基本标准和管理规范（试行）的通知》，国家卫生健康委发布的《医养结合机构服务指南（试行）》《医养结合机构管理指南（试行）》，民政部等部门发布的《民政部关于加快建立全国统一养老机构等

级评定体系的指导意见》《养老机构生活照料服务规范》《养老机构服务标准体系建设指南》《养老机构老年人健康档案管理规范》《养老机构社会工作服务规范》《养老机构服务安全基本规范》等系列文件，都分别从机构建设、机构管理、服务项目、服务内容、服务流程、服务监督、服务满意度等不同方面进行了标准与规范的统一，对建立起精准、有效的医养结合服务体系提供了坚实的保障。

（六）积极鼓励支持，充分发挥中医药在医养结合中的作用

一是将发挥中医药作用提高到"健康中国"战略内容中。近年来，国家开始更加重视发挥中医药在疾病预防、治疗以及康复中的重要作用，《"健康中国2030"规划纲要》中明确提出要充分发挥"中医药在治未病中的主导作用、在重大疾病治疗中的协同作用、在疾病康复中的核心作用"。并且从提高中医药服务能力、发展中医养生保健治未病服务、推进中医药继承创新等不同层面进行了战略部署。二是将中医药服务项目作为医养结合的重要服务内容之一。《关于推进医疗卫生与养老服务相结合的指导意见》中明确指出了在医疗卫生机构和养老机构开展合作时，鼓励医疗卫生机构为养老机构的入住老年人提供包含中医养生保健等在内的多种健康服务，并且鼓励"有相关专业特长的医师及专业人员在养老机构规范内开展疾病预防、营养、中医调理养生等非诊疗行为的健康服务"。并且鼓励养老机构根据需求和自身能力，申办中医医院等医疗卫生机构。三是更加注重中医药在医养结合中的疾病预防、健康管理、康复护理功能。包括发展中医非药物疗法、健全中医医疗保健服务体系、鼓励中医医院与养老机构开展合作，提供中医特色康复服务等，都是政策鼓励和引导的方向。

（七）提升科技助力，积极发挥"互联网+"在医养结合中的作用

信息化社会的快速发展不断推动着互联网与健康、养老等服务的加速融合。运用互联网、物联网和大数据等信息技术，推动医养结合向信

息化、智能化方向发展已成为目前政策引导的又一趋势。一是大力开展智慧健康养老应用试点工作。2017 年，工业和信息化部等部门下发了《关于印发〈智慧健康养老产业发展行动计划（2017—2020 年）〉的通知》，明确要求推广智慧健康医疗服务，并提出了包括慢性病管理、居家健康医疗、个性化健康管理、互联网健康咨询、生活照护、养老机构信息化服务等在内的智慧健康养老服务推广工程，并随之在全国范围内开展智慧健康养老应用试点工作。二是积极推动"互联网＋"健康服务发展。根据《"健康中国 2030"规划纲要》和《关于积极推进"互联网＋"行动的指导意见》，国务院办公厅于 2018 年下发了《关于促进互联网＋医疗健康发展的意见》，明确提出要发展互联网与医疗、公共卫生、家庭医生签约、药品供应保障、医疗保障结算、医学教育和科普、人工智能应用等方面的融合服务。2019 年，国家卫生健康委又下发了《关于开展"互联网＋护理服务"试点工作的通知》，要求在全国范围内开展"互联网＋护理服务"的试点工作，重点针对高龄、失能、康复期患者等行动不便人群，依托互联网信息技术平台，由机构注册护士提供慢病管理、康复护理、专项护理、健康教育、安宁疗护等护理服务，将服务延伸至社区和家庭。三是加快实施"互联网＋养老"行动。2019 年，国务院办公厅下发了《关于推进养老服务发展的意见》，明确提出要实施"互联网＋养老"行动，要求在全国建设一批"智慧养老院"，利用目前的远程智能技术、物联网、互联网等信息技术，建立对老年人"智慧养老"服务模式，提高对老年人服务的效率与安全防护。

### （八）多措并举，加快医养结合服务人才培养

一是继续加快养老服务业人才培养。2014 年教育部等 9 部门联合下发了《关于加快推进养老服务业人才培养的意见》，对养老服务业相关专业的教育体系建设、提高教学质量、加强继续教育以及志愿服务、毕业生就业等进行了专门部署，并配套了相应的扶持政策。同年，还在全国范围内遴选全国职业院校养老服务类示范专业点，很好地促进了养老服务业人才教育与培养的发展。二是加强医疗护理员职业培训与管理。在

医养结合不断推进的过程中，加强对医疗护理员的培训与管理，是近年来国家卫生健康委在加强医养结合人才培养中的又一举措。2019 年，国家卫生健康委下发了《关于加强医疗护理员培训和规范管理工作的通知》，明确了医疗护理员的具体条件与培训内容，要求各地依托辖区内相关机构开展医疗护理员的培训工作，并对培训大纲进行了统一要求。并在《关于深入推进医养结合发展的若干意见》中，明确提出医养结合机构要有限招聘培训合格的医疗护理员和养老护理员。三是不断扩大医养结合服务队伍。除了养老护理员和医疗护理员的专业教育、职业培训之外，政策还积极引导与支持医务人员从事医养结合服务，包括支持医务人员到医养结合机构执业、鼓励退休的医务人员到医养结合机构执业、志愿服务组织与医养结合机构结对开展服务等。

## 四、目前政策制定和实施中存在的主要问题

### （一）对医养结合的认识存在误差

一是对"医"的认识存在误差，认为医养结合中的"医"就是医疗的"医"，就是诊疗的"医"，是疾病罹患之后基于诊断、治疗的"医"。二是对"养"的认识存在误差，认为医养结合中的"养"就是养老的"养"，是针对老年人单方面供养的"养"。[①]三是对"医养结合"的认识存在误差，认为医养结合就是简单的"医疗＋养老"或者"养老＋医疗"。事实上，在健康中国的战略背景下，这里的"医"已经上升到了健康的范畴，是包含了健康管理、疾病预防、疾病诊治、康复护理等全方位、全周期的老龄健康服务。而对于"养"，普遍地已经认为老年人的"养"不再仅仅是一个经济和照料的问题，而是包含了经济、身体、心理、参与等多方面的老年期服务。因此，对于医养结合的认识就不能简单地等同于目前的医疗和养老资源的叠加，而是需要从更大的范围针对人们在老年期对于健康、养老的服务需求，来进行不同方式、不同程度的服务

---

① 李志宏 . 医养结合：问题缘起、实践偏差与破解之路 [J]. 老龄科学研究，2018（12）.

资源的对接与融合。

## （二）政策协调融合性不足

医养结合事实上是一种医疗服务与养老服务资源的深度融合，包括服务内容、管理、标准、人才、服务输送等多方面、多层次的融合，这不仅涉及两个不同体系上服务资源的对接、融合，更涉及政策、标准、规范等方面的衔接与整合，它不仅需要理论、实践上的深层次融合，更需要政策、管理部门上的有效沟通与对接。但从目前的实际来看，医养结合涉及医疗卫生、医疗服务、医疗保障等多块业务，涉及卫健、民政、医保等多个部门，在政策体系、管理理念、服务标准、人才培养、监管体系等方面存在着明显的部门分割与政策碎片，部门间联动机制的形成尚需时日，政策体系间的衔接融合还需要进一步提高。

## （三）稳定可持续的支付机制尚未建立

目前我国老年人支付医养结合服务中的资金来源主要是自费和医保报销，商业保险所占的比例还比较小。其中医保支付的部分依然主要集中在疾病诊疗阶段，对于康复护理、术后护理的筹资与支付模式依然很不完善。在目前的医养结合运营模式中，对医保的依赖逐渐加重，很多地区的长期护理保险试点与现行的医疗保障制度捆绑在一起，筹资模式单一，资金来源匮乏，可持续性发展不足，不仅给医保制度的可持续运行带来压力，也成为制约医养结合服务长期、稳定、健康发展的重要因素。此外，对于医养结合服务的评估标准、定价机制也缺乏规范，无论是养老机构还是医疗卫生机构，在开设医养结合服务项目时，定价太低，无法兼顾运营成本，特别是难以调动医疗卫生机构积极性，定价太高，大多数老年人及其家庭消费不起，且由于享受的财政补贴不同，是否享受医保报销的情况不同，不同机构在定价方面也缺乏统一规范，整体价格形成机制尚未确立。[①]

---

① 聂建亮，曹梦迪，吴玉锋．深入推进医养结合的障碍与发展策略 [J]. 卫生经济研究，2021（7）.

## （四）医养结合服务的模式单一

从目前我国医养结合的发展现状来看，主要的服务模式大都集中在养老机构内设医务室或医疗机构，医疗机构增设长期照护服务或单独开辟养老服务区域，另一种是养老机构与医疗机构开展服务对接，享受医疗机构给养老机构带来的服务便利。且主要的服务对接更多地集中在急病救治、疾病诊疗过程，针对大多数老年人健康管理、疾病预防、术后康复、长期照护过程中医疗与养老服务融合内容较少，且主要集中在机构老年人当中。对于大多数居家、社区的老年人来讲，面临着居家、社区养老服务本身发展滞后、基层医疗卫生机构延伸服务不足的双重困境。

## （五）农村医养结合服务发展滞后

与城市地区不同，农村地区无论是在养老服务还是在医疗卫生服务方面，都存在着明显的短板。这一方面是公共服务体系长期以来的城乡、区域差异累积下来的结果，另一方面也与目前社会化养老服务的观念还没有得到广泛普及，特别是在农村地区，无论是老年人还是其家庭成员，对社会化养老服务的接受程度还比较低，在农村养老服务本身就存在短板的情况下，再去融合本就薄弱的基层医疗卫生服务资源，更是捉襟见肘，发展明显滞后。

## （六）相关标准规范体系不统一

我国的医养结合服务目前尚处于探索、试点的过程，医疗卫生系统的服务标准与养老服务系统的服务标准目前仍然处于两种体系内。[①]尽管近年来我国在养老服务内容、需求评估、服务标准、管理规范等各个方面不断加强标准与规范制定，但总体来讲，仍然处于不断发展、完善的过程当中。在这个过程中，既要兼顾自身发展，又要兼顾与医疗卫生服务体系的服务融合、标准衔接、规范统一，仍然面临着许多现实问题。此外，医养结合服务过程中涉及不同部门、不同供给主体，在政策衔接、

---

① 郝晓宁，薄涛，塔娜，刘志.我国医养结合的展望和思考[J].卫生经济研究，2016（11）.

财政补贴、土地供应、医保核算、联合监督、业务管理等方面也存在部门衔接、协调统一的问题，这都给医养结合的深入推进带来了诸多现实困难。

### （七）专业化的人才队伍缺失

一方面专业的养老服务人员队伍一直处于人数少、流动性强的缺失状态，另一方面随着医养结合工作的不断推进，执业医师、执业护士、专业护理人员的缺失状态也日益明显，特别是具有一定专业技能的养老护理员、医疗护理员也存在水平参差不齐，整体素质较低的状态。此外，在管理人员方面，既了解养老机构运营，又了解医疗机构要求的综合型医养结合管理人才更是比较紧缺，大都需要一定基础的专业素养和较长时间的从业经验，才能满足医养结合服务工作的实际需要。

## 五、推进我国医养结合发展的几点建议

### （一）提高医养服务融合认识

目前对医养结合服务的一个比较大的认识或实践误区就是将医疗和养老简单地叠加或者过于强调对于机构硬件的改造与重建，认为医养结合要么是医疗机构增加养老服务，要么是养老机构内设医疗机构，或者投资新建专门的医养结合机构。要正确认识医养结合的内涵，首先就是要明确医养结合的真正目的在于政策的衔接、制度的完善与服务的融合。一是在"健康中国"战略下，国家明确提出要把健康融入所有政策，即我们在制定任何政策时，都要有全民健康、全生命周期健康的视角。因此，在养老服务的政策制定中要始终有提高老年人健康素养的意识。同样，在积极应对人口老龄化的国家战略内涵中，各项政策的制定也必须有积极老龄观的视角。在这样的背景下，医养结合并不仅仅单纯地是一项具体工作的开展，而是未来较长时间里，相关主要部门在制定、出台政策时，都要有的健康和老龄思维。二是医养结合的本质在于服务的融

合，是在现有各类公共服务体系不断发展、完善的基础上，将相关资源整合、服务融合，是在医中养，养中医，要将原有的医疗卫生服务扩大至健康服务，再将健康服务延伸至老年人个体、家庭或机构，在这个过程，医院、养老机构、企业、社区，特别是基层卫生 / 养老机构等各个主体充分发挥不同作用，共同形成一个完整的医养结合服务链。三是要在现有政策、制度的基础上，根据医养结合服务的需求，完善现有政策、标准、规范，出台新的制度，确保各类服务资源的深入融合。

## （二）完善医养结合政策体系

一是加快建立长期护理保险制度。目前各地都已经在进行长期照护保险的试点，但总体来讲目前的试点大都与医保捆绑在一起，要加快总结试点经验，拓宽筹资渠道，出台科学可行、稳定可持续的长期护理保险制度。二是完善医养结合服务市场引导与扶持政策。要充分发挥市场作用，进一步放开市场，探索多种方式，包括政府购买、公建 / 办民营、服务外包等多种形式，鼓励社会力量投入医养结合服务市场，并且在规划、土地、税费优惠等相关政策方面，结合目前已有政策，进一步整合与完善。三是要进一步完善医养结合服务的监督管理机制。进一步明确、统一相关服务内容、服务供给主体、服务需求评估、服务质量评价、服务监督管理的相关标准与规范，责任到部门，不断提高医养结合服务的质量与管理水平。

## （三）创新医养结合服务模式

一是要重点推进医养服务资源在社区、居家层面的融合，目前我国大部分老年人实际居住和活动地主要在家庭和社区，居住在医院、养老机构或其他康复护理机构的老年人总体比例还比较少。在健康中国与积极应对人口老龄化战略背景下，政府、市场、社会等需要在政策、产品与服务、宣传舆论与引导等方面发挥作用，但更重要的是要在基层层面提高包括老年人在内的全体居民的健康素养、健康意识，包括营养膳食、疾病预防、健康管理以及老年人术后的康复指导与运动等。因此，要在大力发展居家、社区养老服务、下沉医疗卫生服务资源的同时，进一步加强医疗、养老等各类服务资源在社区、居家层面的融合，这是未来医养结合最重要的内容。二是要进一步发挥地方和基层组织的创新力量，在原有服务模式的基础上，深入发掘不同服务群体的服务需求，整合资源、因地制宜，创造性地探索不同的医养结合服务模式。特别是在农村地区，可以重点依托乡镇卫生院/所、农村敬老院、福利院等机构，扩大健康知识宣讲、提高健康素养认识、加强疾病预防的普及以及慢性病管理的常识宣传，加大对农村地区老年人的术后康复、指导，在提高农村地区医养服务资源的融合上，着力提高农村老年人的健康素养。

### （四）加强专业人才培养力度

一是继续加强全科医生、康复师、养老护理、医疗护理等专业人才的教育、培训与就业支持体系，在宣传引导、学费减免、就业扶持、职业发展等方面进一步优化政策，加大支持力度，扩大医养结合方面的专业人才储备。二是进一步优化医养结合机构内医护人员与养老护理人员的职称评审与晋升机制，从职业发展道路上为从业人员创造更好的环境，能够吸引人才、留住人才、发展人才，逐渐形成稳定的人才队伍。三是要进一步打破职业和行业的限制，特别是要进一步放开医护人员多点执业的限制，在符合行业监管原则和服务安全、质量的基础上，进一步灵活机制，放宽限制，创造更好的有利于医疗、养老从业人员便利服务、有效对接的机制环境。

### （五）建立多部门联动合作机制

一是要成立以主要业务部门，如卫健委、民政部、中医药局、医保局等在内的相关部门的多部门联动合作机制。[①]联合协调、统筹管理，确保业务之间的精准对接，服务的有效融合，监管的权威有力。二是要进一步完善医养结合服务的标准化体系建设，包括医养结合服务的服务内

---

[①] 郝晓宁，薄涛，塔娜，刘志．我国医养结合的展望和思考[J]．卫生经济研究，2016（11）．

容、需求评估、服务管理、服务标准、服务评价等体系、规范的衔接与统一，促进医养结合服务有据可依、有据可评。三是要加大对医养结合服务的监管力度，在多部门联动合作机制的基础上，以卫健委为牵头单位，形成联合监督机制，在标准、规范统一衔接的基础上，通过不同方式加大监督力度，不断提高医养结合服务的服务水平与服务质量。

（发表于《兰州学刊》2021 年第 12 期）

# 新时代我国老龄健康产业界定、现状及发展趋势①

王莉莉

　　当前，世界经济正在由工业经济向服务经济转型。在中国经济转方式、调结构、促增长的升级过程中，大力推进服务经济发展已成为中国经济转型升级的战略抉择。在健康中国、大健康战略、人口老龄化快速发展并将在较长时间内保持较高程度的背景下，老龄健康产业已成为目前最具发展潜力的产业板块之一，具有巨大的消费市场和发展潜力，具有形成产业集群的突出特点和优势，是老龄产业发展中的优势产业领域。2021年10月14日，全国老龄工作会议在重阳节隆重召开，习近平总书记对老龄工作做出重要指示，强调："贯彻落实积极应对人口老龄化国家战略，把积极老龄观、健康老龄化理念融入经济社会发展全过程"。[1]党的十九届五中全会更是把"积极应对人口老龄化"作为国家战略。在"健康中国"和"积极应对人口老龄化"国家战略的背景下，党和政府高度重视老龄健康产业的发展，先后发布了《关于促进健康服务业发展的若干意见》《关于推进医疗卫生与养老服务相结合的指导意见》《健康中国行动（2019—2030）》《"十四五"健康老龄化规划》《"健康中国2030"规划纲要》等一系列重要政策文件。2022年2月21日，国务院印发了《"十四五"国家老龄事业发展和养老服务体系规划》，进一步明确

---

①　基金项目：科技部国家重点专项课题"医养结合服务模式与规范的应用示范"（2020YFC2006100）；北京社科基金项目"'服务链'视域下北京市居家养老服务供需匹配研究"（19SRB006）。

要求完善老年健康支撑体系，大力发展银发经济，在老年健康教育、预防保健、老年医疗、康复护理、安宁疗护、医养结合等方面都提出了更加具体的要求和部署，为推动和促进中国老龄健康产业的快速发展营造了良好的政策环境。

# 一、研究背景

## （一）快速发展的人口老龄化为老龄健康产业带来巨大消费市场

生育率和死亡率的快速下降，使中国在进入 21 世纪初就迎来了快速发展的人口老龄化，此后中国的人口老龄化进一步发展，成为世界人口老龄化发展较快的国家之一。2000 年中国的老龄化水平已达到 10.46%，人口年龄结构已由典型的成年型年龄结构发展成了老年型年龄结构，此后 10 年，中国的人口老龄化程度继续加深。第七次全国人口普查数据显示，截至 2020 年 11 月 1 日，我国 60 岁及以上老年人口已达 2.64 亿人，人口老龄化程度达到 18.7%。预计到 2025 年我国老年人口将突破 3 亿，2033 年突破 4 亿，2053 年达到峰值 4.87 亿，占全球老年人口的 1/4。中国庞大的人口规模和快速发展的人口老龄化，使中国的老年人口数量增加迅速，并且随着我国医疗水平的进步和人民生活水平的不断提高，人口平均预期寿命的延长，老年人口中高龄老年人口的比例也在不断提高，老年人的健康、医疗、康复、护理等服务需求随之而来，老龄健康产业的市场需求不断提高。

## （二）疾病谱系的发展变化带来健康服务模式的不断创新

伴随着老龄化程度的加深和老年人口数量的不断提高，我国人口的疾病谱系也在发生着重大变化，开始由传染性疾病为主的模式转向以慢性病为主的模式。根据中国老龄科学研究中心 2015 年"中国城乡老年人口生活状况抽样调查"数据显示，我国城市老年人当中患有慢性病的比例高达 82.0%，农村老年人患有慢性病的比例高达 83.4%，同时患有两种及以上慢性病的老年人比例达 50.5%，在 80 岁及以上老年人中，患有一种及以上慢性病的比例高达 88.3%。心脑血管疾病已经成为老年人最主要的慢性疾病，癌症、老年抑郁也已经成为老年人罹患较多的慢性病症，一些新的疾病如阿尔兹海默症、帕金森病已成为许多老人和家庭面临的新的挑战。疾病谱系的变化，使老年人健康管理、疾病预防、康复护理等方面的服务需求不断提高，老年人的健康服务需求正在发生着极大的变化。与此同时，目前的健康服务供给模式也正在发生改变，过去年轻社会背景下以医院为主体，以医疗、诊治为主要服务内容的供给模式，正在转向老龄社会背景下多主体参与，服务供给链不断向上下延伸，服务内容扩展至疾病预防、慢病管理、康复护理等内容的新供给模式。同时，服务供给的方式也更加灵活多变，特别是在信息化技术不断发展的现代社会，服务供给的模式更加多种多样。

（三）老龄健康产业的发展已经上升为国家战略的重要内容

当前，人口老龄化日益成为世界主要国家面临的重要议题。人口老龄化带来的不仅仅是人口结构的变化，更主要的是对经济、社会、文化等的影响。其中，随着老年人口的增多和人口平均预期寿命的增加，医疗费用开支的逐渐膨胀已经成为许多国家面临的现实问题。面对快速发展的人口老龄化，寻求一条"低成本应对人口老龄化"的符合国情的中国道路已成为及时、科学、综合应对人口老龄化的题中应有之义。在这样的背景下，我国不仅提出了"健康中国"的国家战略，更提出了"积极应对人口老龄化"的国家战略，于 2016 年印发了《"健康中国 2030"规划纲要》，明确了未来 15 年内"健康中国"建设的总体战略，将发展健康产业作为其中重要的战略任务。在党的十九届五中全会上，明确提出了"积极应对人口老龄化"的国家战略，并于 2021 年 11 月 18 日印发了《中共中央　国务院关于加强新时代老龄工作的意见》，明确将"完善老年人健康支撑体系"作为重要的工作内容。其中，发挥市场在资源配置中的决定性作用，调动社会力量投入到老龄健康产业中，充分满足不同人群在晚年生活中的各类健康产品与服务需求，已经成为重要的战略内容之一。

## 二、老龄健康产业的概念界定

### （一）老龄健康产业定义

对于何为老龄健康产业，目前还没有统一的定义。学界使用较多的有"老年健康产业""健康养老产业""康养产业"等，概念并不统一。从已有研究看，主要的概念和观点如下：

一是从老年人视角，认为老年健康产业主要是以老年人为中心。将产业内容由过去的老年医疗延伸至服务业、制造业、农业等更大的老年健康产业链，以老年患者社会完好状态、生理状态、心理状态，生命周期全过程为产业链核心，服务内容包括护理、康复、急救、诊治、干预、评估及监测等（庞烨，2020）。[2] 将老年健康产业划分为老年医药服务、老年健康管理、老年保险服务、老年健康服务、老年保健服务、休闲娱乐服务及其他边缘产业。

二是将老龄健康产业视为健康产业和老龄产业的交集。认为老龄健康产业是指能为老年人提供身体和心理等方面的健康产品和服务的直接或间接生产体系，是专门满足老年人健康需求的新兴产业。认为老龄健康产业主要包括老龄医疗服务（老龄医疗服务产业、疾病预防与宣传）、老龄健康管理（老龄健康管理咨询、老龄康复和护理）、老年保险服务（老龄健康保险产业、长期照料保险产业）、老年保健服务（中医药养生服务、老年保健品产业）、老龄休闲娱乐服务（老龄体育运动产业、老龄健康文化与旅游产业）及与之相关的其他边缘性产业等（阮梅花等，2017）。[3]

三是将老龄健康产业视为健康产业与养老服务产业的结合。认为老龄健康产业主要包括对疾病的预防与宣传、老年体育运动产业、老年保健品产业、老年康复和护理产业、老年医药产业、老年健康文化与旅游产业、老年健康管理咨询产业、老年医疗服务、老年健康保险和长期照料保险产业以及与之相关的边缘性产业（张再生等，2014）。[4]

四是从康养角度，更大范围地看待老龄健康产业，将老龄健康产业拓展到康养产业。认为应该将康养产业的边界拓展至在人口老龄化趋势下以促进身心健康、提升生活质量为目的，以康养为核心特色的服务供给、产品生产和信息传播，涵盖多领域、覆盖全生命周期的综合性产业。认为其产业链涵盖康养教育、康养技术开发、康养大数据、康养设备制造、健康咨询管理、医疗保健服务、中医药康养、康养护理、健康养老、体育健身、康养旅游、康养食品、康养地产、康养会展、智慧康养等涉及众多产业领域的综合性产业体系（丁文珺等，2020）。[5]

上述概念从广义或狭义的角度，对老龄健康产业进行了阐述，但就目前而言，关于何为老龄健康产业，仍然没有统一的界定。2019 年 4 月 1 日，国家统计局发布了《健康产业统计分类（2019）》，在这个分类里，首次明确了健康产业的定义，即"以医疗卫生和生物技术、生命科学为基础，以维护、改善和促进人民群众健康为目的，为社会公众提供与健康直接或密切相关的产品（货物和服务）的生产活动集合"。其中，包括中药材种植养殖相关的农、林、牧、渔业（第一产业）；医疗药品与设备器械、保健用食品与器具制造和医疗卫生机构及设施建设，以及非动植物中药材采选等相关的制造、建筑、开采业（第二产业）；医疗卫生、健康保障、健康促进，以及医疗卫生健康产品销售、维修等相关的服务业（第三产业）（王永春，2020）。[6]

本文认为，在界定老龄健康产业概念时，一方面要充分借鉴目前国家统计局对健康产业的相关概念界定，另一方面还要充分考虑以下视角：①生命历程视角，即老龄健康产业的服务对象不仅仅是老年人，应强调的是用于满足人们在增龄过程中预防功能衰退，或者由于功能衰退而产生的各类健康产品和服务需求；②老龄社会视角，即要从老龄社会的新思维，立足老龄社会经济发展的角度来看待这一产业的发展。因此，本文认为，老龄健康产业是在老龄社会条件下，以医疗卫生和生物技术、生命科学为基础，以维护、改善和促进人们在增龄过程中的生命生活质量为目的，为其提供与健康直接或密切相关的产品（货物和服务）的生产活动集合。

## （二）老龄健康产业分类

根据国家统计局《健康产业统计分类（2019）》中将健康产业范围确定为医疗卫生服务，健康事务、健康环境管理与科研技术服务，健康人才教育与健康知识普及，健康促进服务，健康保障与金融服务，智慧健康技术服务，药品及其他健康产品流通服务，其他与健康相关服务，医药制造，医疗仪器设备及器械制造，健康用品、器材与智能设备制造，医疗卫生机构设施建设，中药材种植、养殖和采集等 13 个大类。[7] 本文根据老龄健康产业的特点，将其初步划分为：①老龄医药产业（包括中、西医医药产业）；②老龄健康管理产业（老龄健康教育、疾病预防与宣传、老龄健康管理咨询产业等）；③老龄保健产业（保健品研发与制造、保健服务、中医养生保健产业等）；④老龄医疗康复器械产业（老龄医疗器械、老龄康复/理疗器械产业等）；⑤老龄医疗卫生服务产业（老龄医疗服务产业，包括中、西医医疗服务产业）；⑥老龄康复护理产业；⑦老龄体育休闲产业；⑧老龄健康金融服务产业（老龄健康保险、长期照料保险产业等）；⑨其他相关产业。

## （三）老龄健康产业特征

老龄健康产业具有明显的人力密集型、技术密集型和产业融合性特征。

一是人力密集型特征。老龄健康产业几乎涵盖了一、二、三产业的主要领域，如以中药材种植养殖相关的农林业；以医疗药品与设备器械、保健用食品与器具制造等相关的制造业；以健康管理、医疗卫生、康复护理等为主的服务业。从目前老龄健康产业的发展来看，现阶段还主要集中在医疗卫生、康复护理等需要依靠大量人力资源投入的行业，体现出比较明显的人力密集型。

二是技术密集型特征。随着信息化社会的发展，特别是人工智能、远程医疗以及互联网、物联网等现代信息技术的发展，老龄健康产业中的科技含量将会不断提高，特别是在医疗卫生、健康管理、康复护理等产业领域，对现代医学技术、信息技术等方面的应用将会进一步增大，将越来越体现技术密集型的特点。

三是产业融合性特征。从健康中国的战略发展来看，健康产业与健康事业密不可分。健康战略如果要达到资源的最优配置，必须要充分发挥市场和政府的双重作用。在一些市场性特点较为明显的领域，需要充分发挥市场对资源配置的积极作用，但在公共健康服务、健康教育普及、医疗卫生服务供给等领域，仍然会有部分公共产品和准公共产品的供给。因此，这种产业性和公益性相融合的特点仍然会在一定时期存在。此外，老龄健康产业涉及产业领域众多，在老龄健康产业市场化程度不断扩大的同时，老龄健康产业内部各个行业之间的交叉发展、融合发展的趋势也会越来越明显，产业融合发展的特征将会不断凸显。

## 三、中国老龄健康产业发展现状分析

我国老龄健康产业目前整体处于发展初期，有越来越多的企业开始投入到这个市场中来。笔者根据目前已有的相关老龄健康产业形态，按照老年人从保健、预防、健康管理到养老服务、康复护理的需求层次，总结梳理了目前已有的供给市场领域发展现状。

### （一）老龄保健品市场

老年保健品市场一直是我国老龄健康产业中发展较早且发展较快的领域。但在其发展中，由于市场环境体系不完善、监管机制不健全，生产销售过程中经常发生一些负面影响事件，因此一个时期内，老年保健品市场的消费认可度不高，市场秩序较乱。但随着经济社会的不断发展，人们收入水平与健康意识的不断提高，大家对保健品的认知更加客观，也为保健品市场环境的改善奠定了基础，行业逐步迈入新的发展阶段。从未来趋势来看，老年保健品市场的消费需求将会随着人口老龄化进程的不断加剧而进一步提高，受众群体将进一步扩大。尤其是在新型冠状病毒感染疫情之后，老年群体健康、保健、养生的意识进一步提高，特别是中医药及相关保健品开始备受关注与信任，这使得以中医理论为基础的中医药保健品在未来将迎来一个新的发展机遇。此外，随着国内保健品市场的整体整顿，监管更加严格，市场发展环境不断优化，老年保健品市场的发展将会更加有序，产业品牌也将会进一步崛起。

## （二）老龄康复辅具市场

2016 年《国务院关于加快发展康复辅助器具产业的若干意见》（国发〔2016〕60 号）印发，这是我国首次以国务院名义对康复辅助器具产业进行顶层设计，极大地促进了康复辅具、医疗器械等市场的发展。许多企业纷纷扩大产品种类和经营策略，积极拓展老龄用品市场，欧洲、美国、日本等海外企业也都开始纷纷进入中国市场，特别是在助听器等技术门槛较高的市场，海外企业的市场份额占据很大比例。但同时，我国在老龄康复辅助器具的技术研发、适老化设计、生产、销售等领域也迅速发展，许多国产康复辅助器具已经达到国际领先水平，如肌电手、液压膝关节、智能集尿器、智能化上下肢康复训练设备等都已经达到较高水平。此外，随着《全国康复辅具科技发展中长期规划纲要（2009—2020 年）》等科技发展规划的实施，我国老龄康复辅具市场的科技含量不断提高，科技养老、智慧养老等概念不断出现，诸多高科技产品和服务陆续出现，如各种服务机器人、智慧住宅等，已逐渐应用到老年人的居住设计以及生理功能的辅助和心理慰藉上。许多民族品牌也开始积极加大科研投入，参与市场竞争，同时，专门的老龄辅具、用品租赁市场也开始逐渐发展起来，并在此基础上拓展出了辅具清洗、消毒、处理等业务。

## （三）疾病预防和健康管理市场

疾病预防和健康管理市场包含健康体检、健康咨询、疾病预防、慢病管理、就医服务、康复护理等多项内容。根据服务阶段的不同，可以将疾病预防和健康管理市场分为健康体检、诊疗服务和慢病管理三个主要市场领域。一是从健康体检市场来看，民营体检行业已经获得了快速发展，且增速迅猛。尽管公立医院目前仍然是体检业务的重要力量，但民营体检行业作为专业体检机构可以提供更加系统化、专业化、人性化和全流程的服务，在价格和客户体验等方面具有比较强的优势，市场发展相当迅速。二是从诊疗服务市场来看，目前仍以国内市场为主，且以公办医疗机构为主，民营医院作为有益的补充，近年来在政策的引导下，也获得了快速的发展。此外，伴随着诊疗服务的还有发展较快的帮助就医服务，特别是在海外市场方面，近年来也得到了迅速发展。如帮助患者提供海外就医的中介服务，包括医疗签证办理、酒店安排、机票预订、接送机安排、车辆接送安排、生活翻译、就医翻译、就医陪同、报告解读等，都是海外就医服务的主要内容。特别是在重症治疗方面，海外就医市场的发展也在不断加快。近年来随着全球新型冠状病毒感染疫情的蔓延，海外就医市场受到了很大冲击，但在"互联网+"的助推下，线上诊疗的海外就医服务市场也获得了一定的发展。三是慢病管理市场。目前我国的疾病谱系已经转变为以慢性病为主，慢病管理市场也在庞大的慢性病患者需求不断提高的背景下不断发展。从目前看，慢病管理还处于市场化的初期阶段。一方面，医保支付对慢病管理的支付支持有限；另一方面，专业的慢病管理机构尚没有培育形成。但随着我国疾病谱系和健康服务模式的转变，未来我国的慢病管理市场将会进一步发展，特别是在慢病管理、防治、诊后管理等方面，将会有进一步的发展。

（四）养老服务市场

养老服务市场是目前我国老龄健康产业中发展最快、需求最大的产业内容。特别是随着人口老龄化进程的加剧，国家在养老服务产业的扶持与引导力度不断增强，社会力量投入养老服务市场领域的积极性越来越高。目前养老服务市场在规模上正在由大型养老社区向适度规模的专业机构转变，在服务内容上正在由强调综合向强调专业上转变，在服务对象上正在由全部老年人向失能、半失能老年人转变，在投资主体上由中小型民营企业向大型集团企业转变，在运营模式上由重资产向轻资产转变，由注重国外经验引进向本土化模式创新转变，同时国企、央企进军养老服务产业的趋势更加明显，市场竞争更加激烈。此外，在实践发展中养老服务产业中已经出现了一些成功的运营模式，如以专业护理为特色的连锁型机构，以"保险＋养老"的金融产品与养老实体服务融合发展的模式等，以地方政府主导的公建民营模式等。同时，在养老服务产业发展的过程中，"放管服"的改革力度不断增强，政府着力发展基本养老服务，放开养老服务市场的力度进一步增大，特别是在服务业发达的长三角、珠三角地区，养老服务产业的市场环境更加优化，"以点带面"的区域发展格局更加明显。

（五）医养结合服务市场

医养结合是近两年我国政策着力引导的一个重要方面，出台了一系列推动医养结合服务事业和产业发展的政策措施。从目前医养结合服务市场的发展来看，第一种是以养老机构为主，在政策的指引与扶持下，养老机构或内设医务室，或内部成立医疗机构，或与医院进行服务合作，不断拓展机构的医疗服务水平与便利程度，以此来满足入住老年人以及辐射地区老年人的医养结合服务需求。第二种是以医疗机构为主，特别是在基层医疗机构转型过程中，大都通过增设老年科，增设护理区，拓展养老服务内容，甚至直接建立护理院、养老院等方式来拓展医养结合服务。第三种是在社区层面，通过社区卫生服务中心、社区养老服务机构等服务的衔接、融合来发展医养结合服务。但总体来讲，目前我国医养结合服务的发展还相对滞后，在服务模式、服务内容、服务对象、服务标准以及社区层面的服务发展方面都还存在着许多现实问题，特别是在农村地区，医疗卫生资源匮乏、养老服务本身发展较弱，医养结合所面临的问题更多。

（六）康复护理服务市场

康复护理市场是我国老龄健康产业中刚性需求最大的领域。我国慢性病患病率随着年龄的上升而增高，且大都集中在脑血管病、心脏病、糖尿病和呼吸系统等慢性疾。随着人口预期寿命的提高以及健康意识的逐步提升，康复护理的服务需求不断增大。从目前的康复护理服务市场来看，仍然是以医疗机构为主，2018年全国3.2万多家医院中，仅有800余个康复医院，所占比例仅为2.5%。许多心脑血管或疾病急性期过后的老年人主要是在医院或专门的护理院进行康复，在短暂的医疗机构康复期结束后，主要是回归家庭进行康复训练。随着我国老龄健康服务市场的发展，政府开始积极鼓励社会资本进入康复服务市场，并鼓励一、二级医院转型为康复医院。同时，大部分养老机构特别是中高端养老机构开设康复中心，甚至开办康复医院已经成为一种普遍做法，在很大程度上弥补了康复服务供给不足、需求旺盛的矛盾。

### （七）健康休闲娱乐市场

健康休闲文化娱乐服务也是我国老龄健康产业中的重要内容，并且随着低龄老年人口规模的不断增大，老年人对个人生活品质与晚年生活质量的追求不断提高，老龄健康休闲娱乐市场也在不断发展。在老年教育市场，国家已在加快推进社会办老年大学的力度，市场上已经出现了很多针对老年教育娱乐需求的企业。老年旅游市场已渐成市场规模，成为许多旅游产业的主体消费力量，市场服务也更趋规范化、适老化、品质化以及多样化。此外，在老年人健身体育市场，随着"健康中国"上升为国家战略，健身体育市场进一步发展，中老年人的健康休闲娱乐市场将会有更大的发展机遇。

### （八）智慧健康服务市场

在"互联网+"时代，大健康、大数据正推动互联网与老龄健康产业加速融合发展。运用互联网、物联网和大数据等信息技术推动健康养老向信息化、智能化方向发展已经成为目前的一个重要趋势。特别是在健康服务平台的搭建、智慧健康服务信息系统开发，以及家庭个人终端健康设备研发上，科技的含量正在进一步提升。特别是在智能穿戴、智慧监测为主的家庭个人终端设备方面，产品和服务创新不断升级，远程监测、远程医疗技术不断进步，各类服务机器人、护理机器人不断出现，智能护理床、智能家居、健康监测平台等智慧健康产品种类越来越多，在很大程度上提高了老龄健康服务的科技含量与服务效率，并正在带动相关产业领域快速发展。

## 四、老龄健康产业发展趋势研判

### （一）健康需求将呈现众多新变化

一是需求群体将逐渐进入"新老年"时代。随着"50后""60后"群体步入老年，老龄健康产业的需求群体将更加低龄化，这部分老年群体的教育程度和收入水平较高，他们对于生活品质的追求与现在的老年人会有明显不同，他们的消费观念、消费意愿将更加主动，消费需求更加多元，消费能力也会相应提高。二是对养老和健康的意识更加主动。新的老年群体拥有更加积极的老龄观，他们对晚年生活的规划更加主动，加强身体健康素质的意识更加强烈，对于健康管理、疾病预防、养生保健等产品和服务的需求更加明显。三是消费模式更加多元。特别是随着信息化社会的发展，线上消费模式更加普遍，传统的实体线下消费将进一步受到冲击，老年人线上支付、线上购物、线上消费的趋势更加明显。四是老年人的消费观念更趋品质型、享受型转变。以往以节俭型消费为主的老年人，随着社会的发展以及自身消费能力的提高，他们的消费观念也在随之发生变化，对产品和服务的品质要求更高，休闲养生、旅游等享受型的消费逐渐成为消费热点。五是产业受众从老年群体向全龄群体蔓延的趋势更加明显。老龄健康产业的受众群体将不再仅仅局限于老年人，随着"健康中国""积极老龄化"国家战略的实施，老龄健康产业的受众群体将逐渐从老年人群体向全龄群体蔓延，其衍生的产业需求也会更加多元。

## （二）保健品行业整体淘洗，未来趋势向好

在"健康中国"战略背景下，特别是《健康中国行动（2019—2030年）》等一系列政策文件的指引下，老年保健品市场的政策环境进一步趋好。随着人们保健、养生意识的提高，保健品行业的受众逐渐年轻化，保健品刚需属性进一步加强，消费潜力逐步得到释放。未来，随着老龄化程度的加剧，保健行业的市场环境不断规范，行业将迎来整体淘洗，未来趋势向好，特别是在养生/抗衰类产品、老年病术后康复/保健药品/食品、保健器具类等产品的需求将进一步增大。

## （三）中医药产品与服务市场迎来重要机遇

在《中医药健康服务发展规划（2015—2020年）》《中医药发展战略规划纲要（2016—2030年）》等一系列利好政策引导下，加快中医药发展、加大中医药健康服务与产业发展的政策导向已经非常明显。从目前的市场发展来看，中医药产品和服务市场具有强大的中老年人市场，并且已经有许多知名的中医药产品企业品牌，中医保健理疗服务也发展迅速。未来，中医药产品研发、中医诊疗、中医健康管理、康复理疗等市场将迎来新的发展机遇，特别是在中老年人群体的中医药产品研发、中医健康管理与服务、中医康复护理服务、中医＋保健＋疾病预防＋慢病管理等领域更要加强关注。

## （四）老龄用品制造产业将快速发展

中国正在大力推动制造业高质量发展，从制造业大国向制造业强国迈进。在此转变过程中，我国的老龄制造业也将迎来很好的发展机遇，特别是已经就有多年发展基础的康复辅具制造产业，将会在技术创新、产品创新、产品品质、产品品牌等方面进一步发展。未来，随着国家政策的引导，以及老年群体需求层次的不断升级，老年人的健康监测、家庭护理、康复理疗、辅助出行等产品的更新换代将进一步加快，普适化的产品设计将更受欢迎。

## （五）健康管理市场将迎来发展机遇期

从目前政策导向来看，加强健康教育、预防保健、疾病诊治、康复和护理、长期照护、安宁疗护等服务发展已成为明显趋势。未来，以疾病预防、健康管理、健康教育、营养膳食、健康体检等为主要产业内容的健康管理市场需求将逐步释放，即将催生出巨大市场，在老年健康营养膳食产品／代餐／保健食品研发等市场、体检后续持续性的健康管理与咨询服务等市场都蕴含着非常多的市场机遇。

## （六）社区居家老龄健康产业将厚积薄发

随着国家对社区居家老龄健康事业与产业的重视，在社区场地、设施等方面的扶持政策不断加强，以及相关领域的改革力度不断加大，越来越多的企业开始在社区居家老龄健康领域加大投入，并进行战略布局。未来，依托社区居家服务平台，锁定目标群体、分析需求、开发服务，培育、引导、激发、满足老年人的服务需求将成为老龄健康市场的重要发展趋势。市场可在居家老年人健康管理／疾病预防／慢病管理等领域拓宽服务；加强居家老年人用药指导服务；并适时与社区卫生服务中心／社区养老机构联合拓展健康管理、康复护理、慢病预防等服务。

## （七）深度医养结合创新业态新模式

深度医养结合已经成为老龄健康产业领域的一个重要内容。一方面，养老服务企业和机构已有的医疗功能配置需要更加深化和落地，而不是多停留在宣传"噱头"上；另一方面，也需要在优质医疗资源引入层面加大力度，通过在线问诊、远程医疗、医疗坐诊等方面进行医师等资源的共享配置。此外，越来越多的公立和民营医院、护理院开始不断加大医养结合的模式探索，包括成立专门机构、专门康复区，并将服务延伸至社区、家庭，同时一些基层医疗机构也开始积极探索医养结合的新模式，针对老年人的健康管理、康复训练、慢病预防等开展老龄健康服务。未来，养老服务企业和机构将进一步深化已有医疗功能配置；医院、护理院将加大医养结合模式；基层医养结合服务市场将迎来进一步发展。

### （八）康复护理服务市场将进入高速发展期

在养老服务市场，"以有效供给比例提高"为目标的供给结构调整，将成为今后市场供给重点，康复护理服务市场将迎来进一步发展。目前，各医疗机构纷纷拓展康复／养老服务，养老服务机构致力于提升专业康复护理服务水平，且民营康复医院／康复机构发展迅速。从整个市场状况来看，刚性需求进一步释放，民营康复护理机构将加快发展，基层／社区康复护理服务也将迎来重要发展机遇。

### （九）智能化老龄健康市场将加速发展

随着科技信息化水平的不断发展以及相关政策的扶持与引导，利用互联网、物联网、云计算、大数据、人工智能、5G 等新一代信息技术产品的智能化老龄健康市场将会获得持续关注与发展。将智能化老龄产品用于老龄健康领域，减轻、替代部分人力资本，更好地为老年人提供服务与满足需求。同时，利用智能化信息平台搜集、完善相关老龄健康数据库，将相关智能产品、远程科技、紧急呼叫、监控防护进一步灵活运用于老龄健康领域，不仅能有效促进信息技术领域的成果转化与产业发展，还将进一步提高老龄健康领域的服务水平与效率，培育发展新的业态与产业，已获得众多社会资本的关注与投入，将会对老龄健康产业的发展带来新的重大变革。

### （十）老龄体育文化娱乐休闲产业潜力巨大

随着我国文化产业的快速发展，老年人的精神文化需求也呈现出蓬勃发展态势。特别是在城市、低龄、健康老年群体中，包括旅游出行、健身、养生、兴趣爱好、休闲娱乐、电子娱乐等方面的需求日益旺盛。未来，如何针对这一市场需求开发、设计相关产品与服务，满足老年人不断增加的对美好文化生活的需求，包括老年人社会参与、老年人力资源开发的相关服务，也将成为老龄健康市场的又一新领域。未来，城市、低龄、健康老年群体中，包括旅游出行、健身、养生、兴趣爱好、休闲娱乐、电子娱乐等方面的需求将日益旺盛，并将带动相关产业的迅速发展。

**参考文献：**

[1] 贯彻落实积极应对人口老龄化国家战略 让老年人共享改革发展成果安享幸福晚年 [N]. 人民日报，2021-10-15.

[2] 庞烨 . 老龄健康产业业态和服务模式初探 [J]. 临床医药文献电子杂志，2020（28）.

[3] 阮梅花，刘晓，毛开云，于建荣 . 老龄健康产业业态和服务模式 [J]. 竞争情报，2017（3）.

[4] 张再生，邵辉 . 老年健康产业发展的思路与对策 ——基于战略性新兴产业视角 [J]. 中国卫生政策研究，2014（3）.

[5] 丁文郡 . 健康中国视域下康养产业发展对策研究 [J]. 老龄科学研究，2020（6）.

[6] 王永春 . 老龄健康服务的发展机遇与趋势 [J]. 健康中国观察，2020（6）.

[7] 健康产业统计分类 (2019) [EB/OL]. 国家统计局网，http://www.stats.gov.cn/tjgz/tzgb/201904/t20190409_1658560.html.

（发表于《行政管理改革》2022 年第 3 期）

# "十四五"我国老龄产业发展趋势、问题与对策建议

王莉莉

党的十九大报告提出,"加快老龄事业和产业发展"。2021年5月31日,中共中央政治局召开会议,听取"十四五"时期积极应对人口老龄化重大政策举措汇报,会议强调"发展老龄产业"。如何以老龄产业为核心带动其他产业联动增长,推动老龄社会条件下经济发展走出新路子、形成新业态,"十四五"时期应明晰思路、加快破题。

老龄产业是在老龄社会条件下,以满足人们在增龄过程中为更好地提高老年期生活质量而产生的各类产品和服务需求,而提供的各类产品和服务的相关产业组成的业态总称。其涉及的具体产业领域包括老龄金融、老龄制造、老龄健康、老龄服务、老龄宜居、老龄文化等。

## 一、我国老龄产业发展趋势

### 1. 老年人消费需求进一步释放

随着我国老年人口规模的不断扩大,老年人的消费支出与消费需求将显著提升。从具体消费行为上看,消费群体内部结构逐渐发生变化。全国第七次人口普查数据显示,我国老年人口中60~69岁的低龄老年人的比例较大,这些低龄老年人不仅可以发挥余热,还是潜在的消费群体,他们的受教育程度、经济收入、消费观念与以往老年人有很大不同,有

效需求明显。消费需求逐渐发生变化，医疗、康复、长期照护等刚性消费需求依然明显，同时预防保健、健康管理、休闲娱乐等消费需求不断增长。消费模式逐渐发生变化，越来越多的中老年人热衷于网上购物，老年人线上线下相结合的消费模式越来越明显。

**2. 市场融合不断提高**

为了满足不同需求偏好的老年人，涉老产品与服务由单一向综合转变，由提供单一的机构照护服务向居家、社区延伸，甚至将金融、服务、产品等融合在一个平台上为老年人提供全方位服务。老龄产业的发展将进一步刺激产业内的分工与合作，老龄金融产业、老龄制造产业、老龄健康产业、老龄服务产业、老龄宜居产业以及老龄文化产业之间，老龄产业与其他相关产业之间的融合与发展趋势会更加明显。产业内部与产业之间的资源整合、相互支撑与促进将更加突出，老龄产业的发展将进一步带动其他相关产业的发展，同时也将进一步促进老龄产业自身的不断繁荣。

**3. 产业链条与集群加速形成**

老龄产业上中下游产业链条将进一步完善，越来越多的老龄产业集群将加速形成。如长三角的老龄服务产业、珠三角的老龄制造产业等。特别是在老龄制造产业，老龄用品研发、生产、销售、孵化所形成的空间积聚体，有利于建立起以企业为主体、市场为导向、产学研用紧密结合的技术创新体系，促进科技成果快速转化，形成区域和品牌效应，最终取得市场优势。

**4. 中端服务市场进一步发展**

近年来，老龄产业发展大多以中高端市场为主，占市场主要需求的中端服务市场还未形成规模。造成这一局面的原因之一是目前老年人收入水平有限，囿于传统的生活习惯，购买产品和服务的意识不强，导致消费需求不旺盛。未来，随着市场竞争的不断增强，产品和服务内容将进一步丰富，老龄产业的中低端需求会得到进一步释放，继而推动中端服务市场的发展。

### 5. 品牌化发展趋势更加明显

随着国家对老龄产业的引导与扶持，社会力量进入老龄产业的步伐将进一步加快，竞争也会更加激烈。特别是随着越来越多大企业、大集团纷纷进入老龄产业市场，老龄产业集团化、规模化、品牌化的发展趋势将更加明显。目前，我国已经出现了很多全国布点、连锁经营的品牌机构，特别是在发展较快的老龄服务行业，这种趋势已经显现。

### 6. 科技助推产业发展加速

随着信息技术的发展，以智能硬件、云平台与大数据为核心的智能养老模式逐渐成熟，将在老龄产业中发挥越来越重要的作用。相关企业对智能化产品的研发力度不断加大，特别是在远程医疗、健康管理、养老服务信息平台等方面，智能化、信息化、科技化、网络化的趋势将更加明显。

## 二、我国老龄产业目前存在的主要问题

### 1. 缺乏专项规划

尽管我国扶持老龄产业的政策陆续出台，但总体来看，缺乏针对性、战略性的专项规划。在老龄社会与供给侧结构性改革的背景下，应将国家产业结构优化调整与老龄产业整体发展统筹规划，加快制定老龄产业中长期发展规划，明确老龄产业的发展目标、重点领域与主要任务等。

### 2. 缺乏统计指标

要准确反映产业发展的现状与规律，必须建立一套科学且行之有效的测度标准与指标体系，但由于老龄产业范围广阔，涉及多个产业领域，且发展时间较短，尚未形成一套统计指标体系，因此在相关数据的搜集与获取、分析与比较方面还存在着巨大的障碍。

### 3. 缺乏标准、规范

我国老龄产业相关标准、规范的制定整体滞后，由于缺乏相应的标准，一些老年辅具用品粗制滥造，不仅严重损害老年消费者的权益，还给整个行业带来负面影响。在老龄健康、老龄服务业中，相关服务标准、

评估与监管体系仍未有效建立，这不仅容易造成服务质量参差不齐、恶性竞争，也不利于行业形象的树立与发展。

### 4. 产业结构尚不健全

目前，老龄产业市场以老龄健康产业和老龄服务产业为主，老龄宜居产业侧重于大型养老社区，适老化改造发展依然较慢；老龄金融产业没有形成市场规模，产品特色不明显。此外，老龄产业内部不同板块也存在着明显的结构问题，仍需进一步优化。

### 5. 产业链条尚未形成

老龄产业的一个重要特征是混业经营、融合发展，不同板块互为支撑、互相配合，形成整体的闭环产业链条，这是老龄产业发展的理想状态。但现阶段我国老龄产业还处于发展初期，产业内部以及老龄产业与其他产业之间的融合发展还不够，上中下游的产业链条、产业布局还未形成。此外，老龄产业还存在着运营模式不清晰，产业融合不明显等问题。

### 6. 产品与服务仍显单一

老龄金融产品较少，产品特色不明显。许多养老基金理财产品实质上是大众化理财产品，未有针对性地对持有人未来的养老需求进行长期规划和安排，无法真正满足养老需求。另外，在老年照护服务业中，也存在着产品创新不足、针对性较差的问题，缺乏从需求者的角度去挖掘、研制适合中国国情和老年人的服务产品。另外，老龄用品科技含量总体较低，具有自主知识产权的产品较少。

### 7. 金融支持体系较弱

据不完全统计，目前湖南、甘肃、江西等8省份成立了养老产业引导基金，湖南、浙江、辽宁等地发行了养老产业专项债券，国家开发银行推出了针对养老项目的专项贷款。但总体来看，我国对老龄产业的金融支持环境尚不完善，大部分涉老企业融资手段和渠道较少，自有资金、民间借贷或其他途径的融资模式仍然是主要渠道。

### 8. 有效需求仍然不足

老年人的收入主要来源于社会养老保险，还有一部分依靠家庭转移收入和资产性收入，经济收入渠道单一，收入水平较低。老年人通过经营性活动来增加经济收入的渠道较窄、机会偏少。另外，老年人的消费观相对保守，对产品和服务的购买意愿较低，这都是影响和制约我国老龄产业发展的重要因素。

## 三、推进我国老龄产业发展的对策建议

### 1. 制定老龄产业中长期发展规划

发展老龄产业是老龄社会背景下的一项战略性的系统工程、民生工程和德政工程，必须通过制定中长期发展战略规划，明确老龄产业发展目标、基本任务、发展步骤和重大举措。更重要的是，制定中长期发展规划，有利于进一步明确当前发展老龄产业的着力点。

### 2. 建立老龄产业指标体系

在现有行业统计指标体系的基础上，根据老龄产业的特点以及不同行业的发展现状，加大对老龄产业指标体系的研究，分行业、分阶段地出台统计指标，可对老龄健康产业、老龄服务产业、老龄制造产业等开展先行研究，建立测度标准与指标体系，在此基础上，进一步形成老龄产业的指标体系框架。

### 3. 持续完善老龄产业政策体系

产业政策是一个系统性工程，包括产业组织政策、产业结构政策以及产业发展政策等。要加强完善老龄产业组织政策，引导更多企业参与到老龄产业市场中来，扶持龙头企业，吸引中小企业，优化产业内部结构，形成大中小企业协调发展、良性竞争的市场格局；要制定老龄产业结构政策，优化产业内部结构，引导、扶持老龄服务、老龄用品等基础较好的老龄产业，同时积极发展老龄金融、老龄宜居、老龄文化、老龄科技等新兴老龄产业，促使老龄产业内部均衡发展、整体推进；要不断完善老龄产业发展政策，实施积极的财政政策，引导更多社会力量投入老龄产业，加快制定老龄产业分类目录与政府购买目录，带动老龄产业的整体发展；要强化产业布局政策，推进老龄产业城乡、区域协调均衡发展；进一步拓宽与创新产业金融政策，优化老龄产业的投融资环境。

同时，要督促出台老龄产业相关标准与规范，特别是老龄用品、老龄健康与老龄服务领域的相关标准和规范的研究、制定与颁布。

### 4. 推动老龄全产业链发展

充分发挥市场在资源配置中的重要作用，引导老龄产业市场百花齐放、上中下游产业链条全面发展。针对老龄用品市场，要开发和设计多样化、个性化、人性化的老年用品，加大对老年用品的科技研发投入，加大对技术含量较高的老龄用品的基础研究、产品开发、成果转化以及产业化推广，通过科研创新丰富产品种类，降低产品成本与价格。针对老龄健康和老龄服务市场，要以点带面，加快发展居家、社区老龄服务产业；加快发展社区层面的医养结合服务；加快发展中端、专业型护理机构，培育一批规模小、灵活度高，遍布街道社区的中小型养老服务机构。针对老龄金融市场，要加快金融创新，根据老年人的财富流特点，开发适合老年人的金融产品。针对老龄宜居产业市场，要积极探索以老龄宜居为主的周边产业开发与延伸，开发混业经营的老龄宜居产品，尽快培育完整的老龄宜居产业链。

### 5. 实现老龄产业集群化发展

结合国家经济产业发展政策、地域经济发展特点，对老龄产业进行整体布局，促进产业集群化发展。例如以珠三角为中心，形成老龄制造产业重点发展区域；以长三角为中心，孵化老龄服务产业品牌集聚区。同时，要着力扶持本土企业，打造民族品牌。以龙头企业所在区域为中心，辐射、延伸至其他地区，并带动、集聚相关产业共同发展。

### 6. 促进老龄产业科技化发展

充分利用互联网、物联网、云计算、大数据和人工智能等新技术促进老龄产业转型升级。在老龄金融市场方面，可以发展成本低、效率高、覆盖广、发展快的"互联网＋金融"创新模式和业态；在老龄服务产业方面，可以借助移动互联网、大数据、智能穿戴、远程医疗等高科技、信息化照护服务手段，提高老龄服务产业效率、服务体验与服务能力；在老龄宜居市场方面，可以将通信技术、控制技术、多媒体技术和现代建筑艺术有机结合，使居住环境更人性化，更符合老年人的需要。

### 7. 不断增加老年人有效需求

进一步加强社会养老保险体系，不断提高养老金收入水平，建立科学的养老金调整机制，确保养老金替代率处于合理区间；加快发展职业年金、企业年金、商业性养老保险，以及个人储蓄性养老保障等，逐步建立起三支柱养老保险制度；继续完善社会福利制度，提高特殊困难老年群体的收入水平；积极开拓老年人再就业渠道，加强老年人力资源开发，拓宽老年人增加收入的途径；进一步完善政府购买服务制度，抓紧建立长期护理保险制度，进一步强化老年人购买产品和服务的能力，增强其消费意识与消费水平。

（发表于《中国社会工作》2022 年 2 月）

# 新型城镇化背景下养老服务发展路径探析 ①

伍小兰

党的十九届五中全会将积极应对人口老龄化上升为国家战略，提出要优化国土空间布局，推进区域协调发展和新型城镇化。在这一背景下，坚持以人为中心的新型城镇化，建设老年友好型社会，优化养老服务发展路径，是"十四五"时期需要探索解决的重大现实问题。

## 一、养老服务发展面临的新形势

人口年龄结构的老龄化与空间分布的城镇化交织叠加，是 21 世纪我国面临的基本国情。我国常住人口城镇化率已经超过 60%，正处于人类历史上最大规模人口的城镇化进程当中。同时，到"十四五"末，我国预计 60 岁以上老年人口占总人口的比例将超过 20%，从轻度老龄化进入中度老龄化阶段。因此，"十四五"时期是应对人口老龄化的重要窗口期，也是推动新型城镇化实现更高质量发展的关键时期。如何立足人口和社会发展的变动趋势，以人为核心，下好"先手棋"，破解快速增长的城镇迁入人口及其家庭面临的养老服务问题，着力提升农村社区和"村转居"社区的养老服务水平，是科学谋划积极应对人口老龄化和新型城镇化发

① 注：本文系科技部国家重点研发计划"我国人群增龄过程中健康状态变化特点与规律的研究"子课题"健康状态影响因素的分析研究"（项目号 2018YFC2000303）的阶段性成果。

展路径面对的重要挑战。

党的十九届五中全会提出，要"健全基本养老服务体系，发展普惠型养老服务和互助性养老""构建居家社区机构相协调、医养康养相结合的养老服务体系""健全养老服务综合监管制度"，为搭建养老服务体系的"四梁八柱"明确了任务。这就要求在推进以人为核心的新型城镇化建设中应主动适应老龄社会形势，以制度创新优化城乡养老资源配置效率，优先考虑失能失智老年人在养老服务、医疗卫生等方面的基本需求，打通居家社区机构服务供给渠道，统筹城乡养老服务一体化发展，加快城市群养老服务协同发展。不断优化养老服务发展环境，进一步提升城镇化质量，推进共享城镇化、和谐城镇化、活力城镇化。在疫情防控常态化条件下，完善养老服务基层治理、加强养老服务安全监管，打造适宜老年人的城市居住环境和人文环境。

## 二、找准养老服务发展着力点

### （一）加强基本养老服务保障，推进共享城镇化

使发展成果更好惠及全体人民，不断实现人民对美好生活的向往，是一切工作的出发点和落脚点。这就要求针对老年人最迫切需求，以失能失智老年人为重点服务对象，逐步建立以失能照护为主要内容的基本养老服务体系，建立健全基本养老服务项目清单、服务标准以及质量评价等行业规范。着力优化医养康养资源整合机制，构建居家、社区、机构相衔接的专业化失能照护服务体系。全面统筹养老服务补贴津贴政策，为特困供养、低保、低收入等困难失能老年人提供兜底性长期照护服务保障。以先进理念和模式为指引，在进入重度老龄社会之前实现搭建失能预防体系，依托社区医养结合机构、养老机构、邻里互助点等场所，为老年人提供健身辅导、身体机能训练、慢病运动干预等体养结合服务，推进健康老龄化和积极老龄化。

## （二）统筹城乡养老服务一体化发展，推进和谐城镇化

加大农村养老服务财政支持，用于养老服务的财政性资金重点向农村倾斜。加快农村服务体系建设，形成镇有"院（所）"、村有"点"的设施网络。探索农村养老服务设施集团化运营模式，提升社会化专业服务的可及性，制定中心城区老年人入住农村地区养老机构的补贴政策。在乡村振兴示范村建设中，支持推动养老服务与乡村旅游、绿色农产品开发等融合发展。基于农村地区乡情浓厚，但养老储备相对不足、购买服务能力较弱的基本特点，系统实施惠而不费的互助养老工程。以党建为引领，以提升农村社区公共性和共同体意识为动力，大力培育农村社区社会组织，依托村民自治组织、农村老年协会等，充分挖掘农村老年人人力资源，激活农村养老互助生态，推动养老服务理念从"以个人服务为中心"向以"社区生活为中心"转变，养老服务资源从由外向内单向输入向内外资源有机结合转变，促进农村养老服务融入新型农村社区建设、乡村振兴发展大局。

## （三）加快城市群养老服务协同发展，推进活力城镇化

我国已经进入以都市圈、城市群为主体形态的城镇化发展阶段，区域的一体化和协同发展是当前以及未来新型城镇化发展的重点。区域协同发展的过程也是协同积极应对人口老龄化的过程。要着力加强城市群养老服务产业规划协同和项目协调，推动区域养老产业支持政策、标准规范、数据信息等方面的衔接共享，促进区域内产业链上下游对接和功能互补，实施养老产业链延链补链工程，培育一批带动性强、经济社会效益俱佳的健康养老产业集群。加大城市群养老服务协同发展政策支持，建立区域养老基本公共服务项目清单，满足老年人不断增长的异地养老、旅居养老需求，促进养老服务消费，助力国内大循环的形成。

## 三、优化养老服务发展环境

### （一）完善养老服务基层治理

以治理创新提升养老服务资源配置效率，打通养老服务"最后一公里"，推进资源向基层下沉，治理向基层下移，做好城市规划、土地利用规划、养老服务设施规划和服务体系建设规划的衔接。充分发挥街（乡镇）职责作用，明确街道办事处（乡镇人民政府）和社区居民委员会（村民委员会）在养老服务体系建设中的责任清单和权力清单，协调解决项目建设难点，创新养老服务模式，推进区域内居家社区机构融合发展，提供医养康养整合式服务，探索建立街镇间、城区间、城乡间养老服务资源协同调配和利益补偿机制，在更广层面统筹利用好养老服务资源。

### （二）抓好新型冠状病毒感染疫情防控常态化养老服务

强化新型冠状病毒感染疫情防控常态化下养老机构医养结合服务，将养老机构的应急医疗服务纳入基本公共卫生服务的范围。强化服务监管，加大扶持力度，确保养老机构安全正常运转，对于积极落实新型冠状病毒感染疫情防控常态化要求，完善信息数据系统、提升服务质量的养老机构给予有效支持。适应新型冠状病毒感染疫情防控带来的养老服务需求和形式的变化，整合现有政策、资金、技术，普及一批技术可靠、经济适用的智慧应用场景，重点覆盖独居、孤寡、失能、失智等特殊老年群体的养老服务需求，做到常态化疫情防控中隔离不隔爱，封闭不封服务，提高社区温度，打造韧性安全社会。

### （三）开展老年友好型社区创建

新型城镇化过程中，充分考虑老年人社会交往和日常生活需要，促进城乡社会生活环境从"成年型"向"全龄型"转变，让所有人、特别是老年人与儿童都能感受到生活上的安全、便利和舒适，享有更好的居住生活环境。结合城市更新计划、乡村建设行动，深入开展示范性老年友好型社区创建，实施"四个一"工程，即编制一个建设规划，明确发展目标；推行一个指标体系，明确评价标准；制定一个建设方案，明确工作抓手；打造一批适老宜居项目，放大示范效应，建设富有本地特色的适老环境。

（发表于《中国民政》2021 年第 3 期）

# 中国长期照护发展的政策思考

伍小兰

21 世纪的中国是不可逆转的老龄化社会。根据《国家应对人口老龄化战略研究》课题预测，[①] 到 2025 年，我国老年人口将超过 3 亿，五个人当中就有一个老年人。2050 年达到峰值 4.83 亿，届时三个人当中就将有一个老年人。与此同时，高龄老年人口也在不断增长。到 2020 年，我国高龄人口将接近三千万，2050 年将突破 1 亿人。在人口结构老龄化、疾病状况慢性化、健康状况残障化、家庭结构小型化的背景下，长期照护已经成为全球范围内具有政策性、社会性及经济性议题。

## 一、相关政策发展历程

我国长期照护政策分散于老龄事业规划、养老服务及各部门的涉老政策当中。从政策特点和历程来看，我国长期照护和养老服务政策发展可分为三条线。

第一条线是民政安置救济政策的延续和完善，主要面向传统民政对象及民政管辖的公办养老机构，旨在保障民政基本兜底服务的提供。这些政策包括《社会福利机构管理暂行办法》（1992 年）、《老年人社会福利机构基本规范》（2000 年）和《关于农村五保供养服务机构建设的指导意

---

① 人口老龄化态势与发展战略研究课题组，国家应对人口老龄化战略研究，人口老龄化态势与发展战略研究 [M]. 北京：华龄出版社，2014.

见》（2006年）等。

第二条线是社会养老服务政策的丰富和激增，这些政策主要面向全体老年人和养老服务业，旨在不断满足老年人持续增长的社会养老服务需求。"十二五"时期，具有顶层设计意义的法律政策陆续出台，包括2012年新修订的《老年人权益保障法》以及《社会养老服务体系建设规划（2011—2015年）》《关于加快发展养老服务业的若干意见》《关于推进医疗卫生和养老相结合的指导意见》等政策规划。2013年国务院发布《关于加快发展养老服务业的若干意见》后，掀起了养老服务政策密集出台的序幕。2014年开始，各部委密集出台各项落实政策，推进养老服务标准化、养老服务业人才培养、政府购买养老服务和养老服务设施建设，推动全面放开养老服务市场，扶持社会资本进入养老服务领域。北京、浙江、天津等地更是采用制定地方法规的方式，引领和推动社会养老服务和居家养老服务发展。

"十三五"以后，我国养老服务政策和实践步入快速发展阶段。2016年民政部、财政部发布《关于中央财政支持开展居家和社区养老服务改革试点工作的通知》，计划在5年的时间内中央财政拿出10亿元资金，用于支持社区居家养老服务的试点工作，目前已经在全国开展了五批试点工作。2017年发布的《"十三五"国家老龄事业发展和养老体系建设规划》，将居家为基础、社区为依托、机构为补充、医养相结合的养老服务体系更加健全列为发展目标之一。2019年，国务院办公厅发布《关于推进养老服务发展的指导意见》，在国家层面上明确了建立健全长期照护服务体系的政策目标和行动路线图。一是建立评估机制。完善全国统一的老年人能力评估标准，统一开展老年人能力综合评估，评估结果作为老年人接受基本养老服务的依据。二是规范服务质量。研究建立长期照护服务项目、标准、质量评价等行业规范。三是增加服务供给。完善居家、社区、机构相衔接的专业化长期照护服务体系。四是打通筹资途径。全面建立经济困难的高龄、失能老年人补贴制度，加强与残疾人两项补贴政策衔接，加快实施长期护理保险制度试点，鼓励发展商业性长期护理保险。党的十九届五中全会将积极应对人口老龄化上升为国家战略，对养老服务发展提出了进一步的要求。

第三条线是长期护理保险政策进入大众视野。《国民经济和社会发展第十三五个五年规划纲要》明确要求："探索建立长期护理保险制度，开展长期护理保险试点。"2016年7月，人社部发布《关于开展长期护理保险制度试点的指导意见》，明确试点任务在于探索建立以社会互助共济方式筹集资金，为长期失能人员的基本生活照料和与基本生活密切相关的医疗护理提供资金或服务保障的社会保险制度。2016年起国家组织部分地方积极开展长期护理保险制度试点，在制度框架、政策标准、运行机制、管理办法等方面进行了有益探索。2020年，国家医保局会同财政部印发《关于扩大长期护理保险制度试点的指导意见》，拟在更大范围检验试点成果，进一步探索适应中国国情的长期护理保险制度框架。

## 二、长期照护发展现状

近年来国家养老服务政策支持力度空前，社会投资规模持续加大，养老服务设施建设快速发展，服务机构和床位数增加明显，社区养老服务设施覆盖率不断提升，养老服务和长期照护服务体系建设取得重大进展。超大老年人口规模所独有的"分母效应"，使得养老服务和长期照护服务体系建设长期面临巨大资源压力，同时区域层面上人口老龄化差异叠加经济社会发展水平差异的复杂情形还将长期存在，这就意味着养老服务和长期照护的发展也将长期面临发展不充分不平衡的问题。

### （一）长期照护服务能力总体仍较薄弱

首先，养老床位利用率亟待提高。2014年末的统计数据显示，全国养老床位空置率高达48%。北京的养老床位空置率为40%~50%，即使在老龄化程度最高的上海市，养老机构的总体入住率也不足70%（谢琼，2015）。养老床位的大量闲置，主要有以下几方面的原因：①新建养老机构的大型化和郊区化。"中心城区一床难求，郊区床位大量闲置"现象较为突出，老年人想进的养老院进不去，而能进的养老院又离家太远。

②长期照护机构少、床位少。大量养老服务机构从规划布局，建筑设计到服务功能并非针对最需要机构照护的失能失智老年人，难以有效对接市场刚性需求。③老年人有效需求不足。受收入水平的限制，老年人的潜在需求难以转化为现实的购买力。部分养老项目的地产化、高端化更是偏离了市场主流需求水平，造成资源错配和浪费。

其次，社区养老服务设施运营效率有待提升。近年来，各地社区居家养老服务设施建设推进很快，因其投资少、见效快，受益面广，成为扩展养老服务容量、满足老年人家门口养老需求的重要抓手。然而总体来看，这类设施综合使用效益还不高，可持续发展潜力不足。造成这一现象的主要原因在于：缺乏专职管理人员和专业服务人员，专业照护水平不足，使得服务项目虚设，难以瞄准真正需要服务的失能失智人群；造血功能不强，运行机制不畅，使得设施日常运营日益陷入困境；设施规划布局不合理，建筑设计不规范，使得设施仅能供健康活力老人活动和使用。

最后，居家、社区、机构协同机制尚不完善。机构养老过度机构化和独立化，既不符合老年人不脱离熟悉生活环境的心理需求，亦难以有效支撑社区居家养老服务的发展。另外，居家养老和社区养老社会化、专业化不够，缺乏足够的专业化社会服务资源，难以将服务触角从困难、空巢老年人拓展至失能失智老年人。

## （二）社会发展环境相对滞后

老年人的社会服务需求是一个范围广泛的连续体，但是我国社会服务仍存在资源分散、体系林立等碎片化现象，不同人群的服务，不同类别的服务都归属不同部门，影响了资源使用效率，亟待建立完善"到人必整合"的资源投放机制，将资源投入转化为治理效能，有效回应养老服务需求。同时社区作为公共事务的合作治理场域还未充分形成。治理深度决定社区温度，在人口老龄化水平快速提升的社会背景下，激活社会最小单元格的毛细血管，有效结合社区内外部的资源，真正形成生活共同体，促进社区互助养老服务落地生根，无疑既能有效满足老年人多样化养老服务需求，也是预防和应对未来可能突发的公共风险事件的第一道屏障。

## 三、推进长期照护发展的政策建议

### （一）明确长期照护的社会服务属性

作为一个重要的研究议题和社会议题，很多研究者从不同的角度对长期照护进行了定义，体现出很大的相似性（Kane, R. A. 等，1987；陈晶莹，2003）。从中可以看到，长期照护是因应人们因身体或心智功能部分或全部丧失，无法完成基本自我照顾而衍生出的一种社会服务需要，依据失能者个人或其照顾者的需要，提供适当的身体照顾、生活协助、社会参与及相关的医护服务。在实践层面，各国的做法也普遍将长期照护归纳为社会服务的范畴。德国长期照护法律规定，"照护需求性"指当因生病或障碍，日常生活需持续性、规律性地被照顾至少 6 个月时。日本《介护保险法》规定，要介护状态指因为身体上或精神上的障碍，对于入浴、排泄、饮食等日常生活基本动作之部分或全部，预期需要常时照顾、支持和保护的状态。

传统上长期照护属于由家庭照料者来完成的家庭服务范畴，而由于人口老龄化、疾病谱、家庭照顾功能的共同变迁，使得长期照护日渐超出了家庭照顾者负荷。在此背景下，困境家庭或者陷入孤立无援的境地，以降低生活质量为代价，或者想尽办法利用医疗服务来弥补照顾的缺失，就会出现失能者反复住院或长期住院这类社会性住院现象。因此，发展长期照护，就是要将失能老人照顾从纯粹的家庭服务变成一种社会服务，结合多方之力，为老年人提供妥善的照顾，将之从医疗服务中分离出来，避免医疗资源的误用和滥用，也能让失能失智老人仍能处于正常生活场域，享有必要生活质量。

长期照护体系是医疗体系中的急性和亚急性照护的一个延伸，但以急性或亚急性的照护形态来规划长期照护，会导致照护过度医疗化及资源运用不当。因此，长期照护体系和医疗服务体系应该无缝衔接，为老年人提供便捷的整合性服务，但是两者之间无疑存在明确区分。长期照护面向需要长期照护的失能失智者，以生活照顾为主，旨在维持失能者功能，提高生活质量。医疗服务则是面向短期内需要疾病治疗的急性病人，以医疗照顾为主，旨在病患疾病治愈，延长生命。

## （二）以长期照护为养老服务发展主线

从政策责任和公共服务角度来看，老龄社会背景下，政府首要而基本的责任在于积极应对日益突出的长期照护这一社会风险，满足广大失能失智老年人的长期照护需求，应将长期照护服务作为推进养老服务医养康养相结合的核心目标和发展主线。有研究者[①]指出，只有从长期照护视角框架下来讲医养结合，其定性、内涵外延、设施类型和标准、筹资机制、队伍等问题才不会无限泛化或语义不清。

因此，我们首先需要将长期照护纳入社会政策的主流话语体系，形成广泛的社会认识基础，逐步建立独立的长期照护政策体系，明确长期照护的发展目标和理念、服务人群和内容、制度安排和实现路径。目前，各地长期照护服务的提供和资源的培育仍然处于分散状态，需要重点关注和解决理念不清、责任失衡、资源错配、区域失衡、与相关体系之间缺乏协同等深层次问题。

## （三）实施综合性行动方案

相对养老经济保障，对我们来说，养老服务保障是一个更新的领域，如果只是摸着石头过河，而不进行体系和制度方面的研究和规划，将很难取得预期效果，当前各种概念眼花缭乱，正是实践中理念不清、共识缺乏、路径混乱的直观体现。

长期照护是一种具有长期性、综合性、近身性特点的个人社会服务，

---

① 董红亚：《不同语境下的医养结合问题及思考》，可查于微信公众号"养老服务业研究中心"，2017 年 8 月 3 日。

维持失能失智老年人的正常生活，对于一个家庭来说很难，对于社会来说也绝非易事。长期照护的永续发展需要家庭、社区、社会和政府共同发力，避免责任失衡；需要设施、人力、资金三大基础资源形成匹配，避免体系崩盘；需要需求评估、服务转介和跟踪监管形成闭环，避免资源错配；需要医疗卫生体系和社会服务体系有效衔接，避免服务割裂。因此，基于专题研究进行整体政策规划，继而推行长期照护专项行动方案，充分释放现有政策效应，避免政策和项目的割裂、不配套或难以落实是十分必要的。

我国已经开展长期护理保险试点工作，然而在现阶段，建立长期照护社会保险还远未是我们建成长期照护制度的最后一公里，在初期培育阶段，还是应鼓励各地多元试办，既可采纳保险支付，也可以税收为主要来源，对于失能失智群体予以补助，以适度普惠为总体方向，做到资金可控，对象可选，服务资源和社会认知同步成长。

### （四）合理配建基础设施

首先，全面调整建设理念。从关注养老床位转向关注长期照护床位，从关注养老床位数量转向关注床位利用率，从关注养老设施覆盖率转向关注设施使用率。要聚焦于满足老年人的基本养老服务需求，完善基本养老服务统筹规划，建立相互衔接和融合的长期照护基础设施体系和服务供给体系。

其次，构建社区嵌入式长期照护基础设施体系。在地老化不等于去机构化。自21世纪起，不再强调机构化与非机构化，而是以照护需求及满足照护需求最适切、符合成本效益及健康效益之安排为主，让其产业体系自然发展，机构式与非机构式照护之比约为2∶8或3∶7或25∶75之比甚至混合为一，界限模糊，已蔚成世界趋势与发展结果（李世代，2010）。考虑到机构照护的成本效益及老年人主观愿望，老人社区照顾已是世界各国发展社会福利政策的主流。但在长期照护体系中，机构式照护仍是不可缺少的，既可为重度失能老年人提供24小时专业照护，也能为社区居家式照护提供专业支撑和依托平台。因而，要用机构的资源尽可能地辐射社区，推动机构的小型化、社区化和连锁化，成为未来发展方向。

一要补齐缺口，以点带面，启动全局。要像规划建设中小学校那样，实现居住区内社区嵌入式中小型长期照护机构的配套建设，强调中小型机构而非微型机构，是为了保持必要的规模效应，解决运营收支平衡问题，保证机构运营模式的可持续性和可复制性。作为区域内专业化长期照护机构，发挥服务枢纽和示范基站作用，让长期照护进入失能失智老年人家庭成为现实，并带动既有社区养老服务设施的转型升级，打通居家、社区、机构三者之间的阻隔。

二要形成链条，错位经营，互为补充。社区长期照顾设施和功能的不足是长期照顾服务取得实质性突破的关键，而增强居家和社区长期照顾能力是长期照护体系建设不可逾越的部分。居家养老中心、社区日间照料中心等小微设施主要面向轻中度失能失智老年人和高龄老年人，协助家庭提供一般性生活看护、文化娱乐、保健康复等服务。社区嵌入式中小型长期照护机构则面向中重度，特别是重度失能失智老年人，提供更密集更专业的机构长期照护。让老年人离家不离街，方便家人看望沟通，营建生活性照护场所而非收容性场所或医疗性场所。

三要落实基础设施保障机制。一要加强用地用房保障。应将基本养老服务设施建设纳入城市总体规划、控制性详细规划统筹考虑，民政部门要联合国土资源、规划、住建、卫健等部门，基于当地老年人口构成、基本养老服务需求、既有设施和空间资源的综合情况，科学规划、合理布局，通过新建、改扩建和购置改造等方式，推进社区嵌入式中小型长期照护机构的建设，推动养老服务设施和社区医疗卫生服务机构一体化规划建设，毗邻设置。二要确保设施有效运营。明确准入标准和退出机制，健全监管机制，将包括社区嵌入式中小型长期照护机构在内的基本养老服务设施无偿或低偿交给规范化、专业化、连锁化的民营养老服务机构来进行市场运营，以统筹产业资源，系统培育人才，扩大规模效应，提升服务质量。三要建立资金保障制度。通过慈善救助、社会福利及长期照护保险等多种渠道为失能失智老年人获取长期照护服务提供必要的经济支持，保障长期照护设施的持续运营，提升长期照护服务的可负担性。

### （五）打造全人照顾体系

若要满足人类所有的照护需求，至少须具备急性照护、长期照护及社区生活照顾这三大体系，一些发达国家和地区还在推动建立介于急性照护和慢性长期照护之间的"亚急性或后急性或中期照护"这一体系。只有统合和衔接好这些体系，才能给予国民所需的完整服务，让老年人即使是严重失能后仍能获得社区整合照顾，仍能继续生活在社区。由于各个体系有各自的专业壁垒和运作逻辑，因此通过整合不同体系服务为国民提供终身照顾，实现在地老化，是世界各国都在努力的方向。

这需要从"医"和"养"的部分都进行功能完善，并加强服务衔接。一是调整优化现有医疗资源，加强基本公共卫生服务和基层医疗卫生服务，切实做实做细家庭医生签约服务，为老年人提供个性化的医疗服务、健康管理、预约转诊、用药指导等方面的服务，解决老年人日常看病难，获取健康服务难的问题，让健康服务更有效更方便。二是做好养老服务中专业性和综合性最强的长期照护服务，为失能失智老年人提供综合性的养护康复服务。在生活照顾、社会参与的基础上，加强非治愈性的健康管理、康复护理的服务能力。通过医养结合建立一种有效的资源整合机制，满足广大失能失智老年群体及其照顾者在生活支持、协助、照顾及康复护理方面的综合性需求。三是提升现有养老服务质量，发挥养老机构的支撑辐射作用，提升社区居家养老服务品质，同时针对老年人独居、失智情况的日渐增多，为确保老年人日常生活及财产的安全与安定，还应针对性开展送餐、陪伴等生活支援服务。四是加强体系衔接的制度设计，让老年人能够方便地切换于不同的照护体系。如加强出院后准备服务，鼓励医院在病人出院前做好出院准备及出院后追踪咨询，协助转介病患至社区医疗机构、居家照护、长照机构等后续照护资源，使病患能顺利回归小区生活，减少出院后短期内急诊及再住院。

### （六）建立多元伙伴关系

在政府、市场、社会、家庭不同责任主体间建立紧密合作的伙伴关系，形成自助、互助、共助、公助的社会理念和运作模式。一是要明确政府职责。最重要的是明确养老服务相关政策文件中"保基本、兜底线"的指向，也就是在养老服务上要构建一个什么样的社会安全网。老龄社会背景下，无疑要聚焦老年人，特别是困难群众面临的长期照护风险，消除社会恐老情绪的蔓延，提升政府资金投入的有效性和精准度。基于这一认识，从摸底和掌握需求入手，进行统筹规划；开展身体状况评估和经济状况评估，实行分类保障；建置基本养老服务设施，确保服务有效提供；整合现有资源，打通资金管道；加强社会宣传，营建支持氛围。在做好基本养老服务保障的基础上，促进相关产业化升级和市场化转型的效果也会更好。

二是推进部门间的统筹协同。为解决养老服务缺乏共识，多头管理、责权不明、政出多门等问题，需要在不同部门间加强主体上的统筹协同，实现多元主体之间的合作与互动。以"如何更好地解决问题"为逻辑起点，推动具体事项上的统筹协同，不同部门要聚焦老龄社会背景下失能失智老年人的长期照护服务需要，找到各自的"权力清单"和"责任清单"，逐步向整体性治理转型。

三是梳理好政府和市场的关系。①处理好公益性和效率性的问题。明确公办养老机构的职能定位和功能定位，确保其服务范围的"有限性"和服务功能的"有效性"。政府对于提供适度普惠性养老服务同样负有一定责任，但不是直接生产服务，而是提供制度安排、财政支持、监督管理等，形成多元力量参与，大众能消费、愿消费的养老服务业发展局面。②加强监管。福利提供主体的多元化，不代表国家责任的卸除，反而是管理角色的加重。如何既能保护社会力量的参与热情，又能避免安全性事故的发生，维护老年人的权益，这对政府的监管能力提出了挑战。③培育市场。采取适当的引导、鼓励、监管和奖惩措施，加大市场有效需求，进而扩大有效供给，培育有序发展、公平竞争的市场环境。重视行业组织的培育与建设，在提供决策咨询、服务行业发展、规范市场秩序、扩大对外交往等方面发挥积极作用。特别应该强调的是，应大力促进政府部门、研究机构、社会组织和企业共同而广泛地参与政策的讨论、制定和评估，促进多元合作伙伴关系构建。

四是将长期照护融入到家庭建设当中。既坚持家庭照料不可或缺的重要性，也要充分认识到家庭在养老抚幼方面面临的现实困难和处境，丰厚社区服务资源和能力，积极发展居家式和社区式服务，为家庭照料者提供多方面的帮助和支持，改善家庭照料者的生活质量，巩固家庭养老功能，维护家庭的和谐稳定。

五是将长期照护融入到社区治理当中。社区照顾需要有效结合社区内外部的资源，充分发挥社区居民、志愿服务组织及其他社会力量的能力和热情，开展睦邻互助和助老惠老服务。而这必须和社区建设同步推进，要通过社区、社会组织、社会工作"三社联动"来推进社区治理创新，弘扬以人为本的社区精神，创造相互尊重、相互关怀的社区生活，更有效地发现和服务于需要者。更重要的是，要在全社会逐步建立与老龄社会相适应的社会照护文化，来解决长期照护人文关怀、社会资源整合和社会包容问题。

**参考文献：**

[1] 谢琼.养老机构，一床难求还是床位空置率高 [N]. 光明日报，2015-06-16.

[2]Kane, R. A., & Kane, R. L. Long-Term Care: Principals, Programs, and Policies[M]. New York: Springer, 1987.

[3] 陈晶莹.老年人之长期照护 [J]. 台湾医学，2003，7（3）：405.

[4] 李世代."长期照护"的发展与推动 [J]. 台湾医界，2010，53（1）：49.

（原文发表于《老龄化社会可持续发展——中德经验与合作案例》社会科学文献出版社，2021 年 12 月出版，略有修改）

# 构建我国"一老一小"家庭支持政策体系研究

伍小兰　罗晓晖　孙书彦

"老有所养，幼有所育"是党和政府对人民的庄严承诺。随着人口老龄化的快速发展和生育政策的逐步放开，养老托育服务需求已经成为每个家庭的刚需，"一老一小"的家庭支持政策逐步成为社会关注的焦点。近年来，党中央、国务院和全社会高度关注养老托育服务体系建设和人口长期均衡发展问题。"家安方国宁"，习近平总书记明确提出"无论时代如何变化，无论经济社会如何发展，对一个社会来说，家庭的生活依托都不可替代，家庭的社会功能都不可替代，家庭的文明作用都不可替代。"实施积极应对人口老龄化国家战略背景下，需要立足家庭视角，纾解家庭养老之忧、育儿之难，完善家庭支持政策，减轻家庭负担，增强家庭发展能力，促进家庭和谐和社会长治久安。

## 一、家庭政策的目标和内容

由于家庭政策所具有的复杂性，学术界对家庭政策的理解还存在较大差异。国内学者比较一致的共识是认为家庭政策适用的对象应该是家庭，个人在家庭之外的角色和行为不属于家庭政策调节的对象（陈卫民，2012）。换言之，政策重点是否放在家庭和个人的家庭角色上，是区分家庭政策和其他社会政策的标准。

当前"权利取向"的"支持家庭"的政策理念和实践获得了越来越多的社会认同，因为家庭支持视角更多地看到和正视家庭在社会转型中面临的困难和问题，认为家庭虽然对于养老抚幼负有不可推卸的责任，但是它本身也需要支持，应该成为政策的关注对象。因此，本研究中的"一老一小"家庭支持政策是以家庭整体为对象，以妇女、儿童、老人等弱势群体为核心对象，以满足现代家庭养老抚幼需求为出发点的社会政策，旨在赋予家庭重要的福利与保障职责的同时，对于家庭自身的发展提供有效的政策支持。

## （一）家庭政策的目标

家庭政策的一个核心问题是政策目标的选择。为应对传统福利国家的危机和挑战，西方发达国家从 20 世纪就开始推动社会福利改革，调整福利供给和保障的关系。其中一个政策重点就是帮助个人平衡工作与家庭的角色关系，为家庭发挥育幼和养老功能等提供各方面支持。我们国家现在也面临新的社会风险，需要预防"超低生育率—超少子化—超老龄化"的恶性循环。一方面，家庭是现代社会最后的"安全避风港"，人们以家庭为命运共同体应对外部风险，实现生活质量的提高；另一方面，家庭也普遍面临稳定性减弱、养育成本高、养老负担重的问题，处于家庭自我保障能力和家庭对成员的保障能力双重弱化的处境。

因此，我国"一老一小"家庭支持政策发展的主要目标和方向应该坚持以家庭为本，从全生命周期的视角关注家庭中的核心成员（儿童、老人和女性）的需求满足，通过一系列制度、政策和机制设计，塑造儿童友好、老年友好和家庭友好的政策环境和文化环境，支持家庭功能发挥，促进家庭稳定和发展，推动实现适度生育水平。当然，作为发展中国家，我国的家庭政策应该是适度的、发展性的。适度性体现在政策适度合理和具有可持续，发展性体现在支持就业，支持家庭中的人力资本投资，提升家庭发展能力。

## （二）家庭政策的主要内容

发达国家家庭政策的价值取向和目标有所不同，具体原则和模式也有差别，但内容主要包括四个方面：一是平衡家庭和工作，二是妇幼保健服务，三是包括育儿补贴在内的现金补贴及减免税收等福利，四是儿童照料和儿童发展的公共服务（吴帆，2020）。与发达国家比较，除了生育政策和困难家庭的支持政策相对完整外，我国的家庭政策在很多方面是缺失的，而这正是"一老一小"家庭支持政策需要重点补齐和加大力度的领域，如生育、幼儿抚育、儿童教育、养老等方面，还包括两性在工作和家庭之间如何保持平衡的社会照顾政策，帮助就业者承担养家和照顾家庭的责任。从我国现实国情和政策发展基础来看，具体政策内容可分为四大类：①经济类支持政策，包括照顾津贴、儿童津贴、家庭津贴、支持家庭照顾的税收减免、住房优惠和租赁政策等；②服务类政策，包括居家帮助、社区养老托育、公立托育机构、课后照顾等；③就业类支持，包括产假与陪产假、有薪或无薪的亲子假、护理假、弹性工作制等，保障需要照顾家庭的就业者的合法权利；④宜居环境类支持，考虑家庭养老育幼需求，优化住宅设计，推进老年人居家适老化改造，加强母婴设施配套，丰富城市基础设施和社区活动场所等。

# 二、我国"一老一小"家庭支持政策发展现状

家庭政策在国际学术界多指国家以"支持家庭"为宗旨的社会政策（陈映芳，2020）。从这个角度来讲，我国已经形成了与计划生育配套的计划生育家庭的奖励和扶助政策，同时建立起来一套针对城乡困难家庭的社会政策体系，包括以最低生活保障制度为核心的对城乡困难家庭的收入支持政策和相关配套政策。但是目前政府社会政策框架中并没有明确的以家庭为基本单位的家庭政策类别和相应管理部门。因此本文对政策的梳理更多是从广义家庭政策的角度进行，以形成更为全面的认识。

## （一）法律法规持续强化家庭照顾责任

国家通过立法手段，逐步强化"家庭关系"，尤其是代际间的相互责任（陈映芳，2020）。在1950年《婚姻法》的基础上，1980年的《婚姻法》以专门一章的形式列出了"家庭关系"，进一步明确了子女与父母之间的赡养和抚养/教育的责任。2001年，新修正的《婚姻法》再次强化家庭成员之间的生活保障责任。1982年，家庭责任正式被列入宪法："父母有抚养教育未成年子女的义务，成年子女有赡养扶助父母的义务"。

《老年人权益保障法》也详细地规定了家庭成员的"养老"责任。同时规定，国家建立健全家庭养老支持政策，鼓励家庭成员与老年人共同生活或者就近居住，为老年人随配偶或者赡养人迁徙提供条件，为家庭成员照料老年人提供帮助。很多地方在老年人权益保障实施条例或养老服务相关立法中提出实行子女护理假制度。

## （二）国家规划整体推动"一老一小"家庭支持

我国一直高度重视老龄工作和儿童工作。在进入人口老龄化社会之前，即于1994年制定了第一个规划《中国老龄工作七年发展纲要（1994—2000年）》。此后，我国相继颁发了"十五""十一五""十二五"以及"十三五"的老龄事业发展规划、《社会养老服务体系建设规划（2011—2015年）》等专项规划。2019年11月，中共中央、国务院印发《国家积极应对人口老龄化中长期规划》，这是一直到21世纪中叶我国积极应对人口老龄化的战略性、综合性、指导性文件。

自1992年首次颁布实施《中国儿童发展规划纲要》以来，我国已经实施了三轮儿童发展纲要。《中国儿童发展纲要（2011—2020年）》将儿童福祉列为重点领域之一，继续着眼于保障所有儿童享有社会服务，特别是保障农村地区儿童享有社会服务，并致力于提高社会服务的质量。除了"儿童优先"原则，政策制定和资源分配的基本原则还包括保护儿童权利和儿童最大利益，保障每个儿童平等发展以及鼓励儿童参与家庭、文化和社会生活，并提出了创建儿童友好型社会环境以支持儿童健康成长和发展的具体目标。

### （三）供给侧改革背景下养老托育政策快速发展

党的十八大以来，我国经济从"高速"增长转向"高质量"发展，老有所养、幼有所育成为我国民生领域供给侧改革的重点。2013年《国务院关于加快发展养老服务业的若干意见》出台，各部委配套政策亦密集出台，养老服务业进入快速发展期。其后，国务院办公厅相继出台《关于全面放开养老服务市场提升养老服务质量的若干意见》《关于推进养老服务发展的指导意见》《关于进一步扩大养老服务供给促进养老服务消费的实施意见》等一系列重要政策。在这一过程中，围绕居家社区机构相协调、医养康养相结合的体系目标，各地不断优化供给、提升质量，创新发展家庭照顾者培训、时间银行、家庭养老床位、智慧养老等，积极应对家庭结构和功能变化带来的养老挑战。新形势下，国家政策更为注重面向家庭需求，从"一老一小"的角度来统筹推进照顾服务业的发展。2019年5月，国务院办公厅发布《关于促进3岁以下婴幼儿照护服务发展的指导意见》，随后国家卫生健康委制定《托育机构设置标准（试行）》和《托育机构管理规范（试行）》等政策文件。2021年12月《关于促进养老托育服务健康发展的意见》正式出台，半年后国家发展改革委等三部委联合印发了《"十四五"积极应对人口老龄化工程和托育建设实施方案》，着力补齐养老托育短板弱项，改善民生福祉，培育经济发展新动能。

### （四）鼓励生育背景下家庭支持政策力度持续加大

2019年的个税新政将子女教育以及赡养老人列入专项附加扣除范围。2019年党中央、国务院制定并实施《国家应对人口老龄化中长期规划》，一是从实施人口均衡发展的角度，提出了鼓励地方试行育儿假、产休假，加大婴幼儿照护服务和学前教育供给，支持脱产照护婴儿幼儿的父母重返工作岗位等多方面的举措。二是从优化家庭发展环境、推进幸福家庭建设两个方面提出完善家庭支持体系。2020年党的十九届五中全会通过了《中共中央关于制定国民经济和社会发展第十四个五年规划和二〇三五年远景目标的建议》，明确提出实施积极应对人口老龄化国家战略。从"一小"的角度提出优化生育政策，提高优生优育服务水平，发展普惠托育服务体系，降低生育、养育、教育成本，促进人口长期均衡发展，提高人口素质；从"一老"的角度提出推动养老事业和养老产业协同发展，健全基本养老服务体系，发展普惠型养老服务和互助性养老，支持家庭承担养老功能。积极开发老龄人力资源，发展银发经济。2021年6月，中共中央、国务院出台《关于优化生育政策促进人口长期均衡发展的决定》，旨在促进生育政策与相关经济社会政策同向发力，满足更多家庭的生育意愿，推动实现适度生育水平。

综上，我国家庭支持政策正由家庭的自我保障转向由社会与政府共同支持，政策的对象开始从一部分特殊困难家庭扩大到一般家庭，从满足家庭最基本的生存需求转向支持家庭的功能发挥，进而提升家庭的能力。

## 三、我国"一老一小"家庭支持政策面临的挑战

韩国学者提出了"被压缩的现代化"的概念，将其作为解释东亚各国家庭危机及社会危机的分析工具。亚洲国家实际上将西方国家两个阶段的过程（即经济、政治、社会和文化的现代化过程，以及个体化、风险社会、全球化社会的过程），压缩成了一个阶段，这是一个在时空上被极度浓缩的过程，诸多的家庭和社会危机由此产生（转引自陈映芳，2018）。然而长期以来，我们对家庭困境是忽略的，缺乏系统的家庭支持政策安排。有研究者指出，由于改革议程中未能将对中国人而言最紧密的家庭纽带放在应有的位置，市场经济"脱嵌于社会"也"脱嵌于家庭"（何艳玲，2017）。

### （一）家庭发展问题凸显

首先，家庭文化和家庭观念的变化。近年来中国的离婚率持续上升，

结婚率持续下降，随着消费主义和物质主义的兴起，人们对于婚姻和生育的观念更为多元，一人户占家庭总户数的比重迅速上升，而生育率低的问题也并未因为生育政策的放开而有明显改变。年轻人的晚婚、不婚、不生、少生等已经成为突出的社会问题，以至成为社会的普遍担忧。在"全面两孩"政策实施后，尽管在 2016 年，中国出生人口攀升至 1786 万人，但在 2019 年，中国出生人口大幅下降至 1465 万人。而"七普"数据显示，2020 年中国新出生人口为 1200 万[①]，较 2019 年进一步明显下降，提高人口生育率成为一个紧迫的社会问题。

其次，家庭规模和结构亦呈现小型化的趋势。当前，我国家庭平均规模已经不足三人，同时家庭户类型呈现多样化的趋势。非传统类型的家庭大量涌现，如纯老家庭、空巢家庭、隔代家庭、丁克家庭、大龄单身家庭、单亲家庭等。在高房价、高竞争、高流动的社会环境之下，家庭生活的建立和运转，比如结婚、养娃、养老，甚至家庭成员在空间和时间上的团聚都成为极有挑战性的问题。不少年轻人，不仅恐老而且恐婚恐生，对家庭系统的稳定性也会产生更多的冲击。

最后，人口流动加速带来的家庭发展问题。"七普"数据显示，我国流动人口达到 3.76 亿人，比 2010 年增长了将近 70%[②]。从流向看，人口从农村向城市集聚、从内陆地区向东部沿海集聚的总体趋势没有变。在这一流动人口浪潮中，受影响最大的就是家庭，特别是家庭中的孩子和老人。

与上述家庭发展方面的问题相伴随的是家庭功能的加速弱化，这就对国家－家庭关系的调整形成了一种倒逼机制，如果国家仍不采取措施对家庭的发展予以干预，家庭的功能难以为继的问题恐怕将更加普遍，经济、社会的稳定运行也势必受到影响。

① 出生人口数据出自张车伟，蔡翼飞 . 从第七次人口普查数据看人口变动的长期趋势及其影响 [N]. 光明日报，2021-05-21.

② 出生人口数据出自张车伟，蔡翼飞 . 从第七次人口普查数据看人口变动的长期趋势及其影响 [N]. 光明日报，2021-05-21.

## （二）家庭支持政策的主体性和系统性严重缺失

家庭支持政策的主体地位严重缺失。在现有政策法规体系中，"家庭政策"或"家庭支持政策"还不是一个独立且明确的政策类别。尽管《国家人口发展规划（2016—2030年）》提出了比较相近的"家庭发展政策"，即"建立完善包括生育支持、幼儿养育、青少年发展、老人赡养、病残照料、善后服务等在内的家庭发展政策"，大致勾勒出家庭发展政策的轮廓，但对于家庭发展政策的政策目标、政策性质等并未做出明确界定。家庭支持政策的主体性匮乏还表现为，一些家庭支持政策在实践中成为其他政策的附属，如针对独生子女家庭的支持政策实质上是为计划生育政策服务的，其直接政策目的在于协助控制人口，间接的目的还在于助力经济发展，家庭政策应该具有的社会性实则非常微弱。

我国家庭政策总体还呈现分散化和碎片化态势，政策系统性不足的问题较为突出。首先，家庭政策还没有在战略层面进入政府的政策设计体系，缺乏对于家庭发展的远景规划。政策取向陈旧，多为被动应急式的缺陷修补，少有预防和发展的思路体现，因而缺乏建设性（彭希哲、胡湛，2015）。社会政策对象多是已经面临困境的人群和家庭，难以在更广泛的意义上对更大范围内的家庭形成支持。

其次，家庭政策空白较多，政策之间缺乏衔接。从纵向上看，未能充分考虑处于不同生命周期家庭的需要，形成覆盖全生命周期的家庭支持体系。育儿期和养老期是家庭生命周期的重要阶段，也是需要更为密集和有力的家庭支持的阶段，而目前"一老一小"家庭支持政策还很不充分，而且政策之间的衔接也较差，尚未很好地将支持"老"和"小"统筹起来考虑。"鼓励隔代照料"在一定程度上兼顾了支持"老"和"小"，但仅停留在政策理念上，缺乏具体的落地措施。从横向上看，家庭在社会转型的进程中已经越来越多元化，既有依然保持传统家庭结构的规模较大家庭，也有日益核心化的小型家庭，既有留守家庭，也有流动家庭，这些家庭所需要的支持并不相同，对政策的精细化设计提出了更高的要求。

最后，政府作为"一老一小"家庭支持政策的政策制定主体，未能在政策层面明确家庭支持的实施结构。在政策实践中，家庭政策的政策主体较多，几乎所有与"一老一小"家庭支持相关的部门都可以根据其职能制定相应政策，导致"一老一小"家庭支持政策资源分散在各个部门，如民政、卫健、人社、老龄、妇联以及残联等。政策之间的有机联系较弱，难以形成政策合力、聚合支持资源，达到最佳政策效果。

## （三）家庭支持政策实施难度大，效果不如人意

目前家庭支持政策在实施中面临重重困难，政策效果也不尽如人意。究其原因，既有政策制定的问题，也有政策执行中的机制问题。政出多门的"一老一小"家庭支持政策不可避免地存在政策执行的部门壁垒，政策之间相互制约和掣肘的现象时有发生。此外，"一老一小"家庭支持政策的实施也受到宏观社会经济环境以及福利意识形态的影响。在政府激励措施有限的情况下，市场主体的积极性很难被充分调动起来，致使部分家庭支持政策落实困难，亟待探索采用公共措施激励雇主自主提供家庭友好福利和项目的有效办法。如独生子女护理假，全国很多地方都已有明确政策规定，但其实施效果都不理想，普遍面临着"不能休、不敢休"的尴尬。

家庭支持政策的有效落地，政策效果得到最大程度的激发也需要家庭的积极参与和配合。由于政策"供给"与家庭"需求"不匹配的问题广泛存在，家庭或个体可能不回应政策，也可能以政策非预期的方式予以回应，即出现所谓的政策意外后果。比如一些地方出现了以方便买房买车、获取动拆迁款或低保补助金为目的的群体性离婚事件。住房限购政策使得一些夫妇为了取得购房资格而离婚或假结婚，为了降低和规避二手房交易税费而离婚。汽车限购政策使得一些夫妇为了购车资格和汽车过户而离婚。有研究早已指出，一些没有家庭关系的个体可以从社会政策中得到更多的利益，而建立家庭关系实际会让个体的社会福利减量（张秀兰、徐月宾，2003）。"一老一小"家庭支持政策需要以家庭为政策设计的基本单位，精准评估和匹配家庭的差异化需求，用有针对性、

可执行的具体措施在政策设计和政策落地之间架起桥梁，以促进政策目标实现，优化政策实施效果。

## 四、构建我国"一老一小"家庭支持政策体系的总体思路

### （一）明确原则理念

**1. 以家庭友好为引领**

适应现代家庭与社会的发展需求，通过有力的政策支持家庭的照护功能，同时也采取积极的政策来强化家庭的照护功能，即在继承文化传统的基础上合理引导现代家庭承担应有的责任，并有效支持现代家庭的能力建设及可持续发展，回应人民群众对家庭建设的新期盼新需求，实现老有所养，幼有所育。

**2. 推进多元主体协同共治**

从福利多元主义的视角出发寻求以家庭为主体，政府、市场等力量共同参与的模式将是必然趋势。政府应对承担养老抚幼责任的家庭进行鼓励和帮助，并构建一个政府、市场、社会组织都有责任、动力和行动来帮助家庭承担应有责任的制度框架。也就是说，政府在政策制定和实施中，要注重促进家庭、市场、社会多方面主体的有序广泛参与和响应。

**3. 统筹政策整体性与精准性**

从家庭整体性需求出发，统筹促进"一老一小"家庭支持政策与经济、税收、住房和公共服务等方面社会政策的协调和衔接，以覆盖所有家庭，贯穿家庭生命全周期，充分发挥不同政策资源的作用，尽可能产生更大的边际效益，提高政策可落地性和可持续性。同时，要充分考虑家庭的多样性，以尊重家庭多样性为前提，确定不同家庭需求的"最大公约数"，并通过差异化的政策工具为不同类型家庭提供针对性的支持，促进所有家庭的平等发展。

### 4. 实现性别平等与代际公平

家庭支持政策要充分考虑个人的家庭角色和家庭负担，关注对家庭中女性成员的支持，关注所有有家庭责任的男女两性成员，促进家庭成员特别是女性平衡工作 - 家庭角色。投资于家庭，投资于老年人，夯实家庭养老基础地位的同时，支持老年人在家庭照护和社会发展中的作用发挥，促进家庭团结与代际和谐。

## （二）明确政策目标对象

借鉴其他一些国家的经验，我们应减少将家庭作为治理工具或手段的功利性导向，而是将更好的家庭，更好的家庭生活作为家庭支持政策的目标本身。有学者（任远，2021）指出，家庭的存续和现代化过程中不断发展的个人主义并不矛盾。家庭成为个人的感情寄托，成为个人更好地成长发展所依托的最核心的生活共同体，在这种基于人类情感的基础性连接中，家庭的稳定性和幸福感会促进生育。自然也能促进家庭更好发挥养老托育以及经济消费功能。

"一老一小"家庭支持政策的目标旨在支持家庭发展，平衡家庭照料供求关系，提升家庭发展能力，增进家庭代际团结，提升家庭生活质量。让家庭始终成为婴幼儿健康成长和老年人舒心养老的安全"兜底者"。具体而言，家庭支持政策的目标对象可分为三个层次：老年人和婴幼儿作为"一老一小"家庭支持政策直接支持的核心与关键，是第一层次；其他家庭成员，包括老年人的配偶、子女，婴幼儿的父母等，作为家庭照护的供给主体，是政策干预家庭养老抚幼行为与策略的直接受体，为第二层次。其他为家庭养老抚幼提供服务与外部支持的社会主体，包括政府、企业与社会组织等，为第三层次。其中，政府发挥政策规划、资金投入、市场培育、环境营造等引导作用。企业、社会组织除了参与提供多样化的养老托育服务外，还是家庭政策的落实主体和实施主体，比如允许有需要的员工弹性工作、异地工作、享受护理假，实施家庭友好的项目等。

### （三）明确政策运行机制

#### 1.健全家庭政策机构设置

进一步明确发改、民政、卫健、人社、财政、税收、老龄委、妇联、残联等相关部门在家庭政策制定和实施中的职能，适时建立家庭发展常态化议事机制，提升家庭发展能力，促进人口长期均衡发展。在基层社区，则可考虑整合现有社区服务设施和功能，设立家庭综合服务中心，服务家庭需要，推动家庭发展。

#### 2.健全政策评估监督机制

在政策制定前，要摸清本地区养老托育真实供需状况，为规划设施、资金、人才等方面的投入提供数据支撑。政策制定过程中，要树立顶层设计的统筹思维，把握好未来发展方向，建立与"一老一小"家庭支持政策相匹配的财政支持制度和人才培养制度，解决好"钱从哪里来"和"人从哪里来"的问题。在政策实施中，要用好先行先试的机制，先试点后推广，确保政策稳步推进，降低负面影响，同时加强监督管理，善用引导奖励机制，为政策落地"护好航"。

#### 3.建立健全预算管理制度

当前政府财政预算尚缺乏细致的分项分类预算和支出数量。同时，条块分割的行政体制也导致政府在制定财政预算时，无法获知各个部门在推进落实同一个政策目标时的财政投入（南方，2020）。因此，要在政府预算管理制度上进行改革，在统计数据中体现"一老一小"家庭支持预算数量及投入情况。

加大公共财政资金向"一老一小"家庭支持议题优先配置的比例，提高财政支持力度，设置资金和资源投入的监测指标。提升各个部门和各级政府对家庭工作的重视程度，更有效地吸引政策资源的聚集和支持。在财政支持中注重"软硬并举"，不但投入养老托育设施的硬件建设、加强对家庭照护专业服务力量的支持，更要把调动企业、社会和个人积极性的补贴、奖励纳入财政资金优先支持范围。

## 五、构建我国"一老一小"家庭支持政策体系的具体建议

### （一）培育新时代家庭文化，夯实家庭发展基础

家庭养育功能的发挥以及家庭发展能力的提升，离不开良好的家庭文化氛围。因此要积极培育现代家庭文化，倡导相亲相爱的家庭关系、向上向善的家庭美德、共建共享的家庭追求。

推动家庭文明建设。积极培育新时代家庭文化，推动家庭文明建设从依靠公民的自觉为主向依靠全社会推动为主转变。利用好传统媒体和新媒体，深入广泛宣传好家庭好家教好家风，传递尊老爱幼、儿女孝敬、男女平等的观念，提高孩子的期望效用，优化育龄人群的生育行为。出台孝老爱亲奖励办法等，将赡养父母行为纳入公民个人诚信评级和党政干部考核内容，实现舆论倡导与现实激励相结合。

完善老年人维权机制。将教育引导和法律强制性要求相结合，完善老年人维权机制。落实街道办事处（乡镇人民政府）和社区居民委员会（村民委员会）在协助老人维权上的主体责任，开展老年人维权法律援助。比如，安徽省针对农村留守老人，提出由村民委员会或老年人协会与子女或家庭赡养义务人签订《赡养协议》，监督家庭责任落实，同时开展宣传教育和"孝亲榜样"评比等活动，通过乡村公俗民约和道德约束等，营造良好的社会文化氛围。

### （二）立足供给侧优化，完善照护服务支持

完善政策支持，扩大 0~3 岁托育服务供给。目前我国托育服务基本处于"从无到有"的阶段，需要给予全方位的支持。首先通过提供场地、减免租金、税费优惠、财政补助大力支持社会化普惠式托育服务机构发展，采取公建民营、民办公助、公办民助等方式多渠道增加供给，鼓励民营资本、社会力量参与托育服务。其次支持用人单位独立或联合设立婴幼儿照护服务机构，应从引导呼吁转向切实帮助企业分担经济成本与责任风险，推动有条件的大中型企业、商业楼宇、园区联合办托，解决

职工后顾之忧，并可辐射周边社区。再次通过政府购买服务，为隔代照料的（外）祖父母提供"带孙假"，也即喘息服务，以提高祖辈隔代照料的积极性，减轻家庭的育儿照料压力。最后为城乡家庭提供婴幼儿照护专业指导和支持。通过线上线下多种渠道，对年轻父母、祖父母、保姆等家庭照料者开展亲职教育培训，将简单且有效的照护理念和方法传播到家庭，改变"重养轻育"的状况，增强家庭科学育儿能力。

完善政策支持，扩大养老服务供给。我国养老服务已经具备了一定的基础，下一步需进一步推进养老服务的普惠化优质化发展，实现从"从有到好"的提升跨越。首先聚焦"一人失能，全家失衡"的难题，明确基本养老服务清单，加强基本养老服务保障，提升长期照护的可及性和专业性，让"老有所养"真正落到实处。其次聚焦资源统筹，为家庭养老提供社会化支持。推动家庭病床、家医签约服务、家庭养老床位、家庭适老化改造、巡视探访项目的资金、技术和政策统筹，做实居家养老服务。再次为失能失智老年人家庭照护者提供常态化的技能培训和喘息服务，减轻家庭照护者的照护压力，提高老年人以及照护者生活质量。

统筹推动一老一小服务业融合发展。首先发挥社会组织、社会企业在养老托育中的激活和补充作用。鼓励开发"一老一小"志愿服务项目，依托三社联动"时间银行"机制，鼓励邻里式、互助式养老托育服务发展。其次发挥市场资源配置的作用，满足社会多样化新型养老托育需求。促进养老服务业的"互联网＋"发展，鼓励企业研发各类适合老年人使用的智能终端和设施设备，加强老年远程教育网、老年健康服务网、康复辅具服务网等网站建设。大力支持和引导亲子产业发展，鼓励企业以家庭为单位进行项目设计，如家庭金融计划、家庭保险、家庭旅游产品、亲子游戏、亲子餐厅等，满足人民对于美好家庭生活的需求。

（三）立足家庭和工作的平衡，加强就业和时间支持

当前国家层面已经制定了产假、哺乳假等方面的制度，不少地方还出台了子女护理假的政策。同时国家政策也在积极鼓励各地开展育儿假试点，倡导用人单位实施灵活休假和弹性工作方式，以切实加强对家庭

照护服务的时间支持，缓解不少家庭就业及育儿、照顾老人的两难选择。因此，当前关键是要全面落实已有政策，同时推动育儿假、弹性工作方式惠及更多有需要的家庭，确实发挥出政策效应。

尽快健全假期用工成本分担机制。采取退税、贷款优惠等优惠政策来吸引、鼓励和引导企业积极落实弹性工作、育儿假、护理假这些家庭支持政策，弥补企业额外增加的人力成本。同时加大宣传，推动企业将生育友好、家庭友好纳入社会责任范畴，积极响应国家政策号召，创新社会责任履行模式。

探索从政策层面鼓励居家弹性办公。探索通过抵税，提高因要照顾家人，或者因疫情原因而选择居家办公的人士的实际。比如加拿大在疫情期间推出了居家办公鼓励政策，非佣金制的员工如果在家办公，并将家中的一部分空间和设施用于工作目的，则可以申请将这部分家庭开支用于抵税。可以抵扣的税额是基于家中有多少空间是用于工作来计算的，即办公区域的面积占房屋面积的比例。此外，涉及的其他开支包括水电费、网费、煤气费、财产税、维修费、房屋保险、手机费用等，都可以抵税。

基于性别平等原则，支持女性就业。对女性职工达到一定比例的用人单位在税费减免、融资贷款等方面给予一定的政策奖励。建立就业性别歧视的"部门联合约谈"工作机制，保障妇女平等就业权利，及时向社会公布重大涉嫌性别歧视和侵害女职工劳动权益的案件及查处情况。为因生育孩子、照顾老人而中断就业的女性提供再就业综合援助。提供再就业培训公共服务，组织技能培训，对接就业信息。搭建服务女性创业平台，帮助女性实现居家创业、灵活就业，为创业女性提供贷款支持。

适时调整产假、探亲假等相关制度。首先在国家层面延长法定产假。目前我国的全国法定产假为98天，仅达到了国际劳工组织182号公约的最低要求，应考虑延长全国性的法定产假。同时，应该制定全国法定的陪产假，表明国家鼓励男性参与育儿的态度。作为产假和陪产假的延续，鼓励地方开展带薪育儿假的探索，确保女性和男性共同享有这一权利，同时规定不可转让的"父亲配额"，推动父亲参与育儿。其次取消晚婚晚育产假奖励，实施生育二孩、三孩产假和哺乳假奖励政策。最后调整探亲假相关规定。1981 年国务院发布《关于职工探亲待遇的规定》，规定了国家机关、人民团体和全民所有制企业、事业单位的职工探亲假标准。规定与父亲、母亲都不能住在一起，又不能在公休假日团聚的，可以享受探望父母的假期待遇（未婚职工每年一次，假期 20 天；已婚职工每 4 年一次，假期 20 天）。建议适应社会发展形势需求，已婚职工的探亲假由四年一次改为每年一次。

### （四）立足减轻家庭经济负担，提供多样化经济支持

国际社会缓解家庭照护压力的经济支持方式主要有两种，一种是直接的经济补助，如发放儿童津贴、家庭津贴或者照顾津贴等补贴方式，另一种则是通过购买公共服务或者通过减免税收等以间接的方式支持家庭。借鉴国际社会的有益经验，对家庭实施多样化的经济支持是十分必要的。

鼓励有条件的地区针对二孩、三孩家庭发放育儿津贴。根据家庭收入情况制定差异化的补助标准，可采取一次性物质奖励或者分月发放补贴等多种形式，减少家庭婴幼儿照护服务的经济成本压力。总的来说，家庭津贴并非一个单一的政策议题，它往往与多个社会目标的达成有直接或间接的关系。如四川省攀枝花市于 2021 年出台的《关于促进人力资源聚集的十六条政策措施》，在全国首次提出了对生育二孩、三孩家庭的提供现金补贴。

构建完善家庭税收优惠政策体系。借鉴国际经验（蔡秀云等，2021），积极鼓励以家庭为单位进行纳税申报，将现有"子女教育专项附加扣除"的覆盖人群向低龄幼儿扩大，无论子女是被送到托儿所、幼儿园照看，还是到小学、中学、大学接受学历教育，其父母都可享受"子女教育专项附加扣除"政策。对家庭抚养 18 岁以下子女的纳税人，按照家庭抚养儿童的数量，给予家庭一定金额的生计费税前扣除。增设"儿童税收抵免"优惠政策，对养育子女的中低收入家庭，纳税人（父亲或母亲）可从其应纳税额中扣除一定标准的儿童税收抵免额。

鼓励各行各业对于多子女、多代家庭实施优惠。比如在法国，铁路运输局对于三个及三个以上的子女家庭提供票价减半的优惠，包括地铁，公交，甚至城际火车和高速火车。IKEA（宜家）对于三个及以上多子女家庭提供减百分之五的优惠。在临时救助中更多考虑家庭养老育幼需求。自然灾害以及疫情对家庭的影响都很大，需要政府在制定和实施救助政策时更多地从家庭着眼，并特别关注贫困家庭和中低收入家庭。

### （五）立足适老适幼，建设家庭友好环境

推进产城融合、职住平衡。在城市建设和城市更新的规划层面建立多维度职住平衡指标体系，促进实现产城融合、职住平衡。居民就近工作，小孩就近上学，老人就近养老，才能从根本上缓解工作和家庭之间的冲突，解决家庭照护难题。

建设家庭友好型城市。把家庭设施作为重要的城市基础设施，在城市大力增加儿童游乐场、运动场、公园、图书馆等公共设施。营造家庭友好氛围，在公共场所向老年人、儿童提供关爱服务，设置家庭互动区、家庭更衣室等，公共交通和娱乐场所提供家庭月票、家庭年票，允许家庭成员共同使用。让人们带孩子出门、老人出行，家庭出游，都能感受到全社会的方便和善意。

建设家庭友好型社区。优化社区环境设计，提供良好的户外活动空间、场所和设施，促进居民的体力活动、集体活动和社会交往参与，进而提升居民的身心健康水平，实现主动健康。在保证环境安全舒适性的基础上，强调室外环境的代际共享性与互动性，实现"一老一小"共享家庭情、社区情。推动社区养老托幼设施与其他社区服务设施的统筹规划，综合利用，实现社区服务的就近就便、公平可及。通过亲情友好社区的建设，尊重和发挥家庭养老的基础作用，加强中青年子女和老年父母之间的联系。

加大对家庭养老托育住房需求的满足。对和父母同住的家庭、三代同堂家庭、有未成年子女的保障房申请家庭，可实施差异化租赁和购买房屋的优惠政策。对有未成年子女家庭购买商品房的，根据养育未成年

子女负担情况给予差异性房地产信贷和税收优惠政策。最为根本的是让人能买得起房，减少因住房不平等而引起的生育不平等。扩大保障性住房供给，增加中等面积多户型，价格合理的普通商品住房供应，实现租售同权，特别在教育、社区配套上，能实现租房和买房同权同享。针对有老年人的家庭，聚焦安全性需求，推广普及"居家老人智慧警报系统"，安装厕所扶手与防滑设备，预防跌倒。

建立健全适老适幼环境标准体系。适老适幼全龄友好环境建设具有开创性、复杂性和系统性，需要从规范抓起，从标准抓起，避免形成新的"问题环境"。要主动适应人口老龄化形势，加快对老年宜居相关标准规范的全面修订和完善工作。在儿童环境建设方面则需进一步完善相关标准规范体系，将标准适用对象扩大至一般儿童，拓展到居住环境的不同场景，突出居住环境的安全性、舒适性和便利性，促进儿童需求与空间、服务、环境等要素一体化发展。特别重要的是，要将全龄友好、适老适幼的环境规划要求和建设理念全面融入城市更新和街区保护更新计划，在街乡层面建立责任规划师和责任建筑师团队，全面统筹好落实好全龄友好、适老适幼标准。

## （六）针对中国特色家庭类型，强化"一老一小"家庭支持

强化大家庭支持。中国当代家庭构成呈现核心家庭水平降低、直系家庭稳定和单人户上升的格局。也就是说，家庭结构既有向小形态发展的一面，也有大家庭获得维持的另一面。在积极应对人口老龄化，实施三孩生育政策及配套支持措施的背景下，需要特别重视对于大家庭的支持。通过"一老一小"家庭支持为大家庭减负赋能，重塑家庭的意义，在全社会营造大家庭其乐融融的氛围。比如与一般家庭相比，在教育领域大家庭成员可获得奖学金政策倾斜，并享有学费折扣；在公共交通等领域，给予公共交通的票务价格优惠，配套家庭水电费的优惠政策；符合资格条件下优先安排大家庭入住保障房；雇用"大家庭"成员的企业或组织，缴纳社保有优惠政策。

强化流动家庭支持。在流动人口浪潮中，受影响最大的就是家庭，

特别是家中的孩子和老人。推动家庭式流动和迁移。促进城镇教育、就业创业、医疗卫生等基本公共服务与常住人口挂钩机制，推动公共资源按常住人口规模配置，从根本上减少迁移过程中的家庭分离，促进迁移家庭的社会融合。针对日益普遍的城市内人户分离现象，加强跨域合作和信息反馈，实行"一口受理、协同办理"，建立以居住地街镇为主的长效化、规范化工作机制，将养老抚幼政策落到实处。

加强对留守家庭的支持。对于义务教育年龄段的农村留守儿童，通过提供家庭补贴和工作机会的方式，鼓励母亲留守，陪伴孩子成长，减轻老人负担。通过提供交通补贴、优惠以及路程关爱陪伴服务，全社会共同帮助留守家庭更多机会实现家庭团聚。开展家校合作，对留守儿童祖辈进行父辈替代性养育教育，增进代际关系，优化家庭成长环境。

## （七）聚焦适地养老需求，推动城市适老化转型

一是建立年龄友好型住房制度。从现有情况来看，老年人面临着诸多突出的居住问题。城市老年人整体住房条件满意度还不高，还有相当比例的老年人居住在老旧住宅和小区。第四次中国城乡老年人生活状况抽样调查数据显示，城镇老年人对住房条件满意的比例仅略过一半（50.7%），接近三成（29.5%）的老年人居住在 20 世纪 70—80 年代建成的房子中，31.7% 的老年人居住在 20 世纪 90 年代建成的房子中。由于建设年代和建设标准制约，老旧住宅居住不适老问题更为突出，存在不少影响老年人生活的缺陷和问题，适老化改造空间也会受到种种限制。

因此我们应该认识到，对有些老年人来说，原居并不必然安老，原居不动可能是他们没有更好的选择，只好"被困在原地"。因此要在住房规划设计、买卖、租赁、物业管理等全流程各环节，充分考虑到老年人权益保障，维护高龄、无子女、独居、孤寡等老年人的合法权益，强化对开发商、房屋中介公司的义务和责任（黄石松，2022）。同时针对换房养老当中存在的实际困难，鼓励金融行业在政策允许范围内，为年龄较高、有资金困难的中老年人解决融资问题。鼓励企业产品创新，无锡有企业曾推出"房屋以旧换新式养老"，老年人可用旧房换取养老公寓居住

权，好处在于按市场价以旧换新，老人不用多跑腿，而且养老公寓居住起来更为适老。

按照积极老龄观、健康老龄化的理念要求，加大适老宜居居住环境的供给侧改革。按照"区位适宜、配套齐全、便于启动"的思路，加大在规划用地、市政配套等方面的政策支持，鼓励规划和建设普惠型年龄友好型生活社区。合理配置符合适老化精细设计要求的老年住宅、老年公寓和照护设施，强化配置公共服务设施，特别是注重医疗卫生服务、"一老一小"家庭服务设施的完善，满足有老年人家庭改善居住生活条件的需求，促进老年人口在城市内部以及城市间的有序流动，缓解不同区域人口老龄化程度与居住环境品质、养老服务资源之间不匹配不适应的矛盾。

**参考文献：**

[1] 陈卫民. 我国家庭政策的发展路径和目标选择 [J]. 人口研究，2012（4）：29-36.

[2] 陈映芳. 如何认识今天的家庭危机？——国家—家庭关系的视角 [J]. 城市治理研究，2018（1）：13-20.

[3] 陈映芳. 价值暧昧抑或目标分异 当下中国的家庭政策及其供给机制分析 [J]. 社会，2020，40（6）：71-91.

[4] 何艳玲. 面向家庭的治理变革 [J]. 城市治理研究，2018（1）：56-56.

[5] 南方. "十四五"时期全面落实儿童优先原则之思考 [N]. 中国妇女报，2020-06-09.

[6] 彭希哲，胡湛. 当代中国家庭变迁与家庭政策重构 [J]. 中国社会科学，2015（12）：113-133.

[7] 任远. 低生育率社会的家庭制度建设 [J]. 探索与争鸣，2021（1）：137-143+180.

[8] 吴帆. 北欧国家的家庭政策与女性发展 [N]. 中国妇女报，2020-09-07.

[9] 张秀兰，徐月宾. 建构中国的发展型家庭政策 [J]. 中国社会科学，2003（6）：84-96.

[10] 黄石松 . 构建年龄友好型住房政策体系 [N]. 人民日报，2022-01-03.

[11] 蔡秀云，李雪臣，朱永兴 . "家庭化" 政策模式下儿童税收优惠政策的国际经验及启示 [J]. 税务研究，2021（2）：74-80.

（发表于《复旦发展与政策评论 / 第 14 辑：人口发展过程中的政策分析》，2021 年 12 月，本文获第十二届钱学森城市学（人口）金奖提名奖）

# 创新发展老龄金融

方　彧

中央经济工作会议为 2022 年经济工作定下了基调、指明了方向。会议提出"社会政策要兜住兜牢民生底线",明确要求"推进基本养老保险全国统筹。推动新的生育政策落地见效,积极应对人口老龄化"。这一要求与近日发布的《中共中央　国务院关于加强新时代老龄工作的意见》(以下简称《意见》)相呼应。《意见》提出,实施积极应对人口老龄化国家战略,把积极老龄观、健康老龄化理念融入经济社会发展全过程。由此来看,积极应对人口老龄化理念已经包含在经济社会发展的顶层设计中。人口老龄化已不再被狭义地等同于老年人的养老问题,各界人士均已深刻认识到人口老龄化对经济运行、社会发展、民生福祉、文化建设等各个环节具有深远影响。

银发经济在老龄化社会背景下孕育而生,老龄金融创新是探索中国特色积极应对人口老龄化道路的重要组成部分。从宏观层面来说,老龄金融创新关乎整个老龄经济和社会发展;从中观层面来看,老龄金融创新关乎老龄产业的健康发展;从微观层面来讲,老龄金融创新直接影响到老年人的民生福祉。当前,老龄金融发展已过了"炒概念、喊口号"的宣传试水阶段,逐步过渡到"撸起袖子加油干"的实干关键阶段。本文从积极应对人口老龄化国家战略视角出发,聚焦老年群体特征与需求,探索当前老龄金融创新的理念、着力点和可能性路径,以期为老龄金融实践提供有益借鉴。

当前,学界对老龄金融尚未形成统一的概念,其内涵和外延均在不断拓展延伸。从名称来看，就有"养老金融""老年金融""老龄金融"等。本文所提到的"老龄金融"是广义上的概念，泛指在老龄化社会条件下，金融支持社会产业结构升级，满足老年人及准老年人需求的相关金融制度安排和金融经济活动的总和。

# 一、老龄金融创新再认识

理念是行动的先导，老龄金融创新应理念先行。在老龄金融创新探索过程中，应正确认识人口老龄化对经济、社会的全方位影响，充分把握老年金融消费者的特征及需求，将积极应对人口老龄化国家战略倡导的积极老龄观、健康老龄化理念融入始终。

首先，实施积极应对人口老龄化国家战略的核心要义在于"积极"。人口老龄化是人类社会进步的标志，也是人类社会发展的必经阶段。近年来，全社会对人口老龄化的认识逐渐从"被动"转为"主动"，从"消极"转为"积极"。以第七次全国人口普查数据为例，社会关注老年人口数量及占比的同时，也关注老年人口的内部结构问题。在当前我国2.64亿老年人中，60～69岁的低龄老年人占55.8%。尽管我国预计在"十四五"时期进入到中度老龄化社会，但是，我国老年人口依然以低龄老年人为主，完全有可能实现从人口红利到人才红利的转变。因此，在老龄金融创新中，应该要更多地看到老龄化社会的积极要素，更要将老年人的主观能动性考虑其中。

其次，人口老龄化是一个动态发展过程，具有阶段性特征。据国家应对人口老龄化战略研究预测，"十四五"时期我国老年人口增速要明显高于"十三五"时期，到2025年老年人口将增加至3亿。因此，应对人口老龄化挑战将更为紧迫、任务更为艰巨。此外，随着"60后"步入老年期，他们的经济状况、消费理念等相比于当前老年群体将表现出明显差异。因此，老龄金融创新不仅要基于当前的老年金融消费者，还要提前考虑到准老年人的特征及需求。

再次，传统"养儿防老"的观念正逐步淡化，呈现出从"被养"到

"备老"的转变。老年人及准老年人的养老储备意识越来越强，金融消费需求越来越大，老龄金融将大有可为。

## 二、老龄金融制度与政策创新

首先，要大力发展第二、第三支柱养老保险，实现我国养老保险三支柱均衡发展。2021年10月召开的全国老龄工作会议强调，要进一步完善多层次养老保障体系，健全基本养老保险制度，逐步提高养老保障水平，加快发展第二、第三支柱养老保险。近日召开的中央全面深化改革委员会第二十三次会议明确，要推动发展适合中国国情、政府政策支持、个人自愿参加、市场化运营的个人养老金，与基本养老保险、企业（职业）年金相衔接，实现养老保险补充功能。养老金保障属于刚性保障需求，长期以来，我国存在着第一支柱独大、第二支柱和第三支柱亟待完善的局面，尤其是第三支柱养老保险仍有较大发展空间。无论是从国际经验还是中国现实来看，作为刚性保障需求的养老保险三支柱均衡发展，一定是未来养老保险的必经之路。

其次，探索建立适合我国国情的长期护理保险制度。健康是影响老年人幸福感和生活质量的关键性因素。随着身体机能的逐渐弱化，老年人失能风险越来越大。一旦失能，无论是老年人自身还是老年人家庭，都将面临巨大压力。因此，应在前期试点和地方实践经验的基础上，积极探索建立适合我国国情的长期护理保险制度。这一关键制度的建立与健全，不仅是解决当下失能老年人照护等一系列问题的基础，也是为我国进入中度老龄化社会甚至重度老龄化社会做好制度准备和经验积累。

再次，老龄金融制度与政策创新需要面点结合，做细做实。近年来，我国老年诈骗案例时有发生。老年金融消费者具有一定的特殊性，他们的钱往往都是"养老钱""棺材本"，即便是稍有差池，对于老年人来说往往就是致命的打击。但就老年金融消费者权益保护来说，我国尚缺乏具体的法律法规和专门的组织机构。从法律法规来看，消费者权益保护法未对老年金融消费者权益保护作出具体规定，而老年人权益保障法又未对金融相关条款进行细化。从国际经验来看，针对老年金融消费者权益保护问题，美国在其金融消费者保护局下设了老年人金融保护办公室，取得了较好的成效。因此，一方面要细化当前法律法规中老年金融消费相关条款，或者金融相关法律法规对老年人进行有针对性的细化；另一方面不妨尝试在我国相关部门设立专门机构，对我国老龄金融消费者权益保护进行全面研究和积极探索。

## 三、老龄金融产品与服务创新

首先，老龄金融产品与服务创新可瞄准"储蓄"资金做文章。众所周知，我国的储蓄率一直较高。以老年金融消费者需求为出发点，创新发展养老储蓄业务，设计开发有针对性的老龄金融产品等，是老龄产品与服务创新的方向所在。

其次，老龄金融产品与服务创新要符合中国文化传统和中国国情。前些年，住房反向抵押贷款作为舶来品，引起了社会短暂关注之后，不出意外地销声匿迹。其服务对象是拥有住房所有权的老年人，而在中国传统的财富观中，"买田置地"是财富最为重要的表现形式。对于中国的老年人而言，"房"不仅是财富本身，它还承载着"家"的深厚情感。对于有子女的老年人来说，他们对住房反向抵押贷款的需求极低。即便是对于无子女的老年人来说，受中国传统的宗族观念等影响，对该产品的接受度也不会高。与住房反向抵押贷款不同，笔者认为，诸如遗产信托等资产传承类金融产品具有更大的市场潜力。

再次，老龄金融产品与服务创新要精准把握老年人需求及特征。今后，"60后""70后"将逐渐步入老年期，其养老储备、消费理念、金融需求、投资偏好等均不同于当前老年人。因此，老龄金融产品与服务创新一定要与时俱进，充分认识老年金融消费者群体的内部差异性，有针对性地开展老龄金融产品和服务创新，精准有效满足老年人金融需求。

自2019年我国深化金融供给侧结构性改革以来，老龄金融领域在不断探索金融服务与银发经济的适配性，以及老龄金融服务与老年金融消费者需求的适配性。在积极应对人口老龄化国家战略实施过程中，我们要始终坚持以人民为中心的发展思想，在老龄金融创新探索之路上不断前行，不断增强老年人的获得感、幸福感、安全感。

（发表于《中国人口报》2021 年 12 月 22 日理论版）

# 推动个人养老金有序发展需多方发力

方 彧

国务院办公厅印发《关于推动个人养老金发展的意见》（以下简称《意见》）提出，推动发展适合中国国情、政府政策支持、个人自愿参加、市场化运营的个人养老金，与基本养老保险、企业（职业）年金相衔接，实现养老保险补充功能，协调发展其他个人商业养老金融业务，健全多层次、多支柱养老保险体系。随后，中国银保监会发布《关于规范和促进商业养老金融业务发展的通知》明确指出，符合银保监会规定的金融产品可纳入个人养老金投资范围，享受国家规定的税收优惠政策。据中国银保监会有关部门负责人介绍，初步拟定由工、农、中、建四家大型银行在部分城市开展特定养老储蓄业务试点。这标志着我国个人养老金进入有序发展阶段，其对于健全我国多层次、多支柱养老保险体系具有重要意义，也将我国老龄金融发展推向提速增质的全新发展阶段。

## 一、推动个人养老金发展是实施积极应对人口老龄化国家战略的重要举措

"十四五"时期，实施积极应对人口老龄化国家战略的思路和任务已经明确，积极老龄观、健康老龄化理念正逐步融入经济社会发展全过程，在这个大背景下推动个人养老金有序发展可谓"天时地利人和"。长期以来，我国养老保险体系存在第一支柱独大、第二支柱和第三支柱亟待完善的局面。而无论从国际经验还是中国实际来看，个人养老金作为第一

支柱和第二支柱的重要补充，将为老年人高品质生活提供经济保障。个人养老金有序发展，使我国社会养老保险从"保基本"到"高品质"迈开关键一步。

《意见》指出，推动个人养老金发展要注重发挥政府引导作用，在多层次、多支柱养老保险体系中统筹布局个人养老金。个人养老金制度涉及多个部门和机构，且关乎广大人民的切身利益。在其有序发展的过程中，政府注重发挥引导作用的同时，更应牢牢把握"统筹"二字之要义，在相关政策和实施细则的制定过程中，做好统筹兼顾，避免政策的碎片化和不可持续性。当下，相关部门应就个人养老金的账号设置、缴费上线、待遇领取、税收优惠等统筹出台具体政策和实施细则，这是推动个人养老金有序发展的基础。

## 二、参与意愿和金融素养是个人养老金发展中较为关键的一环

《意见》明确个人养老金实行个人账户制度，缴费完全由参加人个人承担，实行完全积累。那么，个人参与意愿和金融素养就成为个人养老金发展过程中较为关键的一环。因此，推动个人养老金发展，需要在提升个人参与意愿和金融素养上下功夫。

近年来，我国老年人养老观念呈现出从"被养"到"备老"的转变。提升老年人个人参与意愿和金融素养，应以此为契机。一方面，要进一步加强人口老龄化国情教育，在全社会树立积极老龄观，尤其要增强积极备老的财富储备意识，引导人们从全生命周期规划自己的人生，做好包含财富储备在内的多方位准备。另一方面，需要进一步提升消费者基础金融知识水平。总体而言，大部分消费者没有系统学习过金融知识，缺少基本的投资理念、投资策略，难以有效平衡金融产品的收益性、风险性和流动性的关系，容易产生非理性的投资行为，甚至可能加大金融市场波动。因此，需要进一步提高金融教育战略地位，做好老龄金融知识普及宣传，持续开展投资者教育。

此外，还要解决诸如"数字鸿沟"等技术问题，让"想参与""懂投资"的人能便捷、安全地参与到个人养老金制度中来。

## 三、个人养老金发展将我国老龄金融市场推向新赛道

人口老龄化是贯穿我国 21 世纪的基本国情。随着《意见》和相关政策的陆续发布，个人养老金引起了社会广泛关注。对于金融机构来说，这无疑是重大的机遇和挑战。个人养老金资金账户的建立，以及后续纳入个人养老金投资范围的金融产品开发等都是当下金融机构关注的重要议题。以个人养老金发展为契机，我国老龄金融市场将步入新的赛道。

近年来，以保险公司、银行为代表的金融机构，对老龄金融市场进行了有益探索和实践。在推动个人养老金发展的过程中，金融机构作为服务的主要供给方，要把握好个人养老金的主要特点，即普惠性、长期性以及参与人自主性，开发有针对性或专属的金融产品。一方面，金融机构要做好老龄金融市场调研，充分了解老龄金融消费需求，挖掘老龄金融产品市场潜力，进一步加大金融资源倾斜；另一方面，金融机构要不断提升金融产品的竞争力，不断创新老龄金融产品模式，丰富产品业务类型，满足消费者多层次、多样化的差异需求。值得注意的是，《意见》指出个人养老金资金账户资金用于购买符合规定的银行理财、储蓄存款、商业养老保险、公募基金等运作安全、成熟稳定、标的规范、侧重长期保值的满足不同投资者偏好的金融产品，参加人可自主选择。可见，个人养老金可投资的金融产品品种丰富，收益相对稳健，且需要满足不同投资者偏好，这就需要金融机构在老龄金融产品的专业化上多下功夫，做好充分的风险预算，平衡好收益和风险的关系。

## 四、有效监管和风险防范为个人养老金有序发展保驾护航

从个人养老金参与范围来看，参与者为在中国境内参加城镇职工基

本养老保险或者城乡居民基本养老保险的劳动者。尽管个人养老金采取完全自愿和风险自担的原则，但是对于个人而言，个人养老金投资与普通金融产品投资最大的区别在于，个人养老金是作为社会养老保险体系的重要组成部分，是个人参与社会保障的形式之一。人力资源社会保障部、财政部等部门宏观指导，相关金融监管部门合理的政策导向、监督管理和风险防范，享受税收优惠政策等，无疑是个人养老金投资的自身光环所在。有效的监管和风险防范对于个人养老金有序发展起着至关重要的作用，从参与个人养老金运行金融机构的资格审查到具体金融产品的市场准入，以及经营过程中的服务保障等，都是个人养老金有序发展的重要保证。

（发表于《中国人口报》2022 年 5 月 25 日理论版）

# 积极应对人口老龄化国家战略与<br/>发展老龄经济

杨晓奇

人口老龄化是世界性的人口发展趋势，是 21 世纪我国的基本国情，关系到我国社会主义现代化建设成败。党的十九届五中全会提出实施积极应对人口老龄化国家战略，从国家层面部署积极应对人口老龄化的战略行动。经济作为应对人口老龄化的基础，深刻认识人口老龄化经济发展带来的风险，做好战略应对尤为重要。

## 一、积极应对人口老龄化国家战略提出

积极应对人口老龄化国家战略提出有其深刻的人口、经济、社会、文化等方面的背景。从经济层面来看，劳动年龄人口占比不断降低，劳动力老龄化程度不断增加，经济发展的负担不断加重，经济发展的潜力和活力可能降低，人口老龄化给经济发展带来的影响逐步显现。

### （一）人口负增长和少子老龄化并存

#### 1. 人口增长即将进入下行通道

我国人口总量目前位居世界第一，2019 年底人口总数为 14.0 亿左右。人口增长有其自身规律性，维持正常的人口替代，总和生育率必须达到 2.1。20 世纪 90 年代初我国人口总和生育率降到正常替代水平后，此后逐

步降低，到目前基本维持在 1.5 左右，甚至低于 1.5。由于人口总和生育率低于正常的替代水平，人口总数在达到顶峰后持续减少。预测显示[①]，我国总人口将在 2028 年达到峰值 14.229 亿，此后持续下降，到 2035 年减少 920 万，到 2057 年左右降到 13 亿左右，2071 年左右达到 12 亿，21 世纪末降到 10 亿左右，减少 4 亿人左右，减少三分之一人口，见图 1。

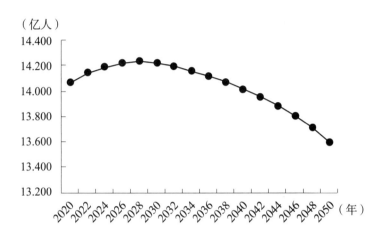

（亿人）

图 1　我国人口总数（2020—2050 年）

纵观世界各国，低生育率的国家都在采取各种措施提高生育率，结果很难如愿，如日本、韩国，出台了大量提高生育率的政策，人口依然是负增长。我国总和生育率也比较低，如果不提前采取有力的措施，未来人口的加速减少不可避免。人口总量的减少对经济发展带来深远影响，无论从消费方面，还是劳动力方面，都会影响到经济的发展。

### 2. 人口老龄化日益严重

人口老龄化是我国 21 世纪我国面临的基本国情，整体来看，一是老年人口规模之大在世界上绝无仅有，预计到人口老龄化高峰期 2053 年我国 60 岁及以上老年人口将达到 4.93 亿，到 21 世纪末老年人口规模虽然有所减少，但仍有 3.85 亿左右。二是老龄化达到一定程度后进入一个高度稳定期。预计到 2055 年左右达到我国人口老龄化水平达到峰值 37% 左

---

① 本文所有预测数据依据课题《中国人口老龄化发展趋势预测（2018—2100 年）》计算得到，内部资料。

右，此后人口老龄化水平有所下降，但降幅不大，始终在 35%~37% 之间，即三个人中有一个老年人，见图 2。三是伴随着人口老龄化是人口高龄化。预计到 2047 年左右我国 80 岁及以上老年人口超过 1 亿，2070 年左右达到 1.5 亿。高龄化率从目前的 10.8% 左右持续上升，21 世纪中期达到 24% 左右，到 21 世纪末预计将达到 38%，三个老年人当中有一个高龄老年人。我国人口老龄化是低生育率和寿命不断延长共同作用的结果。2016 年，我国出生人口达到一个小高峰 1786 万，2017 年减少了 63 万，2018 年进一步降低到 1523 万，2019 年不足 1500 万。出生人口不断减少的同时，人均预期寿命不断增加，导致老龄化程度不断加剧。

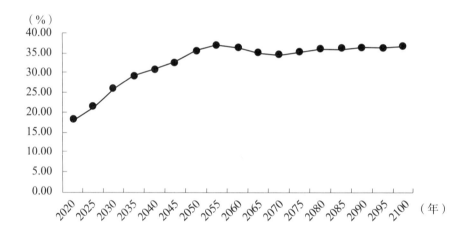

图 2　我国人口老龄化水平（2020—2100 年）

### 3. 劳动力总量持续减少而且老化

劳动年龄人口作为经济发展的核心要素，随着整体人口的不断变化而变化。从数量看，劳动年龄人口数量持续减少，15 ～ 59 岁的劳动年龄人口从目前的将近 9 亿下降到 21 世纪中叶的 7 亿左右，预计到 21 世纪末将下降到 5 亿左右。劳动年龄人口减少将近 4 亿人，下降将近一半，劳动年龄人口占比从目前的 64% 左右持续下降到 21 世纪末的 49% 左右，不足总人口的一半，劳动力的稀缺性不断上升。从劳动年龄人口的年龄结构来看，劳动年龄人口持续老化，年龄中位数不断提高。

## （二）宏观经济发展面临人口老龄化的重大影响

人口既是经济生产者，也是消费者，因此，人口年龄结构的变化会给经济发展的供给侧和需求侧带来内在系统性影响。

### 1. 经济发展潜力可能降低

经济发展潜力受到经济增长要素的影响。经济增长的要素主要包括劳动力、资本和技术。我国劳动力的稀缺性不断降低，劳动力成本不断上升，投资回报率不断下降，对于我国劳动密集型产业的发展带来较大的打击。改革开放四十多年，我国经济发展主要依靠劳动密集型产业的推动，经济规模不断扩大，就业量不断提高，目前经济规模居于世界第二位。随着劳动密集型产业优势的不断减少，势必会给我国经济发展带来影响。一些国际资本放弃我国市场，寻找劳动力资源比较廉价的其他国家，减少在我国的投资。另外，年轻人口队列的人力资本优于年长队列，随着新成长劳动力规模不断缩小，必然减慢人力资本改善速度，进而也降低了生产率改善速度[1]。资本是经济发展的另外一个要素，尤其在劳动力成本不断增加的时候，资本替代劳动力就非常明显。资本主要来源于国民储蓄。随着人口老龄化的加剧，老年赡养比会持续增加，从目前的 28% 左右增加到 2035 年的 52% 左右，2050 年提高到 71% 左右。老年赡养比的增加伴随着养老、医疗、照料以及服务设施等福利支出的增加，福利支出的增加会不断挤压国内储蓄总额的空间，进而挤出了国内投资总额[2]。预计到 2050 年我国用于福利支出的费用将占到 GDP 的 23%~27%。储蓄减少会带来投资的降低，不利于经济增长。技术创新作为经济发展的另外一个重要因素，很多学者也认为随着人口老龄化的发展，劳动年龄人口不断老龄化，影响到技术创新，因为一个人的创新能力呈倒 U 形，中年是创新能力最旺盛的时期，年龄越大越不利于创新。此外随着延迟退休制度的实施，很多重要岗位被大龄劳动力占据，也不利于创新的发展。基于以上几个因素，未来人口老龄化对经济发展潜力会产生影响，相关研究表明，2021—2025 年是人口老龄化对经济发展潜力影响比较大的时期，可能使潜在的年均经济增长率下降约 2.2 个百分点。2011—2050 年，人口老龄化因素可能使我国年均潜在经济增长率下降约 1.7 个百分点 [3]。

**2. 经济发展活力受到影响**

经济的发展活力主要是指经济的需求端受到影响。需求分为内需和外需，内需包括消费和投资，外需就是对外贸易。从内需来看，人口总量和年龄结构的变化对消费需求产生重要影响。我国的人口总量将在 8 年后达到顶峰，有的预测认为 5 年后就会达到顶峰，无论哪种预测，人口总量过了顶峰以后会持续下降，带来消费需求的下降这是毋庸置疑的。人口年龄结构的老化导致老年人规模日益庞大，从发达国家来看，老年人和儿童的消费水平要低于劳动年龄人口。因此，即使在人口总量不变的情况下老年人越多，整体的消费规模会缩小。消费依赖于收入，我国的老年人收入水平比较低，城镇主要依靠基本养老保险，大量农村老年人则主要依靠劳动收入和子女的资助，低收入决定了低消费。如果未来三十年我国老年人收入不能持续的提高，尤其是大量农村老年人的收入不能持续提高，消费需求不足就会成为影响经济发展的重要因素。此外，随着我国外部发展环境的变化，尤其是中美贸易战争的持续，对外出口面临一系列的挑战，继续通过出口拉动需求面临非常大的不确定性，因此，随着人口老龄化的不断加剧，经济需求不足有可能成为制约经济发展的重要因素。

## 二、积极应对人口老龄化战略的经济发展目标

老龄问题是一个综合性的问题，因此，积极应对人口老龄化国家战略是一系列战略之和，经济发展战略是其中的一个战略。人口老龄化给经济社会发展带来的影响有一个逐步显现的过程，应对人口老龄化经济战略目标各个阶段不相同。第一阶段是如何保障规模日益庞大的老年人的生活，不断提高他们的生活水平。第二阶段是降低人口老龄化给经济社会带来的负面影响，保证经济健康可持续发展。第三阶段是形成适应老龄社会的经济发展结构，即老龄经济的发展模式，保持老龄经济的健

康发展。第四阶段是提高老龄社会下的全体人民幸福水平。

### 1. 不断满足老年人各种需求

人口老龄化的最初表现就是老年人口在总人口的中的比重不断上升，老年人口规模的不断扩大。因而人口老龄化问题最初表现为老年人问题，1982 年《老龄问题维也纳国际行动计划》中提出老龄问题其中一方面是人道主义方面的问题，即老年人的特殊问题，如保健与营养、居住与环境、家庭社会福利、收入保障与就业以及教育等方面的问题[4]。我国进入老龄社会二十年，老年人口数量快速增长，从 1999 年的 1.31 亿增长到 2019 年的 2.54 亿，年均增长 600 多万。为了应对人口老龄化，我国政府每五年制定一个老龄事业发展规划，到目前，已经实现了四个"五年规划"，纵观这四个老龄事业发展规划，其主要任务基本上围绕老年人生活展开，从收入保障、服务保障、健康保障、宜居环境、到社会参与、权益保护以及精神文化生活，既包括物质层面也包括精神层面，涉及老年人生活的方方面面。二十年来，保障老年人生活的各项制度基本建立，老年人的生活水平逐步提高，积极应对人口老龄化国家战略的第一阶段目标逐步实现。

### 2. 降低人口老龄化给经济发展带来的影响

人口老龄化带来老年人问题的同时，也给经济社会带来了深刻影响，1982 年《老龄问题维也纳国际行动计划》中提出老龄问题的其中一个方面就是人口老龄化所造成的经济社会影响，尤其是要考虑在老年抚养比日益增长的情况下人口老龄化对生产、消费、储蓄、投资以及对一般社会经济状况和政策的影响，即发展方面的问题[5]。从发达国家来看，由于经济社会的发展这些国家最先进入老龄化社会，人口老龄化带来的影响已经不仅仅是老年人问题，经济发展问题已经显现，经济增长速度不断下降，比如德国，在深度老龄社会末期年均 GDP 增长率维持在 13.11%，进入超级老龄社会以来的年均 GDP 增长率低于 5%。日本在深度老龄社会期间年均 GDP 增长率维持在 14.96%，进入超级老龄社会以后年均 GDP 增长率低于 1.14%[6]。我国经济增长速度随着人口老龄化的不断加剧逐步下降，2010 年增长率为 10%，2019 年已经下降到 6.1%，未来二十年，考虑到各种因素，经济增长率下降到 5% 左右。积极应对人口老龄化给经济带来的负面影响，就需要深入分析人口老龄化影响经济发展的路径，采取相应的政策措施，抵消这种负面影响，保持经济平稳发展。

**3. 实现老龄社会下的经济健康发展**

人口老龄化带来的问题本身是一个综合性问题，既是人口问题、经济问题、社会问题，也是政治问题、文化问题，甚至是生态问题。站在当前的经济社会视角来看，人口老龄化给经济社会带来更多的是负面影响，需要采取更多措施进行应对。从社会形态来看，人口老龄化的不断发展改变了整个经济社会的结构，形成了一个新的社会形态，即老龄社会。因此，解决人口老龄化所带来的这些问题就变成如何去适应老龄社会问题，而不是把它们当作负面问题去解决。从经济层面积极应对人口老龄化就是如何去调整当前的这种经济结构，去适应老龄社会，形成老龄社会下的经济即老龄经济。老龄经济是高度发达的经济，是以人的享受和发展为核心的经济。需要说明的是，老龄经济和银发经济不是一个概念。银发经济是老龄经济中的一部分，是以老年人为经济的活动主体。老龄经济的经济活动主体包括全年龄段的人群。我国刚刚进入老龄经济，对老龄经济的发展规律需要不断去认识，保持老龄经济的健康发展任重而道远。

# 三、我国老龄经济发展面临的挑战

我国的老龄经济，目前正处于转变经济增长方式阶段，向高质量方向发展。由于老龄化的日益严重，面临着一系列的挑战。

**1. 城乡经济发展不协调**

城乡经济发展不协调主要表现在随着人口老龄化和城市化的发展，城市经济发展越来越快，农村经济发展有可能越来越滞后。一方面，随着城市化的不断发展，人口逐步向城市集中，城市的老龄化率不断降低，人才不断聚集，有利于城市经济的发展。以北京为例，北京市 2017 年 60 岁及以上户籍老年人口占总人口的 24.5%，而 2019 年的 60 岁及以上常住人口占总人口比例只有 17.2%，外来人口不断进入北京市，导致北京市常住人口老龄化程度低于户籍人口老龄化水平。人口的不断增加也导致城市的消费总量提升，不断推动城市的经济向前发展。我国目前还处于城市化进程当中，2017 年城市化率不足 60%。从发达国家看，城市化率非常高，2017 年美国城市化率是 82.06%，德国达到 77.26%，日本达到 91.54%。未来三十年，我国城市化空间非常大，城市化将会继续带动我国城市经济持续发展。另一方面，随着城市化的发展，农村人口逐步向城市转移，农村人口老龄化不断加剧，预测显示，我国农村老龄化持续上升，预计到 2039 年，上升到 41.7%，是城市老龄化水平的 2.4 倍。此后，农村老龄化水平趋于稳定，到 2100 年基本在 43.9% 左右徘徊，城市老龄化水平则相对比较低，在 26.7% 左右徘徊。人口老龄化导致农村劳动力不断老化，2016 年第三次农业普查的结果显示，在农业经营人员中，35 岁以下人员占 19.2%，36～54 岁的人员占 47.3%，55 岁及以上人员占 33.6%，未来农村老年劳动力占比还会持续上升。农村人口老龄化以及农村劳动力的老龄化非常不利于我国农村经济的发展。虽然从全国来看，农村人口向城市不断转移，不断提高劳动力资源的配置效率，促进经济的发展。但从城乡来看，在促进城市经济发展的同时，降低农村经济发展的速度，导致城乡经济不协调发展。

**2. 经济发展质量和数量不协调**

老龄经济是经济高度发展的结果，当经济进入老龄经济发展阶段，经济的发展更应该考虑经济发展的质量，经济发展的结果能否促进人的发展，树立以人为本的理念，而不是单纯的以经济发展的数量来衡量经济发展的成果。但是，长期以来，国际通用的衡量经济发展的结果一般采用 GDP 来衡量，即一个国家或地区的经济中所生产出的全部最终产品和劳务的价值，只要是最终产品和劳务，不论这些产品质量如何，都在 GDP 统计范围，这种经济统计方式掩盖了经济发展中很多问题，如产品质量问题、环境污染问题等。从目前世界范围来看，还没有比 GDP 更全面的统计方式来衡量经济发展的成果。由于对这种统计指标的依赖，很容易导致只注重经济发展的数量而忽视质量。虽然有很高的生产率，但是经济发展在低质量阶段徘徊。当前，我国经济正处于向高质量发展的转型阶段，这种转型既是经济发展的外部环境所致，也是经济发展进入到老龄经济发展阶段所要求的，有利于促进经济数量和质量协调发展。但是由于依赖于 GDP 这种统计指标，数量至上的冲动时刻存在，尤其是我国的经济体量逐步扩大，有望成为世界第一大经济体的阶段，很难抑制以经济发展的数量作为衡量经济发展的唯一标准的冲动，容易陷入经济发展的数量和质量不协调的状态。

### 3. 实体经济和金融经济发展不协调

实体经济和金融经济是密不可分的，随着实体经济转向老龄经济，金融经济也在发生变化。老龄社会是长寿社会，由于个体寿命不断增加，个体在年轻时候就不得不考虑老年期的生活，根据生命周期消费理论，个体在较长时间范围内计划他们的生活消费开支，以达到在整个生命周期内消费的最佳配置。实现消费的跨时期最佳配置最好的手段是金融。在工作期将剩余的资金存储起来，在老年期使用。如果整个社会的个体都采取这种手段，整个社会的储蓄将会进一步增加，也就会产生所谓"二次人口红利"。资本市场会逐渐成为个体实现资产保值增值的重要场所，长期资本的比重也会越来越大。以发达国家为例，截至 2017 年底，美国拥有 28.17 万亿美元的私人养老金储备，占 GDP 的 141.1%。丹麦、荷兰、加拿大、瑞士、澳大利亚、英国这些发达国家的私人养老金储备也非常丰富，占 GDP 的比重都在 100% 以上，丹麦 2017 年的私人养老金占 GDP 的比重达到 200% 以上[7]。因此，随着老龄经济的到来，金融经济的规模会越来越大，健康的金融经济非常有利于降低实体经济的融资成本，但是，如果不能健康发展，庞大的金融经济就会和实体经济发展相背离，不利于实体经济的发展。由于老年人退休金依赖于金融经济的发展，一旦金融经济崩溃，大量老年人就会失去生活来源，很容易引起社会动荡。

### 4. 消费需求不足

随着我国经济规模的不断扩大以及经济发展外部环境的变化，经济发展模式也在发生变化。2020 年，中央不失时机地提出以内循环为主体，国内国外双循环发展的新格局。依托庞大的国内消费市场，不断扩大经济的发展规模，提高经济发展的质量。从老龄经济的发展来看，由于老年人的规模持续扩大，消费群体在不断扩大，增加经济发展中的消费贡献是必然的，双循环的发展模式是顺应了我国老龄经济发展的必然趋势。但从实际分析，未来十五年一方面面临人口总数的下降，消费需求的总量有可能下降，另一方面面临着老年人口的有效需求的不足问题，尤其广大农村老年人有效需求不足问题成为发展老龄经济的重大问题。根据2019年人力资源和社会保障部统计公报，享受城乡居民基本养老保险待遇的人数为1.6亿人，这一部分人主要包括广大农民和灵活就业者，他们的基本养老保险待遇是非常低的，2018年基础养老金不足百元。2015年调查数据显示，2014年我国农村老年人的平均收入也只有7621元，仅相当于城市老年人收入的三分之一[8]。扩大农村老年人消费最终靠的是收入不断提高。从现实来看，这一过程非常缓慢，有限的财政资源不可能快速的提高农村老年人的收入，老年人自己的劳动收入也很难有较快的增长。因此，未来老年人的消费尤其是广大农村老年人的消费需求不足有可能制约经济的发展，成为经济健康发展的风险因素之一。

### 5. 经济发展负担过重

当经济进入老龄经济阶段，意味着有大量的老年人口需要保障，这也是老龄经济的发展特征之一。虽然老年人从理论上可以将他们作为生产者，但是他们到一定年龄就必须提供相应的社会保障，因此，在老龄经济发展过程中必须面对不断增长的社会保障带来的负担。从发达国家来看，社会保障带来的负担确实很重，如法国目前国内生产总值的14%用于公共养老开支，意大利约30%公共财政用于养老金开支。日本2015年的社会保障给付费（养老金、医疗、福利及其他）占国民收入的29.57%[9]。我国进入老龄社会时间比较短，社会保障体系不够完善，社会保障体系带来的财政负担相对于发达国家比较轻，但随着人口老龄化的不断加剧，社会保障体系带来的经济发展负担会越越来越重，研究表明，2050年我国社会保障体系带来的财政负担约为49.6万亿，占当年GDP的11.5%[10]。如果加上救助、社会福利以及服务设施的费用，在较低的保障水平下，2050 年这些费用将占到 GDP 的 23.3%，如果适度提高保障水平，则该比例将达到 26.9%，占到 GDP 的四分之一 [11]。和发达国家相比，我国人口老龄化发展速度很快，老年人口快速增长，而且数量庞大，但是劳动生产率的增长没有足够的时间支撑，社会保障体系带给经济发展带来的负担更为沉重。

## 四、老龄经济的发展思路

老龄经济的发展，既需要从供给侧入手，提高劳动力质量，增强科技创新的能力，又要从需求侧着手，解决好消费需求不足的问题，同时要寻找新的经济增长点。

### （一）从供给侧层面，提高劳动力质量和加快技术创新

#### 1. 扩大劳动力的数量

劳动力是经济发展的重要因素之一。2012 年之后，我国劳动年龄人口绝对量开始下降，完善生育政策是必然趋势，学界对此强烈呼吁，已经引起国家高度重视，列入"十四五"国民经济发展规划当中。仅有完善的生育政策还不够，还需要大量的配套政策，支持生育政策的落地。如为生育家庭提供补贴，减免学前教育费用，降低生育小孩给家庭带来的经济负担。完善托幼公共政策，满足新增托幼公共服务需求。通过立法等手段，延长产假，给予父母更多的精力去照顾。扩大劳动力数量来源的另外一个渠道是开发老年人力资源。我国老年人力资源丰富，但开发程度并不高。随着年轻劳动力的不断减少，老年人数量的不断扩大，老年人力资源逐步受到关注，国民经济发展的"十四五"规划中提出要推动老年人力资源开发。开发老年人力资源，要完善相关法律法规，保护老年人在就业当中的权益，让老年人能够放心就业。同时要大力发展针对老年人的就业介绍所，定期召开老年人才交流会，搭建老年人与用人单位的信息交流平台，畅通老年人寻找工作岗位的渠道。

### 2. 提高劳动力质量

提高劳动力素质是发展老龄经济的关键。劳动力素质的提高既需要考虑年轻劳动力，也需要考虑老年劳动力，因此实施终身教育是提高劳动力素质的重要举措。提高年轻劳动力的素质，主要在于提高受教育年限。2019 年我国劳动年龄人口平均受教育年限为 10.7 年，低于发达国家劳动年龄人口平均受教育年限，提升空间非常大。其次是加强在岗工人的素质，采取"干中学"，边实践边加强学习，对于产业升级换代，劳动力的流动，生产率的提高非常重要。第三是提高老年劳动力素质也日益迫切。从老年劳动力来看，再就业还处于自发状态，还没有进入系统开发。老年劳动力再就业的基础是掌握必要的技能，适应不断发展的就业岗位。对此，一方面需要大力发展职业教育，通过职业教育培训为广大老年人再就业提供必要的能力；另一方面加强老年教育。目前的老年教育主要在娱乐方面，很少为老年人提供再就业需要的技能。从老年劳动力参与经济发展的重要性来看，未来老年教育更多的需要为老年人提供就业培训，需要将老年教育纳入公共服务的范畴，为老年教育要提供稳定的财政资金，稳定的师资力量，切实发挥老年教育的功能。

### 3. 加快技术创新

技术创新是发展老龄经济的核心。老龄社会的到来，意味着劳动力越来越少，非劳动力越来越多，要保持人均产值不减少，只能提高经济发展效率，如果要想不断提高人均产值，只能推动经济以更高的效率发展。提高经济的发展效率，技术创新是关键。一是以国家实验室建设为抓手，以国家重大战略需求为导向，聚焦目前"卡脖子"的领域，解决一些核心技术难题。二是加强交叉学科的研究，组织跨专业、跨学科、跨领域的研究团队进行联合攻关，实现一些重大原始领域的创新。三是推动科技创新成果的转化，形成"原始创新——应用研究——成果转化——产业化"完整的链条，促进科技和产业深度融合。四是形成良好的科研体制机制，有利于科研人员充分发挥自己的科研能力。

## （二）从需求侧层面，提升居民消费能力和改善消费环境

需求不足往往是制约老龄经济的发展的因素。以日本为例，日益严峻的人口老龄化导致日本经济的实际增长率低于经济潜在的增长率，需求不足成为制约日本经济发展的重要因素。未来三十年，我国老年人口将占到总人口的三分之一，消费水平能否不断提升成为影响我国经济持续发展的重要因素之一。

### 1. 提升居民消费能力

消费依赖于收入，提高消费水平首先要提高收入水平。一是要扩大收入来源渠道，既要提高劳动报酬在初次分配中的比重，同时要增加财产性收入、要素收入等收入水平。二是要扩大中等收入群体，对扩大内需提供坚实的后盾。三是要缩小收入差距。我国 1981 年的基尼系数为0.310，到 2008 年上升到 0.491，达到三十年来的最高峰，2008 年以后，基尼系数虽有波动，但仍在高位徘徊[12]，下一步需要通过税收等各种措施缩小收入差距。四是提高老年人尤其是农村老年人的收入水平。老年人未来是一个庞大的群体，如果不能提高这部分人群的收入，消费水平很难上去。尤其是广大农村老年人的收入，通过二次分配机制，提高他们社会保障收入，完善基本养老保险、医疗保险制度，建立长期护理保险制度，稳定他们的收入来源，释放他们的消费潜力。

### 2. 改善消费环境

良好的消费环境对于促进消费意义重大。改善消费环境，一是完善相关立法，如完善《消费者权益保护法》《产品质量法》等，对于不适应当前社会发展的法律法规要进行清理，对于目前法律空白领域要进行立法，为基层执法提供依据。二是进一步明确消费者权益保护部门之间的责任分工，防止出现相互推诿、相互扯皮的现象。三是进一步畅通消费者维权渠道，充分利用网络、12315 平台等渠道，确保消费者能够及时维权。四是加快完善信用监管体系，建立信用监管的常态化机制，促进政府、互联网平台进行信用监管合作。

## （三）大力发展老龄产业，打造新的经济增长点

据预测，到2030年，老年人消费占到GDP的18.4%，到2050年，老年人的消费占到GDP的33.6%[13]，老龄产业是未来老龄经济一个新的增长点。

### 1.制定老龄产业发展规划

目前老龄产业的发展处于自发状态，既没有五年规划，也没有中长期规划。作为经济发展的一个新的增长点，老龄产业的发展应该有一个明确的规划。一是对老龄产业进行深入的研究，细分老龄产业的各个行业，充分了解老龄产业各行业的发展现状。二是做好老龄产业发展的五年规划。根据老龄产业当前的发展现状，明确未来五年老龄产业的发展重点领域，满足老年人基本的需求，基本健全老龄产业发展的政策体系。三是做好老龄产业的中长期规划。从2026年到2035年，老龄产业实现均衡发展，形成一批具有核心竞争力的大企业和国内外具有影响力的知名品牌，切实满足广大老年人的物质需求和精神需求。老龄产业对经济增长、就业增长以及社会稳定方面作用更加突出。

### 2.完善老龄产业政策

发展老龄产业，完善相关的财税、人才、土地、金融等产业政策非常重要。从财税政策来看，切实发挥财政资金的引导民间资本参与老龄产业的发展。完善财政补贴政策，从补供方转向补需方，从补建设转向补运营，奖补结合，以服务效果作为激励依据。落实税费扶持政策，严格贯彻现有的税费优惠政策。从金融政策来看，金融机构应该开发适应老龄产业发展的信贷服务项目和信贷品种，增加融资方式和渠道，充分发挥政府信用担保作用，为老龄产业提供融资。从人才政策来看，构建三支队伍组成的人才梯队，即管理人才队伍、高素质的技术人才队伍、高素质的技能人才队伍。关键是要建立和完善人才的招聘机制、培养机制、考核机制以及管理机制等。从土地政策来看，要将公益性的老龄服务用地纳入到城乡发展规划，同时将部分闲置的公益性用地调整为老龄服务用地，缓解当前服务用地紧张的局面。

### 3. 加强政策的落实和督察

老龄领域的很多文件是多部门联合发文，虽然各部门有分工，但执行起来并不是很顺畅，有时因为缺乏牵头部门，政策落实中出现的很多问题得不到解决。因此，在不断完善政策的同时，加强政策的落地，明确执行部门，强化政策落实的督察。各级政府将专项规划的贯彻、政策的执行纳入政绩考核体系，并建立起相应的问责制度。引入第三方评估制度，加强社会公众对规划、政策实施的监督。

**参考文献：**

[1] 蔡昉. 如何开启第二次人口红利？[J]. 国际经济评论，2020（3）.

[2] 格林斯潘. 人口老龄化是全球投资萎缩根源 [EB/OL].https://finance.sina.com.cn/hy/hyjz/2019-11-12/doc-iihnzahi0338471.shtml.

[3][11] 总报告起草组. 国家应对人口老龄化战略研究总报告 [J]. 老龄科学研究，2015（3）.

[4][5] 党俊武. 老龄社会引论 [M]. 北京：华龄出版社，2004.

[6] 杨燕绥. 银色经济及其发展战略 [N]. 中国老年报，2015–08–10.

[7] 杨晓奇、邱庆华. 我国老龄金融产业的思考 [J]. 老龄科学研究，2020（8）.

[8] 杨晓奇，等. 我国老年人收入、消费现状及问题分析 [J]. 老龄科学研究，2019（5）.

[9] 丁英顺. 日本老龄化的最新状况，社会影响与相关社会政策 [J]. 日本研究，2019（1）.

[10] 董克用，郑垚，孙玉栋. 我国社会保障体系财政负担预测研究 [J]. 新疆师范大学学报，2019（11）.

[12] 李实. 中国经济转型 40 年中居民收入差距的变动 [J]. 管理世界，2018（12）.

[13] 李军. 中国老龄产业发展预测研究 [M]. 北京：社会科学文献出版社，2014.

（发表于《老龄科学研究》2021 年第 3 期）

# 加快释放老年人消费潜力

杨晓奇

当前，我国已进入人口老龄化快速发展阶段，老年人口规模持续扩大。预测显示，21 世纪中叶 60 岁及以上老年人口将占到总人口的三分之一。庞大的老年人口蕴藏着巨大的消费潜力，加快释放老年人消费潜力对扩大内需、促进宏观经济健康发展有着重要意义。

## 一、释放老年人消费潜力具有重要意义

有利于形成"双循环"新发展格局。当下，中国正努力构建"以国内大循环为主体、国内国际双循环相互促进"的新发展格局。"双循环"的核心是国内市场，基础是消费。随着人口老龄化的不断加剧，老年消费人口规模越来越大。截至 2021 年末，全国 60 岁及以上老年人口 2.67 亿人，占总人口的 18.9%。预计到 2035 年，老年人口将突破 4 亿，21 世纪中叶接近 5 亿。老年人口在我国总人口中的占比越来越高，老年消费在总消费中的占比也会越来越重。释放老年人的消费潜力对构建"双循环"新发展格局非常重要。

有利于银发经济的发展。近年来，随着人口老龄化的不断加剧，国家越来越重视银发经济。《中华人民共和国国民经济和社会发展第十四个五年规划和 2035 年远景目标纲要》提出，发展银发经济，开发适老化技术和产品，培育智慧养老等新业态。《中共中央 国务院关于加强新时代老龄工作的意见》专门用一章阐述了"积极培育银发经济"。银发经济既

包括供给层面，也包括需求层面。银发市场的需求决定了银发市场的供给，当然供给也影响需求。当前，银发经济发展面临有效需求不足的问题，老年人的有效需求没有释放出来。因此，充分释放老年人的需求潜力，将会进一步促进银发经济的快速发展。

有利于老年人生活质量的提升。老年人是一个异质性很强的群体，地域、文化程度、收入水平、性别、健康程度等方面不同的老年人群需求是不同的。从整体而言，老年人需求结构正在从生存型向发展型转变。释放老年人消费潜力能够进一步提高老年人生活质量，满足老年人多层次、多样化的需求。

## 二、制约我国老年消费潜力释放的因素

制约老年人消费潜力的因素很多，如收入水平、收入差距、产品和服务的供给、消费习惯、消费环境、消费信息等。这些都会制约老年人的消费潜力变成现实消费。

整体收入水平低且差距大。我国老年人收入水平整体较低。调查数据显示，2014 年我国城镇老年人年均收入为 23930 元，农村老年人年均收入为 7621 元，仅相当于同期城镇居民和农村居民人均可支配收入的 82.9% 和 72.7%；城市受过高等教育的老年人年均收入是未上过学的老年人年均收入的 5.48 倍，农村受过高等教育的老年人年均收入是未上过学的老年人年均收入的 6.08 倍；中部城市老年人收入只有东部城市老年人收入的 70% 左右，西部农村老年人收入只有东部农村老年人收入的 64% 左右；不同性别的老年人收入差距也很明显，城市女性老年人收入只有城市男性老年人收入的 64% 左右，农村女性老年人收入只有农村男性老年人收入的 58% 左右。一般来说，低收入的老年人边际消费倾向高，高收入的老年人边际消费倾向低。随着经济社会的发展，即使老年人收入水平同步提高，高收入水平的老年人释放的消费潜力不及低收入老年人释放得多，更何况老年人收入水平提高并不同步。因此，整体来看，老年人群的收入差距抑制了消费潜力的释放。

消费理念调整缓慢。消费理念决定了消费行为。从生命历程来看，老年人的消费理念与消费者个体生活的时代、家庭环境有很大关系，受到个体生命历程事件和社会历史事件的影响，这种影响具有持续性、累积性。就社会历史事件来看，我国1960年以前出生的老年人普遍经历过长时间的短缺经济时期，满足生存需求是这一代人的最大愿望，对于很多年轻人通过借贷满足消费需求的超前消费理念他们很难理解。

服务和产品供需失衡。近年来，老龄产业取得了长足的发展，民间资本的投资热情不断高涨，老龄产业逐步从以养老服务业为主向老龄金融、老龄健康、老龄文化、老龄宜居、老龄制造、老龄服务共同发展。但是从供给和需求的角度看，老龄产业面临的最大问题在于供给和需求不对称。比如老年旅游，目前很多旅游公司提供老年旅游产品，但是真正能满足老年人需求的老年旅游产品很少，大部分老年旅游产品和普通旅游产品没有什么区别，仅仅是冠以老年旅游的名字。

消费环境有待提升。消费环境是影响消费潜力释放的重要因素，包括经济环境、社会环境、信用环境、文化环境等。由于身体机能衰退、学习能力降低，老年人面临的消费环境问题更多。比如"数字鸿沟"问题，如果能让更多的老年人群跨越"数字鸿沟"，网上消费规模会大幅增加。

消费设施不健全。很多住宅楼、公共场所在最初设计时都是按照年轻人的标准设计的，缺乏电梯，只能通过楼梯上下楼，没有考虑到老年人的出行。目前很多老年人常去的公共场所都在大力实施适老化改造，但是对于住宅楼的适老化改造却相对缓慢，很多老年人下楼外出困难，往往不能方便地到达日间照料中心，相关的消费行为就很难实现。

信息渠道不畅通。产品和服务的信息对消费者来说非常重要，消费者缺乏产品信息，再好的产品也没法被消费。在调研过程中笔者发现，目前老年人对老年产品了解的信息渠道不畅通，很多老年人反映想买老年人用品，但不知道在哪里去买。事实是，老年消费者活动范围小，一般以社区为主，很多老年消费者很难自己去专卖店寻找需要的用品。

## 三、释放我国老年人消费潜力的建议

提高老年人群收入，缩小不同老年人群之间的收入差距。提高老年收入，针对不同的老年群体应该采取不同的措施。农村老年人目前的养老金比较低，调查显示，城镇老年人收入中保障性收入占到 79.4%，而农村这一比例只有 36%。应逐步提高农村居民的基础养老金，缩小城乡老年人的收入差距。针对城市老年人，发展"以房养老"模式，通过住房反向抵押贷款、住房反向抵押养老保险等金融产品增加老年人收入。

以市场需求为导向，引导银发市场健康发展。要开展深入调研，对市场进行细分，做好产品定位。充分了解目标市场人群的消费习惯、消费能力，针对目标市场人群提供需要的产品。要做好产品的本土化，银发市场的一些产品和服务是照搬的国外产品和服务模式。因此，在借鉴国外模式的同时，要结合我国的文化、老年人的消费习惯，加强产品创新、技术创新和模式创新，开发适合我国老年人的产品和服务。企业要充分利用老年人对品牌忠诚度高的特点，做好产品的售后服务，及时跟踪回访，提高老年人对产品的满意度，增加老年人回头购买的频率。

改善老年人消费环境，促进老年人放心消费。一方面，要做好老年人消费硬件环境的改造工作，加大老年人出行环境改造力度，探索和创新改造模式，动员各方面的社会力量，加快改造步伐，方便老年人出行。大力发展上门服务，消除硬件环境对老年人消费的制约。另一方面，要改善有利于老年人消费的软环境，针对老年人存在的"数字鸿沟"问题，有针对性地出台不同政策，提供不同解决办法。建立老年用品和服务质量标准体系，规范银发市场发展。加大对金融欺诈的打击力度，建立欺诈老年人的企业"黑名单"，畅通老年人维权渠道，发挥社会监督作用。

以社区为中心，加强产品和服务供给。老年人活动范围比较小，主要以社区为中心。要逐步推动老年用品和服务向社区集中，满足老年人多层次、多样化的消费需求。建立嵌入式、小型化、专业化的养老服务机构，让老年人在社区安心度过晚年。可借鉴日本经验，在社区设立展示平台和体验场所，方便老年人体验产品。此外，以社区为中心提供产品和服务，方便年轻人获得信息，促进"孝心经济"发展。

加强消费引导，树立积极的消费理念。加强宣传引导，营造良好的消费文化氛围，鼓励老年人形成节约适度、绿色低碳、文明健康的消费模式，树立健康理性的消费理念。在加强消费理念引导的同时，针对老年人群适度调整公共政策，以实物补贴代替资金补贴，引导他们消费。

（发表于《中国老年》2022 年 9 月）

# 我国老龄事业发展面临的问题及建议 ①

杨晓奇

自 20 世纪末我国进入老龄社会，老龄事业经过二十多年的发展，有了长足的进步。2018 年发布了积极应对人口老龄化中长期发展规划，2021 年提出了积极应对人口老龄化的国家战略，老龄事业发展的顶层设计不断加强。养老服务业快速发展，老年人的生活水平持续提高。但与严峻的人口老龄化形势相比，老龄事业的发展还面临着很多不足。从 2022 年开始，我国将进入急速人口老龄化阶段，老年人口快速增长，年均增长超过千万[1]，我国社会保障体系、养老服务体系、健康服务体系都面临着极大的挑战。对此，需要进一步完善政策体系，全方位推动老龄事业发展。

## 一、我国人口老龄化的发展趋势

人口老龄化是我国 21 世纪的基本国情，相对于其他国家的人口老龄化发展，我国人口老龄化有其自身的特征，老年人口规模巨大，发展速度快，城乡倒置严重。

### 1. 人口总量发展即将进入下行通道

我国人口总量目前位居世界第一，2019 年底人口总数为 14.0 亿。预

① 基金项目：本研究为科技部主动健康和老龄化科技应对重点专项"医养结合服务模式与规范的应用示范"子课题"多主体融合式智慧医养结合服务模式构建与推广"（2020YFC2006102）的阶段性成果。

计我国总人口将在 2028 年达到峰值 14.229 亿，此后持续下降，到 2058 年左右突破 13 亿，2072 年左右突破 12 亿，减少 2 亿多人，21 世纪末降到 10 亿左右，减少 4 亿人左右，比人口高峰下降 27% 左右[①]，见图 3。

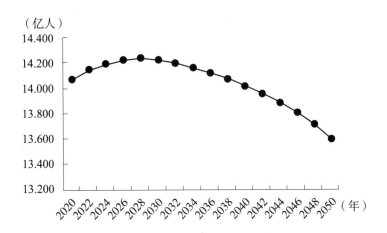

（亿人）

**图 3　2020—2050 年我国人口发展趋势**

人口增长有其自身规律性，维持正常的人口替代，总和生育率必须达到 2.1。20 世纪 90 年代初我国人口总和生育率降到正常替代水平，之后持续走低，第七次全国人口普查数据显示为 1.3。由于人口总和生育率低于正常的替代水平，我国人口总数在达到顶峰后将会持续减少。

**2. 老年人口规模巨大**

我国老年人规模巨大。2020 年，我国 60 岁及以上老年人口 2.64 亿，预计在 2025 年突破 3 亿，2033 年突破 4 亿，2053 年左右达到高峰 4.93 亿，之后缓慢下降，21 世纪末还有 3.85 亿左右老年人，占到总人口的三分之一左右。2070 年之前，我国一直是世界上老年人口规模最大的国家[2]。我国老年人口规模巨大也决定了我国应对人口老龄化的任务非常艰巨，老龄事业发展任重而道远。

**3. 人口老龄化发展先加速后稳定**

2055 年之前，我国人口老龄化一直处于加速期，此后基本上处于稳

---

① 本文的预测数据没有做其他说明，都来自《中国人口老龄化发展趋势预测（2018—2100 年）》课题，内部资料。

定期。2020 年，我国人口老龄化水平达到 18.7%，预计到 2023 年突破 20%，2037 年突破 30%，2055 年达到高峰 37.03%。此后，我国人口老龄化水平基本在 35%~36% 波动。21 世纪中叶之前人口老龄化有两段时间发展非常快速，2022 年到 2036 年是第一段时间，年均净增加 1106 万，原因在于 1962—1976 年是中华人民共和国成立后第二次人口出生高峰，导致这一段时间老年人快速增加，人口老龄化发展非常迅速。第二段时间是 2046 年到 2050 年，年均净增加 666 万，因为从 1986 年到 1991 年是中华人民共和国成立后第三次人口出生高峰，导致这一段时间人口老龄化发展也非常快。

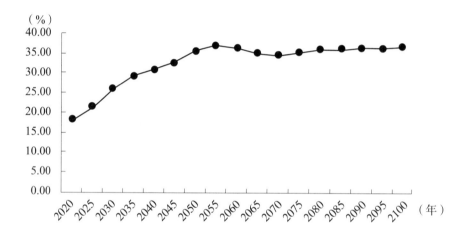

**图 4　2020—2100 年我国人口老龄化发展状况**

### 4. 人口老龄化城乡倒置

理论上讲，人口老龄化是经济社会发展的结果，农村的人口老龄化程度应该低于城市的人口老龄化程度，但由于快速的城镇化，人口不断从农村向城市迁移，导致农村人口老龄化程度高于城市老龄化程度。第七次全国人口普查数据显示，目前农村 65 岁及以上老年人口比重为 17.72%，高于城镇 6.61 个百分点。预计到 2039 年，这一比重将达到 41.7%，高于城市 24.1 个百分点，农村人口老龄化程度约是城镇的 2.4 倍，城乡差距达到最大。之后，农村人口老龄化水平趋于平稳，2051—2100 年在 43.9% 左右的高位徘徊。城镇人口老龄化水平继续提升，

2051—2100 年徘徊在 26.7% 左右，但农村的人口老龄化程度始终高于城市人口老龄化程度。

**5. 人口高龄化形势严峻**

我国高龄老年人预计到 2022 年突破 3000 万，2029 年突破 4000 万，2032 年突破 5000 万，2047 年超过 1 亿，2073 年达到 1.575 亿高峰。21 世纪中叶，我国高龄老年人口数量将占到世界高龄老年人口总量的 1/4，相当于发达国家高龄老年人口总和 [3]。人口高龄化水平预计到 2036 年达到 15%，2045 年超过 20%，2065 年超过 30%，21 世纪末达到 38.2% 左右，三个老人中就有一个高龄老年人。

# 二、我国老龄事业发展面临的问题

经过二十年多年的发展，我国老龄事业有了很大的进展，但是老龄事业发展不平衡不充分的矛盾还很突出，只有找准问题，才能补齐短板，促进老龄事业持续发展。

**1. 城乡老龄事业发展不平衡**

城乡老龄事业发展不平衡主要表现在城市老龄事业发展比较快，农村老龄事业发展比较慢，这和城乡人口老龄化发展水平也不相称。一方面，城市由于经济发展快，人均收入水平比较高，居民居住比较集中，老龄事业和产业发展比较快，而农村则受到经济水平、收入水平等多种因素的制约，老龄事业和产业发展比较慢，城乡的老龄事业发展是不平衡的。另一方面，城乡的老龄事业发展和人口老龄化发展水平也不相适应。城市的人口老龄化水平低，但老龄事业发展比较快，农村的人口老龄化水平较高，但老龄事业发展较慢。随着城乡人口老龄化倒置程度不断加大，农村老龄化水平不断提高，如果不能加快发展农村老龄事业，农村的人口老龄化成为农村经济社会发展的制约因素，将对农村的经济社会发展带来重大影响。

**2. 老龄事业内部发展不均衡**

从整体上来看，我国老龄事业有了长足的进步，但是发展不均衡，如在满足老年人物质方面有了较大发展，在满足老年人精神层面发展较为滞后。就老龄事业发展的某个方面来说，也存在不均衡的问题，如老龄服务方面，优先发展了机构养老服务，居家养老服务发展比较滞后。老年人健康方面，目前的重点还是治疗，预防和康复发展滞后。老年人养老保障方面，差距就更大，农村老年人养老保障水平远远低于退休的企业职工，更低于机关事业单位退休人员。老龄事业发展不均衡，既有历史原因，也有发展方向方面的原因。如养老金，中华人民共和国成立后企业职工一直有退休金制度，只不过最初由企业来支付，后来由基本养老保险支付，由于有基础和积累，制度越来越完善。而农村老年人最初依靠土地养老，很晚才建立了城乡居民基本养老保险，而且缺乏缴费基础，导致现在农村养老金水平很低。形成一个完善的基本养老保险制度，不断缩小城乡之间的差距，需要很长的时间。养老服务是党的十八大以来我国老龄事业中发展最快的板块，但发展方向以机构服务为主，导致机构服务快速发展，居家服务发展相对比较慢。"十四五"时期，我国加快建设"双循环"的经济发展格局，对老龄事业的发展是一个良好契机，应该抓住这一机遇，以老年人的需求为导向，补齐老龄事业发展中的短板。

### 3. 老龄事业和老龄产业发展不协调

老龄事业和老龄产业是应对人口老龄化的两个支撑，缺一不可。但从目前老龄事业和老龄产业的发展来看，老龄事业发展较快，老龄产业发展较慢，老龄事业和老龄产业发展不协调。老龄事业和老龄产业发展不协调原因之一是理念问题，即注重社会福利满足老年人需求，轻视市场在满足老年人需求中的重要作用。我国是一个老年人口大国，到21世纪中期老年人口预计接近5亿，而且老年人群是一个异质性很强的群体，通过发展老龄事业去满足老年人的需求根本不现实。我国"未富先老"，没有足够的财政资金支持发展"高大上"的福利制度，因而也不可能充分满足广大老年人的需求。满足老年人多样化的需求最终依靠的是老龄产业充分发展。政府主导的老龄事业只能满足低收入人群的基本生活，发挥好兜底作用。当然，在发展老龄事业和老龄产业的过程中，注意政府和市场的边界，切记政府以发展老龄事业为名，下场踢球，造成效率低下和监管缺失，不利于事业和产业的协调发展。

### 4. 养老保障制度难以持续

近年来，我国养老保障体系在不断完善，保障水平在持续提高，城镇职工基本养老保险参保人员的养老金连续很多年随着经济的发展不断增长。但是从基金的收入和支出来看，制度的可持续性面临着很大不确定性。2018年，我国城镇职工基本养老保险基金总收入5.01万亿元，总支出4.42万亿元，当年收支结余5982亿元，累计滚存结余近5.0万亿元，较上年增长13.6%[4]。仅从上面的数字来看，城镇职工养老保险的收支不存在缺口。但是，如果我们将基金收入中剔除财政补贴，即用城镇职工基本养老保险基金年度征缴收入加年度投资收益及其他收入，去减城镇职工基本养老保险基金的年度支出，就会发现，我国城镇职工养老保险基金自2015年起，已出现明显的资金缺口，而且资金缺口还有逐渐扩大趋势，见表1。如果再考虑个人账户普遍"空账"运行的情况，我国城镇职工基本养老保险基金的收支缺口更大。从2022年开始，我国人口老龄化将进入急速发展时期，老年人口增长速度非常快，养老保障制度如何应付即将到来的老年人口增长高峰，形势非常严峻。

表1　2011—2017年城镇职工基本养老保险基金结余和财政补贴情况（单位：亿元）

| 年份 | 2011年 | 2012年 | 2013年 | 2014年 | 2015年 | 2016年 | 2017年 |
|---|---|---|---|---|---|---|---|
| 基金结余 | 4130 | 4439 | 4210 | 3555 | 3528 | 3204 | 5258 |
| 财政补贴 | 2272 | 2648 | 3019 | 3548 | 4716 | 6511 | 8004 |
| 差额 | 1858 | 1791 | 1191 | 7 | −1188 | −3307 | −2746 |

资料来源：郑秉文.中国养老金发展报告2018[M].北京：经济管理出版社，2019.

### 5. 家庭养老功能不断弱化

家庭养老作为传统的养老模式，随着经济和社会的发展和家庭规模的不断缩小逐渐式微，社会化养老模式逐渐成为主流养老模式。但是，从我国的传统文化和未来的老年人口发展趋势来看，我们不可能完全走社会化的养老模式，更多的是家庭养老和社会化养老模式相结合，既要发展社会化养老模式，更要强化家庭养老功能。我国是老年人口大国，绝大部分老年人还是在家养老，家庭成员照护和心理慰藉是居家养老的老年人必不可少的。当然，强化家庭养老功能，不能走传统的家庭养老模式，仅仅依靠家庭成员实现这一功能，需要政府、社会、市场共同发力，增强这一功能。从家庭成员的收入、心理、时间等各个方面给予帮助和支持，让家庭成员在正常生活的同时完成照护老年人工作。

### 6. 养老服务供求矛盾突出

养老服务需求是老年人最重要的需求之一。养老服务供求矛盾突出主要表现在养老服务的供给和老年人的需求存在结构上的错位。比如，居家养老是大多数老年人的养老选择，机构养老只是极少部分老年人的需求，以失能失智老年人为主要群体。但从服务供给来看，目前居家养老服务发展相对比较缓慢，难以满足广大老年人的需求，如上门看病，2000—2015年四次城乡老年人生活状况抽样调查数据显示它一直是广大农村老年人最急需的服务。机构养老服务发展相对较快。2013年全国提供住宿的养老服务床位493.7万张，2019年达到775万张，六年增长了57%。从机构养老服务的供给来看，高端的养老服务比较多，质量高，价格也高。低端的机构服务也比较多，质量差，价格较低。而大部分老年人需要质量相对较好，价格相对较低的机构服务比较少。第四次中国城乡老年人生活状况抽样调查数据显示，我国大部分老年人能够接受的机构养老服务价格在2000元以下[5]。

### 7. 养老资源缺乏整合

随着经济的发展，我国养老资源的供给在不断扩大，但养老资源的利用比较分散，缺乏整合。如福利资源，老年人高龄津贴、服务补贴和护理补贴制度基本覆盖全国。2019年享受高龄津贴、护理补贴、养老服务补贴、综合老龄补贴的老年人达到2963.0万、66.3万、516.3万、33.5万，全国共支出老年人福利经费453.0亿元[6]。我国老年福利资源每年支出不少，但是应该看到，这些资源的利用比较分散，有些补贴发放以年龄为标准而不是以收入为标准，没有将有限的资源集中用于低收入人群。从我国的人口和经济发展趋势来看，未来三十年老年人口非常庞大，人均GDP相对于发达国家还非常的低，财政资金非常有限，因此，应该整合各类福利资源，充分发挥财政资金的作用。再比如养老服务资源，多年来始终强调居家为基础、社区为依托、机构为支撑或者补充的发展格局，其实质上是将三者服务资源分散利用，没有进行整合，机构服务资源发展比较快，但是利用率不高，如北京市公办养老机构入住率只有42.3%[7]，居家养老是基础，但是资源供给始终跟不上，或者资源成本高、质量低，老年人需要的服务缺乏。机构、居家以及社区的养老资源具有一定互补性。因此，未来应该整合资源，实现机构、居家和社区三者融合发展，充分利用三者的资源共同为老年人服务。

### 8. 老年人作用发挥不足

从全生命周期理论来看，老年期是人生的一个必不可少的阶段，跟其他人生阶段一样有着独特的价值和意义。从这个角度来看，在老龄事业的发展过程中，应该让社会各方面充分认识到个体老年期的意义，努力让老年人发挥出他应该发挥的作用。在实践当中，常常忽视了这一理念，更多的是从如何为老年人群提供良好的福利，确保他们有足够的收入，有充足的服务去度过老年期，实现被动、消极的养老，这种养老模式非常不利于提高个体老年期的生活质量。更何况，从我国的国情出发，我国作为老年人口第一大国，要将如此大规模的老年人养起来肯定是不可行的，只有充分发挥老年人的作用，既符合个体老年期存在的价值，也能降低整个社会应对人口老龄化的成本，让老龄社会保持平稳健康的发展，实现中华民族的伟大复兴。因此，政府应该营造良好的社会氛围，鼓励老年人参与到经济社会生活当中，发挥自身优势，创造社会价值。

### 9. 老年人精神满足和物质满足不同步

随着经济发展和社会保障体系的完善，老年人群的物质生活水平在不断提高，城市老年人均收入从2000年的7392元提高到2014年的23930元，按可比价格计算，年均实际增长5.86%。农村的老年人均收入从2000年的1651元增加到2015年的7621元[8]，按可比价格计算，年均实际增长9.06%，见图5。从人均预期寿命来看，2019年已经达到77.3岁[9]。在物质需求不断满足的同时，精神需求满足也是老年人生活的重要方面。从调查的数据来看，2015年36.6%的老年人感到孤独，其中经常感到孤独的占到 6.3%。高龄老年人、独居老人以及农村女性老人的孤独感比较强烈，如 85 岁以上的老年人 57.7% 会感到孤独，71.3% 的独居老年人感到孤独[10]。随着我国城镇化的快速推进以及人口高龄化加剧，高龄老人、独居老人规模会不断扩大，如高龄老人，2047 年左右将超过 1 亿。老年人的精神需求满足问题会不断凸显，如何在保障老年人物质需求的同时满足他们的精神需求就成为重要的课题。

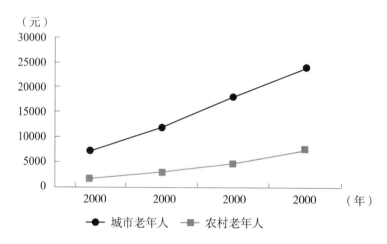

图 5 2000—2014 年城乡老年人收入变化情况

## 三、发展我国老龄事业的建议

目前，人口老龄化程度还不算高，老龄事业的发展还处于有利的战略机遇期，应该充分把握机遇，加强谋划，为未来二十年的老龄事业发展奠定好基础。

### 1. 完善生育配套政策，提升生育率水平

为了促进人口结构的均衡发展，2016 年我国实施了全面二孩生育政策，2021 年实施一对夫妻可以生育三个子女政策。但从全面二孩政策效果来看，新出生的人口并没有预期的那么多，一个很重要的原因是生育成本过高，导致生育率很难回升。对此，借鉴发达国家的做法，结合我国国情，需要进一步完善生育配套政策[11]。一是充分发挥经济手段，通过税收、抚育、教育、社会保障、住房等政策，减轻生养子女家庭负担。

二是通过立法等手段，延长产假，建立配偶陪产假制度，给予父母更多的精力去照顾。三是鼓励雇主为孕期和哺乳期妇女提供灵活的工作时间安排及必要的便利条件，支持妇女生育后重返工作岗位，解除育龄妇女的后顾之忧。四是完善托幼公共政策，满足新增托幼公共服务需求。

### 2.加快老龄产业发展，促进老龄事业和产业协调发展

老龄产业跨越三次产业，是经济发展的一个新的增长点，具有可观的产值。据预测，到2030年，老年人消费占到GDP的18.4%，到2050年，老年人的消费占到GDP的33.6%[12]。当前，老龄产业有了一定的发展，但整体来看还是存在结构上的失衡，对此，一是要进一步完善老龄产业发展的土地政策，出台各种有利于产业发展的税收、金融、人才等方面的优惠政策，支持产业发展。二是加强政策的落实和督察。党的十八大以来，养老服务业受到政府高度重视，支持产业发展的政策不断出台，但政策的落实需要督察，政策的落地效果需要进一步评估，避免政策成为一纸空文。三是提高老年人收入。老龄产业发展最主要的制约因素是老年人的收入，尤其是广大农村老年人的收入，整体水平很低。农村老年人的平均消费倾向很高，2014年平均消费倾向为1.17[13]，一旦收入有较大提高，消费潜力就会极大释放。四是加快制定老龄产业的发展规划。目前老龄产业的发展既没有中长期规划，也缺乏五年规划，老龄产业的发展处于失序状态，需要通过规划明确老龄产业发展的优先顺序，有重点有计划的促进产业发展。

### 3.加快科技创新，提升养老服务科技水平

加快科技创新和应用，对于提高老年用品的科技含量，降低养老服务的成本，提高服务的便利性、精准性，满足老年人多样化、多层次的需求有着非常重要的作用。一是充分发挥新型基础设施的功能，利用移动互联网、大数据等技术，加快建设远程诊疗体系，解决老年人尤其是农村老年人看病难的问题。二是利用现代信息技术，大力发展智慧养老，建设养老服务智慧网络平台，融合机构、居家以及社区的服务供给，满足各类老年人的服务需求。三是以失能老年人为重点对象，加快开发助行、助浴、助餐的特制食器、淋浴器、便池等功能性产品和智能康复辅

助器具等，满足老年人的特殊需求。四是借鉴高新技术的发展经验，建立集研发、生产、销售、培训、展览、租赁等为一体的老年用品产业园，以土地、税收、财政、金融以及政府采购等优惠政策，扶持老龄科技企业发展。

**4. 完善养老金体系，确保制度的可持续性**

养老金体系是保障老年人陷入贫困的重要防线。我国逐步建立由三大支柱组成的养老金体系，目前第一支柱即基本养老保险实现了全覆盖，第二支柱企业/职业年金实施范围在逐步扩大，第三支柱还处于起步状态。人口老龄化给养老金体系带来的最大挑战是制度可持续性。从短期来看，由于第二支柱和第三支柱在短期内难以快速发展起来，主要是确保第一支柱即基本养老保险的可持续性，通过国有股份转持，提高统筹层次，加大基金市场化运作，调整参数等方式，不断完善基本养老保险制度，保证老年人维持基本的生活水平。从长期来看，降低第一支柱的占比，提高第二、第三支柱的占比，实现三大支柱之间的结构性调整才可能实现养老金体系的可持续发展。第一支柱的定位只能是保证退休人员的基本生活，而提高老年人生活水平主要依靠第二支柱和第三支柱。因此，在不断完善基本养老保险的同时，依靠政府和市场共同的力量，加快第二、第三支柱的发展。同时，需要进一步加强养老金体系的顶层设计宣传，给广大国民一个合理的预期，有利于进一步完善养老金体系。

**5. 健全老年健康服务体系，提高老年人健康水平**

健康的身体是低成本应对人口老龄化的根本。提高老年人的健康水平既需要个体从年轻时期做好健康储备，也需要政府做好老年健康服务体系，满足老年人从健康教育、预防、医疗、康复护理、长期照护直到安宁疗护全过程服务。目前，老年健康服务基本上以医疗为主，前期的预防相对较少，后期的康复也没有同步发展。老年人患病以慢性病为主，预防的重要性远远大于治疗。基于此，一是加强老年人健康教育和预防。充分利用各种传播媒介和平台加强健康宣传教育，以老年人喜闻乐见的形式普及健康科学知识，倡导健康的生活方式。通过建立老年健康危险因素干预、疾病早发现早诊断早治疗、失能预防三级预防体系，最大限度的提高老年人健康水平。二是充分发挥家庭签约医生的作用。家庭签约医生对于疾病预防、用药以及指导康复有着非常重要的作用，但目前家庭签约医生仅仅停留在纸面上，签约医生并没有发挥应有的作用，需要进一步发挥家庭签约医生的功能、完善运作方式，确保家庭签约医生发挥好其作用。三是充分发挥中医药的作用。老年疾病以慢性病为主，不能根治，只能维持，相对于西医的手术治疗，中医的治疗有很大的优势。因此，需要高度重视中医药的作用，加强中医人才的培养。

### 6. 统筹发展城乡养老服务，满足老年人刚性需求

对于失能、失智老年人来说，养老服务是刚需。统筹发展城乡养老服务，一是要加快建立长期护理保险制度，也就是解决失能、失智老年人接受服务的资金来源问题。这需要根据我国的基本国情，借鉴国际经验，逐步建立并完善。目前我国已经在很多城市进行试点，下一步需要总结这些试点经验，为全国开展长期护理保险制度奠定基础。二是要加大护理型床位的建设，也就是解决失能、失智老年人服务供给问题，《"十三五"国家老龄事业发展和养老体系建设规划》提出护理型床位占当地养老床位总数的比例不低于30%，未来十五年，争取全国养老机构护理型床位达到100%。三是要重视农村养老服务的发展。随着不断地加速的城镇化，年轻人融入城市不断加快，未来农村失能、失智老年人的比例会进一步上升，而农村能够提供护理服务的机构则很少，急需加大力度发展。

### 7. 加快宜居环境建设，构建老年友好型社会

宜居环境建设需要加强前瞻性，充分预估未来经济社会的发展趋势。未来三十年，我国人口老龄化不断深化，老年人口规模不断增长，对城市环境、公共设施、家庭室内环境的适老化要求不断提高。一是要把老年友好型城乡环境建设纳入新型城镇化发展规划当中，争取用15年的时间，到2035年，全国城乡基本实现老年友好型社区全覆盖。二是结合当前进行的城镇老旧小区改造计划，加强对社区道路设施、信息化设施、社区服务场所等相关的设施和场所进行适老化改造，加大力度为老旧小区加装电梯，方便老年人生活。三是加大对道路、交通设施、公共交通

工具等设施设备的适老化改造力度，提倡人车分流模式，建设老年人便捷舒适的出行环境。四是改善老年人居住环境，对老年人住房的地面、厨房设备、厕所等设施进行适老化改造，降低老年人生活风险。

### 8. 出台家庭养老的支持政策，强加家庭养老功能

从目前已有的家庭养老支持政策来看，基本上处于碎片化状态，散见于各个部门出台的政策当中。某些政策有利于支持家庭养老，但从其制定的最初目标来看，也不是针对支持家庭养老的[14]。强化家庭养老功能，需要进一步调整、整合、制定相关政策，以低收入家庭为重点，准确识别，精准施策。如在经济保障方面，给予照料失能、失智老年人家庭成员一定的经济补贴，降低因照料老人失去收入的经济压力。在医疗方面，细化家庭医生签约服务制度，满足老年人上门看病的需求。在照护方面，协调社会组织、养老机构等组织为老年人家庭成员提供专业照护培训，提高家庭成员的照护能力。通过政府购买等方式为老年人家庭成员提供"喘息服务"，缓解照料者压力。在居住方面，完善户籍制度，为老年人投靠子女提供方便。为有需要的家庭进行适老化改造，方便老年人在家生活。在宣传方面，加强孝亲敬老的氛围营造，引导年轻人善待自己的老人。

### 9. 积极发挥老人作用，降低应对人口老龄化成本

发挥老年人作用，政府应该加大宣传，以积极老龄化为引领，不仅让那些身体健康、有技能的老年人充分发挥他们的作用，补充到劳动力资源当中，也要让那些没有技能的老年人发挥他们的作用，参与家务劳动、志愿者活动当中，传承优秀文化，实现自身价值。一是研究出台延迟退休政策，按照预先公告、小步慢走的基本原则，逐步实施延迟退休年龄方案，采取退休年龄和养老金领取分离的形式，鼓励劳动力延长工作年限。二是完善相关法律法规。根据《中华人民共和国劳动合同法实施条例》第二十一条规定，"劳动者达到法定退休年龄的，劳动合同终止"。因此，实践当中，老年人再就业不受劳动法保护，应该根据目前的社会现实状况完善法律法规，依法保障老年人在生产劳动过程中的合法收入、安全和健康权益。三是大力发展针对老年人的就业介绍所，定期

召开老年人才交流会，搭建老年人与用人单位的信息交流平台，促进老年人再就业。四是发展老年人自愿服务，支持老年人积极参与基层民主监督、社会治安、公益慈善、民事调解、文教卫生等工作。继续深入开展"银龄行动"，组织医疗卫生、文化教育、农业科技等老专家参与志愿服务。

### 10. 加大老龄社会国情宣传，调动社会各方参与的积极性

我国进入老龄社会的时间已经二十年，这二十年时间内，我国老龄事业有了一定的发展，但是老龄社会的国情教育没有跟上，不利于人口老龄化的应对。我国是一个人口大国，更是一个老年人口大国。我国的老年人口体量决定了我国应对人口老龄化不可能照搬国外经验，只有加强国情教育，动员全社会的力量，充分发挥政府、社会、市场、家庭以及每个人的作用，共同参与，才有可能做到及时、科学、有效应对人口老龄化。加强老龄社会国情教育，一是要将老龄社会的国情纳入到大、中、小学教学内容，让年青一代充分了解我国老龄社会的现状及未来。二是要让政策制定者充分了解老龄社会国情，将应对老龄社会的理念纳入到所有政策当中。三是加强宣传，让全社会对我国应对人口老龄化取得的成就深入了解，相信政府有能力应对人口老龄化带来的挑战。

**参考文献：**

[1] 国家应对人口老龄化战略研究总课题组 . 国家应对人口老龄化战略研究总报告 [R]. 北京：华龄出版社，2014：3–4.

[2] [3] 易鹏，梁春晓 . 老龄社会研究报告 2019[R]. 北京：社会科学文献出版社，2019：17–17.

[4] 郑秉文 . 中国养老金 2019 年：17–17. 发展报告 2018[R]. 北京：经济管理出版社，2019：29–32.

[5] 王莉莉，等 . 制约我国老年人消费与需求意愿的原因分析与建议 [J]. 中国体育科技，2020（9）：66–74.

[6] 民政部 . 2019 年民政事业发展统计公报 [EB/OL]. 中华人民共和国民政部网站，http://www.mca.gov.cn/article/sj/tjgb/202009/20200900029333.shtml.

[7] 马晓雯，等 . 北京市公办养老机构床位使用现状及其影响因素调查研究 [J]. 中国全科医学，2016（6）：2072-2077.

[8][13] 杨晓奇，等 . 我国老年人收入、消费现状及问题分析 [J]. 老龄科学研究，2019（5）：10-25.

[9] 国家卫生健康委 . 2019 年我国卫生健康事业发展统计公报 [EB/OL]. 中华人民共和国国家卫生健康委规划发展与信息化司网站 . http://www.nhc.gov.cn/guihuaxxs/s10748/202006/ebfe31f24cc145b198dd730603ec4442.shtml.

[10] 冀云 . 中国城乡老年人精神文化生活状况分析 [C]// 中国城乡老年人生活状况调查报告（2018）. 北京 . 社会科学文献出版社，2018.

[11] 原新 . 国际社会应对老龄化的经验和启示 [J]. 老龄科学研究，2015（3）：39-51.

[12] 李军 . 中国老龄产业发展预测研究 [R]// 中国老龄产业发展报告（2014），北京：社会科学文献出版社，2014：180-207.

[14] 魏彦彦 . 中国现行家庭养老支持政策分析与评估 [J]. 中国老年学杂志，2014，11（34）：6526-6529.

（发表于《社会福利（理论版）》2021 年 8 月）

# 我国老龄产业政策现状、问题及建议

杨晓奇

产业政策是促进产业发展的重要手段，对于提高产业竞争力、扩大产业规模，促进产业结构合理布局有着非常重要的作用。老龄产业作为弱质产业，产业政策对其发展有着更为重要的作用。近年来，各级政府先后出台了300多项老龄产业政策（党俊武，2018），有力地推动了老龄产业的发展，但整体来看，很多方面急需完善，如中长期规划缺失，产业政策体系不完善，政策覆盖面窄，政策效力不足等。

对此，《中共中央 国务院关于加强新时代老龄工作的意见》提出，编制相关专项规划，完善支持政策体系，统筹推进老龄产业发展。《"十四五"国家老龄事业发展和养老服务体系规划》也提出，要加大制度创新、政策供给、财政投入力度，推动老龄事业和产业协同发展。本报告将梳理目前老龄产业的政策内容，分析存在的问题，在此基础上，进一步提出完善老龄产业政策建议。

## 一、我国老龄产业政策的内涵及发展历程

### 1. 老龄产业政策的内涵

老龄产业政策是指国家权威部门制定并组织实施的旨在鼓励和规范老龄产业发展的一系列政策的总和，是国家产业政策的重要组成部分（李志宏，2014）。老龄产业的政策不同于一般的产业政策，具体来看有以下特征。一是老龄产业政策的复杂性。老龄产业是以人群作为划分

产业的标准，而人的需求是非常复杂的，涉及方方面面，既有精神层面的，也有物质层面的，所以老龄产业是一个很多行业的集合，是一个综合性的产业，老龄产业的综合性也就决定了老龄产业政策复杂性。二是老龄产业政策以支持和鼓励为主。老龄产业带有一定的福利性，盈利空间小，周期长，社会资本不愿意介入，因此需要鼓励和支持，通过各种经济手段引导社会资本进入。这也就决定了老龄产业政策以鼓励和扶持为主，在不断推动老龄产业发展的同时加强规范化管理，营造公平的市场环境。

**2. 老龄产业政策发展历程**

老龄产业政策伴随着老龄产业的发展而不断发展。从 2000 年我国进入老龄社会到现在，老龄产业政策的发展基本上可以分为两个阶段。

（1）从 2000 年到 2012 年，老龄产业开始受到重视，老龄产业政策开始出台，具体来看。

一是老龄产业政策随着老龄产业的发展而逐步出现在官方正式文件当中，这一点从老龄事业发展的五年规划中可以发现。《中国老龄事业发展"十五"规划计划纲要（2001—2005）》提出鼓励社会团体、民办非企业单位、私营企业和国内外人士投资老龄事业，发展老年产业。规划中首次提出了"老年产业"的概念，这是老龄产业表述的萌芽。《中国老龄事业发展"十一五"规划（2006—2010）》中正式出现了"老龄产业"的概念，并从政策扶持、养老服务业、老年用品和老年服务产品、老年消费、人才培养等五个方面，对我国老龄产业发展做出了系统部署。老龄产业概念正式出现在官方规划当中，意味着社会各界对老龄产业的概念基本接受，也意味着老龄产业发展开始受到重视。《中国老龄事业发展"十二五"规划（2011—2015）》首次提出了"老龄产业政策"，并从扶持老龄产业发展的信贷、投资政策、消费政策以及鼓励社会资本进入老龄产业等方面作了阐述。三个"五年规划"中，文本表述从"老年产业"到"老龄产业"再到"老龄产业政策"，很显然老龄产业政策是随着老龄产业的不断发展受到重视，进而制定老龄产业政策推动老龄产业的发展。

二是这段时间出台了一些以养老服务业为主的老龄产业政策。虽然老龄产业政策表述在官方文件中出现在"十二五"老龄事业发展规划中，但是以养老服务业为主的老龄产业政策早于这个时间已经陆陆续续出台，如《关于加快实现社会福利社会化的意见》（国办发〔2000〕19号）、《关于加快发展养老服务业的意见》（国办发〔2006〕6号）、《关于全面推进居家养老服务工作的意见》（全国老龄办发〔2008〕4号）、《民政部关于鼓励和引导民间资本进入养老服务领域的实施意见》（国发〔2010〕13号）等文件，这些推动养老服务业发展的政策，都属于老龄产业政策的内容。

（2）2013年至今，老龄产业中的各子产业都开始加快发展，相关产业政策不断出台，具体来看。

一是老龄产业政策从以养老服务业为主开始向老龄文化产业、老龄健康产业、老龄金融产业、老龄宜居产业、老龄制造业扩展从2013年以后，老龄产业政策快速增加，虽然老龄服务业政策还是主体，但是和2013年以前相比，老龄产业其他子产业政策开始出台，改变了过去基本上只有老龄服务业政策，其他子产业政策几乎空白的状态。因此，我们甚至可以说2013年开启了老龄产业发展的元年。

二是规范类老龄产业发展的政策逐步增多，开始注重服务质量。这一段时间，随着国家的重视，社会资本不断进入老龄产业，在推动老龄产业发展的同时也导致老龄产业市场比较混乱，服务质量参次不齐。因此，整顿和规范老龄产业发展的政策不断增多。

三是老龄产业政策内容多以鼓励和支持为主。老龄产业处于起步阶段，发展比较缓慢，相对于老年人的需求还有很大距离，因而目前出台的老龄产业政策基本上以鼓励和支持老龄产业发展为主。

## 二、我国老龄产业重点领域政策发展的现状

老龄产业范围很广，我们重点分析以下六大重点领域产业政策（党俊武，2020），分别是老龄文化产业、老龄金融产业、老龄宜居产业、老龄健康产业、老龄服务产业、老龄制造产业。

### 1. 老龄文化产业

从需求层面来看，老龄文化产业属于精神需求方面的产业。它包括很多子产业，目前发展比较快的主要在老年教育、老年人图书报刊、老年人旅游等方面。

一是老年教育方面。随着老年人规模的不断扩大，老年教育的需求不断增加，但老年的教育发展相对比较缓慢，接受老年教育的老年人规模还比较小，目前的老年教育社会资本投资比较少，政府的政策更多在动员社会力量参与老年教育发展。如《老年教育发展规划（2016—2020年）》提出鼓励社会力量参与老年教育。充分激发市场活力，推进举办主体、资金筹措渠道的多元化，支持和鼓励各类社会力量通过独资、合资、合作等形式举办或参与老年教育。促进老年教育与相关产业联动。《中国老龄事业发展"十二五"规划》提出积极支持社会力量参与发展老年教育。《"十三五"国家老龄事业发展和养老体系建设规划》提出支持鼓励各类社会力量举办或参与老年教育。

二是大力发展老年人喜爱的图书、报刊等文艺作品。老年人喜爱的图书以及报刊等纸质文艺作品种类不多，政策一直在鼓励发展。如《"十三五"国家老龄事业发展和养老体系建设规划》提出鼓励创作发行老年人喜闻乐见的图书、报刊以及影视剧、戏剧、广播剧等文艺作品。鼓励制作适合微博、微信、手机客户端等新媒体传播的优秀老年文化作品。《"十四五"国家老龄事业发展和养老服务体系规划》提出鼓励编辑出版适合老年人的大字本图书。

三是促进老年旅游产品发展。老年旅游一直是近年来政府力推的精神文化产品。但缺乏专项政策，目前的已有的相关政策基本都是在老龄事业相关的政策中出现。如《"十四五"国家老龄事业发展和养老服务体系规划》提出鼓励企业开发老年特色产品，拓展老年医疗旅游、老年观光旅游、老年乡村旅游等新业态。支持社会力量建设旅居养老旅游服务设施，打造旅居养老旅游市场。《关于加强新时代老龄工作的意见》提出要开发老年旅游产品和线路，提升老年旅游服务质量和水平。

## 2. 老龄金融产业

老龄金融是围绕着社会成员对老年期各种财富和服务的需求所开展的金融服务，它的服务对象既包括年轻人，也包括老年人，主体是年轻人。《关于金融支持养老服务业加快发展的指导意见》（银发〔2016〕65号）提出鼓励银行、证券、信托、基金、保险等各类金融机构针对不同年龄群体的养老保障需求，积极开发可提供长期稳定收益、符合养老跨生命周期需求的差异化金融产品。老龄金融产业政策主要集中在银行类老龄金融产业政策，证券类老龄金融产业政策、保险类老龄金融产业政策方面。

银行类老龄金融产业政策。2021 年银保监会下发了《关于开展养老理财产品试点的通知》（银保监办发〔2021〕95 号），决定在湖北、四川、青岛、深圳四省市开展养老理财产品试点，这次试点开启了真正意义上的养老理财产品发展。2022 年银保监会下发了《关于扩大养老理财产品试点范围的通知》，将养老理财产品试点地区由原来的四地扩大到十地，试点机构扩大到十家理财公司，部分机构养老理财产品募集资金总规模上限扩大到 500 亿元人民币。养老理财产品试点规模的不断扩大为后续出台养老理财政策奠定基础。

保险类老龄金融产业政策。为了推动商业养老保险的发展，2017 年国办下发了《关于加快发展商业养老保险的若干意见》（国办发〔2017〕59 号）从创新商业养老保险产品和服务，促进养老服务业健康发展，推进商业养老保险资金安全稳健运营，提升管理服务水平，完善支持政策等方面提出了意见。2018 年，财政部、国家税务总局等五部门又联合发布了《关于开展个人税收递延型商业养老保险试点的通知》，通过税收优惠的方式加大商业养老保险发展。2014 年原保监会下发了《关于开展老年人住房反向抵押养老保险试点的指导意见》（保监发〔2014〕53 号），在老年人中进行住房反向抵押养老保险试点，扩大老年人收入来源，丰富养老保障方式。

证券类老龄金融产业政策。养老基金政策是证券类老龄金融政策的核心。2018 年证监会发布了《养老目标证券投资基金指引（试行）》，这也是第一个养老目标基金的文件，为养老基金发展提供方向。

### 3. 老龄宜居产业

老龄宜居产业主要包括适老化改造产业、老龄房地产业和老龄宜居服务产业三大部分（曲佳肴，2021），目前老龄宜居产业的政策主要集中在适老化改造产业和老龄房地产产业方面。

适老化改造产业政策。适老化改造主要对小区的公共设施、老年人家庭住房以及养老院等进行改造。如《关于加强老年人家庭及居住区公共设施无障碍改造工作的通知》（建标〔2014〕100号）提出对老年人家庭无障碍改造和居住区公共设施无障碍改造。《关于推进老年宜居环境建设的指导意见》（全国老龄办发〔2016〕73号）提出从居住环境、出行环境、健康支持环境、生活服务环境等方面进行适老化改造。适老化改造既包括对硬件设施的适老化改造，也包括提高服务的便利性，满足老年人的需求。虽然适老化改造作为一种产业逐步兴起，但社会资本并不是适老化产业发展的主要资金来源，财政资金是宜居产业发展的重要来源。很多有关适老化改造的文件中都提出要将适老化改造列入地方政府财政预算，明确资金补助标准，同时也鼓励社会资本参与。

老龄房地产产业方面。老龄房地产产品主要包括养老社区、养老机构和老龄服务设施。目前出台的政策仅在个别文件中提出要支持开发老年宜居住宅和代际亲情住宅，大量的政策集中在养老机构和老龄服务设施方面，鼓励养老机构和老龄服务设施的建设，如《进一步扩大养老服务供给促进养老服务消费的实施意见》（民发〔2019〕88号）提出要实施社区养老服务设施建设行动计划，新建住宅小区配套养老服务设施，老旧小区补足养老设施，切实解决设施不足的问题。

### 4. 老龄健康产业

2013年，国务院印发了《关于促进健康服务业发展的若干意见》（国发〔2013〕40号），老龄健康产业开始了快速发展。老龄健康产业包括内容比较广泛，核心产业主要包括健康管理、医疗服务和康复护理等。政策主要集中在医疗服务和康复护理方面。

在医疗服务方面，主要是大力发展医疗服务，鼓励企业、慈善机构机构等以多种形式投资医疗服务业，同时大力支持社会资本举办非营利性医疗机构、提供基本医疗卫生服务，形成多元的办医格局。支持大力发展医疗服务的文件很多，如《国务院关于促进健康服务业发展的若干意见》（国发〔2013〕40 号）、《促进健康产业高质量发展行动纲要》（2019—2022 年）、《"健康中国 2030"规划纲要》等。

在康复护理方面，逐步构建护理服务体系，以机构为支撑、社区为平台，居家为基础。护理服务要覆盖急性期诊疗、慢性期康复、稳定期照护、终末期关怀。对此，《关于促进护理服务业改革与发展的指导意见》（国卫医发〔2018〕20 号）作了非常明确的规划。另外，随着互联网应用不断广泛，"互联网＋护理服务"模式不断兴起，2019 年，国家卫健委发布《关于开展"互联网＋护理服务"试点工作方案的通知》，在北京、天津等六个省市试点。2020 年，国家卫健委又下发了《关于进一步推进"互联网＋护理服务"试点工作的通知》，将试点扩展到全国所有省份。

### 5. 老龄服务产业

老龄服务产业是老龄产业中出台政策最多的子产业，也是目前发展比较成熟的子产业。目前出台的政策涵盖了服务供给、发展质量、强化监管等各个方面。

一是促进老龄服务供给的政策。如《关于进一步扩大养老服务供给促进养老服务消费的实施意见》提出从社区居家养老服务、机构养老服务、农村养老服务等方面加大养老服务的供给。

二是提升老龄服务质量的政策。如《关于开展养老院服务质量建设专项行动的通知》（民发〔2017〕51 号），提出到 2020 年底，养老服务质量治理和促进体系更加完善，养老院服务质量总体水平显著提升，所有养老院能够以不同形式为入住老年人提供医疗卫生服务，形成一批品牌形象突出、服务功能完备、质量水平一流的连锁化养老院。也就是说，用三年的时间，全面提高养老院服务质量。《关于做好 2019 年养老院服务质量建设专项行动工作的通知》，提出从重大风险隐患清除、《养老机构服务质量基本规范》达标、养老机构等级评价、养老机构医疗卫生服务质量、民办养老机构消防安全等方面加大力度提高养老院服务质量。

三是完善老龄服务发展环境的政策。《关于加快推进养老服务业放管服改革的通知》（民发〔2017〕25号）提出要进一步调动社会力量参与养老服务业发展的积极性，降低创业准入的制度性成本，营造公平规范的发展环境，培育和打造一批品牌化、连锁化、规模化的养老服务企业和社会组织。《国务院办公厅关于全面放开养老服务市场提升养老服务质量的若干意见》（国办发〔2016〕91号）提出要持续深化简政放权、放管结合、优化服务改革，加快推进养老服务业供给侧结构性改革。

四是加强老龄服务监管的政策。老龄服务关系广大老年人的切身利益，服务质量的好坏关系到老年人的生活质量。由于信息不对称，老年人处于信息的弱势地位，很容易被欺诈。因此，服务监管问题一直是重中之重，基本上出台的每个老龄服务政策文件都会涉及到监管政策。

五是促进医养结合服务的政策。《关于推进医疗卫生与养老服务相结合的指导意见》（国办发〔2015〕84号）是2013年加快养老服务业发展以来非常重要的一个文件，全面阐述了医养结合政策，此后，关于医养结合出台了很多政策，刚刚出台的《"十四五"国家老龄事业发展和养老服务体系规划》也都对医养结合政策作了具体阐述。

### 6. 老龄制造产业

老年用品自从出现在"十一五"老龄事业发展规划中以来，以后每个老龄事业发展规划都会阐述老年用品的发展，如《中国老龄事业发展"十二五"规划》提出要促进老年用品、用具和服务产品开发。《"十三五"国家老龄事业发展和养老体系建设规划》从增加老年用品供给、提升老年用品科技含量两个方面阐述了要繁荣老年用品市场。《"十四五"国家老龄事业发展和养老服务体系规划》从老年用品的研发制造、应用推广、发展产业集群三方面阐述了如何发展壮大老年用品产业。很多促进老龄服务业发展的政策当中也涉及老年用品发展政策。如《关于进一步扩大养老服务供给 促进养老服务消费的实施意见》（民发〔2019〕88号）从创新优质老年用品供给、激发老年用品消费潜能两方面阐述了如何繁荣老年用品市场。

2019年工业和信息化部等五部门联合出台了《关于促进老年用品产

业发展的指导意见》（工信部联消费〔2019〕292号）全面阐述了促进老年用品产业发展的政策。这也是近年来第一个促进老年用品产业发展的专项政策文件。文件提出要加快老年服装、智能化日用辅助产品、养老照护产品、康复训练及健康促进辅具以及适老化环境改善产品的发展，夯实老年用品产业发展基础，如增强产业创新能力、加快构建标准体系、提升质量保障水平、推动智能产品应用、强化知名品牌建设等。

## 三、我国老龄产业政策存在的问题

### 1. 老龄产业发展缺乏中长期发展规划

老龄产业发展规划是老龄产业发展的顶层设计，它对老龄产业的长远发展做出明确的安排。缺乏长远的发展规划，老龄产业就处于一种自发无序的发展，出台政策就没有方向。近年来，针对我国老龄产业的发展已经出台了不少政策，但一直缺乏全国性的老龄产业中长期发展规划，之所以这样，一是老龄产业包含行业太多，太复杂，对老龄产业的研究深度不够，老龄产业规划缺乏基础。二是老龄产业是弱质产业，带有一定的福利成分，和老龄事业的边界非常模糊，如何明确界定哪些属于老龄产业的内容，哪些属于老龄事业的内容，争论和分歧都很大，所以要做出一个中长期的老龄产业规划也非易事。三是老年人的有效需求不足，老龄产业始终不温不火，老龄产业相对于其他产业市场，分量比较小。

### 2. 老龄产业政策体系不完善

老龄产业政策体系不完善主要体现在两个方面。一是从组成老龄产业的各重点领域来看，有些领域产业政策非常的多，比如老龄服务产业，从2013年以来，从中央到地方出台了几百个政策，涉及老龄服务产业发展的方方面面。老龄健康产业领域也出台了一系列产业政策。老龄产业其他重点领域如老龄文化产业、老龄制造产业、老龄金融产业、老龄宜居产业等，出台的专项的产业政策就很少。老龄制造产业领域2019年出台的《关于促进老年用品产业发展的指导意见》（工信部联消费〔2019〕292号）是近年来这个领域唯一比较综合性的产业政策，老龄文化产业领域基本上没有出台专门的产业政策。二是从产业本身的政策体系来看，很多政策缺失。产业政策体系一般包括产业发展政策、产业结构政策、产业布局政策、产业组织政策。从目前的产业政策来看，由于老龄产业还是幼稚产业，处于起步阶段，所以产业政策以产业发展政策为主，产业结构政策和产业布局政策基本缺失，地方政府制定的产业政策基本上和国务院制定的政策差别不大，缺乏地方特色。从长远来看，制定产业政策必须完善政策体系，才能促进老龄产业快速发展。

### 3. 老龄产业政策效力不足

老龄产业政策按照效力等级可以划分为法律、行政法规、部门规章制度和规范性文件（李志宏，2014）。一般而言，法律和行政法规权威性较高，部门规章制度和规范性文件权威性较低，执行过程中随意性较大。我国老龄产业政策大部分以"意见""通知""办法"等规范性文件出现，上升到行政法规划和法律层面的政策很少。尤其是税收、土地、财政这类扶持政策，牵扯到部门利益，缺乏权威性，在落实过程中就会非常困难。此外，很多老龄产业内生于老龄事业活动（郭正模，2014），因而很多老龄产业政策内嵌于老龄事业文件当中，在老龄事业文件中原则性的提及一些鼓励老龄产业发展的政策，促进产业发展的作用非常有限。老龄产业政策之所以这样，与老龄产业的发展阶段、社会各界对老龄产业发展规律的把握有很大关系。

### 4. 老龄产业政策操作性不强

老龄产业属于弱质产业（郭正模，2014），因而政府在推动老龄产业过程中，制定了很多优惠政策，鼓励产业发展。但是在政策操作过程中，很多政策难以落实。一方面，很多政策过于原则、口号性、倡导性条款多，缺乏配套措施。例如在养老机构用电和用水政策上，按照要求享受居民水电价格，但是，由于政策执行单位为自来水公司和电力公司这些自主经营的企业，其承担了政策优惠的成本，而政府并没有及时制定相应的补贴政策对这些企业进行补偿，从而导致政策很难落实（高雅，2021）。另外，老龄产业的扶持政策涉及很多部门，如民政、国税、卫生、教育以及人力资源和社会保障部，政策执行分属于不同单位，由于缺乏牵头单位，很难协调，加之服务观念落后，基层缺乏相应人才，增加了政策的落实难度。

### 5. 老龄产业扶持政策覆盖面窄

老龄产业带有一定的福利性，完全依靠市场实现供需平衡非常困难，需要政府充分利用经济手段加以扶持，促进其发展。因此，这里的扶持政策指的并不是产业政策本身，而是促进产业发展的手段如财政、税收、金融、土地等优惠政策。目前扶持政策主要集中在老龄服务产业，其他产业如老龄金融产业、老龄宜居产业、老龄制造产业、老龄文化产业扶持政策都很少，这在一定程度上制约了这些产业的发展，这些产业也是满足老年人需求的重要组成部分。二是目前针对老龄服务产业的扶持政策覆盖面也很窄，如企业所得税、房产税、城镇土地使用税、耕地占用税等税收优惠政策主要针对非营利性养老机构和社区养老服务，其他养老服务就享受不到这些优惠（徐捷，2021）。养老服务从业人员不足一直是养老服务行业发展的制约因素，目前对养老服务从业人员的税收优惠政策也缺失。三是针对老龄产业新业态优惠政策不足。如养老服务业和健康、体育健身、教育、文化娱乐相互融合的新产业，以互联网为媒介的"互联网＋养老产业"，这些都是老龄产业发展过程中出现的一些新业态，也是老龄产业的一部分，如何扶持这些产业的发展就成为制定产业政策一个重要问题。新业态的出现，无法确认这些产业是不是在已有政策扶持范围之内，即使按照原有标准，部分服务属于政策扶持内容，但由于难以计量，导致政策很难执行，这一点在税收优惠政策上体现尤为突出。所以老龄产业的扶持政策必须随着产业的不断发展进行调整，不断完善。

## 四、健全老龄产业政策需要把握的几个关系

完善老龄产业政策，需要处理好各方面的关系，具体来看有以下几方面。

### 1. 长期和短期之间的关系

老龄产业是老龄社会下的支柱性产业和基础性产业。随着老龄社会

的到来，老龄产业发展的重要性日益凸显。健全老龄产业政策，既需要从长远的视角考虑老龄产业发展方向、理念，也需要考虑短期老龄产业发展的重点、思路。将长期的发展方向和短期的发展重点相结合。从长期来看，国民老年期的各种需要都应该得到满足，从健康需求、服务需求、产品需求、居住需求、金融需求到文化娱乐需求，都需要得到满足。从短期来看，满足老年人的最急迫的刚性需求，发展相对比较成熟的行业，生产老年人最需要的产品。比如老龄服务产业、老龄健康产业，这是目前急需大力发展的，也是目前发展相对比较成熟的。总之，健全老龄产业政策既需要从长远角度对产业发展做通盘考虑，也需要根据目前的经济发展状况、财政税收支持能力，重点发展刚性需求产业。

**2. 城市和农村之间的关系**

我国城乡差别很大，无论从经济发展、人口老龄化程度还是老年人需求水平上，城乡都有很大的差别。由于农村经济发展水平低，老年人有效需求远低于城市，所以目前农村的老龄产业发展水平远低于城市，以养老机构为例，大部分民营养老机构位于城市，农村主要是福利性的养老机构。但城乡老龄化程度倒置，农村高于城市，因而农村更需要加快老龄产业发展。目前老龄产业扶持政策城乡没有太大区别，农村老龄产业发展没有更优惠的政策，如税收没有给予农村养老服务特殊的优惠政策（徐捷，2021）。因此，健全老龄产业政策，必须考虑到城乡经济社会发展现状的不同，加大农村老龄产业的发展的政策优惠力度，弥补农村老龄产业发展不足的短板。

**3. 政策扶持力度和经济发展水平之间的关系**

毋庸置疑，随着人口老龄化的不断加剧，老年人规模的不断扩大，对老龄产业的需求肯定会持续递增。因此，从理论上来说应该加大力度发展老龄产业。但事实上是，由于老年人的有效需求有限，老龄产业并不像其他产业那样能够得到丰厚的利润，因此，为了扩大老龄产业的发展，政府需要利用经济手段如税收、财政、金融、土地等优惠政策进行扶持。如果给予老龄产业减税、降费、进行财政补贴，势必就会增加国家的财政支出，因此，在扶持老龄产业的过程中，一方面需要考虑加大力度发展老龄产业，另一方面还要考虑国家财政的承受能力，考虑国家整体经济的发展水平。需要将二者结合起来统筹考虑。

### 4. 老龄事业和老龄产业之间的关系

从大老龄事业的角度来讲，老龄产业是老龄事业的一部分，老龄事业的目标是为了满足广大老年人的需求，政府居于主导位置，但政府不是促进老龄事业发展的唯一力量，推动老龄事业发展需要动员社会各方面的力量，其中包括市场。政府可以利用财政政策、税收政策、土地政策、金融政策等经济手段引导和促进市场的发展，扩大老龄产业规模，调整产业结构，提高产业质量。对于低收入人群，政府可以通过购买服务的方式来解决他们的需求，其他收入的人群，则直接由市场来解决。所以，老龄事业和老龄产业在发展过程中是密不可分的。政府在推动老龄产业发展过程中必须考虑老龄事业发展的方向、重点。当然，政府在发展老龄事业过程中也必须考虑老龄产业发展的现状（杨晓奇，2021）。

### 5. 供给政策和需求政策之间的关系

老龄产业发展的制约因素很多，最重要的当属老年人的有效需求，老年人收入水平低，有效需求不足，老龄产业很难发展起来。因此，在制定老龄产业政策时，既要从供给侧视角考虑如何促进老龄产业的发展，也需要从需求端的视角考虑提高老年人的有效需求。提高老年人的有效需求，既要考虑完善社会保障制度，如养老保险制度，解决全体老年人的基本生活来源；医疗保险制度，解决全体老年人的医疗费用；长期护理保险制度，解决失能老年人长期护理资金的来源。也要考虑老年人收入的其他来源，如鼓励老年人再就业，充分利用老年劳动力获得收入；发展以房养老模式，利用存量资产获得收入。农村老年人还可以考虑利用承包的土地获得收入。

### 6. 国际市场和国内市场之间的关系

2020年，中央提出构建国内国际双循环相互促进的新发展格局。老龄产业作为经济发展的一个增长点，应该充分利用好国际和国内这两个大市场。我国老年人规模非常大，预计到2050年，我国60岁及以上的老年人将接近5亿，这对老龄产业发展来说是一个非常大的市场。我们可以引进外资，填补国内市场的一些空白。通过竞争，提高我国老龄产业发展的质量。同时可以将国内的一些成熟产品出口到国外，占据国外市场。因此，在制定老龄产业政策时，既要考虑我国的国内市场，也要考虑国际市场，不断提高产业发展质量和规模。

### 7. 政策支持和法律保障之间的关系

老龄产业的产品与服务在市场定价方面多数以生产成本为基础，企业投入的资金回收慢，盈利水平普遍偏低（郭正模，2014）。为了鼓励老龄产业的发展，需要政府制定一些税、财政、土地等优惠政策，鼓励和吸引民间资本进入老龄产业。目前这些政策多以"通知""意见"形式的文件出台，影响到政策执行的权威性。借鉴日本经验，可将一些重要的政策通过立法的形式固定下来，提高政策的权威性，解决政策在执行过程中的落实难的问题。所以，在健全老龄产业政策时，需要将政策支持和法律保障相结合，做到重要的政策有法可依。

## 五、完善老龄产业支持政策建议

### 1. 出台老龄产业发展的中长期规划

老龄产业规划对引领和促进老龄产业发展有重要意义。目前，我国缺乏老龄产业发展的短期和中长期专项规划，仅仅在老龄事业五年规划中对老龄产业的发展做了少量的阐述，这远远不能满足老龄产业发展的需要。目前需要加快老龄产业五年规划和中长期规划的制定。尤其是中长期规划，是解决老龄产业顶层设计的重要政策，需要加大力度研究。中长期规划应该明晰老龄产业在国民经济中的定位，到2035年的发展目标和2050年的发展目标。明确老龄产业中长期发展的主要任务和实施的重大工程。从老龄文化产业、老龄金融产业、老龄服务产业、老龄制造产业、老龄宜居产业以及老龄健康产业六个方面，具体分析每一板块的产业发展现状和问题，以及未来的发展规划。从整体出发对六个板块产业发展做出统筹安排，分清轻重缓急，做好规划设计。

### 2.完善老龄产业政策体系

从老龄产业包括的六大板块内容来看，目前老龄产业中老龄服务业政策最多，老龄健康产业纳入到大健康产业中，出台了一些专项政策，老龄金融产业、老龄宜居产业、老龄制造产业、老龄文化产业专项政策相对都比较少，这些都在制约着产业的快速发展。因此，完善老龄产业政策，需要弥补短板产业的产业政策，促进老龄产业各大板块共同发展。此外，在制定产业政策时，完善产业布局、产业结构政策，促进全国的老龄产业有一个合理布局，各地形成有特色的老龄产业。

### 3. 提高政策的可操作性

提高老龄产业政策可操作性，一是提高老龄产业政策的权威性。如促进老龄产业发展的税收优惠政策，政出多门，法律监督主体不明确。各地制定的老龄产业税收优惠政策并非完全对接国家规定，有对税种做扩大解释的，也有对优惠方式做缩小解释的，带来了执行过程中的随意性（杨复卫，2020）。因此，需要提高收税政策的立法层级，强化相关财税政策的法律性和权威性，为财税政策的实施提供制度基础和法律保障（高雅，2021）。二是加强政策制定的协调性。在政策制定过程中，各部门往往从自己部门的角度出发，制定了相应的政策，但在口径、范围有时和其他部门不一致，政策在执行过程中就很难落实。所以政策在制定过程中就应该加强统筹协调。三是明确政策执行的牵头部门。加强政策落实的统筹协调，减少因政出多门带来的推诿现象。

### 4. 加强政策的扶持力度

税收政策、财政政策和金融政策是促进老龄产业发展的三大政策。提高扶持政策的力度需要从这三个制度着手。一是提高税收优惠政策力度。如对提供老龄服务和产品的营利性企业，在企业经营的前5年免征企业所得税，企业自用房产、土地、车船免征房产税，城镇土地使用税，车船使用税。对于个人分红和利润再投入老龄产业的给予一定程度的税收减免。营利性养老机构在运营阶段所产生的研发费用，在计算应纳税所得额时加计扣除。养老机构运营过程中实际使用的设备可考虑加速折旧。二是财政政策。如在中央和省级层面设立老龄产业发展的专项资金，纳入财政预算管理。加大对民间资本参与老龄产业发展的财政补贴。补贴对象和补贴标准不以老龄产品和服务提供主体的性质和类别为标准，而是以提供产品和服务的内容和服务对象的类别作为依据。提高对经济困难的高龄、空巢、失能等老年人群的补贴力度，增加这类人群的有效需求。三是金融政策。如充分发挥政府信用担保作用，由政府推动设立小额贷款融资平台，为老龄产业企业提供融资。将老龄产业信贷担保作为各地政府扶持中小企业发展信贷担保计划和扶持青年创业就业担保计划的重要组成部分。

### 5. 扩大扶持政策的覆盖面

老龄产业是一个包括众多行业的综合性产业。目前的扶持政策主要在老龄服务产业，老龄制造产业、老龄健康产业、老龄宜居产业、老龄金融产业、老龄文化产业等领域的扶持政策很少。从全面发展老龄产业的角度来说，应该给予除过老龄服务产业以外的其他所有产业扶持政策，促进这些产业的快速发展，共同满足老年人的需求。对于老龄服务产业，目前的扶持政策也不够，需要继续扩大覆盖面。比如对于新兴的智慧养老产业，需要加大扶持政策，促进这些产业的快速发展。对于从事老龄服务一线的从业人员如养老护理员，减免所得税的纳税额，减少养老护理员的流失。

### 6. 加强政策的评估

一项政策从出台、执行到评估应该是闭环系统，如果缺乏政策评估，政策的制定就缺乏依据。实践当中，很多政策并没有很好地被落实，政策基本上就变成了一纸空文，政策在政府部门之间空转，没有推动实体经济的发展。因此，针对目前制定的老龄产业政策，需要加强政策评估，哪些政策执行的到位，哪些政策执行的不到位，为什么不到位，是政策本身问题还是执行问题。分析这些政策对推动产业发展的效果如何，如果效果不好，如何改进。总之，让老龄产业政策从制定到落地形成一个闭环系统，切实推动老龄产业的发展。

**参考文献：**

[1] 李志宏 . 中国老龄产业政策发展报告 [R]// 中国老龄产业发展报告（2014）. 北京：社会科学文献出版社，2014.

[2] 党俊武 . 新时代中国老龄产业发展的形势预判与走向前瞻（上）[J]. 老龄科学研究，2018（11）.

[3] 党俊武 . 全面推进老龄经济产业是加快内循环的重大战略主攻方向 [J]. 老龄科学研究，2020（9）.

[4] 高雅 . 我国养老产业财税政策探析 [J]. 合作经济与科技，2021（8）.

[5] 杨晓奇 . 我国老龄事业发展面临的问题及建议 [J]. 社会福利 ( 理论版 )，2021（8）.

[6] 郭正模，等 . 老龄产业的弱质特征与政府对老龄产业的扶持政策探讨 [J]. 天府新论，2014（3）.

[7] 徐捷 . 促进我国养老服务业发展的税收政策研究 [J]. 中国物价，2021（6）.

[8] 杨复卫 . 税收优惠激励养老产业发展的法律效果评估 [J]. 大连理工大学学报 ( 社会科学版 )，2020（4）.

[9] 曲嘉瑶 . 老龄宜居产业发展及其指标体系研究 [R]// 中国老龄产业发展及指标体系研究 . 北京：社会科学文献出版社，2021.

（发表于《老龄科学研究》2022 年第 8 期）

# 中国老年教育的现实需求和供给对策

李 晶

## 一、引言

　　1999年，我国60周岁及以上人口占总人口比例达到10%，这标志着我国社会进入老龄化阶段。过去20年我国人口老龄化水平迅速提高，至2019年底60岁及以上老年人数达到2.54亿，占总人口的18.1%。人口老龄化问题最初只受到少数人口学家和相关政府部门关注，现已成为党和国家包括社会各界共同关注的重要议题。进入人口老龄化社会的20年间，我国的基本养老和医疗保障制度实现了全覆盖，社会服务福利体系基本建立，包括老年人在内的全体人民的生活水平大幅提高，广大人民的精神文化需求快速增长。在此背景下，发展老年文化教育事业提上议事日程。

　　世界上较早进入人口老龄化社会的国家和地区都在积极发展老年教育，其中最有代表性的是第三年龄大学。1973年，第一所第三年龄大学在法国建立，随后迅速出现在欧洲其他国家和北美国家，目前已经遍布世界各国。1983年，中国第一所老年大学——山东省红十字会老年大学（后更名为"山东老年大学"）建立，这通常被认为是我国老年教育的开端。在中共中央和各级党政领导的支持下，我国各地老年大学发展迅速。1996年，我国颁布第一部老年人法律《中华人民共和国老年人权益保障法》，提出"老年人有继续受教育的权利""国家发展老年教育，鼓励社会办好各类老年学校"。自 1994 年起，发展老年教育就被纳入老龄事业发展纲要和发展规划。在政府鼓励之下，我国老年大学（学校）建设得到进一步发展。据教育部发布的数据，目前全国各地有老年大学和老年教育机构 6.2 万个，老年学员 800 多万名。

随着老年人学习热情的高涨，近年来老年大学"一座难求"现象被很多媒体关注，如半夜排队报名、网上报名一分钟爆满等现象频现。对此，有观点认为，目前我国的老年大学（学校）规模远远满足不了老年人日益增长的学习需求，因而呼吁政府加大投入、扩大供给。这一观点也得到老龄工作部门和教育部门的认同。2016 年 10 月，国务院印发了我国第一部老年教育专项规划《中国老年教育发展规划（2016—2020）》（以下简称"《规划》"），明确提出"以扩大老年教育供给为重点"的总体要求，并提出"到 2020 年，全国县级以上城市原则上至少应有一所老年大学，50% 的乡镇（街道）建有老年学校，30% 的行政村（居委会）建有老年学习点"的推进计划和"以各种形式经常性参与教育活动的老年人占老年人口总数的比例达到 20% 以上"的发展目标。2020 年，我国的老年教育事业在各相关部门（特别是教育部门）的积极推动下持续发展，但离《规划》所提出的要求仍然有较大差距。在 2019 年 3 月召开的全国政协教育界别联组会上，上海市教委相关负责人提出，完成 2020 年"以各种形式经常性参与教育活动的老年人占老年人口总数的比例达到 20% 以上"的目标困难很大，时任教育部部长陈宝生则坦承"老年教育是教育部工作中的薄弱环节"。[①] 上海是我国老年教育发展最好的地区之一，其尚且存在诸多困难，我国大部分省市，尤其是中西部欠发达地区的老年教育发展，可能尚有更大提升空间，《规划》目标的差距是比较大的。

那么，如何才能更有效地扩大老年教育供给，满足广大老年人的学习需求、丰富老年人的精神文化生活，既是政府和社会肩负的重大任务，也是相关领域科研工作者面临的重要课题。本文分别从需求侧和供给侧

---

① 《中国青年报》，[2019-03-08]. http://www.moe.gov.cn/jyb_xwfb/gzdt_gzdt/moe_1485/201903/t20190308_372642.html.

的角度，分析老年人参加教育活动的实际需求，以及当前我国老年教育的供给状况，并在此基础上提出政策建议。

## 二、老年人的教育需求

### （一）工具性需求与价值性需求

教育的功能一般是指教育对整个社会系统的维持和发展所产生的作用和影响，主要包括人的发展与社会发展两个方面（金林祥，2010；叶忠海，2013）。从社会发展看，老年教育是社会开发利用老年人力资源、支持老年人继续参与社会发展的有效手段。从人的发展看，参与教育活动可以满足老年人现实的学习需求以及由此带来的精神上的满足。从目前我国老年人所参加的教育活动看，具体的学习项目非常丰富，很难进行准确而完备的分类。老年人对于参加教育活动普遍持积极态度，主要的动机有促进身心健康、满足兴趣爱好、扩展人际交往、跟上社会发展、弥补教育遗憾、实现自我价值等（丁凤琴，2010；白新睿，2012；周冬，2012；谭绍华，2018）。基于不同的理论框架和研究假设，不同研究者所使用的概念和选项不尽相同。本文不从具体内容上分析老年人的学习需求，而是从老年人参与教育活动的现实需要和精神需要两个维度，将老年人的教育需求分为工具性需求和价值性需求两个层面进行分析。

这里所谓的工具性需求，不是指老年人希望学习的具体内容，而是指老年人希望参与的教育活动类型。按照学习属性从强到弱，本文将老年人的工具性学习需求分为三个层次。第一层次是深入学习，主要是指为深入探究某一类知识而进行的学术性研究。第二层次是基础学习，主要是为一般性接触了解而进行的学习。第三层次是休闲娱乐，不同于前两层次以学习为主要出发点的需求，此需求层次主要以休闲娱乐为主要目的参加具有教育意义的文化活动。每一类具体的学习或活动项目都可以分成上述不同层次。以广受欢迎的书法绘画项目为例，有的老年人已经有很好的基础，希望能够更加深入学习钻研，全面提高自己的书画鉴赏和创作能力；有的老年人基础较弱或没有基础，只是希望通过普及性学习掌握书法绘画的基本技能；有的老年人并没有系统学习书画的想法，只是将其作为一项休闲娱乐活动。

各类学习活动都可以不同程度地满足老年人在价值层面的需求。价值性需求主要是指老年人通过学习而获得心理和精神层面的满足，包括对自己身、心、灵三方面的影响和感受。具体而言，第一层次是身体层面的健康愿望。老年期的特点之一是身体功能随年龄增长逐渐下降，而这必然引起老年人自我效能感降低、自信心减弱。很多老年人希望通过参加各类活动维持甚至提高自己的健康水平，延长健康生存时间，更长久地保持自己所期望的生活品质。第二层次是心理层面的交往需求。很多老年人在退休后的交往范围不断缩小，这令他们感到空虚和无聊。为了消除孤独感和寂寞感，一些老年人根据自身兴趣和学习能力选择参加适合的文化教育活动。第三层次是精神层面的意义需求。很多老年人在停止忙碌的工作后，有更多时间回顾自己一生走过的道路，思考生活的意义和生命的价值。他们中的一些人参加文化教育活动，希望由此实现自我价值，使生活更有意义。

## （二）参与能力与学习需求

老年人是老年教育活动的参与主体。老年人选择是否参与以及参与什么样的教育活动受到其能力的限制，而能力直接影响其参与意愿和需求。

认知能力是老年人参加教育活动的重要限制条件。无论是深入学习、基础学习还是休闲娱乐都对老年人的认知能力有一定要求，尤其是前两种学习。大量研究表明，老年人仍然具有学习能力，但有其特点。如老年人的流体智力（具有生物学基础的信息加工能力）随年龄增长逐渐衰退，而晶体智力（建立在文化基础上的知识）可以在较长时间内保持稳定（劳拉·E.伯克，2014）。个体认知能力总体上随着年龄增长缓慢下降，80岁以后则会明显下降（雷雳，2009）。记忆力是影响老年人认知能力的一个主要因素，一般随年龄增长而衰退。2015年全国城乡老年人生活状况调查显示①，我国低龄、中龄、高龄老年人没有记忆障碍的比例分别为 69.0%、59.5% 和 53.4%（党俊武等主编，2019）。可见，大部分老年人具备学习能力，一般年龄越低学习能力越强。

在一定智力条件下，健康素质是决定老年人参加教育活动能力的基本条件。健康自评是老年人对自身健康状况的自我评价，是其客观健康状况及其主观评价的综合指标。2015 年全国调查显示，随着老年人健康自评由好到差，老年人参加老年大学的比例随之下降，由自评健康非常好的 3.2% 下降到自评健康非常差的 0.6%（党俊武主编，2018）。对老年大学学员健康状况的调查也得出相似结论，即参与老年大学的老年人大多健康状况较好。上海三城区老年大学的调查显示，在参加老年大学的老年人中身体情况良好的占 52.7%，一般的占 35.5%，体弱多病的占 11.8%（上海市老年教育理论研究中心课题组，2014）。

参加老年教育对老年人的文化素质有一定要求，特别是深入学习，要进行更多阅读、思考和研究。2015 年全国调查显示，随着文化程度的提高，老年人参加老年大学的比例随之增加，从未上过小学的 0.6% 上升至本科及以上的 11.0%（党俊武主编，2018）。这一方面显示文化程度越高的老年人参加老年大学的意愿越强、继续学习的意识越强，另一方面也显示文化程度越高的老年人更具备继续学习的能力。各地老年大学的调查也得到了相似的结论。2011 年天津市老年大学统计，在老年大学学员中文化程度为大专以上的占 60.5%，高中和中专的约占 31.0%，初中以下的占 8.5%（任宝洋，2018）。在青海老年大学 2012 年春季招收的老年学员中，大专以上的占 25.5%，高中和中专的占 46.3%，初中以下的占 28.2%（青海省老年大学，2014）。上海三城区老年大学问卷调查显示，学员中文化程度大学及以上的占 37.9%，高中 31.3%，初中 23.8%，小学 7%（上海市老年教育理论研究中心课题组，2014）。

经济状况也是老年人参加教育活动的限制条件之一，决定了老年人

---

① 从 2000 年开始，全国老龄办每五年在全国范围内进行一次城乡老年人生活状况调查，从 2000 年到 2015 年已经实施四次，现已成为老龄问题的国情调查。第五次全国调查在 2020 年进行。本文所使用的全国调查数据，均来自此系列调查。

的选择范围和选择机会。我国的老年教育属于社会公益事业,一般不缴纳学费或只缴纳很少量的学费。但参与教育活动还是需要自己购买必要的学习用品、支付某些活动费用,以及自费参加更具拓展性的活动。此外,经济状况还对老年人的时间分配有影响,如空闲时间是用来学习还是从事家务劳动或劳务工作。从 2000 年到 2015 年的全国调查显示,经济自评越宽裕的老年人参加老年大学的比例越高(曹杨,等,2016;党俊武主编,2018)。

总体来看,认知能力、健康素质、文化素质和经济水平越高的老年人参加教育活动的能力越强,进入老年大学学习的比例越高。

## (三)参与群体扩大与需求多元化

自第一所老年大学建立以来,我国老年教育经过三十多年的发展取得了丰富成就,其中最突出的成就是老年教育由针对特殊群体的福利型教育发展为向全体老年人开放的普惠型教育。参与群体的变化使得老年人的教育需求发生了很大改变。我国最早的老年大学(老干部大学)主要针对离退休老干部,当时的老年教育具有康乐福利性的特点(中国老年大学协会课题组,2014)。这是因为离退休老干部群体的社会经济地位较高,休闲娱乐和保健养生是他们晚年生活的主要需要。当越来越多的老年人有机会参与文化教育活动时,其学习需求必然朝向多元化发展。

在老年教育普惠化发展的过程中,老年大学参与者低龄化现象值得关注。调查显示,在我国很多老年大学中 60 岁以下(大多为 50 ~ 59 岁)的学员超过三分之一(王仲德,2014;任宝洋,2018),有的甚至占到四分之三以上(青海省老年大学,2014)。这是因为大量人员在 50 ~ 60 岁之间甚至更早退休,他们中的很多人仍然"年富力强",学习兴趣浓厚,参与意愿强烈。在老年教育的讨论中,对于何谓"老年人"一般有两个标准,一是指年龄为 60 岁及以上者,另一是指退休者。本文大部分所指为 60 岁及以上的老年人,但涉及老年大学的学员则包括了退休者。但问题在于,目前各地在统计老年教育参与率时,并未对此加以区分,通常将所有老年大学学员(包括 60 岁以下者)都作为满足年龄条件(60 岁以上者）的老年人进行统计。其后果是，一方面高估了老年人的实际参与率，另一方面忽视了退休者的学习需求，因而不能对老年教育的实际需求与供给进行有效分析，更可能误导政策制定者的判断和决策。

随着我国社会保障制度的建立和完善，老年人的物质需求基本得到保障，"学习是一种最好的养老方式"被提出。由于参与群体扩大、学习者年龄降低等原因，与早期相比，现在老年教育参与者退休后生活安排的范围扩大，教育需求更加多元。特别是对于很大一部分已经退休的准老年人，认知能力和健康状况较好，对于深入学习和专门学习有更多需求。如，有的希望完成心愿，接受学历教育；有的希望继续就业，需要参加职业技能培训；有的需要帮子女照看孙辈，希望学习现代育儿方法和如何进行隔代教育；有的需要照顾高龄父母，希望学习基本的家庭照护技能。同时，由于相对低龄的老年学习者主动学习意识较强，对于参与教育活动带来的价值需求表达也更为明确，这又促使他们更加积极地参与学习活动。

## 三、老年教育供给分析

由于老年人的学习需求快速增长，很多地方都出现了老年大学"一座难求"现象，老年教育供给不足问题由此受到关注。但调查也显示，老年教育供过于求的现象也同时存在。如一项对南京市老年大学的调查显示，南京市 54.8% 的老年大学"报名爆满，供不应求"，41.9% 的老年大学"人数不多但有固定人群"，还有 3.2% 的老年大学"生源不足，供过于求"（南京老年大学协会、南京市社会科学院联合课题组，2019）。这说明老年教育供给是一个复杂的问题，既有总量不足的问题，也有结构失衡的问题。

### （一）老年大学资源配置不均

老年大学总量短缺，既指老年教育机构数量不足，还指广大老年人获得有限教育资源的机会稀缺。我国的老年教育起源于老年大学（老干部大学），现在老年大学仍然是我国老年教育的最主要形式。一般区（县）级以上的称为"老年大学"，以下的称为"老年学校"。从管理归属情况看，我国的老年大学主要分为两类。一类是各地组织部门专门为老干部开办的老干部大学，目前我国超过80%的老年大学仍归属中组部和各级组织部门管理。另一类是其他社会主体，包括政府、企业、大专院校、科研院所、社会组织等兴办的老年大学。如四川省内的老年教育主要有五类：一是由民政局牵头的三级老年大学网络，即市级老年大学－区（县）级老年大学－乡镇（街道）老年学校；二是由教育部门牵头的四级社区教育机构，即市级社区大学－区（县）级社区学院－街道社区教育学校－社区教育工作站；三是由老干局牵头的老干部学校；四是由各企事业单位和社会机构牵头的培训中心、职工学校、日间照料中心等；五是由各类老年协会和社会组织牵头的老年教育活动中心（丁倩梅，等，2019）。目前我国大部分老年大学（学校）仍然只对离退休老干部和企事业单位自己的干部职工开放，即使部分对外开放，名额也非常有限。如江苏省镇江市的调查显示，在市辖区老年大学学员中，机关和事业单位人员、专业技术人员、各单位管理人员占总人数近一半，来自基层街道社区的普通老年群众相对较少（卢悦，2019）。然而，由于各部门和单位工作职能、权责范围的限定以及活动场地、工作人员等方面条件的制约，在短期内仍然难以实现大部分老年大学（老干部大学）完全向社会开放。

　　我国老年教育在国家层面缺乏制度安排，是造成老年大学资源配置不均的主要原因。在国家层面，原文化部被规定负责老年教育。[①] 然而，由于大部分老干部大学（老年大学）作为老干部工作的一部分由组织部门创建和管理，或由兴办老年大学的各政府部门、企事业单位和高校自行管理，文化部门管理老年教育的职责在实际工作中很难落实。同样，

---

① 1999年，全国老龄委印发《全国老龄工作委员会成员单位职责》的通知，明确由原文化部"全面负责全国老年非学历教育工作，指导各级各类老年大学的工作"。

目前教育部也只能从其主管的教育领域入手推动扩大老年教育供给。① 教育部门主要从三个方面入手发展老年教育事业。一是在社区学院基础上开展老年教育。教育部从 1999 年提出推进社区教育工作，提出了《面向 21 世纪教育振兴行动计划》，此后在全国范围内建立了全国社区教育实验区。在这个过程中，我国进入人口老龄化社会，老年人逐渐成为社区教育活动的最主要参与者。2016 年 7 月教育部等九部委发布《关于进一步推进社区教育发展的意见》，将老年教育作为社区教育的重点任务。二是高校老年教育。2014 年 5 月，全国高校老年大学发展联盟成立，旨在联合全国高校老年大学，推进高校老年大学的交流和协作，发挥高校学术、人才、资源的优势。但从目前看，全国高校老年大学发展联盟的成员仅有一百多所，很多工作尚有待开展。三是老年开放大学系统，包括国家开放大学办的老年大学和各地开放大学办的老年大学。2015 年 1 月，国家开放大学联合全国老龄办、民政部中国社会福利与养老服务协会、人力资源和社会保障职业技能鉴定中心等单位共同成立老年开放大学，为老年人和老龄产业从业人员提供线上线下相结合的学历与非学历教育服务。与此同时，各地组织部门和其他社会主体兴办的老年大学仍然自行管理。没有国家层面的统一制度安排，就难以实现资源的有效均衡配置，这是今后我国老年教育发展首先要解决的问题。

## （二）老年大学教育内涵不足

我国最早的老年大学学员主要是离退休老干部，针对他们的休闲娱乐和健康养生的需求，当时老年大学的课程以组织学习书法绘画、讲授保健养生知识等为主。长期以来，我国大部分老年大学仍然延续着这个传统。从老年大学的课程设置看，主要集中在康乐和实用类课程。如湖北大学老年大学的课程设置集中在老年人文体舞蹈和健身健美领域（虞锦林，2014）。对老年大学学员的调查显示，大部分学员的学习兴趣也以

---

① 参见教育部 2019 年 9 月 30 日发布"对十三届全国人大二次会议第 3090 号建议的答复"（教建议字〔2019〕370 号），来源为中华人民共和国教育部官网：http://www.moe.gov.cn/jyb_xxgk/xxgk_jyta/jyta_zcs/201912/t20191204_410811.html。

基础学习和休闲娱乐为主。对北京、山西、陕西、甘肃、四川五省市老年大学的调查显示，老年学员最感兴趣的课程首先是健康保健和生活实用知识类课程，其次是休闲娱乐类课程，再次是时事政治类课程，最后是计算机、科技和外语类课程（王英，谭琳，2010）。在上海三城区老年大学中参加体育保健类课程的学员最多，占 39.8%；文艺类，占 28.3%；书画类，占 12.3%；手工艺类，占 11.3%；家政类，占 6.6%；外语类，占 1.7%。（上海市老年教育理论研究中心课题组，2014）浙江省老年教育机构提供的课程受老年人欢迎的程度由高到低依次为医疗保健、文学艺术、文化娱乐、信息与科学技术（杨淑珺，2016）。

近年来，随着终身教育发展，老年大学教育内涵不足、教育功能和文化功能发挥不到位等问题受到普遍关注（丁哲学，2017；许嚣嚣，2019）。纵观我国老年教育的发展历程，组织部门、民政部门、老龄部门、文化部门、教育部门等在各自领域推动了老年教育的发展。不同部门对老年教育有不同的定位和要求，因而有不同的工作思路和指导思想，也因此对老年教育的定位和属性方面的认识不尽相同。随着教育部门对老年教育领域介入渐深，认为老年教育的本质属性是教育因而应归属教育部门统一管理的观点得到更多赞同。随着我国老年教育日趋成熟，特别是老年群体更替，老年学习者的整体素质提高、学习意愿增强、对于教育深度和教育品质的要求提高，老年大学教育内涵不足的问题更为突出。

（三）社区老年文化教育薄弱

从老年人的需求看，并非所有老年人都需要来老年大学满足自己的学习需求，其休闲娱乐和大部分基础学习需求是可以在社区文化教育中获得的。从终身教育的观点看，教育不仅包括学校教育，而且包括内容更丰富、对象更广泛、施教范围更具社会性、价值判断标准多元取向、学习形式个别化与多样化为特征的教育（袁振国，2010）。由于老年大学（学校）较难进入，大部分老年人选择参加社区文化活动满足其精神文化需求。

但是，目前我国大部分社区的老年文化教育发展还比较薄弱。一是我国大部分社区未能有效开展吸引老年人的文化教育活动，社区文化教育资源的使用效率不高。2015年全国调查显示，半数以上老年人利用了家附近的广场、公园、健身场所等活动设施，但社区老年活动站点和图书文化场馆的利用率却很低，只有8.7%的老年人经常去老年活动中心／站／室，31.3%的老年人偶尔去，60%的老年人从来不去。他们对图书馆／文化站的利用率最低，只有3.4%的老年人经常去，23%的老年人偶尔去，73.6%的老年人从来不去。从城乡比较来看，农村老年人对于上述场所的利用率更低，如城镇老年人经常去图书馆／文化站的比例为4.6%，而农村老年人只有1.6%（天津师范大学课题组，2018）。二是基层学习点较少。以老年教育发展较好的山东省为例，据山东省老年大学协会的调查，2018年山东基本实现了2016年《规划》所要求的2020年县级以上城市老年大学和乡镇（街道）老年学校的建设目标，但社区（村）老年学校（学习点）数量只有11.9%，距30%的目标还有很大差距（山东省老年大学协会《山东省落实〈老年教育发展规划（2016—2020年）〉情况调查》课题组，2020）。又如对秦皇岛市老年教育的调查发现，秦皇岛市的老年教育市级水平较高，但县（区）乃至乡镇（街道）、行政村（居委会）发展不足，全市老年教育总体参与率仅为1.04%，距2020年实现20%参与率的目标相差甚远（韩伟等，2019）。可见，老年教育的薄弱环节仍然在基层社区。

## 四、政策建议

### （一）完善法律法规体系

老年教育学界一直呼吁终身教育和老年教育立法。目前，天津、福建、徐州、上海、太原、河北、宁波、成都、西安九省市，陆续出台了《老年人教育条例》《终身教育促进条例》《社区教育促进条例》等法规。然而，由于国家层面的终身教育立法和老年教育立法尚未出台，目前我国老年教育发展上的很多问题，如管理体制不顺畅、经费来源不明确、教师队伍不稳定等，还无法得到根本解决。

2016 年《规划》出台后，教育部积极推动部署贯彻落实《规划》要求。但由于《规划》是关于老年教育的纲领性文件，缺乏操作性强的老年教育配套政策予以支撑，还难以对复杂的老年教育实践工作发挥政策指导和政策保障等功能（吴结，2020）。而立法缺失正是《规划》在实践层面困境的根本原因，也是决定我国老年教育能否走出瓶颈的最关键因素。

### （二）提升老年大学教育属性

目前，我国大部分老年大学的课程以休闲娱乐为主要内容，与其应有的教育属性不符。老年大学应根据本地区老年人的学习能力和学习需要，加强基础学习和深入学习类课程学习，引导老年人进行高质量学习，提升老年大学的教育属性。与此同时，将专业性较低的休闲娱乐类课程转移到非正式的老年教育组织或平台，这样既能保持老年大学的教育定位，又能让更多老年人获得与其需求相适宜的文化教育服务。否则，会更加偏离老年大学的教育属性，不利于其长远发展。

为满足老年人日益增长的学习需求，教育部应推动更多的高等院校和职业院校开办老年教育，扩大正规老年教育规模。鼓励有条件的老年大学开设老年学历教育，满足老年人高端学习需要。对于大部分非学历老年教育，在现有基础上加强教育属性，针对老年学习者的多元化需求，完善课程体系，满足老年人多层次的学习需求。

### （三）丰富社区老年文化教育

我国老年人数量众多，加上大量有学习需求的相对低龄退休人员，单靠发展老年大学难以实现《规划》目标。目前我国大部分老年人的学习需求仍然以基础学习和休闲娱乐为主，在社区层面依托各类公共服务设施开展丰富的文化教育活动是扩大老年人参与文化教育更可行的做法。与学校教育相比，社区老年文化教育活动不正式、不规范，但可及性强，也更具灵活性和普及性，能够吸引更多老年居民。

根据国际上第三年龄大学的经验，可鼓励在社区发展互助形式的老年人学习共同体。如利用老年人活动中心、居家养老服务中心等场所开展自主学习，老年群众组织如基层老年人协会也可发挥支撑作用。目前，沪杭等地已成立社区学习共同体，供老年人通过自我组织、自我教育、自我管理开展各种学习与文化活动（丁红玲，等，2019）。构建老年教育学习共同体也是推动老年教育可持续发展的可行选择（唐晓明，2019），可在丰富社区老年文化教育活动、提高社区文化教育品质上发挥积极作用。

## （四）科学规划老年教育内容

应根据学习者日益多元化的学习需求，科学规划老年教育内容。研究显示，中国老年人普遍缺乏对老年期的养老规划（张文娟，等，2018），而现代社会个体意识增强，老年人被期望能够更加独立地生活（李晶，2019），老年教育在此处正可以发挥积极作用。从老年教育促进人与社会协调发展的功能角度看，应建构包含但不限于老年人社会适应、人际协调、自我成长等范畴的具有老年教育特点的教学内容体系，帮助学习者在退休前后及老年期的各个阶段学习如何处理与社会、他人以及自己的关系。

各教学范畴应包括多个领域，每个领域内则可进行相应的课程设计和学习安排。如社会适应教育的目标是帮助学习者更好地适应老年期的社会生活，应包括继续参与社会生活、保护自身财产和人身安全等方面知识和技能的学习。人际协调教育的目标是帮助老年人建立和维护重要的人际关系，应包括如何处理各类社会关系和家庭关系的学习内容。自我成长教育的目标是帮助老年人过上自己认为有意义的生活，应包括如何发挥潜能及应对老年期各阶段问题（特别是衰老、患病和死亡等）的学习内容。按照学习者不同的需求层次，应分别设计适合深入学习、基础学习以及以休闲娱乐方式开展的教育活动。

## （五）衔接终身教育体系

国内外有关资料都显示，参加第三年龄大学（老年大学）的人员多为退休人员。随着发达国家经济社会发展变化，第三年龄大学被期望向更广泛的社会开放，如法国第三年龄大学改为"休闲大学""混龄大学""全民大学"等。这种改变符合终身教育、终身学习、学习社会的理念，未来将成为国际社会的发展趋势（叶忠海，2019）。在教育现代化、民主化的发展进程中，我国老年教育与终身教育体系各部分贯通衔接的趋势已经显现。

老年人的后职业教育可与成人教育、职业教育相衔接。所谓后职业教育是指对那些在退休后仍希望继续参与社会经济活动的老年人的职业技能培训。在人口老龄化程度日益加深的社会背景下，大量劳动年龄人口过早进入退休生活是人力资源的浪费。对于60岁以下的退休者以及仍然有工作愿望和能力的老年人，应引导其参与再就业的学习和辅导，应允许其参与终身教育的其他部分，如高等教育、职业技能教育等。未来终身教育立法应对贯通终身教育各个环节、形成终身教育连续性服务体系做出明确规定。

## （六）理性发展远程教育

远程教育依托现代传媒和网络通信技术手段，可以为学习者提供更加方便、灵活的学习条件。与实体教育相比，远程教育的优势是能够向全体老年人开放，因此可被视为解决老年教育供给不足的一个方法。但调查显示，远程教育在为老年人提供教育资源和教育服务上的作用有其局限性。第一，远程方式并不适用于所有课程。如对四川老年大学在读学员有关远程教育认识的调查显示，被调查学员普遍认为舞蹈、器乐和声乐类课程需要老师面授，而保健课则可以通过远程方式（何云，等，2014）。第二，目前我国老年人应用信息技术的能力差异较大，网络学习能力总体较低。如对北京和上海的调查都显示，老年群体的远程学习能力有待提高（乔爱玲，等，2019；腾水仙，2018）。第三，从老年人参加教育活动的需求看，除了工具性需求还有价值性需求。老年大学已经成为老年学员所参与的最主要的社会组织之一，交往式学习和互动不仅带给他们心理上的归属感，也切实成为老年人社会支持网络的重要组成部分。鉴于远程教育的特点以及老年人的教育需求和能力上的差异，今后一方面应分领域、分层次理性发展远程教育，另一方面要创新远程教育模式，增强学习者的代入感等。

### （七）发展老年教育产业

老年教育为社会公益事业，基本的老年教育是政府公共服务的一部分，理应由政府提供。随着社会经济发展，我国老年人整体素质提高，学习需求多元，对教育种类和品质提出更高要求。为此，可通过发展老年教育产业弥补公共事业的不足。伴随社会进步，企业社会责任增强，一些企业加大了在社会教育方面的投入，包括参与政府项目以及独立承办老年教育。政府可创新提供公共服务的方式，主要负责政策制定和监督管理，由直接提供服务转变为间接提供服务。

然而，目前我国老年教育法律法规尚不完善，国家层面尚无明确的业务主管部门，社会力量参与和开办老年大学缺乏政策支持，也没有规范和相应标准，影响了社会力量的参与积极性。可参照国家鼓励社会力量参与养老服务业的相关政策，制定鼓励社会力量参与老年教育的财政税收政策、土地使用政策、场所设施优惠政策等，促进社会企业、非政府组织、非营利组织、社会团体、基金会等积极参与老年教育事业发展，满足老年人日益多样化、个性化的学习需求。

**参考文献：**

[1] 白新睿 . 老年教育需求的调查与思考 [J]. 北京宣武红旗业余大学学报，2012（3）：9–13.

[2] 曹杨，王记文 . 中国城市退休老人参与老年大学的影响因素研究 [J]. 人口与发展，2016，22（5）：98–104.

[3] 党俊武 . 老龄蓝皮书：中国城乡老年人生活状况调查报告（2018）[M]. 北

京：社会科学文献出版社，2018.

[4] 党俊武，李晶 . 老龄蓝皮书：中国老年人生活质量发展报告（2019）[M]. 北京：社会科学文献出版社，2019.

[5] 丁凤琴 . 城市中老年居民社区教育需求现状与策略探究 [J]. 教育学术月刊，2010（12）：94-96.

[6] 丁红玲，宋谱，都雅男 . 我国老年教育四十年：回眸、困厄与超越 [C]// 叶忠海 . 中国当代老年教育发展研究 [M]. 上海：华东师范大学出版社，2019：146-157.

[7] 丁倩梅，陈标，向斌，何红 . 四川省老年教育发展现状调查及政策建议 [J]. 现代远程教育研究，2019，31（4）：86-93.

[8] 丁哲学 . 老年大学发展现状、问题及对策 ——以黑龙江省为例 [J]. 现代远距离教育，2017（4）：70-74.

[9] 韩伟，李靖，郑新，于维洋 . 城乡老年教育协调发展研究——以秦皇岛市为例 [J]. 成人教育，2019，39（4）：41-45.

[10] 何云，袁慧波，刘韬 . 成都老年学员对老年远程教育认识情况调查 [A]// 中国老年大学协会 . 中国老年教育发展高峰论坛文集（上册）[C]. 2014：374-378.

[11] 金林祥 . 教育学概论（修订版）[M]. 上海：华东师范大学出版社，2010.

[12] 劳拉 ·E. 伯克 . 伯克毕生发展心理学——从青年到老年（第 4 版）. [M]. 陈会昌，等，译 . 北京：中国人民大学出版社，2014.

[13] 雷雳 . 发展心理学 [M]. 北京：中国人民大学出版社，2009.

[14] 李晶 . 老年人的生活世界 [M]. 北京：商务印书馆，2019.

[15] 卢悦 . 老龄化背景下老年教育供需现状及对策研究 ——以镇江市为例 [J]. 江西广播电视大学学报，2019（3）：7-13.

[16] 南京老年大学协会，南京市社会科学院联合课题组 . 老年大学发展现状与对策研究 [C]// 实践与探索（内部资料）[Z]. 2019：280-289.

[17] 乔爱玲，张伟远，杨萍 . 互联网时代老年群体终身学习现状调查报告 [J]. 电化教育研究，2019，40（7）：121-128.

[18] 青海省老年大学 . 浅谈青海省老年教育发展现状和对策思考 [A]// 中国老年大学协会 . 中国老年教育发展高峰论坛文集（上册）[C]. 2014：425-429.

[19] 任宝洋.支持老年人融入社会是老年大学应有之义 ——以天津市老年人大学为个案的研究 [M]// 林元和，王友农.中国老年教育理论研究与国际接轨（2013—2016）.广州：广东高等教育出版社，2018：47–52.

[20] 山东省老年大学协会《山东省落实〈老年教育发展规划（2016—2020年）〉情况调查》课题组.山东省落实《老年教育发展规划（2016—2020 年）》情况调查报告 [J].终身教育，2020（2）：31–37.

[21]《上海市老年教育理论》研究中心课题组.都市社区老年教育管理与课程建设现状及对策研究 [A]// 中国老年大学协会.中国老年教育发展高峰论坛文集（上册）[C].2014：491–513.

[22] 谭绍华.省域大众性老年教育需求调查及制度设计研究 ——以重庆市为例 [J].成人教育，2018，38（4）：33–39.

[23] 唐晓明.论构建老年教育学习共同体的必要性和可行性 [J].天津电大学报，2019，23（3）：34–38.

[24] 腾水仙.老年人远程学习能力及其影响因素的实证研究 [J].当代继续教育，2018，36（6）：9–14.

[25] 天津师范大学课题组.中国城乡老年人精神文化生活状况研究 [C]// 全国老龄工作委员会办公室编（2018）.第四次中国城乡老年人生活状况抽样调查数据开发课题研究报告汇编 [M].北京：华龄出版社，2018：346–399.

[26] 王英，谭琳.中国老年教育的可及性研究 [J].学术论坛，2010，33（8）：173–177.

[27] 王仲德.审时度势普及老年教育是永恒的主题 [C]// 中国老年大学协会.中国老年教育发展高峰论坛文集（上册）（会议论文集）[Z].2014：251–255.

[28] 吴结.老年教育政策内容的四重审视 [J].成人教育，2020，40（1）：35–39.

[29] 许嚣嚣.老年教育发展的实践逻辑与未来趋向 [J].成人教育，2019（11）：34–38.

[30] 杨淑珺.老年教育供给侧改革与发展研究 ——以浙江省为例 [J].职教论坛，2016（27）：61–65.

[31] 叶忠海.老年教育若干基本理论问题 [J].现代远程教育研究，2013（6）：

11–16.

[32] 叶忠海 . 中国当代老年教育发展研究总报告 [C]// 叶忠海 . 中国当代老年教育发展研究 [M]. 上海：华东师范大学出版社，2019：3–30.

[33] 虞锦林 . 地方高校老年大学建设的实践与思考 [A]// 中国老年大学协会 . 中国老年教育发展高峰论坛文集（上册）[C]. 2014：608–613.

[34] 袁振国 . 当代教育学 [M]. 4 版 . 北京：教育科学出版社，2010.

[35] 张文娟，纪竞垚 . 中国老年人的养老规划研究 [J]. 人口研究，2018，42（2）：70–83.

[36] 中国老年大学协会课题组 . 我国老年教育历史发展、现实状况和未来展望的研究报告 [R]// 教育部职业教育与成人教育司 . 老年教育发展规划专题研究报告汇编 [Z]. 2014：33–78.

[37] 周冬 . 基于老年个体的调查看老年群体教育需求特征 ——以辽宁省为例 [J]. 成人教育，2012，32（1）：74–76.

（发表于《中国远程教育》2022 年第 5 期）

# 孝亲敬老的政策体系与社会实践研究

李　晶　魏彦彦

　　孝亲敬老是中华民族的传统美德，是社会主义核心价值观的思想来源，也是积极应对人口老龄化国家战略的重要保障。目前，我国已经基本形成以养老保障、养老服务、健康支持、宜居环境等为框架的老龄政策体系，而孝亲敬老是贯穿老龄政策体系的价值导引，是应对人口老龄化政策体系的社会环境要素。近年来，我国孝亲敬老传统美德被广泛宣教，从精神文明建设和公民道德建设倡导，逐步落实为家庭养老和社会养老的价值依据。

## 一、孝观念的历史变迁

　　孝观念是传统中国文化的重要组成部分。站在传统儒家的立场，孝乃万善之本，是一切伦理道德的基础和起点。在传统中国社会，孝是一个集伦理知识、道德实践、制度安排于一体、具有内在一致性的文化体系。在伦理知识层面，祭祀祖先、报本返始是孝的原始内涵；子女善事父母，包括对父母物质上的"养"和精神上的"敬"，是孝的基本含义；"孝以事君"，即用孝心来侍奉君主，这是孝的基本内涵在政治领域的扩展和延伸，也是传统社会实施"以孝治天下"的理论基础（朱岚，2008）。在道德实践层面，孝是一个人立身处世的准则，从孝敬父母到为人处事的所有行为，都以此准则为根据来实践。这样的实践既是对父母、对祖先、对社会的道德责任和道德义务的体现，也是个人自我修养、道德完善的必要过程。在制度安排层面，孝道文化是社会秩序的规范基础，在传统社会治理中发挥着重要作用。由于家国同构的社会结构，孝观念不仅主导着家庭制度的运行，还深刻影响着政治、经济、文化等其他社会制度的运行机制。

自先秦至明清，中国传统孝观念的产生和发展大致经历了宗教信仰、道德哲学、政治伦理等几个阶段。及近世，由于急剧的社会文化变迁，传统孝道遭遇了前所未有的挑战，一度被视为封建专制统治的思想基础并遭到批判，被视为中国民主、自由发展的阻碍。五四时期对传统孝道的批判主要限于观念层面，在实践层面对孝的全面冲击和解构发生在随后的历次战争、革命、运动中，以及晚近的改革开放年代。进入 21 世纪，人们开始重新认识和评价传统文化，孝道等传统观念的合理内核及其在当代社会的积极价值重获肯定。时至今日，人们对传统孝道极少再持全盘否定的态度。孝的基本含义回归到家庭伦理层面，"亲情回报"被视为孝的本质属性（李宝库，2006）。经验研究也显示，孝在当代社会仍受到大部分中国人的重视。在目前我国以家庭养老为最主要养老模式的背景下，子女对父母的照顾责任仍根植于以"孝"为核心的传统价值理念（石金群，2016）。

孝观念的培育对于构建和谐社会的作用在当下中国也得到肯定。和谐是传统中国文化的核心价值，随着我国社会建设的不断推进，和谐社会建设被提上议事日程。和谐社会建设必然要从中国传统文化中汲取营养，而孝文化正是和谐社会建设的重要资源之一。中国文化中的和谐大致可分为三个层次：人与自然的和谐，人与社会的和谐，个人内心的和谐。依照传统儒家的伦理和政治哲学理念，个人道德的完善是家庭和睦、国家安定、天下太平的基础，即所谓"古之欲明明德于天下者，先治其国。欲治其国者，先齐其家。欲齐其家者，先修其身"（《礼记·大学》）。在这样的历史进程和社会背景下，主要基于家庭伦理的"孝亲"观念逐步扩展为全社会的"敬老"文化。

我国自 2000 年进入老龄社会。我们所要构建的和谐社会，实际上是构建人口老龄化背景下的和谐社会，或者说是构建和谐的老龄社会（邬沧萍，等，2012）。"孝亲敬老"成为构建和谐老龄社会的价值基础和导引，其基本内涵是，在尊重老年人自主性的基础上，建设给予老年人经济支持、生活照顾和精神慰藉等全面支持的文化氛围、制度安排和生活环境。进入老龄社会以来，在我国传统的家庭养老基础上，社会化养老加快推进，基本养老保障体系基本建立，养老服务体系逐步健全，孝的观念和实践已逐步从家庭范围扩展至更广阔的社会领域。我国始终强调家庭养老的基础作用，家庭成员负有赡养扶助老人的责任和义务。对于无法获得家庭赡养的老年人，由政府给予兜底保障。由于计划生育政策的影响，加上现代社会人口迁移和流动加剧，独生子女家庭赡养父母的困难日益凸显，政府承担起了更多的养老责任。国家法律法规对家庭成员的抚幼养老责任作出了规定，也明确了相应的国家责任。

## 二、"孝亲敬老"的现代法律规定

中国古代有宽免老人刑罚的传统，也有治罪不孝行为的律例（林闽钢，等，2018）。这一传统延续至今。以法律形式强化道德约束，可以更好地保障老年人的基本权利。从法律框架检视道德义务，可以梳理现代法律对于孝亲敬老的基本界定。

《中华人民共和国宪法》对于子女赡养父母的责任和国家扶助老年公民的责任都作出了规定。第四十五条规定："中华人民共和国公民在年老、疾病或者丧失劳动能力的情况下，有从国家和社会获得物质帮助的权利。国家发展为公民享受这些权利所需要的社会保险、社会救济和医疗卫生事业。"第四十九条规定："父母有抚养教育未成年子女的义务，成年子女有赡养扶助父母的义务。禁止破坏婚姻自由，禁止虐待老人、妇女和儿童。"我国宪法明确规定了子女赡养父母的义务，以及国家和社会负有帮助老年公民的主体责任，为孝亲敬老在各个领域的应用和实践确立了宪法依据。

原《中华人民共和国婚姻法》对于婚姻家庭中夫妻、父母及子女间帮扶、抚育和赡养的责任作出了具体规定。第四条规定："夫妻应当互相忠实，互相尊重；家庭成员间应当敬老爱幼，互相帮助，维护平等、和睦、文明的婚姻家庭关系。"第二十一条规定："父母对子女有抚养教育的义务；子女对父母有赡养扶助的义务。……子女不履行赡养义务时，无劳动能力的或生活困难的父母，有要求子女付给赡养费的权利。"

原《中华人民共和国继承法》对于尽赡养义务者给予优先继承权作出了具体规定。第十二条规定："丧偶儿媳对公、婆，丧偶女婿对岳父、岳母，尽了主要赡养义务的，作为第一顺序继承人。"第十三条规定："对被继承人尽了主要扶养义务或者与被继承人共同生活的继承人，分配遗产时，可以多分。有扶养能力和有扶养条件的继承人，不尽扶养义务的，分配遗产时，应当不分或者少分。"上述法律条文通过规定继承权鼓励人们赡养父母。

《中华人民共和国民法典》是新中国成立以来第一部以"法典"命名的法律。民法典自 2021 年 1 月 1 日起施行，原《中华人民共和国婚姻法》和原《中华人民共和国继承法》同时废止。民法典第五编为婚姻家庭，第六编为继承，其下的相关条例延续了原婚姻法和原继承法的规定。民法典主要从家庭美德层面诠释敬老概念。例如，第一千零四十三条规定："家庭应当树立优良家风，弘扬家庭美德，重视家庭文明建设。……家庭成员应当敬老爱幼，互相帮助，维护平等、和睦、文明的婚姻家庭关系。"

《中华人民共和国刑法》对虐待和遗弃老人的作出处罚规定，以保障老年人的基本权利。第二百六十条规定："虐待家庭成员，情节恶劣的，处二年以下有期徒刑、拘役或者管制。犯前款罪，致使被害人重伤、死亡的，处二年以上七年以下有期徒刑。……对未成年人、老年人、患病的人、残疾人等负有监护、看护职责的人虐待被监护、看护的人，情节恶劣的，处三年以下有期徒刑或者拘役。"第二百六十一条规定："对于年老、年幼、患病或者其他没有独立生活能力的人，负有扶养义务而拒绝扶养，情节恶劣的，处五年以下有期徒刑、拘役或者管制。"

《中华人民共和国老年人权益保障法》（以下简称《老年法》）是我国唯一一部老年专门法。《老年法》"第一章总则"第一条指出："为了保障老年人合法权益，发展老龄事业，弘扬中华民族敬老、养老、助老的美德，根据宪法，制定本法。"第三条规定："国家保障老年人依法享有的权益。老年人有从国家和社会获得物质帮助的权利，有享受社会服务和社会优待的权利，有参与社会发展和共享发展成果的权利。禁止歧视、侮辱、虐待或者遗弃老年人。"第八条规定："全社会应当广泛开展敬老、养老、助老宣传教育活动，树立尊重、关心、帮助老年人的社会风尚。"第十条要求："各级人民政府和有关部门对维护老年人合法权益和敬老、养老、助老成绩显著的组织、家庭或者个人，对参与社会发展做出突出贡献的老年人，按照国家有关规定给予表彰或者奖励。"

上述法律规定显示，孝亲敬老首先是一项家庭责任，是子女必须承担的赡养扶助父母的义务。其次，得到国家和社会的帮助也是老年人的基本权利，孝亲敬老的社会风尚显示了国家和社会对老年人的尊重和关怀。

## 三、我国老龄社会"孝亲敬老"的政策演进

### （一）前老龄社会：敬老爱老传统体现在老年人工作中

新中国成立初期，我国人均预期寿命在 35 岁左右，处于年轻型社会。从 1949 年至 2000 年我国进入人口老龄化社会的近 50 年，可以称为前老龄社会。孝亲敬老是中国传统文化的基本内涵，其精神已经融入人们的日常生活和普遍的社会规范当中。因此，即使在前老龄社会阶段，敬老爱老传统在相关制度安排和老年人工作中亦都有鲜明体现。

新中国成立初期，国家相继发布了《中华人民共和国劳动保险条例》（1951 年）、《关于全国各级人民政府、党派、团体及所属事业单位的国家工作人员实行公费医疗预防的指示》（1952 年）、《国家机关工作人员退休处理暂行办法》（1955 年）等政策文件，规定了干部职工在生育、养老、疾病、伤残、死亡等方面的保险待遇，国家开始逐步建立养老保险制度和医疗保险制度。在农村建立了农村合作医疗制度，在农村经济发

展水平较低的情况下，基本解决了农民的就医问题。对于丧失劳动能力和没有家庭成员照顾的老年村民，《1956 年到 1967 年全国农业发展纲要》（1960 年）规定，农业合作社对于缺乏劳动能力、生活没有依靠的鳏寡孤独社员，做到保吃、保穿、保烧（燃料）、保教（儿童和少年）、保葬。该《发展纲要》还规定，合作社应教育青壮年供养和尊敬父母，使年老丧失劳动能力者在生活上得到合理照顾，在精神上得到充分安慰。城市社会福利院收养安置了许多无家可归、无依无靠、无生活来源的孤寡老人，是我国社会救济福利事业的开端。

1982 年，中国政府组建代表团参加了 1982 年在维也纳举办的第一次老龄问题世界大会。作为参与此次国际会议的一项准备工作，中国于会前制定了《老龄问题活动计划要点》，提出了 10 项工作计划。我国通过多种渠道和形式向国内外宣传我国敬老爱老养老的优良传统，开展群众性的敬老爱老活动等是其中的重要内容。通过参会，中国政府认识到我国的人口老龄化趋势及其未来对经济社会发展可能产生的重大影响，更加重视老年人问题。1984 年，全国首次老龄工作会议在北京召开，时任国家副主席王震出席会议并讲话。王震在讲话中首次提出了"五个老有"（老有所养、老有所医、老有所学、老有所为、老有所乐）的老龄工作目标，并明确提出了七项老龄工作主要任务，其中第五项任务为：发扬中华民族敬老、爱老、养老的优良传统，表扬各族人民群众中"老吾老以及人之老"的先进事迹，推动建立"五好"家庭，建立为老年人服务的各种群众性组织，树立社会主义新风尚。

1992 年第 47 届联合国大会确定 1999 年为国际老年人年，并确定当年的宣传主题是"建立不分年龄人人共享的社会"。1998 年 9 月，《国务院办公厅转发民政部关于开展国际老年人年活动意见的通知》指出："做好国际老年人年的筹备工作，开展必要的活动，将有利于进一步提高我国在国际上的地位，扩大我国的国际影响；对于进一步唤起全社会对老龄问题的重视和关注，推动我国老龄工作的发展，体现党和政府对老龄事业和对亿万老年人的关怀，弘扬中华民族敬老传统美德，培养良好社会风气，促进社会主义精神文明建设，维护社会稳定，具有重要意义。"

我国在国际老年人年举办了各种宣传和庆祝活动，积极弘扬尊老敬老爱老养老的传统美德，努力创建年龄平等的和谐共享社会。

### （二）老龄社会第一个十年："孝亲敬老"是精神文明建设和公民道德建设的重要内容

在我国进入老龄社会的第一个十年，从党中央、国务院、各部委及全国老龄办印发的重要规划及文件看，"孝亲敬老"主要作为精神文明建设和公民道德建设的组成部分被倡导。

2000 年 8 月发布的中共中央、国务院《关于加强老龄工作的决定》是第一个中央老龄工作文件，也是指导我国老龄工作的纲领性文件。文件指出："要大力弘扬中华民族传统美德，在全社会广泛开展敬老、养老、助老的道德教育，并与开展文明社区、文明村镇、文明家庭创建活动结合起来。……要综合运用行政、法律和宣传、教育等手段，在全社会树立尊重、关心、帮助老年人的社会风尚。"文件提出的"敬老、养老、助老"主题是这十年我国孝亲敬老活动的主要实践内容。

2001 年 7 月，国务院印发《中国老龄事业发展"十五"计划纲要（2001—2005 年）》（以下简称《纲要》）。这是国家颁布的第一个老龄事业五年规划。《纲要》提出了五个方面的任务：经济供养、医疗保健、照料服务、精神文化生活、权益保障。在精神文化生活的措施部分提出，"要把弘扬敬老、养老、助老美德作为社会主义精神文明建设的重要内容"。

2006 年 8 月，全国老龄委发布《中国老龄事业发展"十一五"规划》。在老年人权益保障部分，提出"形成法制教育和道德教育相结合的机制"，一方面"加强《中华人民共和国老年人权益保障法》的宣传教育"，另一方面"倡导敬老、养老、助老的社会文明之风"。

从上述文件可以看出，这一时期关于"孝亲敬老"的政策论述首先是将其作为一种道德教育，又更加侧重于家庭教育层面。随着老龄事业的发展，孝亲敬老的内容逐渐由虚入实，从社会主义精神文明建设，到更加具体的老年人精神文化生活和对老年人合法权益的维护。这一时期我国的社会保障制度和社会服务体系尚不健全，保障水平较低，社会服务有限，无论在经济支持、生活照顾，还是在心理慰藉上，大部分老年人仍主要依赖家庭和子女。正是在这一背景下，家庭养老得到强调，传统孝道的价值再次受到重视，"孝"被视为支撑家庭养老的观念基础。

### （三）老龄社会第二个十年："孝亲敬老"成为老龄政策体系的价值依据

21世纪的第二个十年，是我国老龄政策文件密集出台的时期。"孝亲敬老"在各类政策文件中的论述随之增多，与养老的关联性也明显加强。

第一，孝亲敬老是家庭养老的道德基础。2011年9月发布的《国务院关于印发中国老龄事业发展"十二五"规划的通知》列出了11项主要任务，包括：老年社会保障、老年医疗卫生保健、老年家庭建设、老龄服务、老年人生活环境、老龄产业、老年人精神文化生活、老年社会管理、老年人权益保障、老龄科研、老龄国际交流与合作。在老年家庭建设任务中，"弘扬孝亲敬老传统美德"是其中的三项任务之一。其中提到，要"强化尊老敬老道德建设，提倡亲情互助，营造温馨和谐的家庭氛围，发挥家庭养老的基础作用"。

第二，孝亲敬老被视为社会养老服务体系建设的保障措施。2012年2月，民政部印发《关于开展"社会养老服务体系建设推进年"活动暨启动"敬老爱老助老工程"的意见》（以下简称《意见》）。《意见》在所列出的主要任务之一"推进居家养老服务"中，提出要"倡导敬老爱老助老传统美德，探索家庭照料者培训和支持工作，巩固家庭养老功能"。《意见》决定在"十二五"期间启动"敬老爱老助老工程"，并将其作为保障措施之一。2013年9月，国务院印发《关于加快发展养老服务业的若干意见》。其中提出的发展目标之一为"发展环境更加优化"，其具体内容包括，"全社会积极应对人口老龄化意识显著增强，支持和参与养老服务的氛围更加浓厚，养老志愿服务广泛开展，敬老、养老、助老的优良传统得到进一步弘扬"。2017年6月，国务院办公厅印发《关于制定和实施老年人照顾服务项目的意见》。其中指出："大力弘扬敬老养老助老社会风尚，做好老年人照顾服务工作，提升老年人的获得感和幸福感，是社会主义制度优越性的具体体现，是社会主义核心价值观的内在要求，是实现脱贫攻坚、全面建成小康社会的重要任务，是积极应对人口老龄化，推动民生改善、促进社会和谐的实际举措。"

第三，孝亲敬老成为老龄友好社会环境和社会主义核心价值观的重要内容。2012 年 9 月，全国老龄办等 16 部门联合印发《关于进一步加强老年文化建设的意见》。其中指出："加强老年文化建设，有利于促进社会主义核心价值体系建设，坚定中国特色社会主义共同理想，在全社会形成敬老爱老助老的社会氛围。……全社会要正确对待和积极接纳老年人，尊重老年人的社会价值，扩大老年人社会参与，弘扬中华民族传统美德，营造敬老爱老助老的良好氛围。"2014 年 6 月，全国老龄办等 10 部门联合印发《关于培育和践行社会主义核心价值观加强老龄宣传教育工作的通知》。其中将"全社会树立积极老龄观、营造尊老敬老社会氛围"作为主要目标，其内容包括：开展人口老龄化基本国情宣传教育，开展尊老敬老传统美德宣传教育，开展敬老精神文明创建活动，开展为老志愿服务活动，充分发挥老年人的积极作用，等等。2016 年 11 月，全国老龄办、国家发展改革委等 25 部门联合印发《关于推进老年宜居环境建设的指导意见》。构建"敬老社会文化环境"是其中的重点任务之一，"弘扬敬老、养老、助老社会风尚"则是其中的措施之一。2018 年 1 月，全国老龄办、中共中央组织部、中共中央宣传部等 14 部门联合印发《关于开展人口老龄化国情教育的通知》，"孝亲敬老文化教育"被列为其中的五项主要内容之一。其中指出，要"把弘扬孝亲敬老文化纳入社会主义核心价值观宣传教育，激励人们向上向善、孝老爱亲。……重视家庭建设，教育引导人们自觉承担家庭责任，树立良好家风，实现家庭和睦、代际和顺，巩固家庭养老基础地位"。

第四，孝亲敬老风尚构成老龄政策体系的社会环境。2016 年 12 月发布的《国务院关于印发国家人口发展规划（2016—2030 年）的通知》提出："加快构建以社会保障、养老服务、健康支持、宜居环境为核心的应对老龄化制度框架。……完善家庭养老支持措施，建设无障碍的老年友好型社区和城市，营造良好社会氛围，形成敬老、养老、助老的社会风尚。"2017 年 2 月发布的《国务院关于印发"十三五"国家老龄事业发展和养老体系建设规划的通知》在"推进老年宜居环境建设"一章专列"弘扬敬老养老助老的社会风尚"一节，提出"把敬老养老助老纳入社会公德、职业道德、家庭美德、个人品德建设，纳入文明城市、文明村镇、文明单位、文明校园、文明家庭考评"。上述文件显示，随着孝亲敬老对于家庭养老和社会养老的支持性作用被社会所充分认识，从"十三五"开始，孝亲敬老的应用范围由家庭道德扩展至社会道德，由价值倡导发展为综合性的老龄政策导向，进一步凸显了孝亲敬老社会风尚在建设积极老龄化文化氛围和社会环境中的促进作用。

总的来看，孝亲敬老虽然发端于文化和观念层次，却渗透和贯穿在我国各项老龄政策当中，成为制定和实施相关政策的价值基础。

## 四、"孝亲敬老"的社会实践

孝亲敬老是中华民族的传统美德，是贯彻以人民为中心发展思想的内在要求，是培育和践行社会主义核心价值观的重要途径，也是实施积极应对人口老龄化国家战略的重要内容。近年来，我国在全国范围开展了丰富多彩的孝亲敬老活动，对于促进代际共融、推动社会进步发挥了积极作用。

### （一）九月初九老年节

随着我国人口老龄化的快速发展，老龄问题逐渐被全社会所关注，各级政府出台了一系列维护老年人权益的政策。在此背景下，为了保障老年人合法权益，发展老龄事业，弘扬中华民族敬老、养老、助老美德，《中华人民共和国老年人权益保障法》（2013 年修订版）明确规定，每年农历九月初九为老年节。从此，中国老年人有了自己的法定节日。同年的重阳节成为中国首个法定老年节。重阳节体现了中华民族传统文化中尊老、爱老、孝老的文化精髓，老年节入法意味着这种文化精髓从政府层面得到肯定。法律是对社会行为的指导和规范，老年节的入法，体现了相关法律对孝亲敬老社会实践的积极指导意义。将重阳节作为我国法定的老年节，体现了国家对老年人的尊重，也有利于引导全社会对老年人的广泛关注，对于弘扬中华民族传统文化和宣传尊老敬老美德具有重要意义。

## （二）全国"敬老月"活动

自 2010 年起，为宣传中国人口老龄化的严峻形势和应对策略，增强全社会的老龄意识和敬老意识，全国老龄工作委员会每年在重阳节当月组织开展为期一个月的"敬老月"活动。这是一项全国性的爱老敬老社会活动。重阳节是中华民族传统的敬老节日，有深厚的文化底蕴和广泛的社会影响力，在重阳节前后开展"敬老月"活动，是弘扬和传承敬老文化、增强全社会老龄意识和敬老意识、营造尊老敬老社会氛围的有效形式。

"敬老月"活动以走访慰问、权益维护、文化活动、志愿服务、主题宣传等多种方式，广泛组织和动员政府有关部门、社会组织、企事业单位、家庭和个人等为老年人办实事、做好事、献爱心。2010—2019 年十年间，全国老龄委各成员单位和各地各部门组织开展了丰富多彩的敬老爱老助老主题活动。据不完全统计，"敬老月"活动共走访慰问贫困、空巢、高龄、失能等老年人近 1 亿人次，发放慰问金和各类物品价值折合人民币 114 亿多元，组织开展各类为老志愿服务行动超过 1.6 亿人次，"敬老月"各类活动共惠及老年人 8000 多万人次（田晓航，2019）。

## （三）"敬老文明号"创建活动

经全国评比达标表彰工作协调小组批准，全国老龄委从 2012 年起在全国开展"敬老文明号"创建活动。这是我国第一次在全国范围内开展以为老服务为主题的社会性、群众性精神文明创建活动。开展"敬老文明号"创建活动，旨在深入贯彻落实党中央、国务院关于老龄工作的重大决策部署，进一步弘扬尊老敬老的传统美德，广泛动员社会各界参与尊老敬老社会活动，落实老年优待政策，推动基层老龄工作，提高为老服务水平，提升社会各界的尊老敬老意识。

### （四）孝亲敬老评选表彰活动

2003 年，为贯彻落实中共中央下发的《公民道德建设实施纲要》，进一步加强青少年思想道德教育，大力弘扬中华民族敬老爱老助老的传统美德，全国老龄委办公室、中宣部、教育部、共青团中央、全国妇联联合发起"全国敬老爱老助老主题教育活动"。从 2003 年到 2014 年，全国敬老爱老助老主题教育活动共举办了 6 届，在全国范围内评选"中华孝亲敬老楷模""全国孝亲敬老之星"和"全国敬老模范单位"。对孝亲敬老模范人物的评选和表彰，大力弘扬了中华孝道，积极营造了敬老爱老助老社会氛围，提高了人们的道德意识，促进了老龄事业的发展，得到了社会各界的赞赏，产生了巨大的示范效应。

### （五）孝亲敬老重要学术会议

2014 年 11 月 19 日，由全国老龄工作委员会办公室主办、中国老龄科学研究中心承办的首届全国敬老文化论坛在北京举行。论坛的主题是"传承中华美德，创新敬老文化"。来自全国各地的近 300 名专家学者和老龄工作者参会，就我国敬老文化的历史源流、地位作用、机遇挑战、创新发展等议题展开了广泛深入的研讨。与会者一致认为，敬老文化是中华优秀传统文化的重要组成部分，是社会主义核心价值观的重要思想来源，是我国积极应对人口老龄化的重要保障，传承和弘扬敬老文化具有深远的历史意义和重大的现实意义。会议发布了《北京宣言》，向全社会提出传承和弘扬敬老文化的倡议。

2019 年 12 月 7 日，由全国老龄工作委员会办公室和中国老龄协会主办的首届中华孝亲敬老文化传承与创新大会在陕西省汉中市举行。大会以"孝亲敬老向上向善"为主题，旨在深入学习贯彻习近平新时代中国特色社会主义思想，传承与创新中华孝亲敬老优秀文化，增强全社会积极应对人口老龄化的思想观念，推进老龄事业全面协调可持续发展。2020 年 12 月 22 日，第二届中华孝老爱亲文化传承与创新大会在江西省赣州市召开。大会以"孝文化传承与法治建设"为主题，旨在传承与创新中华孝亲敬老优秀文化，增强全社会积极应对人口老龄化的思想观念，实施积极应对人口老龄化国家战略，推进老龄事业全面协调可持续发展。

## 五、推进新时代孝亲敬老文化建设的建议

随着我国人口老龄化水平快速提高，老龄政策体系在国家公共政策体系中的重要性不断增强。2020 年 11 月，党的十九届五中全会把积极应对人口老龄化上升为国家战略。2021 年 3 月，《中华人民共和国国民经济和社会发展第十四个五年规划和 2035 年远景目标纲要》发布。其中第四十五章为"实施积极应对人口老龄化国家战略"，其中提出，"构建养老、孝老、敬老的社会环境，强化老年人权益保障"。孝亲敬老政策体系和社会环境建设，是实施积极应对人口老龄化国家战略的重要内容，也是建构不分年龄人人共享的和谐老龄社会的题中应有之义。

进入老龄社会的 20 年来，我国孝亲敬老传统美德被广泛宣教，从精神文明和公民道德建设倡导，逐步落实为家庭养老和社会养老的价值依据。社会形成普遍共识，孝亲敬老既是个人德性的体现，也是家庭伦理的基础，还是社会昌明的表征。孝亲敬老传统美德的宣传教育由家庭道德扩展至社会道德，并与依法治国及以德治国紧密结合，为今后我国老龄事业持续发展提供了强大的内在动力。各级政府把孝亲敬老列为文化建设和老龄工作的重要内容，使孝亲敬老的理念与实践更加紧密地结合，尊老敬老、养老孝老、爱老助老的社会风尚基本形成。以孝亲敬老为价值基础，我国的老龄政策体系框架基本建立，为实施积极应对人口老龄化国家战略奠定了必要的基础。

目前我国已进入"十四五"时期，也已进入中度老龄化社会，这对于完善老龄政策体系提出了更高要求。尊老养老文化是我国制定老龄政策的重要文化依托，其变革反映了社会经济及老年群体的变化，这就要求我国对老龄政策的制定原则和理念进行相应调整（姚远等，2009）。虽然贯穿中国几千年历史的孝文化为我们解决人口老龄化问题提供了具有

实践意义的对策，但人口老龄化给传统孝文化带来的冲击也是史无前例的。在新的历史时期，我们应在传承历史的基础上创新推进孝亲敬老文化建设，使传统孝文化焕发新的活力。

第一，应对传统孝文化及孝亲敬老的现代内涵进行更加深入的研究。目前我们对"孝亲敬老"的理解大多仍然套用家庭伦理，对于传统家庭伦理的现代转变和发展的研究仍显不足。汤一介（2009）曾基于孝道的内涵阐释其在现代社会的价值和意义：根据孔子的仁学，孝的本质属性是仁爱，孝的核心理念"亲亲"（爱自己的亲人）因此而具有了普遍价值，由"亲亲"而"仁民"，而"爱物"；因此，儒家的孝理念不仅有益于家庭和谐，对和谐社会建设同样具有重要意义。在中华民族对自身文化传统更加自信的新时代背景下，孝亲敬老等中国传统美德被吸纳进社会主义核心价值观体系，成为新时代道德建设的组成部分。但目前我国学术界和政策研究领域对于"孝亲敬老"的内涵、价值、实践及其相互关系等，尚缺乏较为系统深入的探讨，也尚未建立起文化价值与制度安排之间的实质性关联。随着对中华传统文化再认识的加深，为了在存留传统孝文化合理内核的基础上建构其现代内涵，还须对孝亲敬老的基本含义、理论基础、实践应用等进行现代意义的再阐释。

第二，努力营造有利于新时代孝亲敬老文化建设的社会氛围。一是重视学校教育。立足于老龄社会的现实，深入挖掘和阐发中华优秀敬老文化传统蕴含的思想观念、人文精神、道德规范，并将其纳入教育课程体系。通过系统化的现代教育，让每个学生都可以通过学习，将孝亲敬老文化内化于心，形成坚定的信念并进而转化为实际的行动。二是重视社会宣传。社会宣传对于营造尊老敬老社会氛围、构建孝亲敬老文化体系具有至关重要的作用。充分利用各种现代传播媒介，通过新闻舆论、文化作品等来引导社会大众培育和践行新时代的孝亲敬老理念，为构建新时代孝亲敬老文化体系奠定良好的社会基础。

第三，多途径践行新时代孝亲敬老文化。建设新时代孝亲敬老文化不仅体现在理论创新层面，更重要的是要把孝的理念践行于实际生活。孝亲敬老文化只有内化于心并外化为实际行动，才能真正具备活力。可以把孝亲敬老文化纳入新型村规民约之中。对孝亲敬老文化的传承和弘扬，是加强乡村德治的重要基础。在实施乡村振兴战略的过程中，应当加强社区层面的孝亲敬老文化实践，合理吸收传统文化中的孝亲敬老理念，构建具有现代意义的村规民约体系，为乡村社会发展构建坚实的精神依托。

第四，明确新时代孝亲敬老文化中各个主体的责任定位。一是明确政府在孝亲敬老文化建设中的主体责任，包括：加强制度建设和法治建设，为孝亲敬老文化建设提供良好的制度环境和法治保障；研究并制定老龄文化长远发展规划；加大财政支持力度，推动公共文化产品和公共文化服务。二是发挥各类企事业单位、社会组织在孝亲敬老文化建设中的作用，包括：加强尊老敬老主题教育，弘扬中华民族尊老敬老传统美德，激励人们向上向善、孝老爱亲；开展为老志愿服务，引导集体和个人践行孝亲敬老理念，培育新的公序良俗；各类传媒肩负起正确引导社会舆论、传播孝亲敬老文化的责任。三是加强家庭美德建设，强化家庭的养老功能。通过孝亲敬老文化的启迪，帮助年轻人树立敬老、爱老、助老的自觉意识。通过制度来保障家庭发展，增强家庭的养老功能。四是促进老年人在孝亲敬老文化建设中发挥积极作用。引导老年人树立终身发展理念，保持自尊自爱自立自强的精神风貌，积极面对老年生活，保持身心健康，积极参与社会发展。

有与之匹配的价值基础，制度才可以稳定，实践才可能持久。孝亲敬老既是文化理念，亦是社会建设和政策实践。继续推进新时代孝亲敬老文化建设，完善加强家庭养老功能的社会支持政策。通过完善政策法规健全社会养老服务体系，对于建构年龄平等、相互尊重的社会环境，提升整体社会福祉和全体人民的幸福感，具有长久的影响和深远的意义。

**参考文献：**

[1] 陈树强 . 成年子女照顾老年父母日常生活的心路历程：以北京市 15 个案例为基础 [M]. 北京：中国社会科学出版社，2003.

[2] 李宝库 . 一颗闪耀人伦之光的璀璨明珠 [N]. 人民政协报，2006-03-08.

[3] 林闽钢，康镇 . 构建中国养老、孝老、敬老社会政策体系 [J]. 人口与社会，

2018（4）：3–10.

[4] 石金群 . 转型期家庭代际关系流变：机制、逻辑与张力 [J]. 社会学研究，2016（6）：191–213+245.

[5] 孙陆军 . 中国涉老政策文件汇编 [M]. 北京：中国社会出版社，2009.

[6] 汤一介 . "孝" 作为家庭伦理的意义 [J]. 北京大学学报 ( 哲学社会科学版 )，2009（4）：11–13.

[7] 田晓航 . 我国 "敬老月" 活动十年惠及老年人 8 000 多万人次 [EB/OL]. (2019–10–11) [2022–12–07]. https://baijiahao.baidu.com/s?id=1647089386676337634&wfr=spider&for=pc.

[8] 邬沧萍，杜鹏 . 老龄社会与和谐社会 [M]. 北京：中国人口出版社，2012.

[9] 姚远，范西莹 . 从尊老养老文化内涵的变化看我国调整制定老龄政策基本原则的必要性 [J]. 人口与发展，2009（2）：81–86.

[10] 中国老龄协会 . 十八大以来老龄政策汇编 [M]. 北京：华龄出版社，2020.

[11] 朱岚 . 中国传统孝道七讲 [M]. 北京：中国社会出版社，2008.

（发表于《老龄科学研究》2022 年第 12 期）

# 中国老龄社会背景下老年人力资源开发研究

李　晶　罗晓晖

## 一、开发老年人力资源的必要性与现实意义

按照联合国的标准，一个国家或地区中 60 岁及以上人口占总人口比例达到 10%，或 65 岁及以上人口占总人口比例达到 7%，就成为人口老龄化社会。从程度来分，65 岁及以上人口占总人口的比例超过 7% 属于轻度老龄化，达到 14% 属于中度老龄化，超过 20% 则属于重度老龄化。2000 年中国第五次人口普查数据显示，当年我国 60 岁及以上的老年人数量为 1.26 亿，占全国总人口比例的 10%，达到人口老龄化社会标准。由此，2000 年成为我国由成年型社会进入老龄化社会的跨越之年。进入 21 世纪，我国的人口老龄化发展迅速。根据国家统计局数据，至 2021 年末，我国 60 岁及以上人口为 2.67 亿，占全国总人口比例的 18.9%；65 岁及以上人口为 2.01 亿，占全国总人口比例的 14.2%。根据联合国的划分标准，当 65 岁及以上人口比例超过 14% 的时候，就从老龄化社会进入到老龄社会，或者说从轻度老龄化社会进入中度老龄化社会。最新人口数据显示，现在我国已经进入老龄社会阶段，或中度老龄化社会。

1. 我国人口结构正悄然发生着变化

新中国成立后我国有三次人口出生高峰，对应着后来的三次人口老

龄化浪潮。其中，1962 年至 1975 年是我国的第二次人口出生高峰。相应地，在 2022 年至 2035 年间，我国将迎来第二次人口老龄化浪潮。可以预期，未来十几年将是我国人口老龄化水平的快速增长期。

在老年人口数量迅速增长的同时，我国 15~59 岁的劳动年龄人口大幅下降。根据最近两次人口普查数据，从 2010 年至 2020 年，我国 0~14 岁少儿人口和 60 岁及以上老年人口比重分别上升了 1.35 个和 5.44 个百分点，而 15~59 岁劳动年龄人口比重则下降了 6.79 个百分点。开发老年人力资源可以缓解劳动年龄人口减少对经济发展带来的负面影响，对于保持国家经济社会平稳发展具有积极作用。

**2. 人口老龄化的认知与应对经历了从消极到积极的转变**

自第二次世界大战后，人口老龄化由发达国家蔓延为全球趋势，国际社会对于人口老龄化的观念经历了从消极到积极的转变。其中，"生产性老龄化"观点的提出对于转变老年人的消极形象具有重要意义。在此之前，老年人因健康衰退和退出劳动岗位等原因被视为社会负担，而"生产性老龄化"观点开始注重老年人的社会参与，具有积极看待老年人的视角。"生产性老龄化"既强调老年人参与经济领域的活动，也强调老年人在社会服务和家庭照顾中的贡献。2002 年，世界卫生组织提出"积极老龄化政策框架"，并确立了积极老龄化的三个支柱为：健康、参与和保障。这里的"参与"是指相关部门根据个人的能力、需要和喜好，支持老年人参与社会经济、文化和精神活动（邬沧萍，2016）。"积极老龄化"的参与概念进一步拓展了"生产性老龄化"的内涵，在强调老年人有能力参与社会经济各领域活动的同时，认为继续参与社会是老年人的基本权利，并强调老年人在社会经济、文化和公共事务等领域的参与对于经济社会发展具有重要意义。

"积极老龄化政策框架"凸显了老年人作为行为主体的地位和权利。在老龄化程度越来越高的社会中，老年人无疑是社会的重要组成部分，是重要的参与者、共享者和建设者。无论在发达国家还是在发展中国家，对老年人主体性的认识都经历了一个过程。与西方较重视个体老化不同，我国对老龄问题的认识始终具有较强的集体取向，相关社会政策对于老龄问题的解读更加偏重较为宏观的整体层面，老年群体常常被客体化为被抚养人口，老年人的差异性和个体性常常被淹没在群体刻板印象中。在积极老龄化政策框架的影响以及以人为本的科学发展观的推进下，国家更加重视个体老化问题，老年人需求和老年人作为行为主体的主动性和能动性受到越来越多的关注。

**3. 老年人期待更多社会参与**

老年人参与经济社会生活，表现出老年人多方面的需要。一是基本生存需要，很多老年人就业是由于收入较低。老年人通过工作可以增加收入、提高生活品质、减少老年贫困。二是促进健康、延缓衰老、减少孤独感。大部分退出工作岗位的老年人在低龄老年阶段仍然具有巨大潜力，继续参与适宜的活动对于保持身心健康具有正向作用。三是提高老年人的价值感，令老年人觉得自己仍然"有用"。认为自己"有用"是非常重要的自我价值肯定，一些老年人因为被认为"没用"而产生悲观情绪（李晶，2019）。总的来说，社会参与可以增加收入、促进健康、增强自我认同，有益于老年人保持更好的生活水平和精神状态。

## 二、老年人力资源开发的可能性

随着我国人口老龄化程度不断加深，国家更加重视人口老龄化问题。从社会政策层面看，2019年，中共中央、国务院印发了《国家积极应对人口老龄化中长期规划》。2020年，党的十九届五中全会将实施积极应对人口老龄化上升为国家战略。2021年，《国民经济和社会发展第十四个五年规划和2035年远景目标纲要》提出完善养老服务体系等积极应对人口老龄化的举措。2021年11月，中共中央、国务院印发《关于加强新时代老龄工作的意见》，这是继2000年中央第一个老龄工作文件后再次出台加强老龄工作的文件，对我国推进老龄工作进行了全面部署。其中，开发老年人力资源被列为一项重要任务。2022年2月，国务院印发《"十四五"国家老龄事业发展和养老服务体系规划》，提出鼓励老年人继续发挥作用。从社会层面看，产业结构的调整、劳动生产方式的变化、社会治理模式的发展等，也在一定程度上增加了老年人从业和参与社会事务的可能性。尤其是服务业的迅速发展，包括养老服务业的巨大需求和发展空间，将吸纳大量低龄、有活力的老年人参与。

从老年群体看，老年人力资源开发的人口学条件主要体现在以下三个方面。

**1. 我国低龄老年人占比较大**

人口学通常将个人的老年期分为低龄（60～69岁）、中龄（70～79岁）和高龄（80岁及以上）三个阶段，相应地将老年人群体分为低龄老年人、中龄老年人和高龄老年人三部分。虽然我国老年人数量庞大，但以低龄老年人为主。根据第七次人口普查数据，我国60～69岁的低龄老年人口占老年人总数的56%，人数约有1.5亿。出生于20世纪50年代的"新老年"群体，以及开始进入老年阶段的"60后"，青壮年时期恰逢国家经济快速发展、生活水平大幅提高的时代，与出生于新中国建立之前的早一辈老年人相比，他们的健康状况更好，受教育程度更高，社会保障待遇更优，收入水平较高，社会参与意愿也更加强烈。

**2. 老年人受教育程度提高**

受教育程度是老年人力资源质量的体现。根据2010年第六次和2020年第七次人口普查数据，15岁及以上人口的平均受教育年限由2010年的9.08年，提高到2020年的9.91年；每10万人中拥有大学文化程度的人数，2010年为8930人，2020年上升为15467人；每10万人中拥有高中文化程度的人数，2010年为14032人，2020年上升为15088人；而仅拥有初中文化程度和小学文化程度的人数都有所下降；文盲率则由2010年的4.08%下降为2020年的2.67%。在老年人群体中，年龄越低的老年人受教育水平越高，且低龄老年人受教育水平随时间推移呈现上升趋势。2015年第四次中国城乡老年人生活状况抽样调查数据显示，城市老年人中，60~64岁的人约有半数（49.9%）接受过初中及以上教育，65～69岁的人中有43.1%的人接受过初中及以上教育，而85岁及以上的人中仅有21.3%接受过初中及以上教育；农村老年人中，60～64岁、65～69岁和85岁及以上接受过初中及以上教育的老年人的比例分别是23.9%、15.4%和3.1%（全国老龄工作委员会办公室，2018）。与2000年相比（中国老龄科学研究中心，2003），老年人受教育程度大幅提升。从图6可以看出，从2000年到2015年，我国城市中65～69岁老年人中接受过初中及以上教育的所占比例上升了3.7个百分点，农村60～64岁及65～69岁老年人中接受过初中及以上教育的所占比例分别提高了11.7个和8.9个百分点。可以预期，未来老年人整体受教育程度还将不断提高，低龄老年人尤其显著，这也预示老年人力资本质量还将继续提升。

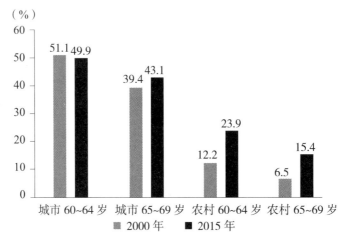

图6　2000年和2015年我国城乡低龄老年人接受过初中及以上教育的比例

数据来源：2000年中国城乡老年人口状况一次性抽样调查、2015年第四次中国城乡老年人生活状况抽样调查。

### 3. 老年人健康状况整体改善

健康状况是决定老年人能否继续工作的基本条件。总体来看，我国老年人的健康状况在持续改善，突出体现在居民人均预期寿命逐年提升。新中国成立时我国人均预期寿命只有39岁，至2020年我国居民人均预期寿命达到77.9岁。健康自评是个体对自身健康状况的主观评价，是测量老年人健康状况的一个常用工具。对比2010年第三次中国城乡老年人口状况追踪调查和2015年第四次中国城乡老年人生活状况抽样调查数据，2010年，有27.9%的城市老年人自评健康状况为"好"，2015年大幅上升至37.7%；这一比例在农村则从21.0%上升至27.7%。这显示出我国老年人的健康水平整体在提高。随着经济社会发展和人们健康素养的提高，我国老年人的健康水平还有很大的提升空间。

## 三、老年人力资源的实际利用状况

秉承积极老龄化的参与理念，老年人力资源的开发利用既包括经济领域的参与，还包括社会文化、公共事务等领域的参与。2021年中共中央、国务院《关于加强新时代老龄工作的意见》中将鼓励老年人继续发挥作用列为一项重要任务，其中既包括老年人就业，还包括老年人参与志愿服务以及老年人在家庭教育等方面发挥作用。对我国老年人的社会参与研究也显示，志愿服务和家庭照顾是老年人参与的重要领域。

**1. 老年人实际就业状况**

伴随我国老年人口总量快速增长，老年在业人口的数量也在快速增长。根据全国人口普查数据和人口抽样调查数据，60岁及以上老年在业人口总数，1990年为2768.5万人，2015年达到5957万人，25年间增加了3188.5万人。但老年人口在业率总体呈下降趋势。在业老年人占老年人总数的比重，1990年为29%，2000年上升到33%，2010年下滑至30%，2015年降为27%（党俊武，2018）。一方面，这一趋势显示，由于我国社会保障制度逐步完善，城乡居民养老保险制度基本建立，老年人整体收入水平提高，为增加收入而就业的老年人数量有所减少；另一方面，部分老年人力资源转入非经济领域，如志愿服务、家庭照顾等领域。

从性别来看，男性老年人的在业率高于女性老年人，但性别差距逐年缩小。根据全国人口普查数据和人口抽样调查数据，1990年男性老年人在业率为21.1%，2015年下降为16.5%，而女性老年人的在业率从1990年的7.5%，上升到2015年的10.4%（党俊武，2018）。女性老年人在业率的提高，一方面显示出女性老年人的就业意愿提高，另一方面也反映出女性老年人的就业机会增加。

综合来看，我国老年人收入水平仍然不高，尤其是农村老年人的保障性收入占总收入的比例较低，很多人仍然希望从事以经济收益为目标的工作。但目前我国缺乏老年人就业的信息渠道和服务平台，加上家庭照顾的需求和压力增大，实际上抑制了老年人继续就业的可能性。

**2. 老年人志愿服务参与率**

1991 年联合国大会通过的《联合国老年人原则》中提出"独立、参与、照顾、自我充实和尊严"五项原则，其中"参与"的内容包括：老年人应能寻求和发展为社会服务的机会，并以志愿者身份担任与其兴趣和能力相称的职务 [1]。我国政府始终重视发挥老年人的积极作用。早在 1984 年召开第一次全国老龄工作会议时，就将老龄工作的目标概括为"五个老有"，即老有所养、老有所医、老有所为、老有所学、老有所乐，其中的"老有所为"就是鼓励老年人继续为社会做贡献的倡导。但因为当时我国的人口老龄化问题还不突出，这一倡导主要是针对老年群体中的高端人才而发出的。"银龄行动"是我国开展最早、规模最大的老年志愿服务项目。2003 年全国老龄办通过试点在全国倡导并组织开展"老年知识分子援助西部大开发行动"，即银龄行动，参加者主要是 70 岁以下、身体健康、愿意为西部做贡献的离退休老医生、老教师、老科技工作者和老文艺工作者等老年知识分子。随着我国人口老龄化进程推进，老年人整体受教育程度和健康状况提高，以及社会治理模式的转变，越来越多的老年人有能力、有意愿、有途径参与公共事务和公益事业，老年志愿者数量越来越多。

我国老年人的公益活动参与率是比较高的。2015 年第四次中国城乡老年人生活状况抽样调查显示，全国近一半的老年人参加了公益活动。城市老年人更多参加维护社区社会治安、社区卫生环境、文化科技推广等活动，农村老年人更多参加协助调解邻里纠纷、帮助邻里、关心教育下一代等活动。60~69 岁的低龄老年人参加公益活动的比例较高，超过半数。文化程度越高、健康状况越好的老年人，参与公益活动比例越高（党俊武，2018）。

近年来，在政策引导下开展的社区层面的互助养老实践中，更多老年人作为志愿者参与其中。互助养老建立在老年人互帮互助的基础上，

---

[1] 《联合国老年人原则》，2022 年 4 月 19 日，https://www.un.org/chinese/esa/ageing/principle.htm。

通常是低龄老年人为社区内的高龄老年人提供服务。一些地方积极推进邻里互助养老点的建设，如上海的老年人睦邻点、山东的邻里互助点等，都达到了较高的覆盖率。基于农村社会化养老服务供给不足的现状，目前互助养老最主要在农村社区推广，大部分以互助幸福院的形式开展。在社会照料资源不足的情况下，互助养老的实质是发动老年志愿者从事养老服务的一种实践。

总体来看，我国老年人参与志愿服务的比例较高，但大多以自发的非正式形式为主，随机性较强。由于缺少正式的老年志愿组织和相关机构，老年志愿服务的可持续性难以保证，老年志愿者的相应权益也无法得到保障。

### 3. 老年人家庭照顾参与状况

按照照顾对象的不同，老年人的家庭照顾可分为三类：第一类是隔代照顾，指祖父母照顾孙辈；第二类是配偶照顾，指老年夫妇间的彼此照顾；第三类是老老照顾，指中低龄老年人照顾高龄父母。

我国第三次生育高峰在 1981 年至 1994 年，其原因是在第二次人口出生高峰中出生的人群进入了婚育期。当时也是我国计划生育政策严格实施的时期，独生子女家庭成为普遍的家庭模式。与多子女家庭相比，独生子女家庭中的孩子获得了父母甚至全家的关注，形成了许多新的社会问题。独生子女家庭中的亲子联系和彼此依赖较强，即使在子女结婚生育后，不少父母仍然较深地参与子女的家庭生活，最主要就体现在隔代照顾上。而未来父母的养老和照顾，也责无旁贷地落在子女肩上。当前我国的社会保障制度和福利服务体系还不健全，利用家庭资源就成为一个最可靠稳妥的选择。"新老年"群体退休后，相当一部分人的精力和财力主要投入到子女的小家庭，特别是照顾孙辈中。2014 年中国家庭发展追踪调查数据显示，母亲承担 0~5 岁儿童日常生活照料的比例最高，祖父母或外祖父母紧随其后，达到 37.8%（国家卫生计生委家庭司，2016）。根据 2015 年第四次中国城乡老年人生活状况抽样调查数据，30.7% 的老年人有经济困难的子女，其中 34.7% 的老年人会为困难子女提供经济支持；65.0% 的老年人会为子女提供生活帮助，包括帮子女照看家、做家务、照顾孙子女、做农活等。分城乡来看，城市老年人为子女提供经济支持的比例为 44.5%，高于农村的 26.6%。农村 70.5% 的老年人为子女提供生活帮助，高于城市的 60.0%（党俊武，2018）。

研究显示，从 20 世纪 90 年代开始，我国家庭养老的照料模式就以同代人的相互照料为主，辅之以子女对老年人的代际照顾（王梅，夏传玲，1994；王来华，约瑟夫·施耐德，2000）。2000 年进入人口老龄化社会后，老年人数量逐年增长，我国失能、半失能老年人数迅速增加。根据 2015 年第四次中国城乡老年人生活状况抽样调查，从需要照料且得到照料的老年人的主要照护者构成来看，配偶的比例最高（43.5%），远远超过儿子（28.6%）、女儿（10.5%）、儿媳（10.0%）和女婿（0.3%）（全国老龄工作委员会办公室，2018）。

随着老龄化程度加深，高龄化成为发展趋势，由两代老年人组成的家庭越来越多。这种类型的家庭一般被称为"纯老户"，照顾模式则被称为"老老照护"。在这些家庭中，通常是较年轻的老人和他们的高龄父母同住，并承担照顾责任。也有的低龄老人不与高龄父母同住，但年轻的老人也承担照顾父母的工作。根据中国老年社会追踪调查（CLASS）2014 年数据，全国老年人中有 8.9% 的人需要照料自己或配偶的父母。年龄越低的老年人需要照顾父母的越多，60~64 岁老年人需要照料父母的比例为 20.4%；65~69 岁的老年人次之，占 8.5%；70 岁及以上较少，只有 1.6%（黄国桂，杜鹏，陈功，2017）。随着老龄化程度加深，高龄老人越来越多，低龄老人照顾高龄老人的现象将越来越普遍。

在老年人继续发挥作用的三个主要领域中，老年人在家庭照顾中的参与最多。不仅使家人得到所需要的照顾和关怀，更弥补了当前社会养老服务和托幼服务的不足，缓解了人口老龄化带来的社会压力。

## 四、影响老年人力资源开发的主要制约因素

虽然我国老年人在继续就业、志愿服务和家庭照顾等方面已经有了不同程度的参与，但相对我国老年人力资源的巨大储备来说，可进一步

挖掘的空间仍然巨大。目前在观念、政策和服务层面仍然存在一些制约因素，抑制了老年人力资源的进一步开发利用。

### 1. 观念误区尚未厘清

关于老年人力资源的观念误区，主要有两个大的方面。一方面与老年人力资源投入的领域相关，认为只有进入经济领域的就业范畴才被考虑为人力资源的开发和利用。按照这一观点，老年人退出劳动力市场后就被视为被抚养人口，因而被视为经济发展的负担。这种观点仅聚焦老年人作为劳动力对于经济增长的贡献，是一种把老年人力资源视为生产要素的狭隘观念。

另一方面则与老年人就业的成效和社会影响相关，一是认为老年人的劳动生产率较低，二是认为老年人就业会挤占年轻人的就业机会。针对第一点，发达国家的经验和大量研究都表明，老年人仍然掌握较好的工作技能，有较强的工作能力，鼓励更多老年人从业有利于缓解年轻劳动力短缺的困境。针对第二点，研究并未发现老年人就业与年轻人就业之间的必然矛盾。如经济合作与发展组织（OECD）分析了 25 个成员国的历史数据，没有发现老年人就业会挤占年轻人就业机会的证据（封婷，2018）。从当前我国老年人就业情况看，在很多年轻人不愿进入的行业里有较多中老年从业者，如服务和照顾等方面的工作。从长远发展看，老年人与年轻人在受教育程度、知识结构等方面存在较大差异，所从事的岗位有所不同。随着新技术发展，劳动力市场将形成新的业态分布，不同年龄群体就业并不会产生必然冲突。

### 2. 法律保障和政策支持缺位

由于相关法律法规的缺位，进入劳动力市场的老年人在获得劳务报酬、工伤赔偿等方面缺乏保障，老年人权益受损的风险较大。再就业老年人与用人单位之间的关系没有明确的法律规定，按照现在的司法解释，二者之间的关系被界定为劳务关系而非劳动关系。无法建立正式的劳动关系，意味着老年人在获得劳务报酬、工伤赔偿等方面的权益无法明确，增加了老年人和用工单位双方的风险。

虽然我国的《老年人权益保障法》明确规定老年人"有参与社会发

展和共享发展成果的权利"，且"国家为老年人发展创造条件"，鼓励老年人在自愿和量力的情况下从事文化教育、科学技术、生产经营和社会公益等方面的活动，但始终以鼓励和倡导为主，缺乏真正能够落地的可操作性措施。对于用人的企业和公益活动组织方，也缺乏聘用和招募老年人的激励政策及配套细化措施。

### 3. 配套服务尚不健全

目前我国为老年人社会参与提供的配套服务尚不健全。一是缺少老年人参与经济社会活动的信息平台和渠道。无论是劳动就业市场，还是社会公益活动，参与信息和渠道都比较缺乏。目前老年人再就业或参与志愿服务，主要通过自己的社会关系来获取。老年人难以了解劳动力市场或社会公益活动对老年人力资源的需求，同时需求方对老年人力资源的供给状况也缺乏了解，难以找到合适的老年就业人员或参与者。二是缺乏老年职业技能培训服务。现在我国的老年教育机构主要以休闲、娱乐、养生、保健等内容为主，缺乏系统的职业指导或培训方面的课程设置。由于老年人很难获得所需要的生产劳动和志愿服务技能培训，他们作为人力资源的开发利用也受到了很大限制。

## 五、老年人力资源开发的政策建议

虽然我国老龄化程度较高，老年人口数量庞大，但低龄老年人占到一半以上，潜藏着巨大的老年人口红利。为促进老年人在继续就业、志愿服务和家庭照顾等领域有更广泛深入的参与，充分开发利用老年人力资源，还应进一步完善相关法律法规和政策措施，建设年龄友好的社会参与环境。

### 1. 完善退休制度

在人口老龄化迅速发展的背景下，完善退休制度已经到了十分紧迫的阶段。我国"十四五"规划和2035年远景目标纲要中提出，"逐步延迟法定退休年龄，促进人力资源充分利用"。2021年中共中央、国务院《关于加强新时代老龄工作的意见》中指出，鼓励老年人继续发挥作用，把老有所为同老有所养结合起来，充分发挥低龄老年人的作用。

完善退休制度可从补救性和前瞻性两个方面着手。首先是完善现有制度规定，包括解决普遍存在的提前退休问题，以及保障大龄劳动者就业权利的问题。渐进式延迟退休政策的操作目标应该是提高劳动参与率而不是调整法定退休年龄，即鼓励年龄偏大的劳动年龄人口保持就业状态而不是急于退出工作岗位（蔡昉，2020）。这是完善退休制度的补救性方面。其次是制定具有前瞻性的延迟退休政策。人口老龄化是全球人口发展的普遍趋势。发达国家较早进入人口老龄化社会，劳动力减少和退休金支付存在压力的问题早已显现，因此，他们早就开始制定延迟退休、上调养老金领取年龄、对雇佣高龄者的企业进行奖励等政策。我国现在的退休制度是 20 世纪 50 年代制定的，现在人均预期寿命提高了 20~30岁，继续沿用六七十年前的退休规定显然已经不合适。加快制定出台弹性退休制度，建立鼓励延迟退休的养老金领取机制，既能缓解养老金压力，又能充分利用老年人力资源。

### 2. 完善老年劳动立法

随着人口老龄化程度不断提高，劳动年龄人口减少让传统人口红利逐渐消失。充分开发老年人力资源为保持经济活力提供了另一条路径，但目前我国关于退休人员再就业的法律还存在不少空白。建议修改现行的《中华人民共和国劳动法》《中华人民共和国劳动合同法》，明确再就业老年人与用人单位之间的关系为劳动关系，用人单位与老年人签订劳动合同，在获得劳动报酬、工伤保险、职业病防治、最低工资保障等方面给予老年人与其他年龄群体同等的保障。完善现行法律法规中的相关规定，如对于大龄劳动者在录用和解雇等方面的规定、提前退休的相关规定，并为在就业过程中合法权益受到侵害的老年人提供法律援助服务。

### 3. 完善家庭支持政策

我国老年人承担了大量的家庭照顾工作，包括中低龄老人照顾高龄父母、老年人照顾失能配偶、祖父母照顾孙子女，以及照顾其他生活不能自理的家人等。家庭的无偿照顾分担了社会照顾成本，缓解了年轻人的就业压力和生活压力，对社会经济发展有积极贡献。对于被照料者而言，家庭成员提供的照顾更加个性化，能更好地满足被照顾者对于亲情、安全感等多方面的需要。

低生育率是导致人口老龄化的主要原因之一。根据第七次人口普查数据，2020 年中国的总和生育率是 1.3，远低于 2.1 的替代水平，已经陷入了"低生育率陷阱"，未来想要提高生育率实现人口增长是非常困难的。为应对日益严峻的老龄化形势，国家全面调整生育政策，2016 年实施全面二孩政策，2021 年又提出实施三孩生育政策及配套支持措施。在当前社会保障和服务体系尚不完善的情况下，隔代照顾的获得性成为育龄夫妇生育决策的重要依据之一。因此，应完善家庭支持政策，对包括老年人在内的家庭照顾者给予相应的经济补贴和其他支持，如发放照护津贴，提供技能培训，为主要照护者提供喘息服务等。

**4. 健全老年志愿服务政策法规**

除了家庭照顾，志愿服务是老年人实际参与最多的领域。虽然我国老年人参与志愿服务的人数较多，但大多为非正式活动。目前只有少量较正式的老年志愿组织，主要依托各级政府部门和基层社区搭建的志愿服务平台。老年志愿服务在宣传倡导、教育培训、参与路径、权益维护等方面存在不充分、不规范等问题，需要加大政策支持和规范力度。如建立老年志愿者组织并进行规范化管理，健全老年志愿者的补贴标准和权益维护等政策法规。

**5. 健全老年人力资源公共服务**

在健全相关法律法规的基础上，进一步制定完善支持老年人社会参与的细化措施和办法，健全老年人力资源公共服务。如建设老年人力资源信息服务平台，为有继续就业和参与公益活动意愿的老年人提供政策咨询、岗位资讯等，为用人单位和活动组织方提供相关老年人力资源信息；为老年人社会参与提供指导和培训，对于社会亟需或短缺人员的培训给予一定的培训补贴，按照需求方要求推荐和培训有特定技能的老年参与者；利用已有的居家养老服务站点，在社区层面建立老年人力资源信息中心，低成本拓展为老服务内容。

### 6. 发挥老年教育体系作用

世界卫生组织将"终身学习"列为与"健康、参与、保障"并列的"积极老龄化"政策框架的第四大支柱（丹尼斯·雷赫扎尼·卡恩斯，2018），而老年教育不仅是终身教育的最后环节，也是实现终身学习的重要方式。在老年教育体系中，应加强老年期的职业规划教育，满足老年人再就业和其他社会参与需求。开展与社会需求紧密衔接的后职业教育，帮助有继续工作意愿的老年人提升职业技能。在老年教育体系中增加志愿服务、隔代教育等方面的内容，帮助从事志愿服务和家庭照顾的老年人拓展知识和提升能力。

### 7. 建设年龄友好的参与环境

在健全和完善相关政策和法律法规的基础上，建设年龄友好的社会参与环境对于促进老年人力资源开发同样重要。包括：促成代际平等、年龄平等的社会文化氛围；建设良好的政策支持环境，包括通过税收优惠或补贴等激励政策，鼓励企业招聘有就业意愿的老年人；发展适合老年人的灵活工作方式，包括弹性工作、兼职工作、远程工作等；建设年龄友好的出行和参与环境，包括出行安全、适老设施、紧急救援等，增强老年人的安全感和舒适感；打造更加包容的数字化环境，减少数字鸿沟对于老年人参与的阻碍等。

**参考文献：**

[1] 蔡昉. 如何开启第二次人口红利？[J]. 国际经济评论，2020（2）：9-24.

[2] 丹尼斯·雷赫扎尼·卡恩斯. 澳大利亚老年教育研究：内涵及价值阐释 [J]. 张馨邈，译. 开放学习研究，2018（5）：48-55.

[3] 党俊武. 中国城乡老年人生活状况调查报告（2018）[M]. 北京：社会科学文献出版社，2018.

[4] 封婷. 老年劳动力资源利用的国际经验 [J]. 人口与计划生育，2018（11）：18-22.

[5] 国家卫生计生委家庭司. 中国家庭发展报告 2016[M]. 北京：中国人口出版社，2016：140.

[6] 黄国桂，杜鹏，陈功 . 中国老年人照料父母的现状及相关心理问题研究 [J]. 老龄科学研究，2017（5）：15-25.

[7] 李晶 . 老年人的生活世界 [M]. 北京：商务印书馆，2019：209-214.

[8] 全国老龄工作委员会办公室 . 第四次中国城乡老年人生活状况抽样调查总数据集 [M]. 北京：华龄出版社，2018：13-15，210.

[9] 王来华，约瑟夫·施耐德 . 论老年人家庭照顾的类型和照顾中的家庭关系——一项对老年人家庭照顾的"实地调查"[J]. 社会学研究，2000（4）：29-43.

[10] 王梅，夏传玲 . 中国家庭养老负担现状分析 [J]. 中国人口科学，1994（4）：37-43.

[11] 邬沧萍 . 全面建成小康社会，积极应对人口老龄化 [M]. 北京：中国人口出版社，2016：111-112.

[12] 中国老龄科学研究中心 . 中国城乡老年人口状况一次性抽样调查数据分析 [M]. 北京：中国标准出版社，2003：31-33.

（发表于《开放学习研究》2022 年第 8 期）

# 中国家庭养老服务支持政策：需求、评估与政策体系构建

郭金来

## 一、引言

家庭养老是中国传统的养老模式，和其他养老方式相比，家庭养老具有独特的优势，尤其在精神慰藉、心理支持等方面具有不可替代的作用。然而，由于工业化和城镇化的迅速发展带动下的人口大规模流动、计划生育政策直接影响下的家庭规模缩小，以及现代社会价值观急剧转变等因素的影响，当前中国家庭养老功能不断弱化。伴随中国人口老龄化的快速发展，这一问题日益凸显，具体表现为城乡空巢和独居老年家庭户增多，独生子女无力照顾老年父母，农村留守老人问题严峻等。

党的十九届五中全会提出实施积极应对人口老龄化国家战略，积极开发老龄人力资源，发展银发经济，推动养老事业和养老产业协同发展，健全基本养老服务体系，发展普惠型养老服务和互助性养老，支持家庭承担养老功能，培育养老新业态，构建居家社区机构相协调、医养康养相结合的养老服务体系，健全养老服务综合监管制度。根据中国的国情，国家确定了以居家养老为基础、以社区服务为依托、以机构养老为补充的"三位一体"养老服务模式，其基本内涵是发挥家庭养老的基础性作用，满足大多数老年人在家养老的需求，发挥社区和机构养老的补充性

作用，满足一部分老年人通过社区和机构养老的需求。[2]

目前，中国人口老龄化已经进入快速发展期。截至 2019 年末，60 岁及以上人口 25 388 万人，占全国总人口的 18.1%。[3] 预计 2035 年中国老龄化人口将超 3 亿，席卷全国的"银色浪潮"对我国经济、社会、文化、政治等方面都将产生深远的影响。中国养老问题尤其是家庭养老服务支持体系建设问题尤为突出。目前中国家庭养老服务的建设与发展仍处于初级阶段，存在供需不匹配、家庭养老服务便捷性和灵活性较差；家庭养老服务范围窄，内容少，精神关爱缺失；家庭养老服务质量难以衡量，管理效率较低；家庭养老服务存在供给滞后、设施及服务功能单一、布局不合理等诸多问题。[4] 这和家庭养老服务支持政策缺位、漏位或错位关系密切。中国自古以来重视家庭养老、以家庭为本提供全方位的养老支持。因此，探讨家庭养老服务支持政策具有重要的理论和现实意义。[5]

## 二、家庭养老服务支持政策概念及其内涵阐释

### （一）家庭养老概念界定、内容与定位

家庭养老是由家庭成员承担养老责任的文化模式和运作方式的总称。作为一种文化模式的家庭养老不仅是老年人赡养问题，还是践行中国文化核心价值观的方式和手段。根据子代赡养老人的外在形式，家庭养老可分为共居（子女与父母共同居住并由子女直接提供赡养）、分居和独居养老（子女不与父母共同居住，可能存在父母异地养老的情况，子女定期或不定期地回家探望并尽赡养义务）等多种形式，其核心在于家庭成员特别是子代承担养老责任、提供养老资源。家庭养老的内容主要涉及经济供养、生活照料和精神慰藉。在经济供养上，家庭养老是代际之间的经济转移，以家庭为载体，自然实现保障功能，自然完成保障过程。随着经济社会的发展，以及高龄化、空巢化的加剧，老年人对生活照料和精神慰藉的需求日益强烈。从经济供养、生活照料和精神慰藉三项内容的发展趋势看，家庭养老和社会养老在三个方面各自发挥着不同的作

用。就经济供养而言，家庭养老主要是作为社会养老的补充，作为社会保险和企业年金制度外的必要保障而存在；生活照料既可以由家庭成员提供，同时也是社会化养老保障的重要组成部分，前者的优点在于照料的过程中融合着浓浓的亲情，后者的优势在于专业性；而在精神慰藉方面，家庭养老具有社会养老无法比拟的优势。

## （二）家庭养老服务支持政策概念内涵阐释

家庭养老服务是指国家和社会为保障家庭养老提供经济支持、生活照料、精神慰藉和健康促进等相关服务的总称。家庭养老服务支持政策是社会政策的重要组成部分，指为支持和巩固家庭养老采取的各项政策措施的总称。家庭养老服务支持政策是一个宽泛的概念，其主要内涵表现在以下五个方面。第一，家庭养老服务支持政策首先是家庭政策，进而是社会政策的重要组成部分，是政府用于稳定家庭和承担家庭养老功能而针对家庭所推行的社会政策。第二，家庭养老服务支持政策可以对老年人、配偶、子女进行直接支持，也可以对老年人之外但与老年人存在各种程度联系的配偶、子女、非营利机构、营利性企业、志愿者等进行间接支持。第三，和支持对象相对应，家庭养老服务支持的提供者是多元的，包括家庭、政府、社会、市场，体现了责任共担原则。第四，家庭养老服务支持政策以"能力"取向为目标。家庭发展的核心在于家庭能力的发展，即作为家庭成员的人的发展。家庭养老服务支持政策以增强家庭成员养老能力、修复和强化家庭养老功能为目的。从这个意义上讲，家庭养老服务支持政策不但要通过"输血"协助家庭成员赡养老人，更重要的是通过"造血"恢复和强化家庭成员的养老能力。政府、社会、市场提供的家庭养老服务支持与家庭成员对居家老人的支持不是机械的替代关系，而是在统筹协作的前提下充分发挥这些不同资源各自的积极作用，更重要的是通过对家庭成员的支持增强"造血"功能，进而延续或扩展家庭养老功能。第五，家庭养老服务支持政策遵循"适度普惠"的原则。家庭养老服务支持政策在重点支持特殊困难老年人家庭的基础上，应覆盖所有老年人家庭。

## 三、中国家庭养老服务支持政策需求分析

当前中国社会对家庭养老服务支持政策需求仍十分迫切，其基本特征如下。

一是老年人的家庭照护需求强烈。失能老年人是老年人中最需要得到照料和护理的群体，而在失能老年人中，只有很小一部分能够在养老机构得到照护，大部分仍然依靠家庭照料者的帮助。随着人口老龄化的快速发展，高龄、失能老年人数量不断增多，老年人对居家长期照护的需求明显增大，但由于家庭小型化等因素的影响，这方面的需求远未得到满足。

二是老年人对于社区医疗康复服务的需求非常迫切。由于老年人患慢性病的比例较高，需要经常到医院或诊所治疗和领取药物，而大部分老年人的经济能力较弱。因此，老年人对位置临近和价格低廉的医疗服务机构的需求很高。虽然卫生部门在社区卫生服务方面已经开展了一系列工作，但老年人对上门就诊、家庭病床、上门康复护理指导等方面的服务需求仍未得到很好的满足。

三是高龄、空巢、失能老年人家庭亟须送餐服务。在吃饭问题上，农村老年人更多是依靠自己的配偶或子女，但随着社会化养老服务理念的推广，一些农村老年人和他们的子女也逐渐可以接受家庭以外的生活服务。与农村相比，城市子女帮助老人解决就餐问题相对困难，因此城市老年人更期望社区帮助解决就餐问题。由于需要的迫切性，不少城市社区都开展了送餐服务，这一服务在一些经济较发达地区的农村也开始出现。[6]

四是家庭照料者对于经济补贴的需要强烈。中国部分老年人的经济状况较差，保障水平偏低。尤其是长期患病和生活不能自理的老年人的经济状况更加困难，并且部分子女因照料老人而无法外出工作，加剧了整个家庭的经济压力。为使老年人获得更好的家庭照顾，同时缓解照料者的经济压力，一方面应鼓励子女尽量和失能老人同住，另一方面应给予失能老人的家庭照料者一定的经济补贴。

五是家庭照料者需要喘息服务。无论照料者是老人配偶还是老人的

子女，如果长期照料失能老人，对他们的身心健康都有很大影响。尤其是高龄老年人作为主要的照料者，因其自身也年老多病，无论从身体上还是从精神上都承受着巨大的压力，部分老人甚至产生了轻生的念头。照料者和老人都十分需要喘息时间，但目前我国的喘息服务还处在起步阶段，只有个别地方开始试点。

总之，当前我国城乡老年人家庭对于家庭养老服务支持政策的需要非常迫切，今后随着高龄、失能以及空巢和独居老年人群体规模的快速增加，需要照料的居家老年人数也将急剧增加，这对家庭养老服务支持政策将提出更高的要求。

## 四、中国家庭养老服务支持政策现状

习近平总书记对我国老龄事业发展做过重要指示，即将"制定家庭养老支持政策"作为着力完善老龄政策制度的重要内容之一。[7] 政府在家庭养老服务中发挥着主导力量，主要体现在三个方面：一是要制定宏观的战略规划，确保发展方向的正确性；二是要在政策上给予相应的支持，让家庭养老服务在真正的实践过程中有政策上的依靠；三是加大资金与人力的投入，确保养老工作的可持续发展。[8]

### （一）政策主体

到 2019 年底，国家层面出台家庭养老服务相关政策文件 272 个（见表 2），地方层面出台家庭养老服务相关政策文件 220 个（见表 3）。根据家庭养老服务支持政策的直接支持对象和间接支持对象的需求，家庭养老服务支持政策涉及诸多机构和地区，国家层面，主要集中在民政部、国家卫健委、人社部及全国老龄办等部门；地方层面，主要集中在北京、上海、福建、江苏、广东等直辖市或沿海发达省份。

表2 国家层面家庭养老服务支持政策汇总机构政策数量机构政策数量

| 机构 | 政策技术／个 | 机构 | 政策技术／个 |
|---|---|---|---|
| 民政部 | 82 | 交通运输部 | 2 |
| 国家卫健委 | 32 | 教育部 | 2 |
| 人社部 | 28 | 全国爱卫会 | 2 |
| 国务院 | 26 | 中央办公厅 | 2 |
| 国务院办公厅 | 24 | 中国证监会 | 2 |
| 国家发改委 | 15 | 国务税局 | 1 |
| 全国老龄办 | 15 | 国土资源部 | 1 |
| 财政部 | 12 | 国务院医改办 | 1 |
| 国家质检局 | 4 | 体育总局 | 1 |
| 住建部 | 4 | 司法部 | 1 |
| 商务部 | 4 | 中央文明委 | 1 |
| 中国保监会 | 3 | 中国红十字会 | 1 |
| 工信部 | 3 | 合计 | 272 |
| 中国银行保险监督委员会 | 3 | | |

注：此表系作者收集整理各部委涉及家庭养老服务支持政策汇总。

表3 地方层面家庭养老服务支持政策汇总

| 地区 | 政策数量／个 | 地区 | 政策数量／个 |
|---|---|---|---|
| 北京 | 78 | 浙江 | 4 |
| 上海 | 40 | 陕西 | 3 |
| 福建 | 25 | 贵州 | 3 |
| 江苏 | 22 | 吉林 | 2 |
| 广东 | 11 | 海南 | 1 |
| 湖南 | 6 | 江西 | 1 |
| 安徽 | 5 | 内蒙 | 1 |
| 河北 | 4 | 重庆 | 1 |
| 湖北 | 4 | 合计 | 220 |
| 山东 | 4 | | |
| 四川 | 4 | | |

注：此表系作者收集整理各部委涉及家庭养老服务支持政策汇总。

## （二）历年家庭养老服务支持政策出台总体情况

我国家庭养老服务支持政策自 2005 年左右开始颁布，但涉及面窄且数量较少，到 2013 年在政策内容和数量上都有了较大进展，到 2015 年已覆盖 8 个方面的内容（见表 4）。其中，颁布较早且数量较多的是扶持政策，占比为 26%，其次是宣传引导，占比为 21%，而精神慰藉和人才队伍建设方面的政策较少，分别仅占比 3% 与 4%。经济支持、医疗护理和资金投入方面的政策出现时间较晚，均在 2014 年前后，但出台的政策数量较多、力度显著，几年之内占比就提升至 10% 以上，其中医疗护理占比更达到 14%。总体而言，2013 年以来，我国家庭养老服务支持政策在内容覆盖和数量上都取得了较大进展，整个支持政策体系初具规模，为今后的持续提升奠定了较坚实的基础。

表 4　历年中国家庭养老服务支持政策出台总体情况

| 政策内容<br>年度/年 | 经济<br>支持/个 | 生活<br>照顾/个 | 医疗<br>护理/个 | 精神<br>慰藉/个 | 扶持<br>政策/个 | 资金<br>投入/个 | 人才队伍<br>建设/个 | 宣传<br>引导/个 |
|---|---|---|---|---|---|---|---|---|
| 2005 | | | | | 1 | | | |
| 2006 | | | | | | | | 1 |
| 2007 | | | | | | | | |
| 2008 | | | | | 1 | | | |
| 2009 | | 1 | | | | | | |
| 2010 | | 1 | | | | | | |
| 2011 | | | | | 1 | | | 2 |
| 2012 | | 1 | | 1 | 2 | | | |
| 2013 | | 3 | | | 11 | 2 | 1 | 2 |
| 2014 | 4 | 4 | 1 | | 10 | 3 | 2 | 6 |
| 2015 | 3 | 5 | 4 | 2 | 6 | 1 | 3 | 4 |
| 2016 | 9 | 4 | 17 | 4 | 11 | 12 | 3 | 17 |
| 2017 | 5 | 4 | 15 | | 25 | 10 | 1 | 20 |
| 2018 | 11 | 3 | 3 | | 4 | 2 | 1 | 5 |
| 合计 | 32 | 26 | 40 | 7 | 73 | 30 | 11 | 56 |
| 占比 | 12% | 9% | 14% | 3% | 26% | 11% | 4% | 21% |

注：此表系作者收集整理各部委涉及家庭养老服务支持政策汇总。

# 五、中国家庭养老服务支持政策评估

家庭养老服务支持政策体系以缓解家庭养老的现实压力、增强家庭养老能力、提高老年人晚年生活质量为重点，现有研究从不同角度对支持政策进行了分类，进而展开政策评估。支持系统可以分为正式支持和非正式支持，其中来自政府、社区的支持作家庭养老服务支持政策体系以缓解家庭养老的为正式支持的重要来源，来自社会组织、企业、邻里现实压力、增强家庭养老能力、提高老年人晚年生活的支持作为非正式支持的主要来源。总的来看，各项政策之间存在较为密切的互动关系，相互支撑共同构建家庭养老服务政策支持体系，然而目前的分类方法未能体现这种内在关联，在评估过程中也就难免存在片面性。

对此，本研究采用主成分分析的方法对国家层面的家庭养老服务支持政策进行量化分析和综合评价，尝试从整体上把握政策支持体系的现状，进而提出更加科学、合理的对策。主成分分析是多元分析中降维的一种方法，在本研究中的应用主要是进行多指标的综合评价，在科学分析中，经常需要考察一个对象多方面的情况，最终又需要对该对象给出一个整体评价，这就涉及多指标的综合评价问题，主成分分析是解决综合评价问题的一条有效途径。

## （一）政策评估指标体系构建

在现有文献中，大多将家庭养老服务支持政策按不同视角进行简化分类来评估，比如扶持政策就归入宏观，精神慰藉就归入微观。这种划分方法较为直观简便，但未能充分考虑同一政策事实上可能对宏观和微观方面同时造成影响，这是因为社会经济环境作为一个整体运作的系统，各层级和部门之间不断进行着资源和信息交换，同一种政策可能对宏观和微观环境都造成影响，而同一环境可能受多种类型的政策的影响，可以说，其间的相互作用关系网络极为复杂，学界也尚未对此有定论。本研究尝试在以往研究基础上有所推进，应用了主成分分析方法，通过抽取公因子进行具有 Kaiser 标准化的正交旋转，整体上对不同类型的政策进行测量和分析，从统计学的角度初步建立起不同类型政策与宏观、微观影响之间的关系网络，基于分析结果构建一个更加科学、全面的政策评估指标体系（见表5）。

**表5　家庭养老服务支持政策评估指标体系构建**

| 总指标 | 一级指标 | 权重 | 二级指标 | 权重 |
|---|---|---|---|---|
| 支持政策指数（PSI） | 宏观支持政策（AP） | 0.565 | 经济支持 | 0.09 |
| | | | 生活照顾 | 0.10 |
| | | | 医疗护理 | 0.17 |
| | | | 精神慰藉 | 0.02 |
| | | | 扶持政策 | 0.20 |
| | | | 资金投入 | 0.18 |
| | | | 人才队伍建设 | 0.05 |
| | | | 宣传引导 | 0.19 |
| | 微观支持政策（IP） | 0.435 | 经济支持 | 0.13 |
| | | | 生活照顾 | 0.16 |
| | | | 医疗护理 | 0.11 |
| | | | 精神慰藉 | 0.20 |
| | | | 扶持政策 | 0.01 |
| | | | 资金投入 | 0.09 |
| | | | 人才队伍建设 | 0.22 |
| | | | 宣传引导 | 0.08 |

注：此表系作者收集整理各部委涉及家庭养老服务支持政策汇总。

## （二）基于支持政策指数的政策评估

在已有的政策评估指标体系基础上，本研究将历年政策数量代入计算支持政策指数，见表6。

从发展趋势来看，中国家庭养老服务支持政策自2013年以来取得显著进展，到2016年和2017年间达到一个峰值，实现全面、快速布局，为应对老龄化带来的挑战争取到了更多主动性和有利位置，2018年进入调整期，数量上有所回落，但从长期来看还有较大空间（见图7）。

表6 历年家庭养老服务支持政策指数

| 年度 | 宏观支持（AP） | 微观支持（IP） | 支持政策指数（PSI） |
|---|---|---|---|
| 2010 | 0.10 | 0.16 | 0.12 |
| 2011 | 0.58 | 0.17 | 0.40 |
| 2012 | 0.51 | 0.37 | 0.45 |
| 2013 | 3.24 | 1.11 | 2.31 |
| 2014 | 4.68 | 2.54 | 3.75 |
| 2015 | 3.96 | 3.21 | 3.63 |
| 2016 | 11.99 | 7.70 | 10.11 |
| 2017 | 14.05 | 5.85 | 10.47 |
| 2018 | 7.95 | 6.21 | 7.19 |

注：此表系作者收集整理各部委涉及家庭养老服务支持政策汇总。

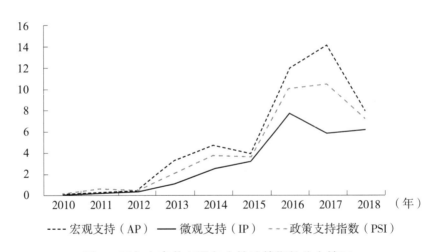

图7 历年家庭养老服务支持政策指数分布情况

从支持类别上来看，中国较长时期内是以宏观支持政策为主，注重从政策扶持、宣传引导等方面进行支持，特别是2016年和2017年间这一特征更为显著。这一情况在2018年得到缓解，宏观支持调整回落，而微观支持稳中有升。

从作用机制上来看，随着中国家庭结构的微型化、小型化和功能趋于弱化，导致家庭养老自身需要来自政府、市场及社会等多方支持和扶助，宏观和微观支持政策各有其优势作用，在宏观支持政策构建起初步框架之后，还要以微观支持政策加以衔接方能发挥最大效果，统计分析表明目前两者权重相差不大，且差距正在减小，近期的主要任务应更注重现有政策的微调和协同。

## 六、中国家庭养老服务支持政策体系构建与思考

### （一）中国家庭养老服务支持政策体系构建

结合本研究对"家庭养老服务支持政策"的定义，本部分构建了中国家庭养老服务支持政策体系，重点回答家庭养老服务支持政策的几个主要问题。

#### 1. 支持的目的 —— 政策目标

长期以来，传统的"孝"文化和"家庭养老"观念使家庭成为中国老年人养老资源的主要承担者，但随着经济社会的发展以及家庭户规模的缩小，家庭在承担养老责任方面开始面临着种种挑战，但绝大多数老年人仍然愿意选择家庭养老，愿意留在自己熟悉的环境中度过晚年。因此，家庭养老服务支持政策的最终目的就是通过家庭养老服务支持政策来提高家庭养老的能力，通过各种方式来补充并强化家庭的养老功能，尽可能长地延长老年人在家养老的时间，满足老年人的家庭养老愿望。

#### 2. 支持谁 —— 目标群体

本研究中所提到的家庭养老，是指家庭成员在直接为老年人提供养老资源的同时，也可以借助外力来实现在家赡养老年人的责任。据此，我们可以将家庭养老的支持对象分为直接的支持对象和间接的支持对象两种。

一是直接的支持对象。直接支持对象包括：居住在家中的老年人，以及为老年人提供养老资源的家庭成员，包括配偶、子女以及其他家庭成员等。

二是间接的支持对象。间接的支持对象是指可以为家庭成员提供支

持，弥补家庭成员在赡养和照料老年人方面不足的机构、组织和企业。通过支持、发展这些机构、组织或者企业，间接地为家庭成员提供相应的支持和服务，来巩固和提高家庭在为老年人提供养老支持方面的能力，从而满足老年人家庭养老的愿望。

**3. 支持什么 ——政策内容**

（1）直接支持内容

首先，从老年人个体的需求来看，他们除了有人类的普遍性需要外，还有作为老年人的特殊性需要。总的说来，学界普遍认同将老年人的基本需要分为经济支持和照料服务两大类，而后者又可进一步分为生活照料、医疗护理和精神慰藉。

一是经济支持。即通过社会保障、社会救助、社会福利等制度来满足老年人的经济保障需求。

二是生活照料。这是老年人的主要养老需求，包括老年人的日常起居饮食照料、洗浴、就医等方方面面的照顾。

三是医疗护理。对于那些罹患较严重疾病的老年人来说，除了生活照料，还需要较专业的医疗护理服务，老年人的医疗护理服务需求仅仅依靠家庭成员是难以满足需求的，必须通过专业的卫生医疗机构和护理服务机构提供相应的服务支持。

四是精神慰藉。家庭所能提供的精神慰藉对老年人来说是最为理想的，这也是中国老年人更认可家庭养老的一个重要原因。

其次，从家庭成员的需求，特别是家庭照料者的需求来看，照料的长期性可能导致照料者健康状况变差，社会交往、闲暇时间减少，心理压力增大，最终陷入身心俱疲的状态和异常艰难的境况。因此，家庭养老服务支持政策的一项重要内容就是要对家庭照料者给予应有的支持，包括经济、就业、心理、培训、喘息服务等方面都应该给予家庭照料者更多的关注和支持。

（2）间接支持内容

第一，扶持政策。即为市场和社会发展家庭养老服务提供相应的行政审批、用地、税收、水电等优惠和扶持政策。

第二，资金投入。在扶持市场和社会力量发展家庭养老服务初期，政府的投入是必不可少的，除了要不断提高老年人及家庭成员本身的经济保障水平，保证他们有足够的家庭养老服务购买力之外。还应该加大对民间养老服务市场发展的投入，包括设施建设投入、运管经费投入、相应的补贴与优惠等。

第三，人员队伍。在人员素质和技能培训、待遇、就业政策、人才奖励与职业发展等方面，国家也应该出台相应的鼓励和扶持政策，以满足家庭养老服务行业发展的人才需求。

第四，宣传引导。现阶段的家庭养老不同于传统意义上的家庭养老，是一个政府、社会、市场、家庭、个人都要参与其中的新型家庭养老体系。因此在舆论宣传和引导方面，也应该有相应的措施和手段，引导人们更新观念，厘清家庭养老和社会养老的互补关系。

### 4. 谁来支持 ——政策主体

近年来在社会福利领域里的"福利多元主义"和在公共管理领域里的"多中心治理"理论开始成为许多国家进行福利改革和管理创新的指导思想。[9]家庭养老服务支持政策体系的建立和完善，不能仅依靠政府、家庭，或者仅依靠市场，必须通过多个部门的共同协作与配合，才能满足老年人的家庭养老需求。[10]家庭养老服务支持政策的政策主体包括三个部分。

一是为老年人提供支持的部门，指为老年人提供经济、医疗、服务保障支持的政策部门，如人社部、民政部、国家卫健委，另外为特殊老年群体提供服务和权益保障的部门，如残联、妇联等部门也是制定和出台相应支持政策的主要部门。

二是为家庭成员提供支持的部门，指为照顾赡养老年人的家庭成员提供就业、居住、经济保障等支持的政策部门，如人社部、住建部、公安部（提供户籍管理以及户口随迁等政策），以及为特殊家庭，如独子家庭、失独家庭提供特殊支持政策的部门，如卫健委等。

三是为社会部门提供支持的部门，指为市场、NGO、社区等社会部门提供优惠和扶持政策的部门，如发改部门、财政部门、市场监督管理部门、自然资源部门、税务部门等，这些部门可以为市场、NGO 和社区提供家庭养老所需的产品和服务出台相应的鼓励政策，弥补家庭成员在赡养老人方面的不足和缺陷，共同满足老年人家庭养老的服务需求。

综上所述，根据家庭养老服务支持政策的直接支持对象和间接支持对象的需求，家庭养老服务支持政策所涉及的政策制定部门涵盖了方方面面。

### 5. 怎么支持 —— 支持方式与运转机制

（1）支持方式

家庭养老服务支持政策的支持方式主要有以下几种。

第一，法律手段。家庭养老制度应通过法律制度的形式固定下来，逐步实现法制化、制度化，并根据需要适时进行动态调整。一方面可以通过行政立法和司法方式来调整家庭养老的各种关系，巩固和增强家庭养老功能，如《中华人民共和国老年人权益保障法》中明确对家庭成员赡养老年人进行了规定。另一方面，也可以通过法律手段来明确其他支持主体，包括政府、市场、社会等在支持家庭养老中的责任和义务。

第二，行政手段。即通过规定、规章制度等行政方式来支持家庭养老，如出台相应的政策来对家庭养老给予支持。

第三，经济手段。一方面，可以通过各种保障、补贴制度来直接对老年人及其家庭成员给予相应的经济支持；另一方面，也可以利用各种经济杠杆如税收、利率等来鼓励、支持和引导市场更多地参与到养老服务市场中来，弥补家庭养老在功能上的不足和缺陷。

第四，宣传手段。通过宣传引导，促使人们正确理解当代社会的家庭养老内涵与家庭养老服务支持政策的体系内容，更好地满足老年人的家庭养老愿望与需求。

（2）运转机制

应通过政府主导、市场运作、全社会的广泛参与来保证家庭养老服务支持体系的良性运转。政府主导，就是要突出政府在家庭养老服务支持体系中制定规划、出台政策、投入资金、培育市场、营造环境等方面的主导作用；市场运作，就是要发挥企业在为老年人及其家庭提供产品和服务方面的作用，补充家庭养老的不足和缺陷；社会参与，就是要弘扬中华民族尊老敬老助老的优良传统，引导社会上的各种非营利机构、中介组织、志愿者等力量参与构建家庭养老服务支持体系。

## （二）家庭养老服务支持政策顶层设计层面的具体思考

### 1. 税收支持政策

首先，着手制定遗产税、所得税的优惠、减免等政策。一是针对须长期照顾 70 岁及以上的高龄老人或久病、失能老人的低收入或困难家庭，可视情况减免收入所得税；二是对其他长期照料老年人的家庭（非低收入），视情况对收入所得税进行一定优惠与减免；三是完善遗产税，如老人与照顾者居住时间达规定年限（如五年及以上）并给老人送终者，在遗产税方面给予优惠，如打 8 折等、五年以下 8.5 折等；四是照料者与老人均有住房，但因照顾老人需要生活在一起的家庭，可对其中一方出售房屋或收入所得税方面给予优惠、减免。因养老需要购房、老人的房产出售、出租等方面产生的税收给予相应的减免或优惠。

其次，在自主创业方面给予需长期照顾的老人的家庭税收优惠。经济是家庭养老服务供给之基础，是制约老年人生活质量的重要因素。因此，经济状况应作为家庭养老政策制定必须考虑的因素。如：子女或亲属因照顾老人无法参加工作或外出谋生，政府可通过鼓励创业，并给予税收优惠减免，来增加需长期照顾老人家庭的经济收入。

### 2. 住房支持政策

首先，完善福利房分配制度，激励积极养老。一方面，在公租房、经适房、廉租屋等福利性住房资源配置上，对积极履行赡养义务且愿意与老人共同居住的家庭给予政策性照顾；另一方面，对三代同堂或三代以上的家庭在公租房、廉租房等住房申请给予优先安排，在购买福利性住房上给予优惠。

其次，完善住房公积金政策，创新公积金项目。在住房公积金中设立家庭养老住房公积金项目，鼓励子女积极自愿与父母长辈共同居住，以提升老年人的生活质量，尤其是精神层面的生活质量。

### 3. 经济支持政策

首先，完善居民最低生活保障制度。一是规范以家庭经济状况调查为核心的收入审核制度，将金融信贷、税收、住房以及日常消费和支出情况相结合进行审核，符合条件的家庭基于相应的最低生活保障层面的支持；二是建立完善与促进就业动态调整机制，如在公益岗位方面按优先顺序向承担家庭养老义务的低保家庭倾斜；三是一旦家庭平均收入超过最低生活标准，但因有失能、疾病等须长期照料的老人的家庭可继续保留几个月的待遇；四是超过低保标准，但在一定标准以下的养老家庭可以保留低保相关的配套福利措施。

其次，建立完善家庭养老补贴/津贴政策。其一，对履行家庭养老责任与义务的家庭在子女教育、学习、技能培训、付费型养老服务等方面给予一定的支持津贴。其二，建立照料者津贴制度。可对长期照料失能、久病父母或长辈亲属、邻里长辈达一定年限（如3年、5年）的年轻人给予一定的补贴等。为鼓励和支持家庭积极照料老人，可通过向长期照料老人的家庭成员且效果明显的照料者提供一次性奖励，或以经济补贴的方式给予激励。其三，设立家庭养老服务专项基金。将家庭养老服务专项基金纳入公共财政预算，以中央财政支持为主导，地方财政为基础，通过央地政府公共财政专项拨款，以及诸如福利彩票收入等公益收入为调剂，设立家庭养老扶助基金组织，并出台相应的家庭养老资金筹措制度以解决家庭养老资金不足的难题。

### 4. 医疗护理支持政策

首先，建立健全长期护理制度。长期护理是养老服务中费用支出最大、精力消耗最多的项目，对家庭而言也是负担最重的项目。因此，政策层面可按照老年人的具体情况，如年龄、需求情况、需护理程度等进行支持。如高龄、重病、失能等老人家庭等按年龄、病情、自理能力情况等享受相应待遇，情况严重者的待遇高于一般情况者。上述家庭医疗保险的缴费率随情况不同而变化。

其次，完善护理机构服务供给制度。家庭护理服务可由本人或照料者以及其他家属提出申请，护理机构对老人身体状态、自理能力、家庭状况等进行评估，而后确定护理级别。一是由非营利性公益护理机构提供相应的服务；二是由专业护理机构提供服务，费用由家庭、政府、公益组织等通过医疗保险、财政划拨、公益基金资助等形式共担。

### （三）家庭养老服务支持政策微观层面的思考

**1. 针对家庭照顾者出台相应的支持政策，提供多种服务性支持**

一是引导开展"替代性照顾服务"。鼓励资源丰富的养老机构和社区照料中心为长期照料老人的家庭成员定期或在其有需要时，以无偿或日托服务的形式提供临时性替代服务。二是鼓励社会专业机构为家庭照顾者提供相关家庭照顾技能培训服务。依托医疗机构、社区养老机构、护理机构等专业社会组织，为有自理能力的老人以及家庭成员提供培训，以提高老人自我照料能力以及家庭照料者的技能，进而提升照料质量。三是为家庭提供心理支持服务。依托村舍、社区医疗机构对家庭老人、照料者开展针对性的心理疏导与治疗服务，尤其是针对家庭成员长期照顾老人者进行心理慰藉和情感疏导，以缓解他们的心理压力，以此增进身心健康。四是充分利用大数据平台为养老家庭提供信息服务支持。

**2. 建立匹配家庭养老保障服务制度体系**

一是完善家庭养老及激励制度。可采取"以奖代补"的形式建立家庭养老津贴保障机制；亦可采取"雇主津贴"鼓励有条件的家庭自行购买服务，政府给予一定的补助。

二是完善老年人健康保健服务体系。加强社区家庭保健中心、老人活动中心等组织体系建设，向老年人家庭提供生活及护理服务。

三是完善养老规划，保障与拓展老年人活动空间。规范家庭养老服务的操作细则，严格监管、定期评估、合理引导、给予支持。在社区／村庄现有的诸如"老年活动中心"等养老设施基础上，强化以"政府出资、企业投资、社会捐助、集体筹资"的融资模式，针对养老所需对老年人活动空间、设施等进行优化与设计。

四是开发老年资源，满足老年精神慰藉。可通过依托街道办事处、村委会等组织对老年人开展教育学习、职业培训、技能指导等活动，丰富老年人的精神文化生活。

### 3.加强家庭养老服务队伍建设

在职业院校、普通高校等教育体系中设立家庭养老服务相关专业，从源头上建立家庭养老服务专业知识体系；在人才人事部门为养老服务人才开辟职称体系，支持养老服务专业化职业化发展，打通与其他人才的旋转门，促进家庭养老服务队伍健康发展。

### 4.鼓励社会组织合理介入家庭养老服务供给

第一，发展家庭"喘息服务"。"喘息服务"是由政府牵头，社会组织参与为家庭提供个人护理、专业照护等老年人相关服务，以给长期照料者喘息的服务模式。因此，政府可在税收、场地、技术、人力资源等方面给予相关组织相应的照顾。同时，加强"喘息服务"提供者、志愿服务人员及家庭照顾者的技能培训，提升服务供给质量。

第二，激发社会活力，鼓励社工组织积极参与，提升家庭养老专业化水平。一方面，鼓励社会组织为家庭养老户提供医疗照护、个人护理等专业服务，另一方面，完善家庭医生签约服务机制，将送医上门落到实处，同时建立健全政府出资、社会提供、家庭分担的服务供给模式，积极吸纳民间组织、公益组织、企业机构等主体积极为家庭养老提供医护、康复、保健等多元化服务。

**参考文献：**

[1] 陈建兰.中国城市养老模式研究 [D].南京：南京大学，2012.

[2] 翟悦，李楠.家庭、社区、机构"三位一体"智能养老服务体系构建研究[J].劳动保障世界，2019（30）：32.

[3] 张毅.人口总量增速放缓城镇化水平继续提升 [EB/OL]. (2020–01–19)[2020–10–20]. http://www.stats.gov.cn/tjsj/sjjd/202001/t20200119_1723861.html.

[4] 辛涛.我国城市家庭养老现状及问题研究 [D].北京：清华大学，2014.

[5] 虞洋波.我国现行社会养老服务体系下家庭养老支持政策探析 [J].嘉兴学院学报，2015，27（4）：85–89.

[6] 张倩.服务型政府下我国城市空巢家庭养老问题分析 [J].人才资源开发，

2019（23）：41–42.

[7] 中共中央政治局就我国人口老龄化的形势和对策举行第三十二次集体学习 [EB /OL].(2016–05–28)[2020–02–15]. http://www.gov. cn/xinwen/2016-05/28/content_5077706.htm.

[8] 汪泳 . 社会资本视域下支持家庭养老的政府行动逻辑及策略 [J]. 理论探讨，2020（4）：63–68.

[9] 赵锦，郑旭 . 以福利多元主义理论和马斯洛需求层次理论为导向的社区养老模式研究 [M]//2020 年南国博览学术研讨会论文集（二）. 北京：中国环球文化出版社，2020：39–40.

[10] 曲绍旭 . 多中心治理视角下农村互助养老服务制度发展路径的优化研究 [J]. 广西社会科学，2020（1）：55–60.

（发表于《广州大学学报（社会科学版）》2021 年第 2 期）

# 积极应对人口老龄化国家战略的科学内涵、时代价值与实践路径

郭金来　陈泰昌　翟德华

2020 年，《中华人民共和国国民经济和社会发展第十四个五年规划和 2035 年远景目标纲要》第一次明确提出实施积极应对人口老龄化国家战略。这是以习近平同志为核心的党中央，纵观国内国际两个大局，结合当下实际做出的重大战略部署，是我们党性质和宗旨的重要体现，关系着我国经济的长远发展和百姓民生福祉的重要战略，未来将会全方位地、深远地对我国人口老龄化相关制度建设产生影响，是具有划时代、里程碑意义的战略部署。

## 一、准确把握实施积极应对人口老龄化国家战略的科学内涵

从人口生育、老龄人力资源到养老服务体系建设等方面实施积极应对人口老龄化国家战略，是我们党坚持以人民为中心、贯彻新发展理念、统筹国内国际两个大局，应对我国人口老龄化的全方位系统性思考，丰富了人口老龄化和积极应对的科学内涵，将对中国经济高质量发展和社会长治久安产生深远的意义，标志着党和人民能够更加成熟地应对人口老龄化，应对人口老龄化迈向治理现代化。

（一）实施积极应对人口老龄化国家战略的新论断标志着我国进入全面应对老龄化的新发展阶段

### 1. 人口老龄化本质上是一种进步现象

老龄化是现代发达国家的显著特征，国家成长得越快，老龄化的形势就越严峻。中国人口老龄化过程与国家现代化过程高度契合，相伴同行。20世纪末提出实现国家现代化的"两个一百年"奋斗目标时，我国开始进入轻度老龄化社会。到2035年基本实现社会主义现代化时，我国将进入中度老龄化社会，60岁及以上老年人口规模将达到3亿人。2050年全面建成社会主义现代化强国时，我国人口老龄化将达到峰值，65岁及以上老年人口占比将接近30%，老年人口将接近5亿。当前，世界发达国家基本都处于老龄化阶段，很多发展中国家（如中国）也进入老龄化社会，人口老龄化本质上是一种进步现象。

积极应对人口老龄化是关系我国现代化建设全局的战略任务。人口老龄化是今后较长一段时期我国的基本国情，并且会贯穿我国全面建设社会主义现代化国家的全过程。造成我国人口老龄化的主要原因，就是随着科技发展水平的提高，人的平均寿命逐年延长，一个国家或地区的人均寿命反映的是这个国家或者地区的综合国力、经济发展水平以及文明程度。把积极应对人口老龄化确定为"国家的一项长期战略任务"并不仅仅意味着严峻的挑战，还关涉国家进步、人民健康、公共卫生安全等层面。

### 2. 我国进入了全面应对老龄化的新征程

为了能够充分应对人口老龄化这个问题，稳定提升健康预期寿命，世界卫生组织不断宣传健康老龄化的理念。2015年，世界卫生组织提出了健康老龄化战略，这是围绕医疗保健领域和老龄健康领域的一项战略，健康老龄化以提高老年人的生命质量为中心，延长健康预期寿命。党的十九大报告明确指出：实施健康中国战略，"积极应对人口老龄化，构建养老、孝老、敬老政策体系和社会环境，推进医养结合，加快老龄事业和产业发展"[1]。2019年，我国出台《国家积极应对人口老龄化中长期规划》，对老龄化这个问题做出了特别部署。2020 年，党的十九届五中全会提出"实施积极应对人口老龄化国家战略"[2]，这是我国第一次把应对老龄化提升为国家战略，同时也是在我国人口老龄化程度即将从轻度转为中度这个背景之下做出的重大战略决策，这也说明从"十四五"以后，我国进入了全面应对老龄化的新阶段。

（二）实施积极应对人口老龄化国家战略的新要求是我们党从人口生育、老龄人力资源到养老服务体系建设等方面的全方位系统性思考

在进行国家规划时，人口是最重要的因素。中国在经济继续保持以及更高质量运行的同时，也要积极应对将来的可持续发展，人口规模的适中和结构合理是可持续发展的必备条件。从中长期社会发展目标来看，人口发展不仅需要数量的提高，还要求质量的提高以及结构的优化。"十四五"时期，是我国人口发展的关键转折期，在正确处理人口系统自身的发展问题以及正确处理好人口同其他领域（例如经济、社会、资源、环境外部系统）的协同发展方面，仍然存在着许多困难。当下以及将来的较长时间内，我们仍然需要关注"少子老龄化"这个问题，人口老龄化过快以及较低的出生率将会对我国的经济社会产生长久的影响。在我国，将人口老龄化问题局限于老年人事业甚至老年人问题领域的现象还比较普遍。人口老龄化不只是"老年人的事"，还会降低国民储蓄率、减弱经济增长潜力，同时对应着劳动力稀缺性提高，劳动成本增加，对经济运行产生复杂的影响，关乎每个人的现在和未来。人口老龄化会在经济运行、社会建设、社会文化、综合实力以及国际竞争力方面产生较为深远的不利影响。[3]

**1. 不断完善儿童福利制度，确保我国人口均衡发展**

我国的人口老龄化程度正在从轻度转向中度，仅仅从老年人群体和解决老年生活保障方面来解决问题是不够的，还必须考虑如何维持人口的均衡增长，只有把生育率控制在较为稳定的环境下，才能够保证劳动力供应充分，从而创造出更多的财富，并给予老年人更好的服务。儿童

是家庭乃至祖国的未来，关系着人口老龄化的人力支持，在生育率持续新低以及妇女生育意愿低下的背景下，推动发展儿童福利事业是我国社会发展新阶段增加民生福祉的重要指标，也是改变生育率下降保持人口增长的重要措施。不断减轻生儿、养儿、育儿的成本，以此为目标，不断完善儿童福利制度，确保我国人口均衡发展。

**2. 将积极应对人口老龄化纳入经济社会发展的全过程和各领域**

各级政府应通过开发利用老年人力资源、发展老龄产业等措施，打造老龄化条件下经济发展的新动能和新优势，着力挖掘老龄化给国家发展带来的机遇和活力。新一轮的科技革命和产业变革发生之后，经济运行的方式发生改变，社会对劳动力提出了更高水平的要求。积极应对人口老龄化，要充分利用老龄人力资源，为老有所为者提供新的渠道，为老有所为者开辟新的途径。如提高老龄化人口年龄标准，把老年人的门槛从 60 岁提升到 65 岁、渐进式地提高法定基准退休年龄、构建积极的发展型政策支持体系、树立分类分层分区域的应对思维。目前，我国人口平均出生预期寿命为 77.3 岁，这需要我们采取延迟退休、灵活就业等政策改革，在制度安排上促进个人生命周期中劳动就业时间的延长，创造更多条件使得老年人参与社会经济活动，创造老年人参与社会经济活动的机会 [4]，促进健康老年人社会活动参与、家庭活动参与意愿，提升老年人幸福感和获得感。

**3. 大力发展家庭养老，不断推动现代服务业的发展**

家庭养老和社会养老是有区别的，社会养老主要涵盖基本型（含兜底型、普惠型）和高端市场型，家庭养老更加符合中国传统观念。习近平总书记指出，"中华民族自古以来就重视家庭、重视亲情"，"对一个社会来说，家庭的生活依托都不可替代，家庭的社会功能都不可替代，家庭的文明作用都不可替代"。[5] 家庭是社会中最基本的单元，是我国社会转型和制度变迁的开始，更是一个国家繁荣昌盛、民族进步、社会稳定发展的重要条件。家庭是行为的基本决策单元和实施主体，是人口发展的微观基础，婚姻、生育、迁徙都会受到家庭的影响，最终在宏观层面决定着人口的发展与变迁。因此，积极应对人口老龄化战略，对养老服务进行分类和定位，支持家庭承担养老功能，健全基本养老服务体系，发展普惠型养老服务和互助性养老，推动养老事业和养老产业协同发展，培育养老新业态，推动养老服务和养老产业协同发展，符合当前中国的基本国情以及社会主义初级阶段这个基本特征。[6]

不断推动现代服务业的发展，推动生活性服务业向高品质和多样化升级，加快发展健康、养老、育幼、文化、旅游、体育、家政、物业等服务业，加强公益性、基础性服务业供给。把养老服务视为现代服务业中生活性服务业的重要部分，使其发展朝着高品质、多样化前进，同时兼顾公益性和基础性。不断完善多层次的社会保障体系，稳步建立长期护理保险制度，健全老年人、残疾人关爱服务体系和设施，为老年人支付和享有养老服务创造资金和物质条件。

### （三）实施积极应对人口老龄化国家战略是新时代我们党更加重视促进人的全面发展和社会全面进步的新部署

#### 1. 坚持以人民为中心

积极应对人口老龄化是贯彻以人民为中心的发展思想的内在要求。当前，我国人口年龄结构老化，社会和家庭负担加重，社会保障支出压力增大，养老和健康服务矛盾凸显。积极应对人口老龄化，健全可持续的多层次社会保障体系，完善养老服务体系和健康服务体系，构建养老、孝老、敬老的政策体系和社会环境，有利于满足人民日益增长的美好生活需要。我们应该采取的正确态度是：老年人在进入失能或半失能的状态时，能够具备相应的社会保障和相应服务以解决当下之困。因此，要不断加快养老金制度定型、法定医疗保障制度定型，建立长期护理保险制度和相对统一的老龄津贴制度，尽快在多层次社会保障体系建设方面取得实质性进展。

#### 2. 贯彻新发展理念

我国的人口老龄化有其特殊性，即规模大、增速快，未富先老、未备先老，传统生活方式与现代生产方式冲突。要分清楚养老事业和养老产业，促进其协同发展，政府不能替代市场，要尽力而为又要量力而行，做到不越位不缺位。不断满足人民对美好生活的向往是党的十八大以来确立的发展目标，老年人的幸福生活应该以相应的物质条件和生活条件为基础。积极、健康的老龄社会应当是老有所养与老有所为并重。要顺应时代发展的潮流，创新思路，统筹协调应对，加强全生命周期养老准备，提升物质文化需求和生活质量。要完善党委统一领导、政府依法行政、部门密切配合、群团组织积极参与、上下左右协同联动的老龄工作机制，形成老龄工作大格局。要确保城乡社区老龄工作有人管，老年人的事情有人抓，老年人的困难有人解决。要健全社会参与机制，发挥有关社会组织作用，发展为老志愿服务和慈善事业。

**3. 统筹国内国际两个大局**

"十四五"时期将积极应对人口老龄化上升为国家战略恰逢其时。中央制定了加快形成以国内大循环为主体、国内国际双循环相互促进的新发展格局，双循环发展新格局赋予老龄产业发展新机遇。社会不能把老年人口看作是累赘，要认识到老年人不仅具备丰富的人生经验，还具备人力资源价值，在消费、扩大就业以及产业发展方面具有无限的潜力。根据相关机构预测，我国的养老服务和产品市场的规模可达十万亿以上，这就是为什么要发展"银发经济"的原因。此外，老年人的养老问题得以解决，就意味着年轻人可以从家庭照护中抽身，从而激发市场活力，促进经济发展。因此，积极应对人口老龄化，发展养老服务业，对加快构建"大循环、双循环"新发展格局具有重要意义。一是立足国内大循环，做大做强老龄产业。我国作为世界上唯一的老年人口超过 2 亿的国家，必然会发展成为世界上最大的老龄产业市场。利用好国内超大规模市场的优势，构建统一、开放、公平、强大的国内市场体系，使老龄产业的土地、人才、资金等各类生产要素在国内大循环中尽可能实现优化配置。二是继续放宽外资准入，吸收借鉴外资先进的养老理念、丰富的资本运作经验、成熟的运营管理模式、精细化的标准规范、高质量的服务培训，促进国内养老产业转型升级。三是鼓励头部企业走出去，发挥我国制造业大国的优势，培育老年用品制造业龙头企业，开拓国际老年用品市场。

### 4. 实现健康中国战略

《"健康中国 2030 规划"纲要》作为推动我国新时期健康事业发展的行动纲领，提出建设健康中国的根本目的是全民健康，要立足全人群和全生命周期两个着力点，提供公平可及、系统连续的健康服务，实现更高水平的全民健康。维护生命健康公平是健康中国老龄化方案的首要出发点，不断在老年健康服务领域推进基本公共服务均等化，不断缩小在健康领域的城乡、区域和阶层差异。同时，从生命全周期出发，健康老龄化中国方案要重视"中上游干预"，以提高全人口在全生命周期的健康为关键。老龄人口的健康是由生命各个时期的健康问题累积而成的，不论是个人的健康还是全民的健康，健康老龄化的目标是对健康长期而全面的干预和促进。我国于 2017 年颁布的《"十三五"健康老龄化规划》就从生命全过程的角度出发，将健康老龄化定义从生命早期开始，对与健康有关的所有要素进行综合性和系统性的干预政策。

### 5. 实现经济高质量发展

党的十九届五中全会提出，到 2035 年我国人均国内生产总值达到中等发达国家水平，也就是 2 万美元，对应 15 年的平均增速约为 4.8%。在这个阶段，我国老年人口到 2035 年将达到 3.5 亿，人口老龄化快速增长、老年人口数量规模巨大。因此，从"十四五"开始，我国既要解决好人口老龄化问题，又要推动经济社会高质量发展，这就需要我们站在中华民族伟大复兴的战略全局，深入洞察世界政治、经济、科技、文化力量等相互作用的大变局，深刻认识人口老龄化带来的挑战和机遇，增强机遇意识。人口老龄化不是社会包袱，它是带给中国新时代的"第二次人口红利"。人口老龄化催生养老产业，"互联网＋养老"促进人工智能、物联网、云计算、大数据等新一代信息技术和智能硬件等产品在养老服务领域的深度应用。养老产品辐射领域还包括生物医药、养生器具、保健食品等。医养结合是养老服务中最具刚需性的服务，它既是民生问题也是国家战略，既是经济也是文化的传承，是事业与产业、公共服务与市场供给、社会与经济的高度融合。医养产业的希望与出路在于最大限度实现跨领域、跨行业的融合，走市场化、规模化、专业化的道路。通过开发利用老年人力资源、发展老龄产业等措施，打造人口老龄化条件下经济发展的新动能和新优势，这些都是推动经济转型升级、高质量发展所必需的。

### 6. 构建中国特色养老服务体系

实现中华民族伟大复兴的中国梦和面对世界百年未有之大变局，人口老龄化问题是绕不开的因素。能够及时、科学和有效地面对人口老龄化，是对我们坚持的道路、理论、制度和文化的助力因素；反之，则可能成为负向和不确定性风险因素。实施积极应对人口老龄化国家战略，应建立以家庭养老为基础、以社区服务为依托、以机构养老为支撑的融合发展的居家养老服务体系。第一，家庭养老是"第一支柱"。民政部数据显示，只有 1% 的老年人入住养老机构，99% 的老年人居家养老，因此，巩固家庭养老基础性地位十分重要。第二，社区服务是居家养老的根本保证。重点发展专业性、送上门的服务，这是养老服务的"硬核"产品。应当把社区内的基本养老服务设施纳入公共服务范畴，由政府提供，由专业机构运营，才能实现企业能赢利、老人买得起的可持续的养老服务。第三，坚持以机构养老为支撑。公办养老机构要充分发挥兜底保障功能，重点扶持发展嵌入型、连锁型、康复护理型养老机构。第四，要坚持以老年人需求为导向，努力实现家庭、社区、机构三者有效融合发展。

## 二、充分认识实施积极应对人口老龄化国家战略的时代价值

人口长期均衡发展是实现中华民族伟大复兴中国梦的必要保障，更是关系中华民族生存与发展的重大问题。党的十八大以来，党中央高度重视我国的老龄工作，先后就应对人口老龄化、加快建设社会养老服务体系、发展养老服务产业等提出明确要求，制定了一系列改革举措，推动我国老龄事业不断取得新的发展成就。"十四五"甚至以后更长时期里，我们只有站在党和国家工作全局的高度，才能深刻认识到实施积极

应对人口老龄化国家战略的重大意义。

（一）实施积极应对人口老龄化国家战略是践行党的初心使命、坚持以人民为中心发展思想的必然要求

为中国人民谋幸福、为中华民族谋复兴，是中国共产党百年不变的初心使命；全心全意为人民服务，带领人民创造幸福生活，是我们党始终不渝的奋斗目标。我国人口基数庞大，人口总量居世界之最，老年人数量也是世界第一。当前，我国人口的发展正处于转型期，突出特点是短时间内老年人口数量增长过快，占总人口的比率不断升高。60岁及以上人口26736万人，占全国人口的18.9%，其中65岁及以上人口20056万人，占全国人口的14.2%。[7]据有关部门预测，2025年我国老年人口将突破3.3亿人，2053年将达到4.87亿人的峰值，届时将占到全球老年人口总数的四分之一。[8]面对如此庞大的老年人群体，如何实现人口老龄化与经济平稳运行协调发展，确保让老年人老有所养、老有所依、老有所乐、老有所安，是我们当前社会发展所面临的重要问题。同时，我们也应该正确认识老龄社会，正确认识老年人和老年生活。老龄是人生命的重要阶段，老年人是国家和社会的宝贵财富，老年仍然是可以有作为、有进步、有快乐的重要人生阶段。满足老年人对美好生活的向往，是践行全心全意为人民服务根本宗旨的重要体现。

随着人口老龄化的到来，社会与家庭担子加重，社会保障支出比例增加，供养老人和健康服务供需矛盾凸显。在这种情况下，各级政府要实施积极应对人口老龄化战略，建设多层面的社会保障体系，完善养老服务体系和健康服务体系，构建养老、孝老、敬老的政策体系和社会环境，建设具有民族特色、时代特征的孝亲敬老文化，积极开发老龄人力资源，发展"银发经济"，充分实现老龄人口在社会发展中的积极意义，从而使得每一位老人晚年安心、静心、舒心，满足老年人及其家人对美好生活的愿望。

（二）实施积极应对人口老龄化国家战略是推动经济高质量发展、推动构建新发展格局的必要保障

当今世界正经历百年未有之大变局，全球市场不断萎缩，国际经济持续低迷，国际经济大循环动能不断弱化。近几年，一些发达国家民粹主义、贸易保护主义势力不断抬头，经济全球化正经历逆流的不利局面；我国内部也仍然存在着地区发展不平衡不充分的问题。在此情况下，我们党提出加快构建"大循环、双循环"相互促进的新发展格局，为经济社会的继续发展指明了道路。"十四五"时期，我国老龄人口不断增加，劳动年龄人口占全部人口的比例呈不断下降的趋势，青壮年劳动力越来越少，这样下去，会对我国经济增长造成潜在的不良影响。滚滚而来的"银发浪潮"，既给我国经济社会发展带来巨大挑战和冲击，也蕴藏着宝贵的发展机遇和希望。[9]

实施积极应对人口老龄化国家战略，积极开发老龄人力资源，在不违背老年人意愿和确保老人健康的前提下，积极鼓励老年人再就业，加快积累人力资本；统筹推进"银发经济"的发展，大力开发老年人市场，积极打造新的消费热点，不断培育"银发经济"的新产业、新模式和新业态，使其成为经济发展的新动能，既满足老年人的需要，又可以为我国经济发展注入新的动力；持续刺激"银发消费"，从而不断增加内需，推动国内大循环良性发展。

（三）实施积极应对人口老龄化国家战略是维护国家安全和社会和谐稳定、实现第二个百年奋斗目标的必要举措

"十四五"期间，我国人口老龄化的趋势日益明显，这是我国的基本国情，紧紧伴随着第二个百年奋斗目标的历史进程，对中华民族代际和谐、社会活力、人口安全以及提升我国的综合实力产生深远的影响。实施积极应对人口老龄化国家战略，有助于我国人民更深一步统一认识，形成共识，不断增强防范风险的意识，产生责任感、使命感、紧迫感，逐步制定落实人口长期发展战略，统筹各方资源，稳妥推进生育政策改

革，推动配套公共服务体系建设，减少生儿、养儿、育儿的成本，推动我国人口均衡的发展，不断提高国民素质；促进我国养老事业与养老产业协同发展，完善基本养老体系建设，逐渐发展普惠型养老和互助性养老，辅助家庭承担养老功能，建立健全尊老敬老事业、养老产业和老年服务产业发展的政策扶助体系，调动全社会资源，健全养老服务综合监管制度，构建老年友好型社会，从而有效防范和化解人口老龄化带来的社会稳定风险和国家安全风险，为我国完成第二个百年奋斗目标创造良好条件，确保中华民族永远屹立于世界民族之林。

## 三、积极应对人口老龄化的实践路径

党中央提出实施积极应对人口老龄化的国家战略，包含了十分丰富的政策目标、实施内容和有力举措，包括了人口长期发展战略、积极开发老龄人力资源、推动养老事业和养老产业协同发展、完善养老服务体系等新布局、新要求和新部署。

### （一）优化生育政策，推动应对人口老龄化从解决老年人问题向实现人口长期均衡发展的现代治理转变

中国人口老龄化趋势不可逆转，已成定式，贯穿整个 21 世纪，人口"又多又老"成为我国全面建设社会主义现代化国家面临的基本国情。一方面，从人口结构数量变化看老年人问题，从"十四五"时期到 2035 年再到 2050 年，我国老年人口数量将从 2.5 亿增长到 4.2 亿再增长到 4.87亿。伴随人口老龄化持续快速推进进程，中国劳动年龄人口供给不断下降，老年赡养比不断攀高，老年人口规模持续扩大叠加"未备先老"人口外部环境影响，中国老年人问题凸显。另一方面，从劳动人口占比和生育率看人口老龄化，我国 2010 年劳动人口占比达到峰值 73.3%，之后持续下滑，2020 年回落至 68.3%。2019 年我国出生人口 1465 万，生育率为 1.52，出生人口中二孩、一孩数量比已经达到 1.41，剔除二孩堆积效应，我国人口长期生育率已降至 1.1 左右，处于低生育率状态，并将长

期维持这一状态。尽管人口老龄化是现代化选择的必然结果和客观规律，但是计划生育政策事实上缩小了育龄人群的生育空间，加速了我国育龄人口生育率的下降，加快了我国人口老龄化的提前到来。[10]

应对人口老龄化，既要客观面对现实问题，也要放眼未来；既要解决好老年人问题、落实好老年人对美好生活的期盼，又要解决当前低生育率导致的人口负增长问题。一是解决老年人问题。要充分考虑老年人口对医疗卫生、社会保障和护理服务等老有所医的需求，要充分考虑老年人口退休和再就业需求、参与建设社会等老有所为的需求，要充分考虑到老年人口健康需要、代际贡献、共享发展成果等老有所乐的需求。二是解决低生育率问题。当前，我国实际总和生育率低于 2.1 的正常更替水平，要避免掉入"低生育率陷阱"和"过度老龄化陷阱"，应将主要注意力转移到积极应对人口少子化和老龄化，改变低生育率状态，通过提升生育水平努力恢复人口正常状态；要立足中华民族永续发展和中华民族伟大复兴全局，优化生育政策，深化优生优育改革创新，建设普惠托育服务体系，降低生育养育教育成本。培养积极生育文化，提高人口素质，促进生育政策与经济社会发展政策配套衔接，促进人口数量、人口质量和人口结构等协调可持续高质量长期均衡发展，推动积极应对人口老龄化由解决老年人问题向人口长期均衡发展的现代化治理转变。

## （二）坚持面向人民健康，持续推进老龄政策体系顶层设计

老龄政策涉及政治、经济、军事、文化和社会生活等诸多领域，关系国计民生和国家长治久安，影响经济社会发展。2019 年，国家层面密集出台老龄政策，不断加强国家老龄政策体系设计。其中，《关于推进养老服务发展的意见》提出破除养老服务发展障碍的系列政策措施；《国家积极应对人口老龄化中长期规划》对近期至 2022 年、中期至 2035 年、远期展望至 2050 年，从夯实社会财富储备、改善劳动力供给、打造高质量为老服务和产品供给体系、强化科技创新能力、构建养老孝老敬老社会环境等 5 个方面部署了具体工作任务。《关于实施健康中国行动的意见》提出了实施老年健康促进行动。2019 年 8 月，中共中央、国务院印

发《改革和完善基本养老保险制度总体方案》，围绕建立更加公平更可持续养老保险制度的目标，提出具体改革措施。2022 年 4 月，国办印发《关于推动个人养老金发展的意见》，这是贯彻落实党中央、国务院构建多层次、多支柱养老保险体系和规范发展第三支柱养老保险要求的具体举措，对于满足人民群众多样化养老保险需要具有重要意义。

"十四五"时期是应对人口老龄化的重要窗口期，到"十四五"末，我国预计 60 岁以上老年人口占总人口的比例将超过 20%，从轻度老龄化进入中度老龄化阶段。[11] 要提高人民收入水平，强化就业优先政策，建设高质量教育体系，健全多层次社会保障体系，加强和创新社会治理，全面推进健康中国建设，实施积极应对人口老龄化国家战略。

### （三）全面建设现代健康养老服务体系，推动养老事业和养老产业协同发展

当前和今后一个时期，我国已转向高质量发展阶段。在养老服务领域，我国已经建立了以《老年人权益保障法》为基础、国务院关于养老服务专项规划为主体，以国家部委和地方性法律法规政策、国家和行业标准为支撑的老龄法规政策体系。政府投入养老服务体系的建设快速增长。以居家为基础、社区为依托、机构为补充、医养相结合的养老服务体系初步建成。[12]

#### 1. 养老服务供给

《2020 年度国家老龄事业发展公报》显示，截至 2020 年年底，全国共有各类养老机构和设施 32.9 万个，养老床位合计 821.0 万张，比上年增加 5.9%，每千名老年人拥有养老床位 31.1 张。其中，注册登记的养老机构 3.8 万个，比上年增加 11.0%；床位 488.2 万张，比上年增加 11.3%；社区养老照料机构和设施 29.1 万个（其中，社区互助型养老设施 14.7 万个），社区养老服务床位 332.8 万张。[13]

#### 2. 养老服务兜底保障

高龄津贴制度、经济困难老年人服务补贴和失能老年人护理补贴制度基本实现省级全覆盖。截至 2020 年年底，全国共有 3853.7 万老年人享

受老年人补贴，其中享受高龄补贴的老年人 3104.4 万人，享受养老服务补贴的老年人 535.0 万人，享受护理补贴的老年人 81.3 万人，享受综合老龄补贴的老年人 132.9 万人。2020 年，全国共支出老年人福利经费 517 亿元。[13]

### 3. 养老服务质量

组织养老服务质量建设专项行动，截至 2020 年年底，共整治 42.2 万处服务隐患，有效规范了养老机构运营服务和管理。[13] 在全国公共服务满意度调查中，2019 年度养老服务得到 77.90 分，较往年呈上升趋势。《养老机构服务质量基本规范》国家标准达标机构 35603 家，占总数的 93%。

习近平总书记在党的十九大报告中指出："必须多谋民生之利、多解民生之忧，在发展中补齐民生短板。"[1] 养老服务业既包括养老事业，又包括养老产业。从国际经验和我国的实际来看，养老事业是老年人基本生活服务的部分，是由政府主办的以老年人为对象提供服务的公共服务事业，以法律形式保证其公平和公正性。养老产业是以老年人为对象，以满足他们高层次生活、文化需求为目标，提供商品和服务的营利活动。前者属政府提供公共物品、公共服务的范畴，体现了保障老年人基本生活需求的政府责任，是普遍性福利；后者是满足老年人生活多样化、更高层次生活需求的市场模式的产业概念。二者各有侧重，又互为补充、有机联系，共同构成我国的养老服务业。因而，发展是解决我国一切问题的基础，发展是积极应对人口老龄化的基础，也是积极应对人口老龄化的重要保障。积极应对人口老龄化，我们既要有政府在养老基础设施上的持续投入，又要创新政策，规划引导社会、市场，大力投入发展养老产业，激发社会活力，补齐短板，统筹协调，推动养老事业和养老产业协同发展，促进我国养老事业高质量可持续发展。

### （四）推进医养康养融合，构建中国特色高质量健康养老服务体系

我国的人口老龄化呈现出老年人口规模大、老龄化速度快、各地老龄化程度不平衡、老年人健康问题突出等特点。带病生存的老年人数量

持续增加，并随年龄呈上升趋势，失能和部分失能老人有 4000 多万人，老年人的医疗卫生服务需求和生活照料需求叠加的趋势越来越显著。近年来，国务院先后印发系列文件，各部门积极出台政策措施，医养结合的发展环境初步形成。覆盖城乡的养老和医疗保障体系基本建立，保障水平不断提高；老年医疗卫生和养老服务体系逐步健全，服务能力不断加强；着眼全生命周期的健康管理、疾病预防体系不断完善；老年人基本权益得到更好保障。

### 1. 老年健康服务

2019 年 10 月，国家卫健委同国家发改委等 8 部门联合印发《关于建立完善老年健康服务体系的指导意见》，明确提出到 2022 年，基本建立包括健康教育、预防保健、疾病诊治、康复护理、长期照护、安宁疗护等 6 个环节的综合连续、覆盖城乡的老年健康服务体系。《2020 年我国卫生健康事业发展统计公报》显示，截至 2020 年年底，全国设有国家老年疾病临床医学研究中心 6 个，设有老年医学科的二级及以上综合性医院 2642 个，设有临终关怀（安宁疗护）科的医院 510 个。国家在 91 个市（区）开展国家安宁疗护试点，全国老年人群（65 岁及以上）健康管理率已达 66% 以上。

### 2. 医养结合

2019 年 10 月，国家卫健委同民政部等 12 部门联合印发了《关于深入推进医养结合发展的若干意见》，制定强化医疗卫生与养老服务衔接、推进"放管服"改革、加大政府支持力度、优化保障政策、加强队伍建设 5 个方面 15 项政策措施。截至 2020 年年底，全国两证（医疗机构执业许可证和养老机构备案证）齐全的医养结合机构共有 5857 家，床位数 158.5 万张，比 2017 年年底分别增加 59.4% 和 137.6%。医疗卫生机构与养老服务机构建立签约合作关系的有 7.2 万对，是 2017 年年底的 6.1 倍。超过 90% 的养老机构能够为入住的老年人提供不同形式的医疗卫生服务。

习近平总书记在党的十九大报告中指出，"人民健康是民族昌盛和国家富强的重要标志"[1]，要推进健康中国建设，积极开展应对人口老龄化行动，推动医疗卫生和养老服务相结合。党的十九届五中全会明确提出建设医养康养相结合的养老服务体系[2]。这是高质量发展阶段呈现的政府积极应对的举措。随着生活水平与医疗水平的提高，我国人口的平均寿命持续增加，逐渐进入长寿时代，家庭结构与居住安排的变化、现代生活方式的普及，使传统意义上的养老观念发生变化，老年人对美好生活的需求开始多样化。我们要推动老年人养老从老化应对向养身、养心、养生等生命质量提升的康养方向转变，向高质量养老照护需求转变，满足老年人对美好老年生活的期盼，完善上门医疗卫生服务政策，推动医疗卫生服务向社区、家庭延伸。要稳步建立长期护理保险制度，大力实施老年健康促进行动，强化老年失能、老年痴呆等预防干预。要坚持激发市场活力，鼓励各方参与，创新养老服务供给模式，打造高质量养老服务。因此，构建医养康养融合，在民生工程和经济新发展中，深化改革，做好政策衔接与政策创制，持续推进经济转型升级新动能建设，推动构建我国高质量健康养老服务体系。

### （五）全面推进养老、孝老、敬老的社会环境建设，将养老服务业作为重要的战略性支柱产业加快发展

2035 年基本实现社会主义现代化，是我国全面建成小康社会、实现第一个百年奋斗目标之后，向第二个百年奋斗目标进军的关键一步，是"十四五"到未来 15 年引领我国发展的总目标。在此期间，我国人口老龄化经历快速发展到急速发展，应对人口老龄化从窗口期到老龄问题集中显现，全方位系统性人口老龄化问题，关系到实现社会主义现代化的进程。

**1. 全面推进养老、孝老、敬老的社会环境建设**

（1）老年宜居环境。《2020 年度国家老龄事业发展公报》显示，至 2020 年年底，共对 75.7 万老年残疾人家庭进行了无障碍改造，为近 360 万老年人提供公租房保障。自 2019 年起，老旧小区改造被纳入城镇保障性安居工程，获中央补助资金支持，同时，各地因地制宜将养老服务设施建设、加装电梯作为老旧小区改造内容。

（2）老年社会参与。一是老年文化活动。至 2019 年，各级各类公共

文化设施基本实现了免费向 60 岁以上的老年人开放，公共图书馆、文化馆普遍设置了便于老年人参与的服务项目和标准，公共文化设施已经成为广大老年人参与文化活动的重要阵地。截至 2020 年年底，全国共有公共图书馆 3212 个、美术馆 618 个、博物馆 5788 个、文化馆 3327 个、文化站 4 万多个、村级综合性文化服务中心 57.54 万个。二是老年体育活动。2021 年，中国老年人体协举办了 30 多次柔力球、气排球、健身球操、健步走、门球、太极拳（剑）、网球、棋牌、乒乓球、钓鱼等全国性老年体育交流活动，有 20000 余名老年体育健身爱好者直接参加。国家体育总局安排中央集中彩票公益金 400 万元招标采购体育健身器材，支持老年人开展体育健身活动。截至 2020 年年底，我国社会体育指导员队伍达到 260 万人，每千人拥有社会体育指导员 1.86 人。三是老年教育。中国老年大学协会发布的《中国老年教育发展报告（2019—2020）》显示，目前我国老年大学的办学性质主要包括政府办学、公办民助、民办公助、社会办学几种，其中以政府办学为主，约占老年大学总数的 70%。相关统计显示，全国有各级各类老年大学（学校、学习点）8 万多所（个），注册学员 1400 多万人。建成 29 所省级老年开放大学，线下培训 350 万人次，线上培训 8000 万人次。高校第三年龄大学联盟成员单位已有 221 所院校。在 216 个市（地）、689 个县（市、区）、4856 个乡镇（街道）、26698 个村（社区）设立老年教育学习点。各省级老年教育或终身学习平台共注册学员 630 万人，访问量超过 8000 万人次。

（3）老年人权益保障。一是老年产品监管。重点打击养老领域非法集资犯罪、涉老诈骗犯罪。2020 年，侦办民族资产类诈骗案件 252 起、保健品类诈骗案件 2191 起，追赃挽损 16.1 亿余元。加强"保健"市场监管，严厉打击借"保健"之名的虚假宣传行为。推进养老服务认证工作，截至 2020 年年底，全国共有具备养老服务认证资质的认证机构 68 家。二是加强法律援助。2019 年，《关于加快推动公共法律服务体系建设的意见》《关于促进律师参与公益法律服务的意见》《全国民事行政法律援助服务规范》出台，强调将老年人作为重点对象，保障其基本公共法律服务权益；进一步把老年人明确为公益法律服务的重点服务对象，鼓励、引导律师为老年人等特殊群体提供公益法律服务；提出对行动不便的老年人视情况提供上门服务。

**2. 将养老服务业作为重要的战略性支柱产业加快发展**

加快发展养老服务业，把服务亿万老年人的夕阳红事业打造成蓬勃发展的朝阳产业，十分有必要。具体包括：一是重视老龄产业的科研，积极推进智能化养老。不断完善居家社区相协调、医养和康养相融合的养老服务体系，不断推出上门医疗卫生服务的政策。二是积极开发适老产品，如各种辅助器物和适合老年人的生活用品等。推动医疗卫生服务向社区、家庭延伸。稳步建立长期护理保险制度，大力实施老年健康促进行动，强化老年失能、老年痴呆等预防干预。三是让养老服务逐步走上产业化发展之路。健全医疗卫生机构与养老机构合作机制，支持社会力量兴办医养结合机构，为老年人提供治疗期住院、康复期护理、稳定期生活照料、安宁疗护一体化的健康养老服务。四是为老年人提供更加丰富的精神产品等。鼓励各类主体举办老年大学，引导老年人以志愿服务形式参与乡村振兴、社区治理、公益慈善等。

## （六）积极发展"数字老龄"，培育养老新业态

当前，新一轮科技革命和产业革命深入发展，数字时代已经到来，智能信息技术、智能产品和智能终端得到广泛应用，深刻改变了人们的生产生活方式，提高了社会治理和服务效能。同时，我国老龄人口数量快速增长，不少老年人不会上网，不会使用智能手机，智能产品适老性差，增加了老年人在出行、就医、问药、预约、线上消费等使用智能产品的负担，无法享受智能化带来的便利，老年人"数字鸿沟"问题凸显。2020 年出台的《关于切实解决老年人运用智能技术困难的实施方案》明确提出，要适应统筹推进疫情防控和经济社会发展工作要求，聚焦老年人生活高频事项，让老年人在信息化发展中有更多获得感、幸福感、安全感。

抓住老年人对现代生活的追求，充分利用人工智能、云计算、大数据、现代通信等科技，规划"数字老龄"建设，推动老龄各领域数字智

能构建，推进智能技术应用的适老化创造，使老年人融入数字智能时代，共享便捷服务。大力推动智能老龄服务领域的适老化标准体系建设，积极谋划老龄领域新基建，赋能老龄事业发展。从解决"数字鸿沟"问题、建设"数字老龄"到谋划老龄领域新基建，培养养老新业态，深化老龄领域供给侧结构性改革，加快建设老龄领域数字经济建设，发挥我国庞大的市场优势，抢占老龄领域发展先机，打造老龄领域国际合作和竞争优势，构建积极应对人口老龄化的新发展格局。

### （七）健全养老服务综合监管制度，提高积极应对人口老龄化的国家治理能力现代化水平

健全养老服务综合监管制度，是积极应对人口老龄化、推进养老服务事业高质量发展的重要保障。习近平总书记指出，要建立完善党委统一领导、政府依法行政、部门密切配合、群团组织积极参与、上下联动的工作体制，把养老服务作为党和政府重大民生工程列入党委、政府的重要日程，统筹纳入经济社会高质量发展全局，同谋划、同部署、同推进。[14]完善政府责任考核机制，建立社会监督评价机制，健全第三方评估机制，充分利用大数据、人工智能等新技术，构建人民至上的养老服务综合监管制度体系，建立需求供给动态养老服务普查制度，实现养老服务供需平衡和动态调整的监管系统，促进养老服务治理能力现代化，提高我国应对人口老龄化的国家治理水平。

从"十四五"开始，应当以构建中国特色的养老服务体系为目标，持续加大对养老服务的公共投入，通过公共投入精准、有效地带动市场主体与社会力量乃至家庭及个人投入。在大力发展普惠型机构养老服务、增加护理型床位的同时，让社会化养老服务进入家庭并支持老年人居家养老成为"十四五"时期的新政策取向。同时，根据城乡之间、不同地区之间、不同文化背景下的养老服务需求，采取差别性的推进政策。主动布局，加强应对，争取实现"到2022年，中国积极应对人口老龄化的制度框架初步建立；到2035年，积极应对人口老龄化的制度安排更加科学有效；到21世纪中叶，与社会主义现代化强国相适应的应对人口老龄

化制度安排成熟完备"[15]的目标，通过战略理念创新、战略格局创新和战略实施机制创新，在实施积极应对人口老龄化国家战略的过程中，坚持和完善中国特色人口老龄化制度体系，提高国家治理水平，实现积极应对人口老龄化的治理体系和治理能力现代化。

**参考文献：**

[1] 习近平. 决胜全面建成小康社会夺取新时代中国特色社会主义伟大胜利——在中国共产党第十九次全国代表大会上的报告 [EB/OL].（2017-10-27)[2022-03-13]. http://www.gov.cn/zhuanti/2017-10/27/content_5234876.htm.

[2] 中华人民共和国国民经济和社会发展第十四个五年规划和 2035 年远景目标纲要 [N]. 人民日报，2021-03-13.

[3] 积极应对人口老龄化，激发老龄社会活力——国家卫健委相关部门负责人解读《中共中央国务院关于加强新时代老龄工作的意见》[EB/OL].（2021-11-25）[2022-03-13].http://www.news.cn/politics/zywj/2021-11/25/c_1128097284.htm.

[4] 原新. 积极应对人口老龄化——从国情形势、行动实践到国家战略 [J]. 人口与健康，2021（4）：46-49.

[5] 习近平关于注重家庭家教家风建设论述摘编 [M]. 北京：中央文献出版社，2021.

[6] 冯明. 促进共同富裕视域下中国人口问题及其治理研究 [J]. 中央社会主义学院学报，2021（6）：72-81.

[7] 国家统计局. 2021 年国民经济持续恢复发展预期目标较好完成 [EB/OL].（2022-01-17）[2022-03-13].http://www.stats.gov.cn/xxgk/sjfb/zxfb2020/202201/t20220117_1826436.html.

[8] 杨一帆，张雪永，陈杰，等. 健康老龄化蓝皮书：中国大中城市健康老龄化指数报告：2019－2020 [M]. 北京：社会科学文献出版社，2020：1-6.

[9] 李纪恒. 实施积极应对人口老龄化国家战略 [N]. 光明日报，2020-12-17.

[10] 穆光宗，林进龙. 人口老龄化与老年人问题关系的再讨论 [J]. 新疆师范大学学报（哲学社会科学版），2021（5）：115-125+2.

[11] 孙春兰. 全面推进健康中国建设 [N]. 人民日报，2020-11-27.

[12] 陈功，赵新阳，索浩宇 . "十四五"时期养老服务高质量发展的机遇和挑战 [J]. 行政管理改革，2021（3）：27-35.

[13]2020 年度国家老龄事业发展公报 [EB/OL].（2021-10-15）[2022-03-21]. http://www.nhc.gov.cn/lljks/pqt/202110/c794a6b1a2084964a7ef45f69bef5423.shtml.

[14] 习近平在中共中央政治局第三十二次集体学习时强调党委领导政府主导社会参与全民行动推动老龄事业全面协调可持续发展 [EB/OL].（2016-05-28）[2022-03-21].http://www.news.12371.cn/2016/05/28/VIDE1464436205928109.shtml?from=groupmessage&isa-ppinstalled=0.

[15] 中共中央国务院印发国家积极应对人口老龄化中长期规划 [J]. 中国老年，2020（1）：1.

（发表于《前沿》2022 年第 3 期）

# 凝聚更大共识形成更大合力积极
# 应对人口老龄化

陈泰昌　尤　帅

自 20 世纪末进入老龄社会以来，我国老年人口快速增长，老年人口占总人口比重大幅攀升。2000 年至 2020 年，我国 60 岁及以上老年人口从 1.26 亿人增长到 2.64 亿人，老年人口占总人口的比重从 10.2% 上升至 18.7%（国家统计局，2021）。人口老龄化已经成为我国社会主义现代化建设面临的基本国情之一。关于这一国情，习近平总书记在中共中央政治局就我国人口老龄化的形势和对策举行的第三十二次集体学习的讲话中将其概括为"三最"，即"老年人口数量最多，老龄化速度最快，应对人口老龄化任务最重"。人口老龄化作为一个人口结构变化的自然进程，应对的关键不是"富不富"的问题，而是有无做好迎接老龄化时代的准备的问题。当前我国应对人口老龄化的关键已经从解决"未富先老"问题过渡到解决"未备先老"问题。"未备先老"主要体现为思想准备不足、制度供给不足两方面。

杜鹏等（2021）通过研究发现，2018—2021 年是我国老年人口增长的波谷期，此后十年，新增老年人口将从走低转向快速增长。当前是科学谋划并积极应对人口老龄化的重要机遇期。党中央历来高度重视积极应对人口老龄化。党的十八大以来，党中央把老龄工作纳入党和国家工作全局，习近平总书记在各种会议、视察、调研和国际交往等场合提出了一系列积极应对人口老龄化的新理念、新思想、新战略。2020 年，党的十九届五中全会明确提出实施积极应对人口老龄化国家战略。这是我国首次将应对人口老龄化上升为国家战略，也是基于我国人口老龄化即将从轻度向中度演变的趋势而做出的重大战略决策，更是关乎国家长远发展与人民世代福祉的重大战略举措。这意味着，从"十四五"开始，我国将进入全面应对人口老龄化的新发展阶段。

## 一、深刻领悟积极应对人口老龄化的战略思维

人口老龄化是 21 世纪全人类共同面临的重大课题，应对人口老龄化是关系到我国国计民生和国家长治久安的一项国家战略。但不可否认的是，当前我国积极、科学、综合应对人口老龄化的社会共识尚未形成，社会各界对积极应对人口老龄化的认识还远没有达到与国家战略相匹配的高度。社会各界对于老龄工作在认识上不到位、思想上不重视、业务上不熟悉、行动上不坚决的一些现象，值得我们高度重视。思想是行动的先导，理论是行动的指南并决定行动方向。实施积极应对人口老龄化国家战略，必须做到"知行合一"，而"知"是第一位的，只有正确地"知"，才能正确地"行"。

### （一）积极老龄化的理论基础

积极老龄化是专家学者基于大量研究成果而精练出来的概念，并将其作为国际共同行动的政策建议向各国推广。全面理解积极老龄化的内涵，有助于深刻领会积极应对人口老龄化的战略思想。19 世纪中叶，随着死亡率下降，人口老龄化最早在法国、比利时等发达国家出现，但当时并没有受到重视。直到 1956 年联合国发表《人口老龄化及其社会经济含义》，老龄问题才开始进入公众视野。1973 年，联合国发表《世界人口趋势的决定因素及其后果》，讨论了人口老龄化给经济社会发展带来的消极影响，如导致社会抚养比和公共医疗卫生支出增加、储蓄和投资减少等（邬沧萍，2013）。世界卫生组织（WHO）在 1987 年的世界卫生大会上首次提出了"健康老龄化"的概念，并于 1990 在会议中呼吁国际社会

共同推动健康老龄化，解决老龄化带来的问题。健康老龄化主要立足于健康和生存质量，其宗旨在于提高老年人在生理、心理和社会功能方面的健康水平和生存质量。

在健康老龄化的基础上，1997 年的西方七国丹佛会议提出了积极老龄化的主张。欧盟于 1999 年召开了积极老龄化国际研讨会。同年，世界卫生组织发起了"积极老龄化全球行动"。在组织专家进行多次研讨的基础上，世界卫生组织于 2002 年 4 月提交的积极老龄化建议书被联合国在马德里召开的第二次老龄问题世界大会所接受，并将其写进大会的《政治宣言》和《行动计划》。随后，世界卫生组织发表《积极老龄化政策框架》，提出了行动方案，希望各国从积极老龄化的角度来考虑制定老龄政策。《积极老龄化政策框架》将"积极老龄化"定义为："在老年时为了提高生活质量，使健康、参与和保障的机会尽可能获得最佳机会的过程。"（世界卫生组织，2003）因此，"积极老龄化"的含义比"健康老龄化"更广泛、更主动。健康只是积极老龄化的自然基础。积极老龄化的政策框架包含三个基本支柱，同时也为实施积极老龄化提供了三个主要方向，即健康、参与、保障。"积极"意味着老年人在具有活动能力或参加体力劳动的能力之外，还要不断参加社会、经济、文化和公民事务。在这个过程中，"健康"是基础，"参与"是核心，"保障"是目的。

## （二）积极老龄化的推广应用

一段时期以来，发达国家和地区在看待人口老龄化问题时，主要着眼于其对经济社会发展的负面影响。此后，这些国家和地区的人们又逐渐意识到，片面宣传人口老龄化的负面影响可能会加剧代际矛盾甚至造成社会撕裂。同时，西方学术界也意识到，通过转换思考角度，围绕老年人口需求特点设计相关政策，同样能找到经济社会发展的增长点。在此背景下，"积极老龄化""健康老龄化"等概念被发达国家和地区广泛接受并大力推广。2020 年，联合国发布的报告"Government policies to address population ageing"（《应对人口老龄化国家政策》）指出，人口老龄化将成为未来 20 年到 30 年各国制定政策的主要考虑因素之一，而推广积极健康老龄化是近五年各国政府应对老龄问题的最常见措施（United Nations, Department of Economic and Social Affairs, Population Division，2020）。2014 年，马耳他发布了《马耳他积极老龄化国家战略政策（2014—2020 年）》，以积极参与劳动力市场，参与社会和独立生活三大理念，指导其一段时期的全国老龄工作（The National Commission for Active Ageing，2014）。意大利近年来大力推广"积极老龄化"理念，鼓励老年人积极参与社会活动，包括有条件地适度工作，参加志愿者活动和体育锻炼，甚至是积极参与照顾孙子女，等等。

我国在吸收国际社会先进理念和改革创新成果的基础上，逐步形成了积极应对人口老龄化的战略思维。2002 年，我国派员参加马德里第二次老龄问题世界大会，带回来积极老龄化的新概念和政策建议，翻译出版了《积极老龄化政策框架》。我国在推广积极老龄化理念的同时，产生了更符合我国国情的理念。邬沧萍（2013）认为，积极应对人口老龄化是积极老龄化在中国本土化的应用和升级。"积极应对人口老龄化"最早见于我国正式文件是在 2006 年发布的《中华人民共和国国民经济和社会发展第十一个五年规划纲要》的第三十八章第三节。在 2011 年发布的《中华人民共和国国民经济和社会发展第十二个五年规划纲要》中，"积极应对人口老龄化"在第三十六章第四节再次出现。在 2016 年发布的《中华人民共和国国民经济和社会发展第十三个五年规划纲要》中，"积极应对人口老龄化"次作为独立的一章出现。在 2021 年发布的《中华人民共和国国民经济和社会发展第十四个五年规划和 2035 年远景目标纲要》中，单独设立了第四十五章"实施积极应对人口老龄化国家战略"。这体现了"积极老龄化"概念在我国逐渐受到重视，并在公共政策体系中发挥着越来越重要的作用。

然而，以上规划中列出的只是在五年期间要做的具体工作，社会各界对于积极应对人口老龄化的重要战略思想、战略目标和理论阐释缺乏统一认识，容易产生不同理解。一些人容易将积极应对人口老龄化中的"积极"看成修饰词，认为其作用在于加强"应对"的语气和力度。但是，"积极"一词除了指"积极地"获得健康，还包括能持续参与社会、经济和文化生活。此外，"积极"还体现为政府、社会和个人都应该有所作为，共建共享老年友好社会。还有一些人简单地将积极老龄化理解为"老有所为"。积极老龄化强调参与、健康和保障的重要性以及这三大支柱之间的有机统一和结合，参与社会仅仅是积极老龄化的一个方面。积极老龄化除了包含"老有所为"的内容之外，还应包含"六个老有"中的其他五个方面，即"老有所养、老有所医、老有所学、老有所教、老有所乐"。

## 二、系统完善积极应对人口老龄化的体制机制

人口老龄化是一个波及多领域的人口趋势，应对人口老龄化必须在政治、经济、文化和社会生活等领域内综合考虑、统筹协调，从站位全局和立足长远的高度来制定老龄政策。应对人口老龄化是一个庞大的系统工程。老龄工作机构是应对人口老龄化制度建设过程中的重要一环，是贯彻执行老龄政策的重要载体。联合国曾多次组织会议并通过文件，呼吁各国政府设立专门机构和组织，完善老龄工作的管理职能。实施积极应对人口老龄化国家战略，必须坚持系统观念，加强统筹协调，形成集成效应，多角度谋划，全方位发力，多部门协同，整体性推进，构建综合应对的系统工程。

### （一）我国老龄工作体制情况

当前，我国老龄工作体制现状可以概括为：顶层设计不断完善，老龄工作职能相对分散，基层执行相对薄弱。

一是老龄工作顶层设计不断完善。1999 年，我国即将进入人口老龄化社会之时，党中央、国务院批准成立全国老龄工作委员会（以下简称"全国老龄委"），作为国务院主管全国老龄工作的议事协调机构。2018年 3 月，根据国务院机构改革方案，保留全国老龄委，日常工作由国家卫生健康委承担。许多惠及当前、利益长远的重大政策制度建设取得新进展。居民基本养老保险制度和医疗保险制度实现城乡统一，三孩生育政

策及配套支持措施实施，长期护理保险制度试点，个人税收递延型养老保险试点加快推进，养老服务供给侧改革等政策举措密集出台。2019年，中共中央、国务院印发《国家积极应对人口老龄化中长期规划》（以下简称《规划》），对我国近期至2022年、中期至2035年、远期至2050年应对人口老龄化各项工作作出系统部署，是我国积极应对人口老龄化的战略性、综合性、指导性文件。可以说，我国的老龄工作已经初步有了可供遵循的顶层设计。

二是老龄工作职能相对分散。当前，我国老龄事务领域存在政出多门、职能和资源相对分散的现象。老龄健康、养老服务和老年人社会保障作为老龄工作的重要组成部分，分别由国家卫生健康委、民政部、人社部，以及国务院直属机构国家医保局主管。就养老服务来说，养老服务体系建设由民政部牵头（中华人民共和国民政部，2018），医养结合工作由国家卫生健康委牵头（国家卫生健康委，2018），普惠养老城企联动行动由发改委牵头（佚名，2019）。老年教育也是同时涉及教育部、文化和旅游部、老龄委，以及中共中央组织部等多个部门。一方面，各涉老部门由于缺乏统筹，容易按照自己的理解和职责开展工作，难以形成有效合力从而实现资源效益最大化；另一方面，许多涉老政策部署是综合性的，涉及部门较多。一些老龄工作的职能划分模糊，导致政策摩擦系数大、沟通成本高，亟须强化政策执行方面的协调性、针对性和操作性。

三是基层老龄工作相对薄弱。积极应对人口老龄化离不开全局谋划和顶层设计。除此之外，为了深入推进老龄工作，确保各项涉老政策和措施落到实处，还需要面向基层，重视基层工作。特别是作为老龄工作基本方面的老年人工作，重在了解和解决老年人的实际问题，关乎老年人的切身利益，更是老龄工作的重点和难点。当前各地虽然都已经建立了老龄工作机构，但总的来说，基层老龄工作机构存在机制不顺、投入不足、人心不稳、业务水平有待提高等问题。有的地方老龄委虽然是政府职能部门，但本身尚不具有权威性，主要还是依靠兼职的党政领导开来开展工作，无法很好地协调有关部门。作为基层老龄工作重要载体的老年人协会，虽然形式上已普遍建立，但由于缺乏工作经费、活动场所和规章制度，难以发挥自我管理、自我教育、自我服务的作用。

### （二）国际社会老龄工作体制情况

我们通过研究发现，目前的国际社会（特别是先行进入老龄社会的国家和地区）在应对老龄科学研究老龄化方面的一个重要做法是，设立一个主管或协调老龄工作的行政机构。西班牙的老龄工作主要由其卫生、社会服务和平等部下设的老年人及社会服务局负责，具有独立行政职能。日本的老龄工作主要由厚生劳动省承担，其职能定位相当于我国的国家卫生健康委、民政部及人力资源和社会保障部。厚生劳动省设有老健局，专门负责老年人的权益保障、福利管理以及老龄化综合对策制定，制定并推进针对老年人照护服务的政策与措施。厚生劳动省还设有附属研究机构——国立人口问题和社会保障研究所，为其决策提供科研支撑。德国政府建立了人口发展战略工作组制度，总共设立十个工作组，每个工作组指定一名联邦部长担任主席（其中负责地区发展的工作组由环境部、农业部和交通部的三位部长共同担任主席），配备一至二名政界或经济界人士出任副主席，其成员包括来自联邦或各州部委、政府机关、社会团体的代表。新加坡设立了老龄化跨部门部长级委员会，其成员包括卫生部部长、社会发展及青年体育部部长、人力部政务部长、贸易及工业部部长、总理公署部长、国家发展部政务部长、建屋局局长等重要的部门领导。

国际社会另一个值得借鉴的做法是聚合中央政府、地方政府、学术机构、社会组织和企业，形成政产学研一体的顾问机制。该机制通常有两种形式。一种是建立常设机构。如西班牙中央政府下设由中央政府有关部门、地方政府、社会团体等的代表组成的国家老年人口工作理事会，负责为中央政府老年人口工作提供政策咨询，并起草一些重大政策。意大利的积极老龄化联盟则是由行业协会和工会组织等发起成立的民间智库性质老龄问题政策咨询机构。另一种是设置联合会议。美国于1961年开始每十年召开一次白宫老龄会议，广邀各界代表，通过为总统和国会提供老龄问题方面的政策建议，为美国一段时间内的老龄工作提供战略建议。日本也于 1996 年在国家层面设立了高龄社会对策会议，迄今为止已召开超过 30 次会议。该会议由内阁府牵头，吸收大学等研究机构的专家和老龄事业、产业界的领军人物参加，研究制定老龄问题相关政策，推进老龄事业发展。

## 三、准确把握积极应对人口老龄化的核心和关键

经过 20 多年的发展，特别是党的十八大以来，我国老龄事业在组织领导、政策储备、资金投入、服务体系等方面取得了长足的进步。《中华人民共和国国民经济和社会发展第十四个五年规划和 2035 年远景目标纲要》对我国实施积极应对人口老龄化国家战略做了全面部署。近年来，专家学者从生育政策、退休政策、社会保障、养老服务、老龄产业等老龄工作重点任务方面提出了落实积极应对人口老龄化国家战略的具体路径（青连斌，2021；蔡昉，2020；郑功成，2020）。我们认为，除具体的工作任务外，当前应对人口老龄化的核心和关键是解决"未备先老"的问题。实施积极应对人口老龄化国家战略，关键是全党、全社会要统一认识，共同行动。

### （一）凝聚积极应对人口老龄化的思想共识

一是开展战略研究。我国是发展中人口大国，老龄问题有自身的特殊性，我们必须在前行中探索出一条具有中国特色的积极应对人口老龄化之路。当今世界正经历百年未有之大变局，我国正处于"两个一百年"奋斗目标的历史交汇点上，挑战与机遇并存。开展积极应对人口老龄化国家战略研究，充分发挥专家学者的智库作用，及时摸清我国人口老龄化发展的基本态势、存在的突出问题、面临的严峻挑战、应对的现实基础等，既是推动老龄事业高质量发展的必然要求，也是探索我国人口老龄化发展规律及其与经济社会发展的相互关系、建构具有中国特色的积极应对人口老龄化理论体系的一项重要举措。这将有利于在吸收国际社会先进理念和改革创新成果的基础上，进一步厘清积极应对人口老龄化

战略思路，加强前瞻性思考、全局性谋划、战略性布局、整体性推进，走出一条借鉴各国有益经验、符合中国国情的积极应对人口老龄化之路。

二是制定实施方案。人口老龄化带来的从来都不仅仅是老年人的问题，而是对经济社会的各个方面都将产生深远影响。因此，积极应对人口老龄化不仅仅只是解决老年人或人口结构的问题，而是还要主动为未来伴随人口老龄化而来的经济社会发展模式转型做准备，使其与人口结构变化相协调，朝着更健康、可持续的方向发展。要在战略研究的基础上，加快制定积极应对人口老龄化实施方案，明确今后一个时期，特别是"十四五"时期的生育养育、教育培训、退休社保、收入分配、产品服务等方面政策的具体任务及其落实主体。这将有助于从全局和战略的高度进行顶层设计，统筹资源，最大限度把握人口老龄化战略机遇。这也将有助于人口老龄化国家战略与健康中国战略、人口长期发展战略等关联性强的战略协同推进，与区域发展战略、乡村振兴战略、城镇化战略等平行战略联手推进，形成战略间的相互支撑和共促共进。

三是加强宣传普及。我国人口老龄化的复杂性决定了政府、社会、市场、家庭、个人等任何一方都无力独自应对，而是需要全社会共同努力，充分发挥党委领导下各主体的积极能动性，建立全社会责任共担、综合应对的格局。要在战略研究的基础上，加大积极应对人口老龄化国家战略的宣传教育力度，加快推广积极应对人口老龄化的战略思维，让全体社会成员充分认识这一国家战略的预期目标、核心内容、主要任务、重大意义和具体路径，形成广泛的社会共识，打造共建共治共享的老龄社会治理共同体。积极推动将人口老龄化国情教育纳入国民教育体系，推动人口老龄化形势、老龄政策法规、尊老爱幼等方面的教育进学校、进机关、进社区、进家庭，特别是要针对党政干部、大学生、基层社区工作者、老年人等重点群体开展针对性教育，引导全社会树立积极老龄化观念，以积极的态度、积极的政策、积极的行动应对人口老龄化。

（二）形成积极应对人口老龄化的行动合力

一是坚持党的领导。习近平总书记强调，开展新时代的老龄工作，要"坚持党委领导、政府主导、社会参与、全民行动相结合"，推动老龄事业全面协调可持续发展。坚持党对积极应对人口老龄化的集中统一领导，确保老龄工作始终保持正确的政治方向，发挥党总揽全局、协调各方的核心领导作用，是实施积极应对人口老龄化国家战略的根本保证，也是我国应对人口老龄化挑战的体制优势。探索建立党领导下的政产学研一体的老龄工作顾问机制，定期举办国家级老龄会议，吸收各级老龄工作者、老龄科研人员、老龄产业代表参加，为积极应对人口老龄化提出战略性建议。各级党委、政府要坚持党政主要负责人亲自抓、负总责，完善党委统一领导、政府依法行政、部门密切配合、群团组织积极参与、上下左右协同联动的老龄工作机制，切实把党的政治领导力、思想引领力、群众组织力、社会号召力转化为全社会应对人口老龄化的强大动力，形成老龄事业发展全国"一盘棋"的工作格局。

二是加强统筹协调。从短期看，要强化部门联动，形成更大应对合力。各老龄工作主管部门要建立联动机制，整合现有涉老方面的协调议事机制，形成一个部门牵头、多个部门参与，相对集中、协调有力的部门联动机制。要进一步发挥群团组织和社会组织的作用，形成协调配合、分工合作、齐抓共管的大老龄工作格局。研究出台老龄工作评估考核办法，统一从国家层面衡量各地老龄工作开展情况的标准。一方面，通过出台考核办法，对地方老龄机构的工作进行直观、有效的监督；另一方面，通过统一评估指标，引导地方老龄工作方向与国家层面老龄工作方向保持一致。从长期看，要适时整合老龄健康、养老服务、社会保障等职能，组建独立的老龄工作行政管理机构，专职负责老龄事务。建立完善贯穿国家、省（自治区、直辖市）、市、县（市、区）、乡镇（街道）的五级工作体系，明确各级老龄工作机构职责，形成一套完整的老龄工作体系。

三是强化基层力量。习近平总书记要求"保证城乡社区老龄工作有人抓、老年人事情有人管、老年人困难有人帮"。积极应对人口老龄化的落脚点在基层，要加快充实县、乡两级老龄工作力量，明确街道（乡镇）要有专人负责老龄工作，充分发挥社区（村）政府购买服务的方式在解决老龄工作人员短缺问题方面的积极作用。鼓励有条件的地方在老龄工作体制机制上先行先试，对其成功做法进行跟踪研究，拓宽未来深化改革的探索之路。研究按照"费随事走"原则，把积极应对人口老龄化纳入地方经济社会发展规划统筹谋划，不断加大财政支持力度，并建立长效机制。随着老年人口占比增加和经济社会发展，逐年增加财政支持额度，强化对各级老龄工作机构的经费保障。加强对基层老龄协会的建设和管理，充分发挥其在基层老龄工作中的独特作用，将其建设成为党和政府联系广大老年人的桥梁和纽带。支持各级老年人协会在各级党组织的领导下，做好组织开展老年文化体育活动，维护老年人合法权益，教育引导老年人健康生活、积极参与社会活动等方面的工作。

**参考文献：**

[1] 蔡昉 . 实施积极应对人口老龄化国家战略 [J]. 劳动经济研究，2020，8（6）：3-6.

[2] 杜鹏，李龙 . 新时代中国人口老龄化长期趋势预测 [J]. 中国人民大学学报，2021，35（1）：96-109.

[3] 国家统计局 . 第七次全国人口普查主要数据情况 [EB/OL].（2021-05-11）[2021-07-25].http://www.stats.gov.cn/tjsj/zxfb/202105/t20210510_1817176.html.

[4] 国家卫生健康委 . 国家卫生健康委员会职能配置、内设机构和人员编制规定 [EB/OL].（2018-09-11）[2021-07-25].http://www.nhc.gov.cn/wjw/jgzn/201809/3f4e1cf5cd104ca8a8275730ab072be5.shtml.

[5] 青连斌 . 积极应对人口老龄化要"两手抓"的战略选择和政策建议 [J]. 西北大学学报（哲学社会科学版），2021，51（2）：42-49.

[6] 世界卫生组织 . 积极老龄化政策框架 [M]. 中国老龄协会，译 . 北京：华龄出版社，2003.

[7] 邬沧萍 . 积极应对人口老龄化理论诠释 [J]. 老龄科学研究，2013，1（1）：4-13.

[8] 佚名 . 城企联动普惠养老专项行动正式启动 [EB/OL].（2019-02-23）[2021-

07–25].http://www.gov.cn/xinwen/2019-02/23/content_5367959.htm.

[9] 郑功成 . 实施积极应对人口老龄化的国家战略 [J]. 人民论坛·学术前沿，2020（22）：19–27.

[10] 中华人民共和国民政部 . 民政部主要职责 [EB/OL].[2021–07–25]. http://www.mca.gov.cn/article/jg/zyzz/.

[11] United Nations, Department of Economic and Social Affairs, Population Division. Government policies to address population ageing [EB/OL]. [2021-04-30]. https://www.un.org/development/desa/pd/sites/www.un.org. development.desa.pd/files/ files/documents/2020/Oct/undesa_pd_2020_pf_government_policies_population_ageing. pdf.

[12] The National Commission for Active Ageing. National strategic policy for active ageing: Malta 2014-2020[EB/OL]. [2021-04-30].https://www.researchgate. net/publication/278028060_National_Strategic_Policy_for_Active_Ageing_-_ Malta_2014-2020.

（发表于《老龄科学研究》2021 年第 10 期）

# 推动老龄事业和老龄产业协同发展

陈泰昌

在重阳节来临之际，习近平总书记对老龄工作作出重要指示强调，要让老年人共享改革发展成果、安享幸福晚年。随着我国老年人口规模的持续增加，老年人消费水平不断提高，消费观念不断转变，我国老年消费市场规模不断扩大，老龄产业发展空间广阔。推动老龄事业和老龄产业协同发展，满足人民群众多层次、多元化的老年产品和服务需求，是贯彻落实习近平总书记对老龄工作重要指示精神的有力举措。

现阶段我国老龄产业发展主要面临以下问题：

顶层设计相对滞后，政策落地不足。当前，社会对发展老龄产业重要性的认识还不充分，老龄产业的整体布局和战略规划相对缺乏，老龄产业的主管部门以及部门间协调机制不明确，存在条块分割、多头管理的现象，老龄产业相关政策缺乏整体性与连续性。

标准规范缺失，市场竞争秩序较为混乱。由于缺少国家层面的统一标准规范，企业产品的适老化功能宣传大多由商家自行认定，部分企业只注重产品功能的宣传效果而非品质，老年消费领域的欺诈、纠纷现象时有发生，但缺乏判定依据给执法带来一定困难。

运营模式不清晰，产业链条尚未成型。当前老龄产业发展处于初级阶段，存在总量规模大但单体规模小、产业链过短过窄、产业间横向合作少、产业间融合程度低等问题，盈利模式仍在摸索中。

发展相对较为集中，产业布局城乡失衡。目前我国农村地区的老龄化程度要高于城市地区，但老龄产业在城市地区相对集中。农村地区老年人消费水平和消费观念相对滞后，社会资本"持币观望"的情况尤为明显，老龄产业发展滞后于城市地区。

传统产品为主的局面仍未打破，满足不了日益多元化的需求。当前老龄产业已开发出的产品和服务主要集中在食品、服装和医疗保健等方面，产品和服务明显单一，供给与需求不匹配，导致结构性的短缺或过剩。

产品与服务销售渠道单一，促销手段有待提高。在产品、价格和渠道原本同质性就很强的情况下，企业对产品或者服务定位不准，导致部分老年产品或者服务在市场竞争中处于被动地位，阻碍了我国老龄产业的快速发展。

解决上述，需要发挥政府主导作用，加大规范和引导力度，推动老龄事业与产业协同发展。

制订发展规划。围绕老龄产业发展中战略性、前瞻性、综合性的重大问题加强研究，建立老龄产业统计监测体系，编制老龄产业发展专项规划和中长期发展规划，明确未来一段时期的重点发展领域，引导老龄产业健康有序发展。

加强标准建设。借鉴国外成熟标准，制修订一批老年用品和服务技术标准，以高标准营造良好公平竞争市场环境，促进产品服务质量提升。

制定扶持政策。加强老龄产业领域产学研用深度融合的研究平台建设，分领域、分种类制定精准专项扶持政策，强化落实监督，优化供给体系，引导老龄产业供需有效匹配，激发老年人消费活力。

释放消费潜力。完善多支柱、多层次的养老保障体系，优化医疗保险制度，健全长期护理保险制度，提高广大老年人特别是农村老年人的社会保障收入，拓宽老年人就业渠道，提升老年人消费能力。

强化科技支撑。加强老年相关用品和服务的技术研发和应用，提高科技化、信息化水平。同时，提升老年人运用智能技术的能力，消除"数字鸿沟"。

　　加强行业监管。完善法律规范、行政监管、行业自律、社会监督相结合的监管模式，形成数据共享、联合执法的工作合力，依法严厉打击侵害老年人合法权益的违法犯罪活动，切实保障广大老年人的利益。

（发表于《中国社会工作》2021 年 11 月）

# 中国老龄健康政策研究：演进与主要议题①

张福顺　刘俊敏

　　目前，学界关于中国老龄健康政策的专题研究尚不多见，相关成果散见于老龄问题、健康问题、医疗卫生政策研究中。老龄健康政策研究的重要性与研究者对此的关注不足和研究不充分之间形成了反差。这一现象在中国人口老龄化形势日益严峻和积极应对人口老龄化上升为国家战略的背景下应该引起足够重视。老龄健康政策问题不仅蕴含着重大的理论问题，也是重大的实践问题，深入开展这方面的研究将有助于进一步加强老龄健康政策顶层设计，构建面向未来的老龄健康政策体系，助力实现健康老龄化。本研究主要通过"中国知网"来检索、筛选影响较大且研究方法比较规范的老龄健康政策研究文献，梳理和勾画我国老龄健康政策研究的过程和脉络，以及该研究领域的主要议题及研究不足，以期为学术界同人深入开展中国老龄健康政策研究奠定初步的文献基础。

## 一、研究的演进过程

### （一）20世纪50年代：老年健康问题受到关注

　　中国学术界对老年健康问题的关注可以追溯到20世纪50年代。我国神经组织学家郑国章（1959）对"老年生物学""老年病学""老年人

①　基金项目：本文系科技部国家重点研发计划"我国人群增龄过程中健康状态变化特点与规律的研究"子课题"健康状态影响因素的分析研究"（项目号2018YFC2000303）的阶段性成果。

的社会、经济、文化问题"的研究领域和研究内容做了划分，讨论了"老年与衰老""老年与健康""老年与社会"的关系。他指出，我国应"开展衰老过程基础生物学的研究"，特别要重视"老年人常见疾病的研究"，针对老年人特征"开辟有关的老年门诊部与病房，建立老年病医院和老年病研究所，预防和治疗老人的疾病"，并将国际老年学的研究进展介绍到国内。这些研究和译介促进并带动了国内在一片空白的老年学领域开展老年健康问题研究，开拓之功不可没。不过，严格意义上说，这一时期的研究仍局限于"老年学"对"老年人"本身衰老、疾病和健康等有关问题的研究，关于老年人衰老、疾病、健康的社会、经济、政策含义尚未得到更多的关注和研究。

## （二）20世纪八九十年代：老龄、老龄健康、老龄健康政策研究兴起

我国学术界对老龄、老龄健康、老龄健康政策的关注和研究，始于20世纪80年代初期中国政府筹备参加"老龄问题世界大会"。1981年10月，中国政府应邀参加了在马尼拉举行的"老年人问题世界大会亚洲地区政府间筹备会议"。这是一次为举行"老龄问题世界大会"而召开的"亚太地区政府间预备会议"（白桦，2004）。中国代表团团长、时任国家劳动总局副局长魏恒仓在预备会议上作了发言，其发言内容随后发表在《社会》杂志上。魏恒仓（1982）深入阐述了中国政府在老年人、人口"老化"以及"人口老龄化"的经济、社会影响等问题上的立场、观点、现实做法和长远计划。可以说，这是学术期刊首次刊发代表中国政府观点的专门阐释中国老龄问题的学术文章，老龄问题自此进入学术研究领域。

1982年7月，联合国在维也纳举行了"老龄问题世界大会"，中国代表团团长于光汉在大会发言中全面介绍和阐述了中国政府通过"退休制度、社会福利、医疗保健和卫生体育"充分保障老年人生活和健康的情况，交流介绍了中国农村老年社员"享受合作医疗待遇"、对鳏寡无靠的老年社员实行"五保"（保吃、保穿、保住、保医、保葬）以及国

家机关和企事业单位实行公费医疗的情况，通过成立全国性的老年医学学会来加强老年医学调查和研究的情况，通过医疗保健以及结合体育锻炼，共同致力于"延缓衰老过程，防治老年病和慢性病"的情况（佚名，1982）。政府层面的行动为学术研究提供了新的课题，学术界对此十分关注，并很快掀起了研究讨论老龄、老龄健康、老龄健康政策问题的热潮。

学术界一方面关注"老龄问题世界大会"及其所讨论的世界老龄问题，另一方面更加注重对老年人健康及老龄健康政策问题的讨论。袁缉辉（1982）指出，老年人健康问题"既有医疗保健方面的问题，也有心理因素和环境影响等社会方面的问题"，应综合进行研究。郝麦收（1982）建议设立专门医疗机构来预防和治疗老年疾病，通过开办老年人医院，以及实现"医院家庭化、家庭医院化"，解决老年人的医疗健康问题。

这一时期，学术界已经充分认识到关注老龄问题和老龄健康问题的重要性和紧迫性，倡导全社会都来关心、关注老龄问题和老龄健康问题的呼声越来越高，通过动员国家、社会和个人力量共同关心、解决老龄问题和老龄健康问题的主张也越来越清晰和明确（郊建伟，1984）。全国和区域性的人口学会和老年学学会先后成立，各地、各部门的人口学、老年学研究机构和研究刊物纷纷出现，"老年人口学、老年社会学、老年经济学的研究随之兴起"（李稚，1988）。这些都为深入开展老龄、老龄健康、老龄健康政策研究创造了必要的条件。不过，此时的研究中也出现明显不足，例如："老年人""老化""老龄问题"概念不清，"应用混乱"（徐勤，1985）；老龄、老龄健康、老龄健康政策研究的深度和广度不够；等等。

国内的人口学、老年学、社会学、经济学等领域的学者围绕"我国会不会发生人口老龄化""我国何时出现人口老化""对我国人口老龄化的态度"等问题展开了热烈讨论，直至党的十三大报告明确指出，"要注意人口迅速老龄化的趋向，及时采取正确的对策"，学者们对于"人口老龄化"的一系列问题才达成了"可贵的共识"（李稚，1988）。

随着研究的深入，20 世纪 90 年代，国内出现了一些深入讨论老龄健康、老龄健康政策的论著，这方面的研究得到了较快发展。洪国栋（1996）深入研究了老年人的健康状况，探讨了老年人余寿期健康、老年人生活自理能力、老年人医疗服务需求满足及就医困难、老年人医疗费用支出和医疗保障制度建设等问题。老年人健康状况指标和老年疾病特点（王梅，1993；王明空，1993）、老年人的心理适应和心理健康（吴利亚，1995；许改玲，等，1990）、社会心理因素对老年人情感疾病的影响（陆文涛，等，1991）、老年妇女健康（王国宏，等，1995）、健康教育对老年妇女的影响（韩中明，等，1996）等问题得到了重点关注和研究。这一时期，国内开展了老年人健康状况调查（于普林，等，1996）、老年知识分子营养和健康调查（王晓华，等，1995）。美国健康政策（Iglehart，1992）、日本老龄福利和长期保健（Okamoto，1995）、国际人口老龄化及老年病人的护理（Kingma，1999）、男性老龄健康预报（高京晓，1999）等国外学界关于老龄健康、老龄健康政策的最新研究成果也被译介到国内。老龄、老龄健康、老龄健康政策研究逐渐呈现出蓬勃发展的景象。

### （三）21世纪初：老龄健康、老龄健康政策研究繁荣发展

中国于1999年进入老龄社会，中国的老年人口占世界老年人口的五分之一，是"世界上老年人口最多的国家"，老年人医疗卫生和健康问题成为备受关注的社会热点问题（佚名，2007）。学术界围绕老年人群健康状况及健康功能评价，老年健康保健，人口老龄化条件下城市医疗资源重组，农村卫生筹资政策调整，高龄老年人的社会经济、健康状况等问题进行了深入研究和讨论，尤其是老龄健康的社会经济影响、老龄健康政策的体制机制环境、健康老龄化及相关政策等方面的研究日趋兴盛和繁荣。

2018年是中国改革开放40周年，2019年是新中国成立70周年，在这两个重要的时间节点，在新时代中国社会主要矛盾变化、实现"两个一百年"奋斗目标、实施"新两步走"战略目标的背景下，学术界围绕中国老龄健康政策的成就与挑战、老龄健康政策的顶层设计与体系构建（党俊武，2020）、长期照护保险制度的建立和完善、医养结合政策的

发展走向等问题展开了深入研究和讨论，取得了新的积极进展。

## 二、老龄健康政策研究的主要议题

### （一）关于老龄健康引发的政策问题

老年人健康需求激增引起的社会矛盾和问题十分突出，亟待通过改革和出台相关政策，调节和缓和不同社会群体之间的矛盾和冲突，学者们对此进行了广泛深入的讨论。姜向群等（2005）指出：老年人患病率高，慢性病患者多，必然导致医疗费用支出和医疗保障资金的迅速增加；2000 年，我国离退休人员医疗费用支出比 1999 年增长 8.4%；2000 年至 2001 年，全国参加基本医疗保险的离退休人员从 924 万人增加到 1815 万人，增加了 96.4%，同期医疗保险支出增加了 96.0%。郑洁皎等（2000）认为，人口老龄化、疾病慢性化条件下，很多疾病无法仅仅通过临床手段和药物来解决，巨额的医疗投入中的很大一部分只是用于对某些罕见病的诊疗，以及应付已经造成的损害，"这种非普及式的医学模式，是不能提高群体的健康水平，同样也不能提高功能生命质量的"。赵红征等（2000）提出，要切实制定老年卫生保健政策，建立老年卫生服务保健体系和社区老年健康服务网络，满足老年人的公共卫生和健康服务需要。此外，人口老龄化条件下公费医疗制度改革、城镇职工医疗保险可持续发展、新型农村合作医疗改革等问题也受到广泛关注和讨论。

### （二）关于健康老龄化的政策路径

我国健康老龄化问题的研究始于 20 世纪 90 年代（邬沧萍，等，1996）。健康老龄化是联合国提出的应对人口老龄化和解决老龄健康问题的重要思路和解决方案之一，邬沧萍及时地将这一理念介绍到国内来（印石，2000）。21 世纪初，这方面的研究日趋繁荣。邬沧萍等（2001）深入阐述了研究健康老龄化的方法论，指出老年人的健康与长寿是辩证的关系："长寿是健康的标志"，但"长寿并不能充分体现健康"。现代意义上的健康不再局限于延长寿命，而应当是"免于疾病和残疾，而且包括体格、精神和社会各方面的健全、完美无缺"，因此，要提倡"健康的老龄化"（邬沧萍，2010）。陈功等（2006）指出：中国实现健康老龄化过程中面临着严峻的医疗保障方面的挑战，"如何提高老年人口的健康水平已经成为一个公共卫生问题和社会问题"；为此，要完善老年人医疗保障政策，建立健全社区医疗照护和康复体系。在实现健康老龄化策略的对策方面：田立霞等（2003）认为，除了需要完善老年医疗保障制度外，还应该积极创造社会支持环境，大力开展老年健康教育，通过提高老年人健康素养和健康意识来实现健康老龄化的目标；陈琪尔（2000）认为，实现健康老龄化的根本保证在于提高老年人的生活质量，为此应当面向广大老年人广泛宣传和普及"生活卫生、饮食营养、老年人常见病症、老年人保健检查、老年人家庭护理、老年人用药、老年人心理卫生、老年人体育锻炼"等方面的知识和内容。

## （三）关于老龄健康政策的体制机制环境

任何国家的老龄健康政策都是特定历史条件和特定经济社会发展阶段的产物，都不能与既定的政策运行体制机制环境相脱离。中国老龄健康政策的制定和实施首先要面对的是年轻社会形成的医疗卫生基础条件和医疗卫生政策制度及其运行状况。为此，学术界在研究讨论老龄健康政策时，对医疗卫生的体制机制改革问题给予了必要的关注和探讨。世界卫生组织（2009）指出：很多国家的医疗卫生体系都是"围绕医院和专家建立的"，这种"以医院为中心"的医疗卫生体制直接导致了"非必要医疗和医源性感染相关的巨大支出"；而20世纪八九十年代各国卫生部门"只注重缩减卫生成本而疏于管理"的医疗体制改革，必然导致"卫生体系向无节制的商业化沦落"，从而导致医疗卫生体系的低效和医疗卫生服务的昂贵。何岚（2006）指出，中国从1980年开始经历了漫长的"医改"之路，但在"医改"之后的近10年间，居民看病费用平均上涨了14%。国务院发展研究中心课题组（2005）正式公布的中国医疗卫生体制改革课题报告认为，改革开放以来的中国医疗卫生体制改革从总体上讲是不成功的。欧运祥（2006）指出："医疗卫生体制出现商业化、市场化的倾向是完全错误的"，其消极后果是"医疗服务的公平性下降和卫生投入的宏观效率低下"。而医疗卫生体制机制恰恰是老龄健康政策制定和实施过程中必须面对的客观条件和现实基础。

### （四）关于老龄健康政策的成就与挑战

早在20世纪90年代末和21世纪初，有学者就系统总结和梳理了我国社会保障制度的建设历程，对我国医疗保障制度改革的阶段特征、历史地位、主要成就及存在问题进行了研究（葛延风，1998；郑秉文，2009），为新时期深入开展老龄健康政策研究奠定了良好基础。此后，刘继同（2009，2019a，2019b）关于"新中国70年社会保险基金体系的历史变迁""医疗社会保险制度40年的历史经验与结构困境""中国卫生总费用研究30年"等问题的研究和讨论值得关注。鲍勇等（2019）对中国健康事业70年的发展历程进行了历史分期，认为新中国成立初期贯彻实施的"面向工农兵、预防为主、团结中西医、卫生工作与群众运动相结合"的卫生工作方针取得了举世瞩目的成就，保障了包括广大老年人在内的全体人民的基本公共卫生和医疗服务。傅卫等（2019）指出：中国医疗卫生健康事业70年的改革发展向世界贡献了中国智慧，70年来，中国稳步提升医疗卫生服务能力，努力让包括亿万老年人在内的广大群众"不得病、少得病"，"看得起病"，"看得上病、看得好病"，使中国成为国际上医疗服务质量和可及性排名进步幅度最大的国家之一。这一时期，我国居民总体健康水平稳步提高，人均预期寿命从建国初期的35岁提高到2018年的77岁（中华人民共和国国务院新闻办公室，2019）。朱俊生（2010）、郝晓宁等（2010）也明确指出，包括老年健康政策在内的中国健康保障制度面临巨大风险和挑战，存在资源动员能力不足、缴费制度缺陷、自付比例高、全面覆盖难度大等问题，面临着严峻的"老年健康不安全"等问题和挑战。

## （五）关于长期照护制度

面对中国城乡 4000 多万失能半失能老年人口和 1000 多万失智老年人口，长期照护的制度体系建设、服务体系建设、人力资源短缺与应对、资金筹集与支付、制度困境与对策等问题成为学术界关注和研究的热点。赵曼等（2015）围绕长期护理保险制度的"概念界定与研究内容""国内外关于长期护理保险制度的研究""中国长期护理保险制度的选择"等内容进行了文献综述，认为应该"充分发挥市场在资源配置中的决定性作用"，立法先行，"尽早建立全覆盖、保基本、多层次的长期护理保险体系"。尹尚菁等（2012）将失能失智老年人功能障碍划分为从轻度依赖到极重度依赖的四个等级，重点分析了失能失智老年人在不同的性别、年龄组、居住地等方面的分布特点，认为需要长期照护的老年人数量将长期处于上升趋势。孙鹃娟等（2019）基于"中国老年社会追踪调查"数据的研究发现，农村、高龄、低收入、教育程度低的老年人面临更大的失能风险，"资金的充分性和可持续性不足、专业化机构和护理服务人员数量有限"，是长期照护制度面临的最大挑战。王德文（2012）认为，造成老年人长期照护供需缺口巨大的主要原因包括认识上普遍不足，地方政府投入不够，专业专职照护人员严重短缺等，为此应充分借鉴发达国家长期照护制度的发展经验，创建"居家照护社区养老为主的长期照护体系"。刘军等（2017）认为，让失能老年人在原生家庭或在熟悉的社区里得到长期照护服务，实现"就地老化"，应该成为长期照护政策的总体目标。杨团（2016）认为，我国老年人失能失智风险已经成为"国家风险"，长期照护的政策选择和制度设计已经到了"刻不容缓的地步"。她指出：在长期照护"从补缺走向普惠，从依附走向独立"的全球实践中，各国对于应对人口深度老龄化和老年人失能失智风险作出了相应的政策选择，"服务递送模式"不断变迁；我国长期照护的突出问题归结起来就是"缺服务、缺钱、缺人力、缺制度"，为此，应该在宏观层面找准定位，将长期照护定位为公共服务产业，"长照在地化应成为长照政策的基本目标"；对于长期照护资金筹措是否走向社会保险方向，"应慎重决策"

（杨团，2016）。此外，美国、德国、日本等发达国家关于长期照护制度的经验和做法及对我国的启示，也得到了学者们的普遍关注。

## （六）关于医养结合政策

关于医养结合政策的缘起和背景、创新和实践探索、效果和改革方向等内容，学者们给予了较多的关注。多数学者认为，医养结合是一项具有中国特色的政策措施，其目的主要在于增强针对老年人的养老照护和医疗服务的可及性，即老年人在获得养老服务的同时能方便快捷地获得医疗服务，以此来解决我国"有限的医疗卫生和养老服务资源以及彼此相对独立的服务体系远远不能满足老年人的需要，迫切需要为老年人提供医疗卫生与养老相结合的服务"的问题（朱凤梅，等，2018）。正是在这样的背景下以及在政府强有力地推动下，我国医养结合政策得到了迅速发展，相关研究也不断取得新的进展。张云等（2017）对学界关于医养结合养老服务的模式类型、面临的困境及改进措施的研究状况进行了梳理，认为近年来我国在医养结合养老服务上面临着"养老金数量不足、覆盖面窄、民营机构成本高、经费来源单一"等问题。孟颖颖（2016）认为，医养结合养老服务模式面临的主要难点包括："主管部门交叉重叠，责任边界不明晰"；"养老机构服务定位偏误，阻碍自身发展"；"违规操作严重，'套保'风险隐患较大"；等等。郑函等（2019）指出，我国医养结合养老服务发展面对的主要困境包括："配套政策不完善"；关于医养结合养老机构的设施标准、服务标准、收费标准、法律关系等缺乏明确规定；管理权限分属于卫生健康、民政、医保等多个政府部门，已有政策难于落地落实；等等。迟福林（2019）认为：在人口快速老龄化背景下，医养结合面临着以医代养，医养不分，医养服务"有需求、缺供给"的结构性矛盾；必须实现"以养促医"和"以医助养"，打破养老服务垄断和相关的市场壁垒，"推动以健康、养老为重点的服务业市场的全面开放"，发挥社会资本在医养服务供给中的主力军作用。胡雯（2019）指出，国家新一轮机构改革为医养结合制度化创新带来了新的契机，有利于医养结合的服务性质从"兜底弱势群体的老年福利"调整到"基本公共服务的老年事业",服务方式"从条块化管理到整合式服务",服务内容"从被动治疗到发展完整的健康服务链条"。也有学者对我国的医养结合政策提出了不同看法。唐钧（2018）认为：医养结合正在使"很多医疗服务机构和老年服务机构陷入误区而难以自拔"；其"既不能满足失能老人生活照料和康复护理的服务需要，也不利于在中国建立以社会保险为核心的筹资机制"；应该秉持"有国际共识性的基本理念"，充分关照"长期照护制度的历史演进"和发达国家"长期照护服务和保险的经验"，"探索一条在中国可行的老年服务和长期照护之路"。

## 三、老龄健康政策研究的不足

中国老龄健康政策研究取得积极进展以及围绕一些共同感兴趣的议题进行广泛深入研究后形成的成果是显而易见的，这也再次表明了学术界对中国老龄健康政策涉及的理论和实践问题的关注和热情。并且，在新时代新健康理念的指引下，通过有效运用老龄健康政策手段，公平而富有效率地配置老龄健康资源，从而实现应对和解决老龄健康问题的逻辑思路逐渐清晰。中国老龄健康政策研究取得的这些积极进展和理论成果值得充分肯定，为学术界围绕老龄健康形势、老龄健康资源分布状况、老龄健康政策的发展演变及未来展望等问题进行深入持久讨论奠定了较好的基础。

当然，中国老龄健康政策研究的不足和欠缺也很明显，概括起来主要有以下三个方面。

### （一）概念不清晰

学术界对老龄健康政策的概念缺乏明确的界定。老龄健康政策体系在理论和实践当中已经包含了哪些内容？当前及今后一个阶段，甚至在更长的历史时期里，中国老龄健康政策的价值理念、体系架构、主体内容、发展方向如何？等等，这些问题均未得到深入讨论和研究，甚至没有得到学术界足够的重视。在原国家卫计委等十三部门《关于印发

"十三五"健康老龄化规划的通知》，中共中央、国务院印发的《国家积极应对人口老龄化中长期规划》等政府文件中，虽然也提出要打造高质量的为老服务供给体系，"建立和完善包括健康教育、预防保健、疾病诊治、康复护理、长期照护、安宁疗护的综合、连续的老年健康服务体系"，但都不能完整包括老龄健康政策的全部内容，更缺乏在理论和实践层面对"什么是老龄健康政策""老龄健康政策应该包括哪些内容""未来应该建构和出台怎样的老龄健康政策"等问题的清晰认识和准确判断。可以说，目前我国对老龄健康政策的研究依然处于起步阶段。学术研究的薄弱和理论建构的不足，必然导致我国老龄健康政策在具体制定和实施过程中依然处于"摸着石头过河"的探索阶段。

（二）评价不充分

从 20 世纪 80 年代中国政府选派代表团参加维也纳"老龄问题世界大会"开始，全国和各地老龄问题委员会相继成立。中国老龄事业发展经历了 40 多年的历程，组织开展了很多关于人口老龄化问题的研究，出台了很多积极应对人口老龄化的政策文件。2018 年的党和国家机构改革，调整和改革了全国老龄工作委员会的组成人员及其日常工作承担部门，在卫生健康部门内部专门组建了老龄健康部门归口负责老龄和老龄健康事业发展相关工作。这些改革和调整总体上有利于推动我国老龄事业的发展，但在实际研究中仍存在一些不足。一方面，目前我们对于 40 多年来我国老龄政策发展和演进历程的梳理和研究不够。无论是对于其中取得的历史经验还是存在的明显不足，都缺乏实事求是的客观评价。另一方面，学界对近些年出台的一些专题性的老龄健康政策尚缺少系统和深入的梳理和研究，于是就出现了对于"老龄健康政策是怎样发展而来的""老龄健康政策处于怎样的历史时点上""老龄健康政策未来应该向何处去"等问题难于回答的局面。这对于全面实施"健康中国战略"和"积极应对人口老龄化国家战略"，推动老龄健康事业加快发展，积极应对和解决老龄健康问题，都是十分不利的。

## （三）方向不明确

要加强老龄健康政策前瞻性研究，即必须在实现"两个一百年"奋斗目标和中国人口老龄化百年进程的框架下，研究和建构中国老龄健康政策体系。当前，中国老龄健康政策在促进"以治病为中心"向"以人民健康为中心"转变、树立和倡导"全生命周期健康维护"理念、引领"健康中国行动"等方面取得积极进展，在构建方便可及的老龄健康服务体系，促进老龄健康资源向基层下沉、向农村和社区延伸、向特殊老年群体——高龄、失能失智、空巢、困难等老年群体——倾斜方面收到了显著成效，加大力度推动老年人心理卫生与精神护理、阿尔茨海默病防治、安宁疗护等专项老龄健康工作，这些都值得肯定和坚持。但是，只做到这些还远远不够，老龄健康政策还必须充分考虑和准确预测快速发展的人口老龄化进程对老龄健康政策体系构建提出的新要求，必须立足中国实际，放眼未来五年至十年甚至更长时间的老龄健康政策体系构建工作，及早做出制度性安排和设计，从制度和政策层面做出战略性和策略性应对。唯其如此，贯彻落实党和国家一系列积极应对人口老龄化的战略部署才能赢得主动，才能更好实现人口老龄化条件下经济社会的可持续健康发展。

**参考文献：**

[1] 白桦.中国出席亚太地区老龄问题预备会议代表团《关于参加老龄问题世界大会亚太地区政府间预备会议的报告》[M]// 白桦.中国老龄工作年鉴（1982—2002）.北京：华龄出版社，2004.

[2] 鲍勇，张安.中国健康事业研究回顾与展望：献给建国七十周年 [J]. 中华全科医学，2019（9）：1433-1436.

[3] 陈功，刘岚.社会医疗保障与健康老龄化 [J]. 中国全科医学，2006（23）：1923-1928.

[4] 陈琪尔.提高老年人的生活质量是实现"健康老龄化"的根本保证 [J]. 中国初级卫生保健，2000（5）：47.

[5] 迟福林. 探索"以养促医、以医助养"的新型医养关系：我国老龄化社会"医养结合"的几点思考 [J]. 人民论坛，2019（23）：6-8.

[6] 党俊武. 十个关键词解读"实施积极应对人口老龄化国家战略" [J]. 老龄科学研究，2020（11）：3-10+38.

[7] 傅卫，张植晟，王秀峰，等. 新中国 70 年卫生改革发展的道路与展望 [J]. 中国卫生政策研究，2019（9）：1-4.

[8] 高京晓. 期望寿命较高的男性老龄健康预报 [J]. 国外医学（社会医学分册），1999（4）：173-176.

[9] 葛延风. 改革与发展过程中社会保障制度的建设问题（下）[J]. 社会学研究，1998（2）：93-100.

[10] 国务院发展研究中心课题组. 对中国医疗卫生体制改革的评价与建议（概要与重点）[J]. 中国发展评论：中文版，2005，7（A1）：1-14.

[11] 韩中明，陈志诚，郭英，等. 健康教育对老龄妇女个体行为影响 [J]. 中国健康教育，1996（12）：9-10.

[12] 郝麦收. "老人年"里话"老龄" [J]. 人口学刊，1982（4）：58-60+64.

[13] 郝晓宁，胡鞍钢. 中国人口老龄化：健康不安全及应对政策 [J]. 中国人口·资源与环境，2010（3）：73-78.

[14] 何岚. 医疗体制改革中政府的职能定位分析 [J]. 医学与哲学（人文社会医学版），2006（3）：9-11.

[15] 洪国栋. 老龄对策科学的发展 [J]. 中国老年学杂志，1996（5）：269-271.

[16] 胡雯. 健康中国背景下机构改革助力医养结合发展的方案构想 [J]. 行政管理改革，2019（2）：48-56.

[17] 姜向群，万红霞. 人口老龄化对老年社会保障及社会服务提出的挑战 [J]. 市场与人口分析，2005（4）：67-71.

[18] 李稚. 我国对老龄问题认识的飞跃：学习十三大文件的体会 [J]. 南方人口，1988（3）：32-36.

[19] 刘继同. 中国卫生总费用研究 30 年：历程与特点 [J]. 卫生经济研究，2009（3）：29-32.

[20] 刘继同. 新中国 70 年社会保险基金体系的历史变迁及其政策建议 [J]. 江苏

社会科学，2019a（5）：12-20.

[21] 刘继同 . 中国社会医疗保险制度 40 年的历史经验、结构困境与改革方向 [J]. 人文杂志，2019b（3）：20-29.

[22] 刘军，程毅 . 老龄化背景下失能老人长期照护社会政策设计 [J]. 云南民族大学学报（哲学社会科学版），2017（4）：73-77.

[23] 陆文涛，张明廉 . 社会心理因素在老年期情感性精神病中的作用 [J]. 老年学杂志，1991（4）：208-209+255.

[24] 孟颖颖 . 我国"医养结合"养老模式发展的难点及解决策略 [J]. 经济纵横，2016（7）：98-102.

[25] 欧运祥 . 医疗市场化失败后的法律和伦理思考 [J]. 医学与哲学（人文社会医学版），2006（1）：26-28.

[26] 郄建伟 . 充分认识我国老龄问题的重要性和迫切性 [J]. 人口与经济，1984（6）：28-33.

[27] 世界卫生组织 . 迎接新的卫生挑战 [J]. 医学与哲学（人文社会医学版），2009（3）：1-6.

[28] 孙鹃娟，吴海潮 . 我国老年人长期照护的供需特点及政策建议 [J]. 社会建设，2019（6）：3-14.

[29] 唐钧 . 健康社会政策视域中的老年服务、长期照护和"医养结合" [J]. 中国公共政策评论，2018（1）：16-32.

[30] 田立霞，王赞旭，王春梅，等 . 健康老龄化的促进对策 [J]. 中国公共卫生，2003（2）：232-233.

[31] 王德文 . 我国老年人口健康照护的困境与出路 [J]. 厦门大学学报（哲学社会科学版），2012（4）：90-98.

[32] 王国宏，马克强 . 老龄妇女的健康问题 [J]. 中国初级卫生保健，1995（12）：54.

[33] 王梅 . 评价老年人口健康状况的新指标 [J]. 中国人口科学，1993（5）：38-41.

[34] 王明空 . 健康老年人与老年疾病的特点 [J]. 护士进修杂志，1993（1）：46.

[35] 王晓华，边进鲁 . 老年知识分子营养状况调查分析 [J]. 中国慢性病预防与

控制，1995（5）：203-204.

[36] 魏恒仓 . 必须重视和研究老年人问题 [J]. 社会，1982（1）：6-7.

[37] 邬沧萍 . 提倡健康的老龄化 [A]// 从人口学到老年学：邬沧萍自选集 [M]. 北京：首都师范大学出版社，2010.

[38] 邬沧萍，姜向群 . "健康老龄化" 战略刍议 [J]. 中国社会科学，1996（5）：52-64.

[39] 邬沧萍，苏苹，陈杰，等 . 有关研究健康老龄化方法论的几点思考 [J]. 中国人口科学，2001（S1）：101-106.

[40] 吴利亚 . 老龄人的心理适应初探 [J]. 徐州师范学院学报，1995（4）：143-145.

[41] 徐勤 . 老龄问题中的几个基本概念 [J]. 人口研究，1985（4）：63.

[42] 许改玲，李道旭 . 论老年人口的心理健康 [J]. 社会科学研究，1990（3）：47-52.

[43] 杨团 . 中国长期照护的政策选择 [J]. 中国社会科学，2016（11）：87-110+207.

[44] 佚名 . 中国代表团团长于光汉在老龄问题世界大会上的发言（摘要）[J]. 中国劳动，1982（11）：20-22.

[45] 佚名 . 中国人口老龄化发展趋势预测研究报告 [J]. 中国妇运，2007（2）：15-18.

[46] 尹尚菁，杜鹏 . 老年人长期照护需求现状及趋势研究 [J]. 人口学刊，2012（2）：49-56.

[47] 印石 . 论健康老龄化及其对策 [J]. 南京中医药大学学报（社会科学版），2000（2）：73-75.

[48] 于普林，佟之复，张培兰，等 . 北京城乡社区老年人健康状况横断面调查分析 [J]. 疾病监测，1996（12）：449-452.

[49] 袁缉辉 . 开展老年社会学的研究是一件大事 [J]. 社会，1982（3）：21-25.

[50] 张云，陈旭清 . 近十年来我国医养结合养老服务研究述评 [J]. 理论月刊，2017（5）：138-143.

[51] 赵红征，尹桂梅 . 老年与健康：新世纪关注的焦点 [J]. 中国卫生经济，

2000（3）：16–17.

[52] 赵曼，韩丽 . 长期护理保险制度的选择：一个研究综述 [J]. 中国人口科学，2015（1）：97–105+128.

[53] 郑秉文 . 中国社会保障制度 60 年：成就与教训 [J]. 中国人口科学，2009（5）：2–18+111.

[54] 郑国章 . 老年学 [J]. 科学通报，1959（10）：320–321.

[55] 郑国章 . 老年学的研究与展望 [J]. 动物学杂志，1960（2）：47–51.

[56] 郑函，王梦苑，赵育新 . 我国"医养结合"养老模式发展现状、问题及对策分析 [J]. 中国公共卫生，2019（4）：512–515.

[57] 郑洁皎，朱秀英，彭海英，等 . 上海地区人口老龄化及其医疗、保健和康复需求问题的调查与分析 [J]. 现代康复，2000（7）：1038–1039.

[58] 中华人民共和国国务院新闻办公室 . 为人民谋幸福：新中国人权事业发展70 年 [N]. 人民日报，2019–09–23（014）.

[59] 朱凤梅，苗子强 . 老龄化背景下"医养结合"的内涵、现状及其困境 [J]. 中国卫生经济，2018（3）：11–15.

[60] 朱俊生 . 中国健康保障制度的挑战及其应对 [J]. 湖北大学学报（哲学社会科学版），2010（2）：91–96.

[61] IGLEHARTJK. 美国健康政策报告：关于改革老年医疗保险制度支付医生服务费用方式的争论 [J]. 丁卫群，译 . 国外医学（卫生经济分册），1992（4）：167–170.

[62] KINGMAM. 国际人口老龄化及老龄病人的护理 [J]. 申维卓，摘 . 国外医学（护理学分册），1999（9）：431.

[63] OKAMOTOY. 日本老龄社会的福利和长期保健面临的考验 [J]. 岳平，译 . 中国卫生经济，1995（3）：60–61.

（发表于《老龄科学研究》2021 年第 5 期）

# 中国老龄健康及政策研究：共识与展望<sup>①</sup>

张福顺　刘俊敏

　　中国老龄健康及政策研究经历了从学术界不熟悉、不了解到普遍熟悉、了解，从处于学术研究的边缘到学者们普遍重视和关注，从研究成果的偶见到大量相关研究的不断涌现的发展历程。老龄健康及政策问题日益成为中国经济社会发展过程中必须面对和解决的理论问题和实践问题，相关研究日益成为学术研究中的显学。加强老龄健康及政策研究的价值和意义在于，通过深化老龄健康及政策研究，可以促进老龄健康政策创新，运用老龄健康的新理念、新方法、新手段，调整和配置老龄健康资源，从而有效应对和解决老龄健康问题，改善老年群体的整体健康状况，推动健康中国建设和实施积极应对人口老龄化国家战略，实现健康老龄化。已有研究中，学者们在老龄健康面临的形势、老龄健康资源分布、老龄健康理念转变等方面达成了一些共识，取得了一些积极进展，但也有明显不足。未来需要持续加强关于老龄健康政策理论、政策实践、政策规划等方面的研究。

## 一、老龄健康形势严峻

### （一）老年人的整体健康状况不容乐观

　　关于老年人的整体健康状况，在基于中国疾病预防控制中心开展的

---

① 基金项目：本文系科技部国家重点研发计划"我国人群增龄过程中健康状态变化特点与规律的研究"子课题"健康状态影响因素的分析研究"（项目号 2018YFC2000303）的阶段性成果。

"中国健康与营养调查"、中国人民大学开展的"中国老年社会追踪调查"（简称"CLASS"）、北京大学开展的"中国健康与养老追踪调查"（简称"CHARLS"）、中国老龄科学研究中心开展的"中国城乡老年人生活状况抽样调查"等大型调查所形成的数据报告中都有集中体现。整体来看，我国老年人的健康状况不容乐观。2016 年发布的《中国老年社会追踪调查报告》显示，75.23% 的老年人自报患有慢性疾病，高血压、各类心脏病、颈椎病／腰椎疾病、关节炎、糖尿病和类风湿疾病等，是城乡老年人患病比例较高的慢性疾病（中国人民大学老年学研究所，2016）。北京大学发布的《中国健康与养老报告》与上述调查结果有着很强的一致性。《报告》显示，60 岁及以上老年人中自报患有至少一种慢性病的比例高达 78.9%，在自报患病率较高的疾病中，高血压、关节炎或风湿性疾病、消化系统疾病、各类心脏病等病症排在前几位（北京大学中国健康与养老追踪调查项目组，2019）。中国老龄科学研究中心编写的《中国城乡老年人生活状况调查报告（2018）》印证了上述调查结果。《调查报告》显示，60 岁以上老年人患有慢性病的比例达到 79.97%，80 岁以上老年人患有慢性病的比例高达 85.28%（党俊武，2018）。多数学者的研究结论与这些调查结果具有一致性，认为慢性病对广大老年人产生了多维健康功能损害（傅东波，等，1998），成为影响老年人健康状况的主要因素（杨靓，等，2015）。

### （二）老年人心理健康问题突出

关于什么是健康，通常认为健康是一种身体上、精神上和社会上的完全良好状态，而不仅仅是指没有疾病或病痛。陈灵泉（2013）认为，老年人的心理健康至少应该包括以下五个方面的内容：愉快的精神和乐观豁达的心理状态、健全的人格、良好的人际关系、理性的思维能力，以及正常的行为能力。许改玲等（1990）提出，由于老年人在生命过程中进入了"退行性发展"阶段，自然生理因素的变化，以及工作、生活中心的变化，都可能引起老年人的心理变化和心理反应，他们容易出现垂暮感、孤独感、烦躁感和恐惧感，老年人心理健康问题变得越来越突出。较为常见的老年人心理健康问题是空虚寂寞、自卑、焦虑和抑郁（潘红梅，2009），并表现出明显的性别差异。相对于男性老年人而言，女性老年人在心理健康方面差于男性老年人，其表现为，女性老年人有较多的抑郁特征，对生活有更多的不满（梅锦荣，1995）。

另外，阿尔茨海默病近年来在老年人群中呈现高发态势。大脑在高级智能活动方面的"慢性进行性减退"，可导致"行为异常和人格改变"，并最终损害个体的认知功能（苏丹，等，2019）。其因严重威胁老年人健康与生命而受到学术界越来越多的关注。研究显示，2017年，我国65岁及以上老年人的老年期痴呆患病率为5.56%，未来30年，罹患老年期痴呆的人数将呈现持续增长的态势，2030年、2040年、2050年，我国老年期痴呆患病人数将分别达到2075万人、2687万人、3003万人（王英全，等，2019）。

### （三）老年人疾病治疗和照护负担沉重

由于自然老化和遭遇病痛，老年群体有着庞大的疾病治疗和照护需求，从而给国家、社会、家庭带来沉重的负担。在医疗保健费用支出方面，理论和实证研究都一致证明，由于老年人罹患癌症、各类心脏病、脑血管疾病、老年期痴呆等非传染性疾病的概率相对较高，老年人口医疗保健费用支出远比年轻人高。于学军（1999）指出，中国由于老年人口数量和比例增大，退休人员的医疗保健费用支出也在急剧增长，从1986年的16.4亿元增加到1995年的203亿元，退休人员与在职职工的医疗保健费用之比，从1986年的23.8∶100.0发展到1995年的57.8∶100.0。封进等（2015）指出：20世纪90年代中期，我国65岁及以上老年人口的人均医疗费用是65岁以下人口的2.7～4.8倍；1990—2010年间，我国卫生总费用增长迅速，年均增速达19%，扣除物价上涨因素，实际年均增长13%。郭梦等（2015）指出，2012年，全国卫生机构的60岁及以上老年人的住院费和门诊费分别达到2132.10亿元和2073.88亿元。老年人口巨大的医疗保健费用支出，给我国的医疗机构、社保部门以及老年人家庭和个人都带来了很大的负担。

由于家庭结构小型化和男性老年人、女性老年人的平均寿命存在"错节相差"，空巢、独居、病残老年人的照护负担同样很重。研究表明，中国 60 岁以上老年人有 1/2 到 3/4 的时间患有各种慢性病，60 岁以上男性老年人的总伤残期是 3.78 年，女性老年人的总伤残期是 5.12 年，分别占余寿的 23.6% 和 27.2%，即老年人平均有 1/4 左右的时间生活在机体功能受损的情况下，需要身边有人照护（丁蕙孙，等，1997）。加之还有数量庞大的失能、半失能老年人，形成了老年人长期护理服务供需失衡的局面（景跃军，等，2014）。广大老年人的生存、生活状态面临伦理方面的考验。

## 二、老龄健康资源分布不均

文献中关注和讨论较多、也是学者们明显达成共识的一个重要问题，就是关于我国老龄健康资源分布和占有不均衡的问题。我国老龄健康资源在城乡之间，大中城市和基层村镇/社区之间，普通老年人和高龄、贫困、流动等特殊老年人之间，都存在着明显的不均衡和错位配置的问题。这些问题应该引起足够重视，并成为老龄健康政策重点关注和解决的问题。

### （一）老龄健康资源城乡分割，农村老龄健康资源相对不足

我国医疗卫生制度从新中国成立伊始就体现出明显的城乡分治的特点。城镇实施的是适用于机关事业单位的职工公费医疗制度和适用于国有企业及部分集体企业的劳保医疗制度。两者的主要区别在于，前者由财政支付费用，后者由企业支付费用。经过多次调整和改革，我国采取了公费医疗制度、城镇职工医疗保险制度、城镇居民医疗保险制度并行的做法。农村实行的是由农民或集体经济组织按照自愿原则建立的农村合作医疗制度，几经起伏和改革，演变为后来的新型农村合作医疗制度（葛延风，1998）。2016 年，国务院印发《关于整合城乡居民基本医疗保险制度的意见》，开始推进对城镇居民医疗保险和新型农村合作医疗制度的

整合工作，以期在全国范围内逐步建立起统一的城乡居民医疗保险制度，通过整合实现"统一覆盖范围、统一筹资政策、统一保障待遇、统一医保目录、统一定点管理、统一基金管理"的"六统一"目标。在城镇，尽管不同群体占有和享用的医疗卫生资源同样不均衡，但相对于农村而言，城市人均医疗卫生资源占有依然要远远高于农村，农村医疗卫生资源占有明显不足，农村医疗卫生事业在改革与发展中面临更多的困难和问题（程晓明，等，1999）。正如白雪洁等（2019）所指出的，我国"乡村地区的医师资源配置自东向西依次递减"，东、中、西部和城乡之间医疗资源配置严重不均衡。简文清（2016）明确指出，我国城乡卫生资源配置存在严重的不平等情况，并对居民健康产生了极大影响。中国农村老年人口比例明显高于城市，人口老龄化呈现出明显的"城乡倒置"特点的基本国情（杜鹏，等，2010），更加凸显了广大农村地区老龄健康资源的相对不足。

## （二）基层老龄健康资源配置明显不足

一般认为，合理的医疗卫生资源配置应该呈现出"金字塔"结构，即在最有经济效率地承担疾病预防和常见病治疗的基层卫生服务机构和二级卫生机构应该配置更多的卫生资源，而三级卫生机构占有的资源应该少于前两者，这才是最合理的医疗卫生资源配置方式（蒋广根，1999），也更契合多数老年人生活在基层社区、他们主要是患有慢性病和常见病的现实。但是，我国医疗卫生资源配置呈"倒金字塔"畸形结构。这不但使得"重医疗、轻预防"的传统医疗模式难以改变，加剧了大型医疗机构的膨胀式发展和基层医疗卫生服务机构的不断萎缩，而且造成了医疗资源配置的低效，降低了广大老年人获取医疗卫生服务资源的可及性和公平性；因此，加快推进医疗卫生服务资源整合，以适应日益严峻的人口老龄化形势势在必行（张海红，等，2015）。经过多年建设和发展，我国社区卫生服务事业取得了显著成效，社区卫生服务中心和服务站的覆盖率迅速增长，社区门诊量和服务量大幅提升。但目前来看，我国社区卫生服务事业依然面临医疗卫生人才相对不足、补偿机制不健全等问题。对此，齐晓琳等（2006）指出，应大力发展基层社区医疗卫生服务，面向广大老年人提供融预防、医疗、保健、康复、健康教育等为一体的多元化、全方位、连续性、综合性的基层医疗卫生服务。

### （三）特殊老年群体健康资源占有相对不足

相对于健康老年人而言，高龄、贫困、流动等特殊老年群体对医疗卫生服务和健康资源的需求更为迫切，且呈现出明显的"刚性需求"特征。将有限的医疗卫生资源和健康资源用于优先保证和最大程度地满足这些特殊老年群体的医疗卫生和健康服务需求，更能够体现老龄健康政策的伦理要求。曾毅等（2004）的研究表明，中国80岁及以上高龄老年人口数量将从2000年的1150万人增加到2030年的3900万人，到2040年、2050年，将分别达到6400万人和9900万人。相对于65～69岁、70～74岁和75～79岁这三个年龄组的老年人而言，80岁及以上老年人的医疗费用分别高出77%、60%和36%。高龄老年人口数量的增长，以及高龄老年人相较于其他年龄段老年人而言普遍较高的医疗费用，必将使得高龄老年人需要更多的医疗卫生资源。但是，目前我国高龄老年人的医疗保障覆盖面很窄。柳玉芝等（2003）指出，在城镇，只有13.8%的高龄老年人享有公费医疗，农村享有公费医疗的高龄老年人则只有4.1%，其余高龄老年人的医疗费用都要靠自己和子女来承担。此外，贫困老年人的身体健康和心理健康（栾文敬，等，2013，2014）、流动老年人口的健康问题（宋全成，等，2018）等特殊老年群体的健康问题和健康资源获取问题也得到了学者们的关注和讨论。

## 三、老龄健康理念发生深刻转变

长久以来，病毒、病原菌或者其他微生物一直是引发人类疾病的主要原因，是人类健康的主要威胁，曾经多次引发大规模的人口死亡。近些年，由于人类生存的自然环境和社会环境的改变以及生活方式的转变，人类的疾病谱、死因谱开始改变，诸如各类心脏病、脑血管疾病、癌症、高血压症、高脂血症、高血糖症等一些非传染性的慢性病开始成为致病致死的主因，成为威胁人类健康的首要因素，医学模式也开始从传统的"生物医学模式"向"生物－心理－社会医学模式"转变，人们的健康观念随之发生了根本转变（赵驰等，2015）。这些认识、观念的变化，在老龄健康及政策研究中得到了充分体现，并将不断得到强化。

### （一）"大卫生""大健康"理念得到普遍认可

大卫生观是一种现代卫生观，其着眼点是致力于人人健康，重点是主动积极预防，兼顾治病防病，目标是主动保护社会全体成员的身心健康，实现国富民强，是一种社会协调发展的卫生观、一种全民参与的卫生观、一种"自然－社会－心理－生态－健康"的整体观（肖进，1991）。"大卫生""大健康"的理念得到了学术界的普遍认可。吴孟超（1991）指出：我国在1991年发布的《中华人民共和国国民经济和社会发展十年规划和第八个五年计划纲要》中明确提出，要坚持"贯彻预防为主、依靠科技进步、动员全社会参与、中西医并重、为人民健康服务"的卫生工作方针，把增进人民健康作为医疗卫生工作的战略目标；卫生工作的指导思想要"从小卫生转到大卫生"，医疗卫生的主要目的不是简单的"修补"劳动力，而主要是改善和提高人的全面素质，预防疾病和伤残，恢复和保持健康，所以，医疗卫生不能只着眼于少数病人，而要着眼于全体人民，从而实现"保护健康，增强体质，延长有效寿命"。闫希军等（2017）进一步指出，"大健康"是全方位的健康，是包括"身－心－社－德－生态"的全要素健康，不仅包括个体的健康和群体的健康，还包括健康的生活方式、健康的生活环境以及对健康危险因素的控制等，同时照应到"人的生、老、病、死之整个生命历程"。

### （二）"全生命周期"理念和"健康生活方式"得到倡导

《"健康中国2030"规划纲要》提出，要"立足全人群和全生命周期两个着力点"，将健康服务模式覆盖"从胎儿到生命的终点"的全生命周期，实现全程性的健康服务和健康保障。张伟（2019）认为：中国特色健康服务模式应该涵盖"健康管理、临床医疗、慢性病管理、康养与临终关怀"的全生命周期，并提供包括"预防、治疗、康复、健康促进"等在内的全生命周期健康服务；由于很多健康问题进展缓慢，而且往往是"沉默"地发展，相关危险因素在生命过程中往往是日积月累的结果，因此，应该大力提倡和推广"三级预防理论"，从而防治慢性病的发生，防止疾病的发生和减缓疾病的发展，并通过自我管理、转诊制度、康复引导来改善患者生活质量，防止伤残，促进功能恢复。欧阳一非等（2019）则提出，应通过合理膳食和改变生活方式，倡导戒烟限酒、积极参与休闲性身体活动、提升睡眠质量、减少静坐时间等，来促进老年人健康。学术界提出和倡导的"全生命周期""健康生活方式"等理念，在老龄健康政策的设计和制定中得到了越来越多的体现。

## （三）建设"健康中国"从理念上升为国家战略

学术界关于健康中国建设的源流、本质、理念、框架与路径的研究形成了广泛共识。学者们一致认为，健康中国建设是"以大健康格局为导向、以全民健康为目标，促进人民健康与社会经济协调发展"的国家重大战略，是一项全局性的健康理念和复杂的系统工程（申曙光，2020）。王虎峰（2017）指出：作为国际社会应对健康问题所采取的策略，健康国家建设反映了全球治道变革的趋势；健康国家就其本质来说，"是一种社会发展形态，是一种高级经济形式"，健康国家建设的实质是"调整健康问题在社会发展中的地位和作用"，通过健康国家建设，促进经济社会的协调发展。申曙光等（2020）在回顾和总结西方国家健康国家建设历史经验的基础上，提出了"健康中国"的基本理念，解读了健康中国建设的基本内涵，提出了健康中国建设的实施路径。另外，健康中国建设所倡导和推动的"将健康融入所有政策"也得到了学术界的关注和讨论。胡琳琳（2017）指出：世界卫生组织（WHO）最早提出并倡导了"将健康融入所有政策"的理念，"它是针对健康的宏观社会和经济决定因素，采取跨部门行动的一种策略"；2016年8月召开的全国卫生与健康大会和同年10月发布的《"健康中国2030"规划纲要》把"将健康融入所有政策"作为新时期卫生与健康工作的方针以及体制机制改革的重要内容，其目标是"加强各部门各行业的沟通协作，形成促进健康的合力"。建设健康中国的理念和要求，正在老龄健康政策的制定和实施中得到逐步贯彻和落实。

## 四、研究不足与展望

学术界关于中国老龄健康及政策的研究兴起于 20 世纪 80 年代对老年人、老龄问题的关注和讨论，进而发展到深入研究和讨论老龄健康及其政策问题，经历了 20 世纪 80—90 年代的研究兴起、21 世纪初的研究繁荣和近十年来研究不断取得新进展等发展阶段，对我国老龄健康面临严峻形势、老龄健康资源分布不均衡、老龄健康政策理念发生转变等达成了广泛共识。这些研究进展和取得的共识是显而易见的，在文献梳理过程中也清晰地体现了这一点。但是，在建设健康中国和实施积极应对人口老龄化国家战略的宏观背景下，立足中国人口老龄化进程、中国老龄健康及政策实际，有很多问题还需要深入持久地探讨，通过研究深化对问题的认识，推动政策的制定、实施和问题的解决，特别是在老龄健康政策研究方面更是如此。未来，我国应该围绕以下方向，加强老龄健康政策研究。

第一，加强老龄健康政策理论研究。老龄健康政策理论既包括人口老龄化理论、健康学有关理论、政策科学理论等，又不是三者的简单组合，它更应该是能够揭示老龄健康政策本质规律的思想体系和价值观念。加强老龄健康政策理论研究，就是要研究、梳理和建构老龄健康政策的基本理念、价值观念、学说体系、代表人物及其流派、研究方法等，是在充分批判和吸收借鉴已有研究成果的基础上，建构老龄健康政策思想理论体系。

第二，加强老龄健康政策实践研究。我国老龄健康政策实践有两个渊源：一个是老龄政策，另一个是医疗卫生和健康政策。如果从 1982 年我国成立"老龄问题世界大会中国委员会"以及派团参加维也纳老龄问题世界大会算起，则我国老龄政策的实践已有 40 年的历史。而关于劳动者年老、罹患疾病或者丧失劳动能力时各种问题的解决，1953 年颁布的《劳动保险条例》和 1954 年通过的《宪法》都对此做出过制度化安排。特别是党的十八大以来，老龄健康政策更是密集出台。对这些内容应该进行深入细致的梳理和研究。

第三，加强对老龄健康政策环境及其变化的研究。一切政策都是特定环境的产物，是具体政策同特定的政治、经济、社会、文化环境交互作用的结果，老龄健康政策也不例外。党的十九届五中全会指出，"我国发展环境面临深刻复杂变化"，表现在我国"开启全面建设社会主义现代化国家新征程"，国内生产总值突破一百万亿元，以及新型冠状病毒感染疫情产生的广泛深远影响。这些经济社会发展的深刻变化，都应该纳入老龄健康政策环境的研究范围，以深入研究经济社会发展的复杂变化对老龄健康政策的制定和实施的影响，研究老龄健康政策的制定和实施如何适应经济社会发展环境的不断变化。唯其如此，我们制定和实施的老龄健康政策才能更符合中国实际，也才能更有效地应对和解决中国老龄健康问题。

第四，加强老龄健康政策运行机制研究。政策效果好不好，除了政策方案、政策文本制定是否科学合理以外，政策决策和执行机制对其也有非常直接和明显的影响。由于老龄健康政策具有鲜明的跨领域、跨部门的特点，加之很多中央和国务院政策文件的落实都涉及中央和地方的财权、事权关系，政策决策和运行机制的高效、科学、合理就显得非常重要。加强老龄健康政策运行机制研究，进一步优化和发挥全国老龄工作委员会及其成员单位的职能和作用，优化中央和地方政府的权责关系，对于增强老龄健康政策实施效果是非常必要的。

第五，加强老龄健康政策资源及其配置研究。老龄健康政策就其本质来讲，是一种健康权利的分配，是在老年群体与非老年群体之间，不同地区、不同阶层、不同年龄、不同健康状况的老年人之间配置健康资源的过程。当前及今后一段时期，国家有哪些人力、物力、财力等方面的健康资源，如何通过行政或市场的方式在不同群体之间对这些健康资源进行有效配置，对此需要进行深入细致的研究。

第六，加强老龄健康政策专题研究。在我国现行的老龄健康政策体系中，老年健康服务体系建设、医养结合、老年健康保障体系建设既是主体内容，也是当前党和国家解决老龄健康问题、改进老龄健康状况、增进老龄健康福祉的主要抓手。对于这些政策应该开展深入系统的专题化研究，以研究引领问题的解决，以研究推动政策创制。研究的重点应紧紧围绕解决广大中西部地区、农村地区、基层社区老年人，以及失能失智、特殊困难老年人的健康服务和健康保障问题，着力解决老龄健康事业发展不平衡不充分问题。

第七，加强老龄健康政策评估研究。政策评估对于"加强对整个政策活动的有效控制"起着至关重要的作用，更是决定政策延续、政策调整和政策终结的重要依据。我国老龄健康政策评估工作十分薄弱，相关研究工作也未得到充分重视，这很不利于老龄健康政策的健康发展。加强老龄健康政策评估研究，加大力度对老龄健康政策的实施结果和影响进行定性和定量评价，对于优化老龄健康政策的制定和实施、提升老龄健康政策效果是十分必要的。

第八，加强中外老龄健康政策比较研究。很多人口老龄化先行国家和经济发达国家在制定和实施老龄健康政策、应对和解决老龄健康问题等方面都积累了很多成功经验和有益做法，值得我们认真学习和借鉴。加强对国外老龄健康政策制度——例如英国的社区卫生服务制度、德国的长期照护保险法、日本的医养结合政策等——的比较研究，吸收和借鉴他国在老龄健康政策的制定、实施过程中的成功经验，汲取其失败的教训，对于优化中国老龄健康政策都是十分有益的。

第九，加强老龄健康政策规划研究。党的十九届五中全会令人瞩目地提出了到2035年基本实现社会主义现代化的远景目标、"十四五"时期的经济社会发展主要目标，为中国未来发展擘画了一幅波澜壮阔的新图景。党和国家的一切工作都应该在这样的战略安排下谋篇布局，制定和实施老龄健康政策也应如此。为了提高老龄健康政策制定和实施的系统性、连续性，避免政策交叉重叠和"碎片化"，应该加强老龄健康政策规划研究，按照规划高效连续地出台相关老龄健康政策。

**参考文献：**

[1] 白雪洁，程于思 . 医疗资源配置的城乡区域差异与中老年人个体健康 [J]. 西安交通大学学报（社会科学版），2019（2）：80–89.

[2] 北京大学中国健康与养老追踪调查项目组 . 中国健康与养老报告 [EB/OL].
[ 2022-01-30]. http://charls. pku.edu.cn/articles/news/579/zh-cn.html.

[3] 陈灵泉 . 试论老年人心理健康问题及其社会看护 [J]. 人民论坛，2013（5）：130–131.

[4] 程晓明，王禄生，张静，等 . 农村卫生改革与发展中的若干问题与对策 [J]. 中国卫生资源，1999（5）：21–24.

[5] 党俊武 . 中国城乡老年人生活状况调查报告（2018）[M]. 北京：社会科学文献出版社，2018.

[6] 丁蕙孙，杜水伯，王晓燕，等 . 老年卫生保健生活现状研究：中国老年卫生保健研究之四 [J]. 医学与哲学（人文社会医学版），1997（1）：35–38.

[7] 杜鹏，王武林 . 论人口老龄化程度城乡差异的转变 [J]. 人口研究，2010（2）：3–10.

[8] 封进，余央央，楼平易 . 医疗需求与中国医疗费用增长：基于城乡老年医疗支出差异的视角 [J]. 中国社会科学，2015（3）：85–103+207.

[9] 傅东波，卫志华，沈贻谔，等 . 慢性病患病对老年多维健康功能损害的影响 [J]. 中国慢性病预防与控制，1998（6）：295–296+301.

[10] 葛延风 . 改革与发展过程中社会保障制度的建设问题（下）[J]. 社会学研究，1998（2）：95–102.

[11] 郭梦，班悦，孙千惠，等 . 中国人口老龄化与疾病的经济负担 [J]. 医学与哲学（人文社会医学版），2015（4）：32–34.

[12] 胡琳琳 . 将健康融入所有政策：理念、国际经验与启示 [J]. 行政管理改革，2017（3）：64–67.

[13] 简文清 . 卫生资源配置失衡对居民健康的影响：基于城乡和区域视角 [J]. 中国卫生经济，2016（8）：55–57.

[14] 蒋广根. 卫生资源优化配置的伦理要求 [J]. 医学与哲学（人文与社会医学版），1999（8）：12-13.

[15] 景跃军，李元. 中国失能老年人构成及长期护理需求分析 [J]. 人口学刊，2014（2）：55-63.

[16] 柳玉芝，张纯元. 高龄老人的经济和医疗保障现状、问题与对策思考 [J]. 人口与经济，2003（1）：12-16.

[17] 栾文敬，付双乐，王文思，等. 医疗卫生服务利用对贫困老年人身体健康的影响研究 [J]. 广东工业大学学报（社会科学版），2014（2）：18-25+92-93.

[18] 栾文敬，赵英丽. 贫困老年人的心理健康及其影响因素分析 [J]. 江苏大学学报（社会科学版），2013（4）：55-61+68.

[19] 梅锦荣. 老年心理健康的性别差异 [J]. 中国临床心理学杂志，1995（4）：193-195+204+255.

[20] 欧阳一非，张兵. 改善生活方式，促进老年人健康 [J]. 环境与职业医学，2019（12）：1091-1093.

[21] 潘红梅. 老年人心理健康及护理现状 [J]. 中国疗养医学，2009（9）：824-826.

[22] 齐晓琳，李士雪，张英洁，等. 我国社区卫生服务发展的障碍与对策研究 [J]. 医学与哲学（人文社会医学版），2006（4）：20-22.

[23] 宋全成，张倩. 中国老年流动人口健康状况及影响因素研究 [J]. 中国人口科学，2018（4）：81-92+127-128.

[24] 申曙光. "健康中国建设的理论与实践"专题导语 [J]. 中山大学学报（社会科学版），2020（1）：166-167.

[25] 申曙光，曾望峰. 健康中国建设的理念、框架与路径 [J]. 中山大学学报（社会科学版），2020（1）：168-178.

[26] 苏丹，苏燕玲，吕亚辉，等. 阿尔茨海默病患者生活质量及其影响因素分析 [J]. 空军医学杂志，2019（5）：447-450+457.

[27] 王虎峰. 健康国家建设：源流、本质及治理 [J]. 医学与哲学（人文社会医学版），2017（3）：1-4+17.

[28] 王英全，梁景宏，贾瑞霞，等. 2020—2050 年中国阿尔茨海默病患病情况

预测研究 [J]. 阿尔茨海默病及相关病，2019（1）：289–298.

[29] 吴孟超 . 坚持卫生工作方针提高人民健康水平 [J]. 医学与哲学（人文社会医学版），1991（10）：1–3.

[30] 肖进 . 试论大卫生观的几个问题 [J]. 医学与哲学（人文社会医学版），1991（1）：41–42.

[31] 许改玲，李道旭 . 论老年人口的心理健康 [J]. 社会科学研究，1990（3）：47–52.

[32] 闫希军，吴廼峰，闫凯境，等 . 大健康与大健康观 [J]. 医学与哲学（人文社会医学版），2017（3）：9–12.

[33] 杨靓，徐辉，巢健茜，等 . 老龄化背景下慢性病对老年人健康状况的影响 [J]. 中国老年学杂志，2015（18）：5277–5279.

[34] 于学军 . 中国老年人口健康研究 [J]. 中国人口科学，1999（4）：1–11.

[35] 曾毅，柳玉芝，萧振禹，等 . 中国高龄老人的社会经济与健康状况 [J]. 中国人口科学，2004（S1）：6–15+176.

[36] 张海红，杜汐，王贺胜 . 医疗资源垂直整合的几种情况分析 [J]. 医学与哲学（人文社会医学版），2015（7）：69–72.

[37] 张伟 . 构建全生命周期的新时代中国特色健康服务模式 [J]. 中国循证医学杂志，2019（12）：1379–1387.

[38] 赵驰，任苒 . 健康观的再认识 [J]. 医学与哲学（人文社会医学版），2015（12）：15–18.

[39] 中国人民大学老年学研究所 . 《中国老年社会追踪调查》研究报告 .[EB/OL].（2016–03）[2022–01–30].http://class.ruc.edu.cn/info/1021/1017.htm.

（发表于《老龄科学研究》2022 年第 4 期）

# 我国城市地区 4 类退休老年患者生活质量影响因素

翟德华　李　晶　张秋霞　李　佳

　　进入 21 世纪以来，随着社会保障水平的提高和卫生医疗技术的不断进步，人类社会正步入长寿时代，银发浪潮席卷全球。然而，长寿不等于健康，带病生存成为必然。有关老年人健康调查数据显示，我国 70%~80% 老年人患有 1 种及以上慢性病，已经成为导致老年人生活质量下降的主要因素。除此之外，尚有更多的因素可能影响老年人的生活质量。本文利用第四次中国城乡老年人生活状况抽样调查数据，从中分离出城市地区 4 类退休（党政机关、事业单位、国有企业、集体企业）老年患者的样本，运用逐步多元线性回归分析方法，从生活自理能力、健康自评、经济状况自评、幸福感等维度，寻找 4 类不同退休老年患者影响生活质量有统计学意义的因素。之所以选择 4 类退休老年患者，既是基于其他学者关于社会保障待遇水平（退休工资、医疗保险）对退休老年生活质量影响研究成果，也是基于生活常识的判断。第四次调查数据证实，我国目前只有 4 类退休人员（党政机关、事业单位、国有企业、集体企业）获得了比较充分的退休保障，表现为相对其他单位退休老人的幸福感较高，见表 7。但是 4 类退休群体之间也存在较大的差异，可能存在影响生活质量因素的不同。

表 7　不同单位退休老人幸福感比较

| 退休单位类型 | 非常幸福 | 比较幸福 | 一般 | 比较不幸福 | 非常不幸福 | 合计 |
|---|---|---|---|---|---|---|
| 党政机关 | 778 | 1052 | 232 | 13 | 3 | 2078 |
|  | 37.40% | 50.60% | 11.20% | 0.60% | 0.10% | 100.00% |
| 事业单位 | 2171 | 3825 | 1211 | 73 | 28 | 7308 |
|  | 29.70% | 52.30% | 16.60% | 1.00% | 0.40% | 100.00% |
| 国有企业 | 5189 | 10960 | 4867 | 396 | 93 | 21505 |
|  | 24.10% | 51.00% | 22.60% | 1.80% | 0.40% | 100.00% |
| 集体企业 | 1808 | 4229 | 2052 | 178 | 34 | 8301 |
|  | 21.80% | 50.90% | 24.70% | 2.10% | 0.40% | 100.00% |
| 私有企业 | 245 | 552 | 242 | 23 | 4 | 1066 |
|  | 23.00% | 51.80% | 22.70% | 2.20% | 0.40% | 100.00% |
| 三资企业 | 18 | 48 | 14 | 0 | 1 | 81 |
|  | 22.20% | 59.30% | 17.30% | 0.00% | 1.20% | 100.00% |
| 部队 | 86 | 171 | 39 | 5 | 1 | 302 |
|  | 28.50% | 56.60% | 12.90% | 1.70% | 0.30% | 100.00% |
| 农村集体 | 472 | 1144 | 531 | 57 | 10 | 2214 |
|  | 21.30% | 51.70% | 24.00% | 2.60% | 0.50% | 100.00% |
| 其他*（从未有正式工作单位或临时工作） | 387 | 1050 | 525 | 63 | 9 | 2034 |
|  | 19.00% | 51.60% | 25.80% | 3.10% | 0.40% | 100.00% |

# 一、数据来源与数据处理方法

## （一）数据来源

2015 年第四次中国城乡老年人生活状况抽样调查（下文简称第四次调查）是我国至今为止规模最大的一次老年人口抽样调查，也是一次与我国作为世界老年人口相称的大型国情调查。第四次调查样本总量为 22.386 万，总抽样比为千分之一（2015 年全国老年人口总数为 2.21 亿），涉及 466 个县（市、区）和 7456 个村（居）委会，调查内容包括人口、经济、健康、服务、社会参与、精神文化、维权以及宜居环境评价等。

根据本文研究的需要，从中分离出城市地区（主城区、城乡结合区、镇中心区、镇乡结合区、特殊区域）4 类退休（党政机关、事业单位、国有企业、集体企业）老年患者（至少患 1 种慢性病）的样本 39336 份，其中党政机关退休老年患者样本 2086 份，事业单位退休老年患者样本 7335 份，国有企业退休老年患者样本 21569 份，集体企业退休老年患者样本 8346 份。

根据研究的需要，选择了以下主要指标，见表 8。

表 8　2015 年中国城乡老年人生活状况抽样调查主要指标说明

| 因素 | 分类 | 样本量（n） |
|---|---|---|
| 性别 | 男 | 20501 |
| | 女 | 18825 |
| 年龄（岁） | 60 ~ 69 | 18765 |
| | 70 ~ 79 | 13274 |
| | 80+ | 7234 |
| 文化程度 | 初中及以下 | 26053 |
| | 高中 | 8299 |
| | 大专及以上 | 4914 |
| 婚姻状况 | 有配婚 | 29205 |
| | 丧偶 | 7943 |
| | 离婚 | 543 |
| | 从未结婚 | 93 |
| 居住状况 | 独居 | 4511 |
| | 非独居 | 34117 |
| | 与配偶同住 | 29331 |
| 患慢病状况 | 白内障 / 青光眼 | 9635 |
| | 糖尿病 | 7229 |
| | 心脑血管疾病 | 14939 |
| | 骨关节病 | 16546 |
| | 两周内患病 | 6340 |
| 家庭赡养 | 子女孝顺 | 4165（10.6%） |
| 照料状况 | 日常生活需要照料 | 5435（13.8%） |

续表

| 因素 | 分类 | 样本量（n） |
|---|---|---|
| 健康自我评价 | 健康 | 13555 |
| | 一般健康 | 19188 |
| | 不健康 | 6534（16.6%） |
| 孤独感 | 经常 | 1230（3.1%） |
| | 有时 | 7901 |
| | 从不 | 29826 |
| 生活自理能力 | 完全自理 | 33663 |
| | 部分自理 | 4855 |
| | 完全不能自理 | 761(1.9%) |
| 月退休收入 | 2000 元及以下 | 9535 |
| | 2001～3000 元 | 16631 |
| | 3001～4000 元 | 7846 |
| | 4000 元及以上 | 5109 |
| 医疗待遇 | 城镇职工基本医疗保险 | 32848 |
| | 城镇居民基本医疗保险 | |
| 住房状况 | 拥有独立房间 | 37033 |
| 经济状况自评 | 宽裕 | 10364 |
| | 基本够用 | 25683 |
| | 经济困难 | 3038（7.7%） |
| 社会参与 | 参加老年协会 | 4327（11.0%） |
| | 上网 | 6752（17.2%） |
| 社区类型 | 主城区 | 30452 |
| | 城乡结合区 | 999 |
| | 镇中心去 | 6720 |
| | 乡镇结合区 | 662 |
| | 特殊区域 | 499 |
| 幸福感 | 非常幸福 | 9946 |
| | 比较幸福 | 20066 |
| | 一般幸福 | 8362 |
| | 比较不幸福 | 660 |
| | 非常不幸福 | 158 |

## （二）统计处理

运用 SPSS 软件，对分离出的数据进行了再处理（选项合并），采用逐步多元线性回归分析方法，分别对 4 类退休老年患者的生活质量影响因素分析，P<0.05 为差异有统计学意义。

# 二、结果

## （一）生活质量影响因素分析

### 1. 党政机关退休者

从生活自理能力影响因素分析，日常生活需要别人照料、散步 / 慢跑等、健康状况自评、读书 / 看报、看电视 / 听广播、孤独感、经济状况自评、月退休收入、与配偶居住、恶性肿瘤、胃病等 12 个因素有统计学意义，见表 9。

表 9　模型 1

| 因素 | 偏回归系数 Beta | 标准误 | 标准化系数 | t | 显著性 |
| --- | --- | --- | --- | --- | --- |
| （常量） | 1.152 | 0.062 | | 18.621 | 0.000 |
| 日常生活需要别人照料护理 | 0.410 | 0.019 | 0.457 | 21.947 | 0.000 |
| 散步 / 慢跑等 | −0.125 | 0.016 | −0.157 | −7.765 | 0.000 |
| 健康自我评价 | 0.052 | 0.010 | 0.111 | 5.265 | 0.000 |
| 读书 / 看报 | −0.061 | 0.017 | −0.075 | −3.648 | 0.000 |
| 看电视 / 听广播 | −0.078 | 0.028 | −0.056 | −2.783 | 0.005 |
| 孤独感 | −0.053 | 0.014 | −0.073 | −3.701 | 0.000 |
| 经济状况自评 | 0.043 | 0.011 | 0.077 | 3.858 | 0.000 |
| 恶性肿瘤 | −0.111 | 0.039 | −0.053 | −2.815 | 0.005 |
| 胃病 | −0.050 | 0.017 | −0.055 | −2.909 | 0.004 |
| 月退休收入 | 0.020 | 0.008 | 0.051 | 2.571 | 0.010 |
| 与配偶同住 | 0.038 | 0.016 | 0.045 | 2.302 | 0.021 |
| 哮喘 | 0.072 | 0.036 | 0.037 | 1.978 | 0.048 |

注：a. 因变量：生活自理能力。

从健康自评影响因素分析，性别、与配偶居住、日常生活需要别人照料、生活自理能力、心脑血管疾病、恶性肿瘤、胃病、糖尿病、哮喘、跌倒、两周患病情况、经济状况自评、上网、孤独感、参加老年协会、养宠物、居住社区类型等19个因素有统计学意义，见表10。

表 10　模型 2

| 因素 | 偏回归系数 Beta | 标准误 | 标准化系数 | t | 显著性 |
|---|---|---|---|---|---|
| （常量） | 0.204 | 0.367 | | 0.556 | 0.578 |
| 日常生活需要别人照料护理 | 0.287 | 0.048 | 0.149 | 5.982 | 0.000 |
| 心脑血管疾病 | 0.263 | 0.028 | 0.188 | 9.220 | 0.000 |
| 两周患病情况 | 0.253 | 0.038 | 0.138 | 6.617 | 0.000 |
| 经济状况自评 | 0.108 | 0.026 | 0.089 | 4.226 | 0.000 |
| 慢性肺部疾病 | 0.219 | 0.043 | 0.105 | 5.075 | 0.000 |
| 生活自理能力 | 0.262 | 0.053 | 0.122 | 4.989 | 0.000 |
| 糖尿病 | 0.175 | 0.033 | 0.104 | 5.222 | 0.000 |
| 住房满意度 | 0.087 | 0.023 | 0.079 | 3.774 | 0.000 |
| 恶性肿瘤 | 0.388 | 0.089 | 0.086 | 4.358 | 0.000 |
| 孤独感 | −0.129 | 0.033 | −0.083 | −3.930 | 0.000 |
| 哮喘 | 0.277 | 0.084 | 0.067 | 3.288 | 0.001 |
| 上网 | −0.088 | 0.031 | −0.059 | −2.868 | 0.004 |
| 胃病 | 0.112 | 0.039 | 0.057 | 2.839 | 0.005 |
| 跌倒 | 0.144 | 0.047 | 0.063 | 3.089 | 0.002 |
| 社区类型 | 0.009 | 0.003 | 0.060 | 2.975 | 0.003 |
| 参加老年协会 | −0.082 | 0.033 | −0.050 | −2.512 | 0.012 |
| 与配偶同住 | 0.107 | 0.038 | 0.059 | 2.811 | 0.005 |
| 性别 | −0.094 | 0.035 | −0.055 | −2.703 | 0.007 |
| 养宠物 | −0.114 | 0.053 | −0.043 | −2.159 | 0.031 |

注：a. 因变量：健康自我评价。

从经济状况自评影响因素看，年龄、性别、文化程度、婚姻状况、住房满意度、单独居住的房间、月退休收入、高血压、心脑血管疾病、胃病、两周患病情况、上网、种花养草、居住社区类型等16个因素有统计学意义，见表11。

表 11　模型 3

| 因素 | 偏回归系数 Beta | 标准误 | 标准化系数 | t | 显著性 |
|---|---|---|---|---|---|
| （常量） | 2.553 | 0.365 | | 7.002 | 0.000 |
| 住房满意度 | 0.195 | 0.020 | 0.214 | 9.742 | 0.000 |
| 月退休收入 | −0.144 | 0.016 | −0.213 | −8.923 | 0.000 |
| 健康自我评价 | 0.082 | 0.020 | 0.100 | 4.023 | 0.000 |
| 年龄 | −0.130 | 0.017 | −0.186 | −7.513 | 0.000 |
| 生活自理能力 | 0.156 | 0.041 | 0.089 | 3.776 | 0.000 |
| 胃病 | 0.103 | 0.035 | 0.064 | 2.947 | 0.003 |
| 单独居住的房间 | −0.264 | 0.084 | −0.068 | −3.159 | 0.002 |
| 性别 | 0.127 | 0.032 | 0.091 | 4.020 | 0.000 |
| 婚姻状况 | 0.119 | 0.032 | 0.084 | 3.684 | 0.000 |
| 上网 | −0.064 | 0.030 | −0.052 | −2.144 | 0.032 |
| 种花养草等 | −0.061 | 0.024 | −0.054 | −2.477 | 0.013 |
| 心脑血管疾病 | 0.064 | 0.026 | 0.056 | 2.454 | 0.014 |
| 两周患病情况 | 0.073 | 0.034 | 0.048 | 2.125 | 0.034 |
| 社区类型 | −0.007 | 0.003 | −0.055 | −2.383 | 0.017 |
| 高血压 | −0.049 | 0.024 | −0.044 | −2.039 | 0.042 |
| 文化程度 | −0.032 | 0.016 | −0.047 | −1.968 | 0.049 |

注：a.因变量：经济状况自评。

从幸福感影响因素分析，经济状况自评、住房满意度、健康自评、城镇职工医疗保险、读书 / 看报、散步 / 慢跑等、孤独感、上网、参加老年协会、生活自理能力、日常生活需要别人照料、慢性肺部疾病等 12 个因素有统计学意义，见表 12。

表 12　模型 4

| 因素 | 偏回归系数 Beta | 标准误 | 标准化系数 | t | 显著性 |
|---|---|---|---|---|---|
| （常量） | 3.946 | 0.143 | | 27.675 | 0.000 |
| 孤独感 | 0.334 | 0.034 | 0.219 | 9.860 | 0.000 |
| 经济状况自评 | −0.220 | 0.027 | −0.185 | −8.134 | 0.000 |

续表

| 因素 | 偏回归系数 Beta | 标准误 | 标准化系数 | t | 显著性 |
|---|---|---|---|---|---|
| 住房满意度 | −0.163 | 0.025 | −0.150 | −6.659 | 0.000 |
| 健康自我评价 | −0.113 | 0.024 | −0.116 | −4.747 | 0.000 |
| 城镇职工基本医疗保险 | 0.125 | 0.031 | 0.087 | 4.032 | 0.000 |
| 读书／看报 | 0.102 | 0.038 | 0.060 | 2.675 | 0.008 |
| 上网 | −0.106 | 0.032 | −0.072 | −3.266 | 0.001 |
| 散步／慢跑等 | 0.115 | 0.039 | 0.069 | 2.945 | 0.003 |
| 参加老年协会 | 0.096 | 0.034 | 0.060 | 2.778 | 0.006 |
| 日常生活需要别人照料护理 | 0.153 | 0.051 | 0.081 | 3.015 | 0.003 |
| 生活自理能力 | −0.126 | 0.057 | −0.060 | −2.209 | 0.027 |
| 慢性肺部疾病 | −0.095 | 0.044 | −0.047 | −2.136 | 0.033 |

注：a. 因变量：幸福感。

从以上 4 个生活质量维度，不难发现，日常生活需要别人照料、孤独感、经济状况自评、慢性病等 4 个因素是共同因素。

### 2. 事业单位退休者

从生活自理能力影响因素分析，日常生活需要别人照料、散步／慢跑等、健康状况自评、读书／看报、看电视／听广播、子女孝顺、单独居住、跌倒、恶性肿瘤、孤独感等 10 个因素有统计学意义，见表 13。

表 13　模型 5

| 因素 | 偏回归系数 Beta | 标准误 | 标准化系数 | t | 显著性 |
|---|---|---|---|---|---|
| （常量） | 1.531 | 0.114 | | 13.448 | 0.000 |
| 日常生活需要别人照料护理 | 0.341 | 0.036 | 0.362 | 9.344 | 0.000 |
| 散步／慢跑等 | −0.151 | 0.032 | −0.180 | −4.776 | 0.000 |
| 跌倒 | 0.143 | 0.037 | 0.133 | 3.847 | 0.000 |
| 健康自我评价 | 0.074 | 0.019 | 0.144 | 3.847 | 0.000 |
| 读书／看报 | −0.066 | 0.027 | −0.085 | −2.415 | 0.016 |
| 子女孝顺 | −0.113 | 0.036 | −0.106 | −3.112 | 0.002 |
| 单独居住的房间 | −0.128 | 0.037 | −0.119 | −3.418 | 0.001 |

续表

| 因素 | 偏回归系数 Beta | 标准误 | 标准化系数 | t | 显著性 |
|---|---|---|---|---|---|
| 看电视/听广播 | −0.175 | 0.063 | −0.099 | −2.784 | 0.006 |
| 恶性肿瘤 | −0.200 | 0.081 | −0.085 | −2.472 | 0.014 |
| 孤独感 | −0.056 | 0.024 | −0.081 | −2.275 | 0.023 |

注：a. 因变量：生活自理能力。

从健康自评影响因素分析，年龄、婚姻状况、子女孝顺、日常生活需要别人照料、生活自理能力、心脑血管疾病、恶性肿瘤、糖尿病、高血压、两周患病情况、疼痛感、经济状况自评、单独居住的房间、有产权住房、去电影院看电影/去戏院看戏等 15 个因素有统计学意义，见表 14。

表 14　模型 6

| 因素 | 偏回归系数 Beta | 标准误 | 标准化系数 | t | 显著性 |
|---|---|---|---|---|---|
| （常量） | 0.327 | 0.210 | | 1.558 | 0.120 |
| 日常生活需要别人照料护理 | 0.362 | 0.079 | 0.197 | 4.552 | 0.000 |
| 经济状况自评 | 0.268 | 0.043 | 0.228 | 6.306 | 0.000 |
| 经常有疼痛感 | 0.177 | 0.048 | 0.134 | 3.665 | 0.000 |
| 生活自理能力 | 0.358 | 0.082 | 0.184 | 4.381 | 0.000 |
| 恶性肿瘤 | 0.606 | 0.163 | 0.132 | 3.720 | 0.000 |
| 心脑血管疾病 | 0.158 | 0.048 | 0.117 | 3.283 | 0.001 |
| 两周患病情况 | 0.194 | 0.064 | 0.114 | 3.038 | 0.003 |
| 糖尿病 | 0.164 | 0.058 | 0.099 | 2.823 | 0.005 |
| 产权属于自己（或老伴）的房子 | −0.194 | 0.063 | −0.110 | −3.102 | 0.002 |
| 去影院看电影/去戏院听戏 | −0.237 | 0.084 | −0.099 | −2.813 | 0.005 |
| 单独居住的房间 | 0.307 | 0.124 | 0.087 | 2.472 | 0.014 |
| 子女孝顺 | 0.150 | 0.073 | 0.072 | 2.056 | 0.040 |
| 高血压 | 0.096 | 0.046 | 0.072 | 2.067 | 0.039 |
| 年龄 | −0.080 | 0.034 | −0.091 | −2.363 | 0.018 |
| 婚姻状况 | 0.108 | 0.053 | 0.074 | 2.034 | 0.042 |

注：a. 因变量：健康自我评价。

从经济状况自评影响因素看，文化程度、月退休收入、（孙）子女啃老、两周患病情况、打太极拳 / 做保健操等、健康自评、职工大额医疗补助等 7 个因素有统计学意义，见表 15。

表 15　模型 7

| 因素 | 偏回归系数 Beta | 标准误 | 标准化系数 | t | 显著性 |
|---|---|---|---|---|---|
| （常量） | 1.772 | 0.101 | | 17.580 | 0.000 |
| 健康自我评价 | 0.219 | 0.034 | 0.258 | 6.401 | 0.000 |
| 月退休收入 | −0.140 | 0.025 | −0.235 | −5.619 | 0.000 |
| "啃老"情况 | 0.335 | 0.069 | 0.185 | 4.855 | 0.000 |
| 文化程度 | −0.073 | 0.030 | −0.103 | −2.448 | 0.015 |
| 两周患病情况 | 0.159 | 0.058 | 0.109 | 2.744 | 0.006 |
| 打太极拳 / 做保健操等 | −0.141 | 0.063 | −0.087 | −2.238 | 0.026 |
| 职工大额医疗补助 | 0.123 | 0.059 | 0.080 | 2.099 | 0.036 |

注：a.因变量：经济状况自评。

从幸福感影响因素分析，健康自评、经济状况自评、子女孝顺、子女轮养、孤独感、去电影院看电影 / 去戏院看戏等 6 个因素有统计学意义，见表 16。

表 16　模型 8

| 因素 | 偏回归系数 Beta | 标准误 | 标准化系数 | t | 显著性 |
|---|---|---|---|---|---|
| （常量） | 4.352 | 0.220 | | 19.809 | 0.000 |
| 孤独感 | 0.345 | 0.056 | 0.242 | 6.148 | 0.000 |
| 经济状况自评 | −0.246 | 0.052 | −0.194 | −4.725 | 0.000 |
| 子女孝顺 | −0.389 | 0.088 | −0.174 | −4.435 | 0.000 |
| 健康自我评价 | −0.162 | 0.045 | −0.151 | −3.609 | 0.000 |
| 去影院看电影 / 去戏院听戏 | 0.232 | 0.100 | 0.090 | 2.306 | 0.021 |
| 由子女轮流赡养 | 0.200 | 0.101 | 0.077 | 1.975 | 0.049 |

注：a.因变量：幸福感。

从以上 4 个生活质量维度，不难发现，子女状况、精神文化生活等 2 个因素是共同因素。

### 3. 国有企业退休者

从生活自理能力影响因素分析，年龄、日常生活需要别人照料、散步／慢跑等、跌倒、健康状况自评、看电视／听广播、子女孝顺、慢性肺部疾病等 7 个因素有统计学意义，见表 17。

表 17　模型 9

| 因素 | 偏回归系数 Beta | 标准误 | 标准化系数 | t | 显著性 |
|---|---|---|---|---|---|
| （常量） | 1.181 | 0.047 | | 25.081 | 0.000 |
| 日常生活需要别人照料护理 | 0.481 | 0.021 | 0.524 | 22.755 | 0.000 |
| 散步／慢跑等 | −0.090 | 0.016 | −0.112 | −5.480 | 0.000 |
| 跌倒 | 0.091 | 0.021 | 0.086 | 4.372 | 0.000 |
| 看电视／听广播 | −0.140 | 0.032 | −0.084 | −4.363 | 0.000 |
| 健康自我评价 | 0.039 | 0.011 | 0.077 | 3.671 | 0.000 |
| 子女孝顺 | −0.062 | 0.018 | −0.065 | −3.382 | 0.001 |
| 年龄 | 0.021 | 0.009 | 0.047 | 2.269 | 0.023 |
| 慢性肺部疾病 | 0.044 | 0.022 | 0.040 | 2.036 | 0.042 |

注：a. 因变量：生活自理能力。

从健康自评影响因素分析，性别、婚姻状况、日常生活需要别人照料、疼痛感、心脑血管疾病、恶性肿瘤、胃病、糖尿病、哮喘、慢性肺部疾病、两周患病情况、打麻将／打牌／下棋等、种花养草等、跳舞（广场舞／扭秧歌）、生活自理能力、经济状况自评、住房满意度、幸福感等 18 个因素有统计学意义，见表 18。

表 18　模型 10

| 因素 | 偏回归系数 Beta | 标准误 | 标准化系数 | t | 显著性 |
|---|---|---|---|---|---|
| （常量） | 1.504 | 0.138 | | 10.938 | 0.000 |
| 日常生活需要别人照料护理 | 0.342 | 0.049 | 0.189 | 6.926 | 0.000 |

续表

| 因素 | 偏回归系数 Beta | 标准误 | 标准化系数 | t | 显著性 |
|---|---|---|---|---|---|
| 经济状况自评 | 0.235 | 0.028 | 0.184 | 8.311 | 0.000 |
| 经常疼痛感 | 0.154 | 0.029 | 0.112 | 5.252 | 0.000 |
| 心脑血管疾病 | 0.205 | 0.030 | 0.146 | 6.918 | 0.000 |
| 幸福感 | −0.135 | 0.021 | −0.146 | −6.546 | 0.000 |
| 两周患病情况 | 0.183 | 0.039 | 0.100 | 4.688 | 0.000 |
| 糖尿病 | 0.198 | 0.037 | 0.110 | 5.288 | 0.000 |
| 胃病 | 0.165 | 0.038 | 0.091 | 4.335 | 0.000 |
| 恶性肿瘤 | 0.468 | 0.107 | 0.090 | 4.380 | 0.000 |
| 生活自理能力 | 0.166 | 0.053 | 0.084 | 3.130 | 0.002 |
| 打麻将/打牌/下棋等 | −0.097 | 0.037 | −0.055 | −2.636 | 0.008 |
| 哮喘 | 0.159 | 0.073 | 0.047 | 2.175 | 0.030 |
| 住房满意度 | 0.049 | 0.021 | 0.050 | 2.312 | 0.021 |
| 慢性肺部疾病 | 0.112 | 0.048 | 0.051 | 2.316 | 0.021 |
| 性别 | −0.092 | 0.030 | −0.067 | −3.044 | 0.002 |
| 种花养草等 | −0.062 | 0.029 | −0.045 | −2.127 | 0.034 |
| 婚姻状况 | −0.063 | 0.029 | −0.047 | −2.203 | 0.028 |
| 跳舞（广场舞/扭秧歌） | −0.103 | 0.052 | −0.042 | −1.984 | 0.047 |

注：a.因变量：健康自我评价。

从经济状况自评影响因素看，年龄、性别、文化程度、婚姻状况、住房满意度、（孙）子女啃老、月退休收入、公费医疗、新型农村合作医疗保险、职工大额医疗补助、健康自我评价、生活自理能力、幸福感等13个因素有统计学意义，见表19。

表 19　模型 11

| 因素 | 偏回归系数 Beta | 标准误 | 标准化系数 | t | 显著性 |
|---|---|---|---|---|---|
| （常量） | 1.925 | 0.116 | | 16.662 | 0.000 |
| 健康自我评价 | 0.193 | 0.020 | 0.246 | 9.827 | 0.000 |
| 幸福感 | −0.109 | 0.018 | −0.149 | −6.109 | 0.000 |

续表

| 因素 | 偏回归系数 Beta | 标准误 | 标准化系数 | t | 显著性 |
|---|---|---|---|---|---|
| 月退休收入 | −0.126 | 0.016 | −0.189 | −7.681 | 0.000 |
| 住房满意度 | 0.104 | 0.018 | 0.136 | 5.747 | 0.000 |
| "啃老"情况 | 0.138 | 0.036 | 0.086 | 3.797 | 0.000 |
| 婚姻状况 | 0.102 | 0.025 | 0.096 | 4.022 | 0.000 |
| 公费医疗 | −0.186 | 0.075 | −0.057 | −2.496 | 0.013 |
| 性别 | 0.077 | 0.026 | 0.072 | 2.962 | 0.003 |
| 文化程度 | −0.055 | 0.020 | −0.065 | −2.771 | 0.006 |
| 年龄 | −0.047 | 0.017 | −0.068 | −2.719 | 0.007 |
| 生活自理能力 | 0.091 | 0.038 | 0.059 | 2.376 | 0.018 |
| 新型农村合作医疗保险 | −0.279 | 0.127 | −0.050 | −2.196 | 0.028 |
| 职工大额医疗补助 | −0.067 | 0.033 | −0.045 | −2.004 | 0.045 |

注：a. 因变量：经济状况自评。

从幸福感影响因素分析，年龄、单独居住的房间、住房满意度、子女孝顺、经济状况自评、健康自我评价、打太极拳/做保健操等、种花养草等、孤独感等 9 个因素有统计学意义，见表 20。

表 20 模型 12

| 因素 | 偏回归系数 Beta | 标准误 | 标准化系数 | t | 显著性 |
|---|---|---|---|---|---|
| （常量） | 4.313 | 0.166 | | 25.963 | 0.000 |
| 经济状况自评 | −0.189 | 0.034 | −0.138 | −5.642 | 0.000 |
| 孤独感 | 0.279 | 0.034 | 0.193 | 8.305 | 0.000 |
| 住房满意度 | −0.171 | 0.025 | −0.162 | −6.919 | 0.000 |
| 子女孝顺 | −0.354 | 0.046 | −0.175 | −7.751 | 0.000 |
| 健康自我评价 | −0.187 | 0.026 | −0.174 | −7.148 | 0.000 |
| 年龄 | 0.098 | 0.022 | 0.104 | 4.506 | 0.000 |
| 打太极拳/做保健操等 | 0.164 | 0.058 | 0.064 | 2.823 | 0.005 |
| 种花养草等 | 0.083 | 0.034 | 0.056 | 2.455 | 0.014 |
| 单独居住的房间 | 0.186 | 0.077 | 0.054 | 2.399 | 0.017 |

注：a. 因变量：幸福感。

从以上 4 个生活质量维度，不难发现，住房满意度是共同因素。

### 4. 集体企业退休者

从生活自理能力影响因素分析，年龄、日常生活需要别人照料、散步 / 慢跑等、跌倒、健康状况自评、看电视 / 听广播、单独居住、高血压、胃病、哮喘、恶性肿瘤等 11 个因素有统计学意义，表 21。

表 21 模型 13

| 因素 | 偏回归系数 Beta | 标准误 | 标准化系数 | t | 显著性 |
|---|---|---|---|---|---|
| （常量） | 1.034 | 0.068 | | 15.232 | 0.000 |
| 日常生活需要别人照料护理 | 0.400 | 0.034 | 0.456 | 11.905 | 0.000 |
| 散步 / 慢跑等 | −0.113 | 0.023 | −0.162 | −4.837 | 0.000 |
| 健康自我评价 | 0.061 | 0.015 | 0.139 | 3.975 | 0.000 |
| 看电视 / 听广播 | −0.144 | 0.050 | −0.097 | −2.881 | 0.004 |
| 高血压 | 0.057 | 0.021 | 0.088 | 2.720 | 0.007 |
| 年龄 | 0.044 | 0.015 | 0.104 | 2.874 | 0.004 |
| 跌倒 | 0.087 | 0.031 | 0.091 | 2.776 | 0.006 |
| 哮喘 | −0.150 | 0.055 | −0.089 | −2.743 | 0.006 |
| 胃病 | 0.063 | 0.027 | 0.077 | 2.380 | 0.018 |
| 单独居住 | −0.066 | 0.031 | −0.071 | −2.147 | 0.032 |
| 恶性肿瘤 | −0.199 | 0.098 | −0.066 | −2.028 | 0.043 |

注：a. 因变量：生活自理能力。

从健康自评影响因素分析，疼痛感、心脑血管疾病、白内障 / 青光眼、糖尿病、恶性肿瘤、日常生活需要别人照料、两周患病情况、生活自理能力、经济状况自评、单独居住的房间、幸福感、上网、养宠物等 13 个因素有统计学意义，见表 22。

表 22 模型 14

| 因素 | 偏回归系数 Beta | 标准误 | 标准化系数 | t | 显著性 |
|---|---|---|---|---|---|
| （常量） | 1.193 | 0.248 | | 4.807 | 0.000 |
| 经济状况自评 | 0.210 | 0.048 | 0.167 | 4.390 | 0.000 |

续表

| 因素 | 偏回归系数 Beta | 标准误 | 标准化系数 | t | 显著性 |
|---|---|---|---|---|---|
| 生活自理能力 | 0.339 | 0.101 | 0.149 | 3.369 | 0.001 |
| 经常有疼痛感 | 0.318 | 0.052 | 0.215 | 6.077 | 0.000 |
| 心脑血管疾病 | 0.216 | 0.054 | 0.141 | 4.003 | 0.000 |
| 白内障 / 青光眼 | 0.211 | 0.058 | 0.126 | 3.635 | 0.000 |
| 恶性肿瘤 | 0.707 | 0.237 | 0.102 | 2.982 | 0.003 |
| 日常生活需要别人照料护理 | 0.269 | 0.088 | 0.134 | 3.050 | 0.002 |
| 糖尿病 | 0.217 | 0.069 | 0.109 | 3.132 | 0.002 |
| 幸福感 | −0.099 | 0.036 | −0.102 | −2.743 | 0.006 |
| 两周患病情况 | 0.190 | 0.068 | 0.100 | 2.783 | 0.006 |
| 养宠物 | −0.269 | 0.101 | −0.092 | −2.659 | 0.008 |
| 上网 | 0.236 | 0.093 | 0.088 | 2.534 | 0.012 |
| 单独居住的房间 | −0.224 | 0.110 | −0.071 | −2.035 | 0.042 |

注：a. 因变量：健康自我评价。

从经济状况自评影响因素看，与配偶居住、月退休收入、（孙）子女啃老、住房满意度、哮喘、职工大额医疗补助、两周患病情况、健康状况自评、参加老年协会、幸福感等 10 个因素有统计学意义，见表 23。

表 23　模型 15

| 因素 | 偏回归系数 Beta | 标准误 | 标准化系数 | t | 显著性 |
|---|---|---|---|---|---|
| （常量） | 2.147 | 0.172 | | 12.491 | 0.000 |
| 健康自我评价 | 0.166 | 0.032 | 0.209 | 5.233 | 0.000 |
| 住房满意度 | 0.186 | 0.032 | 0.222 | 5.823 | 0.000 |
| 幸福感 | −0.127 | 0.031 | −0.163 | −4.135 | 0.000 |
| 月退休收入 | −0.106 | 0.031 | −0.124 | −3.388 | 0.001 |
| 配偶 | −0.173 | 0.047 | −0.137 | −3.707 | 0.000 |
| "啃老"情况 | 0.224 | 0.064 | 0.128 | 3.482 | 0.001 |
| 参加老年协会 | −0.192 | 0.073 | −0.098 | −2.654 | 0.008 |
| 职工大额医疗补助 | −0.183 | 0.074 | −0.090 | −2.480 | 0.013 |

续表

| 因素 | 偏回归系数 Beta | 标准误 | 标准化系数 | t | 显著性 |
|---|---|---|---|---|---|
| 哮喘 | 0.230 | 0.112 | 0.075 | 2.050 | 0.041 |
| 两周患病情况 | 0.114 | 0.058 | 0.075 | 1.971 | 0.049 |

注：a.因变量：经济状况自评。

从幸福感影响因素分析，年龄、经济状况自评、子女孝顺、住房满意度、健康自我评价、孤独感、上网、看电视／听广播等、散步／慢跑等9个因素有统计学意义，见表24。

表24 模型16

| 因素 | 偏回归系数 Beta | 标准误 | 标准化系数 | t | 显著性 |
|---|---|---|---|---|---|
| （常量） | 3.699 | 0.278 | | 13.326 | 0.000 |
| 经济状况自评 | −0.200 | 0.056 | −0.156 | −3.610 | 0.000 |
| 孤独感 | 0.272 | 0.053 | 0.206 | 5.094 | 0.000 |
| 住房满意度 | −0.148 | 0.043 | −0.138 | −3.420 | 0.001 |
| 子女孝顺 | −0.279 | 0.080 | −0.133 | −3.484 | 0.001 |
| 看电视／听广播 | 0.468 | 0.137 | 0.135 | 3.402 | 0.001 |
| 年龄 | 0.161 | 0.039 | 0.164 | 4.088 | 0.000 |
| 健康自我评价 | −0.129 | 0.042 | −0.126 | −3.064 | 0.002 |
| 散步／慢跑等 | 0.157 | 0.064 | 0.097 | 2.468 | 0.014 |
| 上网 | 0.206 | 0.105 | 0.075 | 1.965 | 0.050 |

注：a.因变量：幸福感。

从以上4个生活质量维度，不难发现，几乎没有共同因素。

# 三、结论与讨论

## （一）类退休老年患者生活质量的共同影响因素

通过对4类退休老年患者生活质量因素分析，可以得出以下结论：

（1）在生活自理能力维度，共同影响因素是日常生活需要别人照料、健康状况自评、看电视 / 听广播等以及散步 / 慢跑等 4 个。

（2）在健康自我评价维度，共同影响因素是日常生活需要别人照料、心脑血管疾病、恶性肿瘤、糖尿病、两周患病情况等 5 个。

（3）在经济状况自评维度，共同影响因素是月退休收入 1 个。

（4）在幸福感维度，共同影响因素是经济状况自评、健康状况自评、孤独感等 3 个。

## （二）讨论

（1）通过文献梳理，依据有关老年人生活质量影响因素研究成果，本文从第四次调查数据中筛选了诸多变量指标，但是实际运算结果发现，与其他学者的发现出现了较大的差异。可能的原因在于，本研究与其他同类研究最大的不同在于调查数据来源不同，同类研究的数据来源基本上来自医院，因此调查对象就是求医老年患者，问卷填写的环境在医院，而本研究调查对象不是刻意选择的，问卷填写的环境在家庭，因此所得出的结论与同类研究有较大的差异。其次，从非专题调查数据中分离数据，可能导致样本的异质性较大有关。最后，受第四次调查数据局限，所选择的指标与同类研究采取的指标定义与内涵不一致，没有采用同类研究通用的 SF-36 生活质量量表，造成研究结论的不可比。

（2）由于事先对分离的数据未做充分的分布特征检验，采用多元线性回归分析方法，极有可能属于模型适用性错误。在模型运算的过程中，尽管也发现数据存在瑕疵，比如缺失值未做处理、分类或选项合并不当等问题，但是未能做技术上更细致的处理，因此本文的研究结论具有较大的局限性。

## 四、对策建议

（1）关注家庭养老，维护老年患者生活自理能力，加大家庭照料人员的护理培训；

（2）根据老年人爱看电视／听广播的习惯，鼓励和支持开发适合老年人电视广播内容和作品；

（3）将心脑血管疾病、恶性肿瘤、糖尿病三类重大严重威胁老年人健康状况的慢性病纳入社区老年健康档案管理，采取积极主动监测与干预治疗；

（4）根据老年患者两周患病情况较高的特点，进一步提高医疗服务的可及性措施；

（5）高度关注老年患者的孤独感问题，加强社区老年协会建设，丰富社区老年活动，让老年患者远离孤独；

（6）进一步提高老年人退休工资水平和医疗报销比例，确保不因老年患者因贫因病造成生活质量的下降。

**参考文献：**

[1] 邵芯苗，吴忠．中国城乡老年人生活自理能力影响因素差异研究 [J].中国农村卫生事业管理，2022，42（06）：418-426.

[2] 温勇，刘玉琼．老年人生活自理能力的影响因素及提升对策 [J].人口与健康，2021（07）：28-32.

[3] 宋勇燕，杨欢，胡西厚．山东省老年人日常生活自理能力及其影响因素研究 [J].中国医院统计，2020，27（03）：268-271.

[4] 林雪茹，郑超，杜茂林，孙金海，刘玉青，赵哲，吕奕鹏，袁磊．中国老年人健康状况及影响因素分析——基于第 8 轮 CLHLS 数据 [J].海军军医大学学报，2022，43（09）：1022-1028.

[5] 吴雪雨，巢健茜，鲍敏，刘依婷，张博文．我国老年人健康状况性别差异及影响因素研究 [J].中国预防医学杂志，2022，23（01）：13-19.

[6] 林雪茹，郑超，杜茂林，孙金海，刘玉青，赵哲，吕奕鹏，袁磊．中国老年人健康状况及影响因素分析——基于第 8 轮 CLHLS 数据 [J].海军军医大学学报，2022，43（09）：1022-1028.

[7] 吴雪雨，巢健茜，鲍敏，刘依婷，张博文．我国老年人健康状况性别差异及影响因素研究 [J].中国预防医学杂志，2022，23（01）：13-19.

[8] 李婷，吴红梅，杨茗，刘关键，董碧蓉.我国老年人健康自评状况相关社会经济因素的系统评价 [J].环境与职业医学，2012，29（02）：107-110.

[9] 周律.老年人社会经济地位与日常生活自理能力丧失的关联研究 [J].人口与发展，2012，18（03）：82-86.

[10] 史薇.北京市老年人的经济状况满意度及影响因素研究 [J].北京社会科学，2011（06）：61-70.

[11] 周晓娟，张新宇.住院老年慢性病患者生活质量影响因素的研究进展 [J].中华现代护理杂志，2019（02）：257-260.

[12] 龙治任，程曦，曹颖，周恒，余瑗砾，李航.成都市老年慢性病患者生活质量影响因素 [J].中国健康心理学杂志，2018，26（04）：521-524.

[13] 孙蕊.老年慢性疼痛患者生活质量影响因素的调查 [J].锦州医科大学学报，2018，39（05）：71-74.

[14] 高菲菲.老年痴呆患者生活质量影响因素的研究进展 [J].护理实践与研究，2018，15（08）：22-24.

[15] 高润国，郭继志，沈郁淇，胡善菊，庄立辉，董毅.山东省城市社区老年人主观幸福感及其影响因素研究 [J].老龄科学研究，2015，3（05）：71-79.

[16] 王跃聪，李莎莎，倪莺媛，徐丽君，刘晓静，陆钰伟.老年人孤独感的评估工具及现状研究进展 [J].职业与健康，2022，38（21）：3006-3010+3015.

[17] 蔡秋菊，邱俊杰.老年人孤独感影响主观幸福感：自我效能感的调节作用 [J].心理月刊，2022，17（14）：10-13.

（本文获中国老年学和老年医学学会保健康复分会 2022 年学术年会"优秀论文奖"）

# 探讨延缓血管老化——延长健康预期
# 寿命的可行性策略

王菲菲　　苗文胜

人口老龄化是社会主体构成的结构性转变（党俊武，2017）。"十四五"时期，我国社会将迈入中度老龄化阶段，60 周岁及以上人口可能突破 3 亿。与此同时，第七次全国人口普查数据表明，2020 年我国育龄妇女总和生育率为 1.3，低于总和生育率警戒线 1.5，与人口自然更替率 2.1 尚有较大距离，表明我国人口形势正进入高龄少子化阶段（瞭望，2022）。如何应对人类历史上最大规模的人口老龄化的挑战，需要人们不断从现代研究理论和传统文化理念中汲取经验。世界卫生组织提出：健康，是人们享受生命最重要的前提，特别是他们衰老的时候。据统计，我国人口健康预期寿命为 70.6 岁，比发达国家提前了约 10 岁。这意味着在同等老龄化水平下，我国社会所需承担的实际抚养压力更重，给经济社会发展和医疗体系带来的影响更大（李成福，等，2018）。延缓与衰老相关的疾病发生频率，延长老年人健康预期寿命，积极应对人口老龄化国家战略，已成为全社会关注的焦点。

衰老是指机体随着年龄的增长而发生的组织结构、生理功能和心理行为上的退行性病变的过程。衰老的速度与基因和环境密切相关，受到性别、种族、文化以及身体素质等多种因素影响。机体启动自然衰老的机制尚不清楚。目前，血管老化是生命体衰老的上游控制因子的假说，得到了广泛的研究。血管是血液流过的一系列管道。除角膜、毛发、指

（趾）甲、牙质及上皮等地方外，血管遍布全身。它将氧气和营养物质运送到每个细胞，同时为内皮细胞提供旁分泌因子，发挥了维持组织器官稳态的重要作用。血管按构造功能不同，分为动脉血管、静脉血管和毛细血管三种。其中，毛细血管（微细血管）连接动脉与静脉，是血液与组织间物质交换的主要场所，它的老化被认为是小血管老化的标志。

随着年龄的增长，机体不能维持足够的微细血管密度，从而加速了器官的衰老。血管内皮（细胞）生长因子（VEGF）和烟酰胺腺嘌呤二核苷酸（NAD+）等细胞因子活性是微细血管密度的重要调控因子（Haigis et al., 2010；Grunewald et al., 2021）。机体通过监测血管的缺氧程度来激活细胞因子，为器官持续不断地补充所需的血管。细胞因子的数量和活性随着年龄的增长呈下降趋势，预示着机体逐渐进入衰老阶段。

本文通过综述国内外血管老化的新近研究进展，分析导致血管老化的可能原因及应对策略，结合我国人群特点，探究延长健康寿命和生命周期的可行策略。

# 一、血管老化的可能原因

有个古老的谚语：人的年龄和他的动脉同岁（A man is as old as his arteries），可见血管健康在延缓衰老和延长寿命中发挥重要作用。血管的老化并不仅限于动脉血管，毛细血管同样也会老化。它们表现为血管数量上的减少和血管壁的增厚，细胞与血管间的物质交换受阻。机体各个器官和组织的功能非常依赖于毛细血管系统的正常物质交换。阿尔茨海默病、骨质疏松症、肌肉酥松症和肝脏功能减退等与年龄相关的疾病，都与毛细血管数量、血流量和红细胞的产生速度有关。这也可能是机体由年龄引起死亡的主要原因之一。

## （一）血管老化的端粒假说

端粒假说是解释血管细胞衰老最常见的假说之一。端粒是由非核糖体 DNA（TTAGGG 重复片段）和各种端粒结合蛋白组成的染色质复合物，它位于染色体的末端，通过保护这一区域不被降解和重组可保持基因组的稳定。端粒随着每次细胞分裂而变短，这可能是 DNA 聚合酶功能障碍而不能完全复制染色体的结果。逐渐缩短的端粒最终会引发细胞衰老，使得细胞的增殖能力降低最终死亡（Fuster et al., 2006）。端粒酶是一种逆转录酶，可以通过自身 RNA 作为模板来定向扩增 DNA 片段。将端粒酶引入人类内皮细胞可以抑制端粒随细胞分裂的缩短，并保护细胞免受机体衰老的影响，这表明端粒可能在血管细胞衰老中扮演着重要的作用（Minamino et al., 2001）。

## （二）血管老化的自由基假说

人类依靠呼吸作用，吸入氧气燃烧燃料（消耗食物）产生能量，同时会产生副产品，以高能氧气分子形式存——自由基（ROS）。自由基在体内参与多项代谢活动，调节人体正常的新陈代谢。但是当它的浓度过高时，会对人体器官和细胞结构造成伤害（氧化应激）。自由基和衰老的关系是由 Harman 在 1956 年提出，他认为："很少有人能活到他们潜在的最大寿命。他们往往提早死于各种疾病，其中很大一部分是自由基引发的"。该假说后来扩展为线粒体衰老理论：线粒体产生的 ROS 随着年龄的增长稳定积累，导致不可逆转的细胞和组织损伤，最终影响寿命（Harman, 1972）。此外，ROS 诱导的大分子氧化损伤，特别是在线粒体内（如：线粒体 DNA 和电子传输链），可导致额外的线粒体功能障碍和 ROS 浓度进一步升高，形成"恶性循环"的局面，最终导致细胞死亡和肌少症的发生（Fulle et al., 2004）。大量研究表明，与衰老相关的很多健康问题，如皱纹、糖尿病、心脏病和阿尔兹海默症等，都与体内 ROS 浓度失衡有关。

## （三）细胞因子水平的变化与血管老化

### 1. 游离的血管内皮（细胞）生长因子（VEGF）的信号不足

随着年龄的增长，血管细胞因子调控能力下降，血液中没有足够的细胞因子来对抗大量产生的自由基是衰老的诱因之一。VEGF 因子是生理和病理血管生成的关键调节因子之一。在老年人群中，它的基础水平和组织损伤时的表达水平较年轻个体都会减少。这可能是由于缺氧诱导因子 –1α（VEGF 的一个转录因子）的激活减少所导致的（Ahluwalia et al., 2010）。此外，血小板生长因子的表达在老年大鼠的心脏内皮细胞中受到抑制（Xaymardan et al., 2004），而衰老的人脐静脉内皮细胞对碱性成纤维细胞生长因子（FGF）的反应由于 FGF 受体的酪氨酸磷酸化受损而减弱（Garfinkel et al., 1996）。所有这些变化都可能导致老年人血管修复功能受损。

内皮祖细胞（EPCs）从骨髓中招募到缺血部位的细胞，通过分化为内皮细胞促进血管新生（Asahara et al., 1999）。目前，EPCs 作为细胞移植疗法被用于治疗性血管生成。然而，从老年人身上获得的 EPCs 在培养过程中显示出存活率、迁移和增殖能力下降的特点，这表明细胞衰老导致了细胞功能的损伤（Heiss et al., 2005）。

研究发现，衰老小鼠 VEGF 因子数量没有显著降低，但是 VEGF 受体 mRNA 剪切方式发生了变化，导致血液中可溶性 VEGF 受体 R1 的数量增加，捕获了更多游离的 VEGF 因子，从而降低了血液中游离的 VEGF 因子的浓度。人为增加转基因的 VEGF 因子，或者采用腺病毒技术导入 VEGF 因子，都可以增加血液中游离的 VEGF 因子数量，从而维持机体更为年轻的状态。实验表明，导入 VEGF 基因处理后的衰老小鼠体内，与衰老相关的线粒体功能障碍、代谢灵活性受损、内皮细胞衰老和炎症反应等疾病都得到了缓解（Grunewald et al., 2021）。

**2. 蛋白去乙酰基酶 SIRT1 浓度的降低**

SIRT1 是 Sirtuin 蛋白家族的一员，是一类 NAD + 依赖性去乙酰基酶，参与了多种细胞和机体过程的调节，包括新陈代谢，免疫应答和衰老，特别是与肥胖有关的作用（Haigis et al., 2010）。在细胞衰老过程中，SIRT1 的蛋白水平降低，但其相应的 mRNA 水平并未降低。研究表明，机体通过自噬 - 溶酶体途径导致多种组织 SIRT1 的蛋白水平下降，这些器官包括小鼠脾脏，胸腺，造血干细胞和祖细胞以及人类 CD8+CD28-T

细胞。SIRT1 蛋白水平的恢复可能是延缓免疫老化和衰老的关键手段之一（Xu et al., 2020）。

### 3. 一氧化氮（NO）的产生 / 反应减少

NO 是第一个被发现的参与体内信号传导的气体信号分子，在神经系统、免疫系统、心血管系统都发挥着重要的作用。在老年人的血管细胞或衰老的内皮细胞中，NO 信号量减少。随着年龄的增长，NO 的生物利用率降低，导致内皮细胞功能和血管生成能力的降低（Papapetropoulos et al., 1997）。

## 二、血管老化的进程和应对策略

血管老化可能是人体衰老的"总开关"。Grunewald 在论述中指出，在 VEGF 因子的调控下，人体新陈代谢率的改变、脂肪堆积和分布的变化、骨骼流失和肌肉减少，慢性炎症刺激和肿瘤风险，都是导致衰老的诱因（Grunewald et al., 2021）。人体自然衰老是各器官协同发生的，利用现代医疗技术可以通过监测心、脑、肾等主要脏器功能性生物学标志的变化，推测机体衰老的阶段；通过分析体内分子调控通路和代谢网络，建立机体生物学评价体系，评估重要器官、系统及机体衰老状态；通过遗传背景、生活环境、生活方式及饮食习惯调节来延缓个体的衰老进程。随着年龄的增长，人体脂肪含量和分布情况发生变化，肝脏功能减退，骨骼和肌肉减少，慢性炎症反应增加，新陈代谢水平改变，癌症概率增大（如图 8 所示）。本节围绕衰老相关的器官和组织改变，探讨它们与血管老化之间的相互关系和可能的减缓衰老的策略。

**图 8　VEGF 因子水平和器官状态改变与血管衰老和健康周期的关系图**
（Grunewald et al.，2021）

（黑色箭头代表改善人体机能，延长健康周期的可能方式；灰色箭头代表降低人体机能，缩短健康周期的可能方式）

## （一）脂肪含量和分布的变化与血管老化的关系

随着年龄的增长，身体脂肪逐渐堆积，特别是腹部、骨骼、心肌、肝脏和骨髓的脂肪堆积，被认为是加速衰老的原因之一。现代医学手段可以通过核磁成像技术、临床 CT 和 X 射线衍射技术分析人体整体或者局部脂肪分布的改变。科研人员通过分析人体脂肪的总量和局部脂肪的分布情况，评估患者可能的发病或死亡风险。

30 岁以后，体内脂肪含量和分布逐渐发生了变化，内脏脂肪的堆积被认为是导致血管老化的诱因之一。内脏脂肪是一个高度活跃的内分泌器官，其所分泌的诸多信号分子对下丘脑 - 垂体 - 性腺轴及机体的生殖功能发挥着重要的调节作用，内脏脂肪的增加，与多种由衰老引起的疾病呈正相关（Papapetropoulos et al., 1997）。

表 25 统计了不同地域的健康人群的体重高峰期和脂肪高峰期。受文

章发行年代、样本数和年龄段的差异，数据分布存在一定差异。亚洲人的体重高峰期男性一般在 30～65 岁，女性一般在 35～59 岁，脂肪高峰期男性一般在 30～65 岁，女性一般在 35～69 岁。对比可知，亚洲人的脂肪峰值出现时间较白种人提前 10～20 年，这可能是我国健康预期寿命较发达国家短的原因之一。

表 25　与年龄相关的体重和肥胖统计

| 人种 | 男人 | | 女人 | | 研究人数、年龄段 |
|---|---|---|---|---|---|
| | 体重高峰期 | 脂肪高峰期 | 体重高峰期 | 脂肪高峰期 | |
| 白种人 | | | | | |
| 白种人 -1（Kyle et al., 2001） | 35～59 | 60～74 | 60～74 | 60～74 | 433，18～94 |
| 白种人 -2（Krzywicki et al., 1967） | 30～34 | 65～69 | － | － | 173，17～69 |
| 白种人 -3（Richard et al., 1995） | 60～70 | 60～70 | 60～70 | 60～70 | 316，60～95 |
| 白种人 -4（Kyle et al., 2001） | 35～44 | 65～74 | 45～54 | 65～74 | 5225，15～98 |
| 美国人（Chumlea et al., 2002） | 50～59 | 50～69 | 50～59 | 50～59 | 15912，12～79 |
| 意大利人（Siervo et al., 2015） | － | ～39 | － | ～47 | 3442，18～81 |
| 亚洲人 | | | | | |
| 日本人 -1（Tsutsumi et al., 1993） | 37～49 | 37～49 | 37～49 | 37～49 | 68，18～78 |
| 中国人 -1（Lei et al., 2006） | 35～39 | 35～39 | 35～39 | 35～39 | 1884，20～39 |
| 日本人 -2（Ito et al., 2001） | 30～49 | 30～49 | 40～59 | 50～69 | 2411，20～79 |
| 中国人 -2（Franklin et al., 1997） | 55～65 | 55～65 | － | － | 102，31～83 |
| 西班牙 | | | | | |
| 西班牙人（Chumlea et al., 2002） | 50～59 | 40～59 | 40～49 | 40～59 | 12～79 |
| 黑人 | | | | | |
| 黑人（Chumlea et al., 2002） | 40～59 | 40～59 | 40～49 | 40～59 | 12～79 |

在 50 岁以后，内脏脂肪率显著上升，人体脂肪分布较年轻状态出现明显改变。由于内脏脂肪堆积造成的腹型肥胖，引起的高血压、高血糖、血脂紊乱发生率明显升高。田志强等（2006）对 551 名高血压内分泌科

住院患者内脏脂肪分布与代谢综合症和心血管受损的关系进行研究，结果表明：患者腹部脂肪堆积与血脂、血压、腰围有显著相关性，而与血糖水平无显著相关性。随着内脏脂肪面积增加先出现各种代谢紊乱，而后出现微血管、外周血管及心脏结构改变，最终出现冠状动脉病变。内脏脂肪可作为预测心血管疾病的独立危险信号，其分布情况对代谢和心血管系统的影响以男性更为显著。

很多药物被应用于降低内脏脂肪，如苹果多酚、地特胰岛素、利拉鲁肽等。张晓丹等（2017）研究表明，有氧健身操可减少中心性肥胖老年女性腹部脂肪堆积，发挥了脂肪的动员及分解等因素的叠加效应。此外，其他有氧运动如骑自行车、慢跑、游泳、健步走等都是很好的降低内脏脂肪的方法。美国《梅奥诊所学报》的研究显示，运动和药物两种方法都能减去内脏脂肪，但在减去相同体重的情况下，运动比药物减去的内脏脂肪更多。

## （二）氧化应激和炎症反应与血管老化的关系

人体具有神奇的自我修复能力，健康机体可以通过器官的不断更新，修复氧化损伤在内的各种外界损伤。衰老使机体自我修复的能力减弱，自由基不断积累，造成了慢性炎症的出现。氧化应激的产生既有内因又有外因，内因包括慢性或急性感染、先天调控机能低下等；外因如环境污染、吸烟、饮酒、运动过度、药物使用（如麻醉剂等）或者长期暴露在日光或辐射之下。上文介绍的脂肪组织堆积，体重超重也会激活体内炎症因子，从而导致氧化应激的发生。由此可见，氧化应激和炎症反应是紧密联系的。慢性炎症衰老学说认为，细胞长期存在的慢性低浓度应激炎症反应的环境中，导致了细胞的衰老。

促炎症细胞因子肿瘤坏死因子-α（TNF-α）是动脉粥样硬化发生发展的重要危险因素之一，并且可以通过炎症反应诱发心血管疾病的发生。血管内皮细胞的形态损伤和功能障碍在动脉粥样硬化的发生和发展中起到了重要作用。据报道，中成药制剂心脑通胶可通过调节 SIRT1 / FoxO-1 / p53 / p21 通路，作为抗 TNF-α 诱导内皮衰老的治疗药物，发挥延缓动脉粥样硬化的功效。此外，抗氧化剂白藜芦醇和二甲双胍通过影响 SIRT1/p300/p53/p21 信号通路逆转细胞衰老的"血糖记忆"现象（郭倩云，2018）。除了上述药物治疗以外，健康的生活方式，多食用蔬菜水果都可以降低身体氧化应激水平，从而减缓衰老。

## （三）肝脏与血管老化的关系

肝脏，是脊椎动物身体内以代谢功能为主的器官，扮演着去氧化，储存肝糖，促进分泌性蛋白质的合成等多种角色。在中医理论中，肝主藏血，即肝具有贮藏血液和调节血量这两方面的作用。肝藏象即包括了解剖实体结构的肝脏，还包括了具有主疏泄、主藏血、主筋藏魂、开窍于目的功能系统。人体进入老年之前，常常出现两目干涩、视物模糊、指甲无光、行动不灵活，这些都被认为与人体的肝气不足有关（杨亚平，1986）。

现在医学研究认为，慢性肝损伤是一种由多种损伤因素如病毒感染、长期饮酒、药物毒性、遗传性物质代谢障碍所引起的肝实质细胞破坏与再生的复杂病理过程，而这些病理变化往往通过不同的机制促进了肝病的发展，并成为肝癌的主要诱因之一。研究表明，肝脏在慢性损伤的条件下不能诱导细胞衰老，细胞因此进入无限增殖的状态，表现为衰老障碍从而诱发肝癌。通过 Fah-/- 小鼠模型实验发现，通过诱导肝细胞的急性损伤可以激活衰老相关的免疫监控，促进巨噬细胞和 NK 细胞的增殖活化，活化的免疫细胞通过介导细胞毒效应清除具有癌化倾向的衰老细胞，从而抑制肝癌的发生（王超，2018）。

## （四）肿瘤与血管老化的关系

上文提到的细胞衰老，是指细胞在执行生命活动过程中，随着时间的推移，细胞增殖与分化能力和生理功能逐渐发生衰退的变化过程。衰老障碍是指细胞不可逆地脱离了细胞周期，获得了无限增殖的能力，最终导致细胞周期调控机制的紊乱。肿瘤的发生、发展以及治疗都与细胞状态有着密切的关系。细胞系统性衰老、凋亡和自杀都是细胞通过自身调控机制抑制肿瘤形成的重要途径。随着衰老的进程，人体结构逐渐发生了变化，脂肪的堆积和分布，自身或环境因素导致的慢性炎症的产生，都使得细胞癌变的风险不断升高。

可以说，肿瘤是一种衰老的疾病。在整个生命过程中，体细胞不断发生突变。细胞的每一次突变都会在该细胞的基因组中留下印记。Alexandrov 等研究发现，在人类正常细胞中发生着"时钟样"的基因突变过程。大部分突变对机体影响甚微，然而有些突变却能改变的细胞功能。早期体细胞突变可能引起发育异常，而后期的累积突变可能导致肿瘤或衰老。基因组测序已经揭示了基因突变驱动肿瘤和衰老的过程，他们具有相似的发生机制，提示肿瘤可能是衰老的自然结果。肿瘤细胞具有充足的生长信号和无限的增殖能力，可能是细胞对抗衰老的方式。通过线粒体置换、基因组编辑、端粒保护和免疫编辑可以诱导肿瘤细胞衰老或抵抗机体衰老，从而突破人类寿命的自然极限（王超，2018）。

尽管癌症的发病率随年龄增长而增加，但与年轻患者相比，老年人的癌症进展一般较慢。除了肿瘤细胞增殖和迁移的能力降低之外，老年患者血管生成障碍被认为是减缓肿瘤生长重要原因之一。在老年小鼠中，恶性肿瘤的侵袭随着肿瘤血管数量的减少而被抑制（Pili et al., 1994）。临床研究发现，老年乳腺癌患者的肿瘤微血管数量较年轻个体明显减少，这被视为是一种抑制肿瘤生存的自然调控机制。

## （五）骨骼疏松和肌肉减少与血管老化的关系

肌肉与骨骼，二者在解剖上紧密相邻，在运动时骨骼的支撑与杠杆作用和肌肉收缩的牵拉作用，是保证动作顺利完成的必要条件。骨骼与肌肉在代谢和分子调节等方面关系紧密，并且在人体衰老过程中具有一致性（郑明轩，等，2019）。

骨骼肌微血管功能的损伤在各种心脏代谢疾病患者中经常被报道，而年龄增长是主要风险因素之一。衰老导致骨骼肌出现微血管功能障碍的机理尚不清楚。在 20 岁至 80 岁之间，人类的骨骼肌质量损失了 20%~30%。这种与年龄有关的肌肉质量损失，被描述为老年性肌肉减少，是复杂的多因素作用的结果，通常与骨质疏松症有关。肌肉老化的后果是生理功能的下降和肌肉力量的丧失，通常与身体活动减少有关。因此，跌倒和随后的严重损伤在老年人中普遍发生。可以将肌肉老化的原因分为内在因素（涉及分子和细胞水平的变化）和外在或环境因素（Carmeli et al., 2002）。随着我国人口平均寿命的延长，骨质疏松症患者逐年增加，加重了医疗负担。据统计，2015 年全国约 1.1 亿人罹患骨质疏松症（40 岁含以上），60 岁以上女性和男性患者的发病率分别高达 46.4% 和 20.0%（郑明轩，等，2019）。

高血压、骨质疏松症和血管钙化是老龄化社会的主要疾病，它们可能具有相同的遗传和环境背景。导致高血压的肾素 - 血管紧张素系统被发现参与了骨代谢。血管紧张素 II 已被证明通过 RANKL 在成骨细胞中的上调而加速骨质疏松症。RANKL 又通过调节骨形态发生蛋白 -2 和 MGP 的表达，以及骨相关蛋白，促进血管钙化。血管紧张素 I 型受体阻断剂（ARBs）可以通过对血管平滑肌的松弛作用而降低血压，同时改善骨质疏松症和血管钙化。开发这种多效作用的药物可使患有高血压的绝经后妇女受益（Shimizu et al., 2014）。

在细胞层面上，线粒体功能和代谢能力受损是导致包括人类在内的一些物种肌肉含量下降的原因。线粒体依赖于细胞核和线粒体基因组的协同表达发挥其生物学功能，对维持细胞器的稳态起着至关重要的作用，而线粒体生物学功能的失调可导致各种肌肉萎缩症状的出现（Hammans, 2011）。最突出的与年龄相关的线粒体功能改变，包括线粒体体积和密度、ATP 生成能力和蛋白质合成能力的下降，这些变化与骨骼肌功能、有氧能力和行走速度密切相关（Petersen et al., 2019）。据报道，人体在 50 岁以后血浆中线粒体 DNA 的浓度升高，这种变化与循环炎症细胞因子浓度水平正相关，表明线粒体 DNA 参与了老年慢性低度炎症反应。长期以来，慢性低度炎症反应，被认为是导致肌肉减少的重要因素之一（Chung et al., 2006）。事实上，与年轻人相比，老年人的循环炎症细胞因子，包括 TNF-α 和白细胞介素 6（IL-6）的水平增加，这些变化与肌肉质量和力量下降以及虚弱程度高度相关（Pedersen et al., 2010）。类似的促炎症细胞因子表达的升高也被记录在老年人的骨骼肌中（Léger et al., 2016）。

《注解伤寒论》记载："脾合荣气，荣养骨髓，实肌肉，濡筋络"。脾主运化、主升清，肾精亏虚之际，脾胃运化之功盛，输布水谷，内达脏腑，外达皮毛，滋骨髓而养肌肉，使骨健肌满，可补先天之不足"。可见补肾健脾是改善肌肉质量、增加骨量和骨强度，进而预防和治疗骨质疏松症和肌肉减少的方法（郑明轩，等，2019）。

## 三、血管老化的预防方案

人体是一个完整的系统，遗传或环境的改变会引起各个器官的协同改变。在预防血管老化的研究中，现代医学和传统医学采用的研究方法存在差异，但目的都是为了达到调节个体代谢平衡，帮助人体维持更为年轻和健康的状态。本节从分子治疗、适老运动、环境因素和中医养生等四方面介绍延缓血管老化、延长健康周期的可行性策略。

### （一）分子治疗策略在延缓血管老化中的应用

现代医学通过对衰老机制的研究，拟定出一系列延缓血管老化的方案。动脉硬化性缺血性疾病，如闭塞性动脉硬化和缺血性心脏病，是人体衰老的常发疾病之一，其发病率和死亡率急剧上升。老年患者的动脉粥样硬化斑块往往更大，有明显的狭窄以及有更多的钙化病变（Tesauro et al., 2017）。缺血会迅速触发血管生成，但这种反应在老年人身上会减弱。虽然血管重建是目前治疗缺血最有效的方法之一，但由于技术原因或作用不明确，许多病人不适合这种治疗，特别是在老年人群中。伤口愈合会随着年龄的增长而减缓，这种变化与血管生成因子（VEGF 或 FGF）的水平降低有关。

临床前研究和小规模的临床试验表明，基因治疗或输送血管内皮生长因子或生长因子蛋白，以及采用 EPCs 和骨髓或外周血单核细胞的细胞治疗，对缓解缺血有一定的疗效。这些血管重塑策略被统称为治疗性血管生成（Said et al., 2013）。

不幸的是，治疗性血管生成并不总是有效的。在严重肢体缺血的病人中，近一半的治疗者没有达到充分改善缺血症状的目的。缺乏改善的关键原因推测是对生长因子的反应减弱，以及由于细胞衰老导致移植细胞的活力或功能下降。克服这些问题的潜在策略之一是修改与衰老相关的分子。有报道称，将人类端粒酶逆转录酶（TERT）基因转入EPCs，导致后肢缺血的小鼠模型中的新生血管改善（Murasawa et al., 2002），这种明确的抗衰老策略可作为治疗性血管生成的模型。

细胞衰老和血管生成能力的下降都是人体抑制肿瘤发生发展的机制，而引入TERT基因等策略被认为提高了肿瘤发生的风险（Murasawa et al., 2002）。老年人的治疗性血管生成或抗衰老疗法是一把双刃剑，选择局部给药的治疗方法，降低副作用可能是一种较好的选择。此外，各种具有已知的心脏保护作用的药物，如他汀类药物、噻唑烷二酮类药物、阿司匹林和雌激素，也被报道可以增加端粒酶的活性，目前未发现它们具有增加恶性肿瘤的风险。因此，选择适当的衰老相关因子为目标可能允许开发安全和有效的抗衰老疗法。

## （二）运动在延缓血管老化中的作用

众所周知，运动发挥抗炎作用，导致局部和全身的适应性，这在老年人的训练中是可以监测到的。在12周的慢性运动后，监测到肥胖的老年人或身体虚弱患者骨骼肌中的炎症相关因子TLR4的表达以及IL-6和TNF-1$\alpha$的mRNA水平明显降低（Lambert et al., 2008）。在LPS刺激后，从活跃（年轻和年老）的人获得的全血培养物中检出类似的TLR4信号减弱（Mcfarlin et al., 2006）。肌肉中较高的TLR4信号水平与老年人肌肉体积和力量的减少有关；然而，终身运动者（过去30年定期运动）血液中LC3-II和Atg7蛋白的含量较一般老年人高，肌肉超微结构、肌肉质量和力量也明显优于同龄人（Zampieri et al., 2015）。可见适量运动对于维持骨骼和肌肉能力有很大益处（如图9所示）。研究表明，增加体育活动还能维持机体一氧化氮（NO）生物利用率，减弱由于年龄增长对血管功能的有害影响。

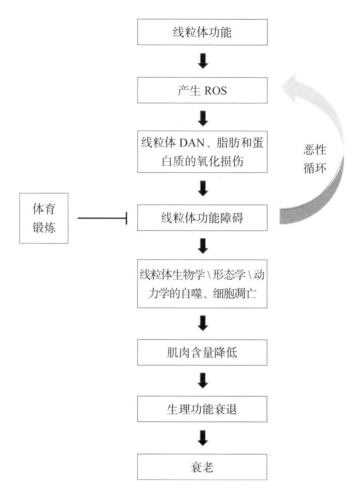

图 9　体育运动延缓线粒体功能障碍引起的衰老示意图（Joseph et al., 2016）

## （三）环境对血管老化的影响

除了遗传因素以外，环境因素也是人类衰老的重要诱因之一，环境污染被认为是人类健康的头号杀手。研究人员对 170 名 1 ~ 104 岁受试者器官的中无机汞的含量进行评估，结果发现汞在脑、肾、甲状腺、垂体前叶、肾上腺髓质和胰腺细胞中常见。这些器官中汞的含量随着人年龄的增加而增长。在 80 岁以上人群中无机汞含量有所下降，可能是该年龄段人群死亡率趋于平缓和癌症发病率降低的原因。研究认为，体内汞蓄积可能加速人体衰老，具有较强的遗传毒性，破坏自身免疫系统，提高机体氧化应激反应水平（Roger，2021）。因此，减少大气汞污染是延长人体健康周期，提高寿命的可能方式。人类与自然息息相关，清新的空气，干净的水源，健康的食物，规律的作息都能有效保持健康延缓衰老的方法。

### （四）中医传统养生抗衰老的理论

我国传统医学，在数千年中总结出了一套完整的养身长寿的理论。首先，中医学强调"天人合一"的理论，认为人与自然是一个完整统一的整体，在通过养生延缓衰老过程中，强调人与环境和谐统一。《素问·四气调神大论篇》中就记载了"阴阳四时着，万物之始终，死生之本，逆之则灾害生，从之则苛病不起，是谓之得到"。并提出了四时养生的方法："春三月，此谓发陈，天地俱生，万物以荣，夜卧早起，广步于庭，被发缓形，以使志生，生而勿杀，予而勿夺，赏而勿罚，此春气之应，养生之道也。逆之则伤肝。夏三月，……夜卧早起，无厌于日，使志无怒，使华英成秀，使气得泄，若所爱在外，此夏气之应，养长之道也。逆之则伤心。秋三月，此谓容平，天气以急，地气以明，早卧早起，与鸡俱兴，使志安宁，……使肺气清，此秋气之应，养收之道也。逆之则伤肺。冬三月，此谓闭藏，水冰地坼，无扰乎阳，早卧晚起，必待日光，使志若伏若匿，……去寒就温，无泄皮肤，使气亟夺，此冬气之应，养藏之道也。逆之则伤肾"。可见人体的活动应该与节律相适应，运动和养生都要与自身和环境相协调，使各器官处于更好的状态，达到延缓衰老的目的。其次，中医学认为预防疾病的发生比治病更为重要，《素问·四气调神大论篇》中记载"是故圣人不治已病治未病；不治已乱治未乱，此之谓也。夫病已成而后药之，乱已成而后治之，譬犹渴而穿井，斗而铸锥，不亦晚乎？"。最后，中医学认为外感六淫、内伤七情是疾病发生的主要原因，在临床中，需要把调畅情志、怡情养性作为一种治疗方法，重视精神的调养是中医学养生理论的重要指导原则。在《素问·上古天真论篇》中指出："内无思想之患，以恬愉为务，以自得为功，形体不敝，精神不散，亦可以百数"（唐汉庆，等，2019）。

## 四、总结

我国已步入老龄化社会，面临着前所未有的挑战。本文以血管老化为切入点，通过对国内外研究成果的综述，剖析了人类衰老的自然进程和可能的延缓策略。人体是一个有机的整体，衰老与遗传和环境因素有重大关系。我国传统中医药文化早以将延缓衰老和延年益寿作为研究课题，通过千百年的探索和积累形成了一整套完整的，适合我国人群特点养生防老的方法，这些观念和方法也得到了现代实验科学的证实。我们要充分发挥自身制度和传统文化的优势，引导广大人民群众正确认识老龄社会发展规律，从早从小普及传统养生文化，倡导健康、绿色、和谐的养生理念，促进健康中国和健康老龄化进入新的发展阶段。

**参考文献：**

[1] 党俊武 . 实行年龄平等共同应对人口老龄化 [J]. 老龄科学研究，2017，5（8）：11.

[2] 郭倩云 . 细胞炎症和衰老的表观遗传学机制与干预研究 [D]. 北京：北京协和医学院（清华大学医学部）和中国医学科学院，2018.

[3] 李成福，刘鸿雁，梁颖，等 . 健康预期寿命国际比较及中国健康预期寿命预测研究 [J]. 人口学刊，2018（1）：28.

[4] 瞭望 . 迎接"一老一小"新挑战 [EB/OL].（2022.4.30）. https：//baijiahao.baidu.com/s?id=1726603348124971429&wfr=spider&for=pc.

[5] 唐汉庆，李常应 .《道德经》道家思想与中医学的联系 [J]. 国学（汉斯），2019，7（2）：6.

[6] 田志强 . 腹部脂肪分布与代谢综合征各组分和心血管损害的关系 [D]. 北京：第三军医大学，2006.

[7] 王超 . 慢性肝损伤下肝细胞衰老在肝癌发生中的作用研究 [D]. 北京：中国人民解放军海军军医大学，2018.

[8] 杨亚平 . 中医诊断学讲座（九）——脏腑辨证（续）[J]. 江苏中医药，1986，（11）：40–43.

[9] 张百红，岳红云．肿瘤与衰老 [J]．国际肿瘤学杂志，2017，44（7）：3.

[10] 张晓丹，郑亚莉，谭思洁．8 周室内有氧健身操减少中心性肥胖老年女性腹部脂肪堆积的试验研究 [J]．天津体育学院学报，2017，32（2）：7.

[11] 郑明轩，杨鹆祥．基于"骨肉不相亲"理论探讨肌肉与骨质疏松症的关系 [J]．中华中医药学刊，2019，37（3）：754–756.

[12] AHLUWALIA A, NARULA J, JONES M K, et al. Impaired angiogenesis in aging myocardial microvascular endothelial cells is associated with reduced importin alpha and decreased nuclear transport of HIF1 alpha: mechanistic implications[J]. Journal of Physiology And Pharmacology, 2010, 61(2):133–9.

[13] ASAHARA T, MASUDA H, TAKAHASHI T, et al. Bone marrow origin of endothelial progenitor cells responsible for postnatal vasculogenesis in physiological and pathological neovascularization[J]. Circulation Research, 1999, 85(3):221-228.

[14] CARMELI E, COLEMAN R, REZNICK A Z. The biochemistry of aging muscle[J]. Experimental Gerontology, 2002, 37(4): 477-489.

[15] CHUMLEA W C, GUO S S, KUCZMARSKI R J, et al. Body composition estimates from NHANES III bioelectrical impedance data[J]. International Journal of Obesity and Related Metabolic Disorders, 2002, 26(12): 1596-1609.

[16] CHUNG H Y, SUNG B, JUNG K J, et al. The Molecular Inflammatory Process in Aging[J]. Antioxidants and Redox Signaling, 2006, 8(3-4):572-581.

[17] FRANKLIN S S, GUSTIN W, WONG N D, et al. Hemodynamic Patterns of Age-Related Changes in Blood Pressure[J]. Circulation, 1997, 96(1): 308-315.

[18] FULLE S, PROTASI F, D I TANO G, et al. The contribution of reactive oxygen species to sarcopenia and muscle ageing[J].Experimental Gerontology, 2004, 39: 17–24.

[19] FUSTER J J, ANDRES V. Telomere biology and cardiovascular disease[J]. Circulation Research, 2006. 99(11):1167–1180.

[20] GARFINKEL S, HU X, PRUDOVSKY I A, et al. FGF-1-dependent proliferative and migratory responses are impaired in senescent human umbilical vein endothelial cells and correlate with the inability to signal tyrosine phosphorylation of fibroblast growth factor receptor-1 substrates[J]. Journal of Cell Biology, 1996, 134(3): 783-791.

[21] GHOSH S, LERTWATTANARAK R, GARDUNO J J, et al. Elevated muscle TLR4 expression and metabolic endotoxemia in human aging[J]. The journals of gerontology. Series A, Biological Sciences and Medical Sciences, 2015, 70: 232–246.

[22] GRUNEWALD M, KUMAR S, SHARIFE H, et al. Counteracting age-related VEGF signaling insufficiency promotes healthy aging and extends life span[J]. Science, 2021, (6554):eabc8479.

[23] HAIGIS M C, SINCLAIR D A. Mammalian sirtuins: biological insights and disease relevance[J]. Annual Review of Pathology Mechanisms of Disease, 2010, 5(1): 253-295.

[24] HAMMANS S R. Mitochondrial DNA and disease[J]. Journal of Pathology, 2011, 226(2): 274-286..

[25] HARMAN D. The biologic clock: the mitochondria? [J]. Journal Of The American Geriatrics Society, 1972, 20: 145–147.

[26] HEISS C, KEYMEL S, NIESLER U, et al. Impaired progenitor cell activity in age-related endothelial dysfunction[J]. Journal Of The American College Of Cardiology, 2005, 45(9): 1441-1448.

[27] ITO H, OHSHIMA A, OHTO N, et al. Relation between body composition and age in healthy Japanese subjects[J]. European Journal of Clinical Nutrition, 2001, 55(6): 462-470.

[28] JOSEPH A M, ADHIHETTY P J, LEEUWENBURGH C. Beneficial effects of exercise on age-related mitochondrial dysfunction and oxidative stress in skeletal muscle[J]. The Journal of Physiology, 2016, 594(18): 5105-5123.

[29] KRZYWICKI H J, CHINN K. Human Body Density and Fat of an Adult Male Population as Measured by Water Displacement[J]. The American Journal of Clinical Nutrition, 1967, (4):4.

[30] KYLE U G, GENTON L, SLOSMAN D O, et al. Fat-free and fat mass percentiles in 5225 healthy subjects aged 15 to 98 years[J]. Nutrition, 2001, 17(7-8):534-541.

[31] LAMBERT C P, WRIGHT N R, FINCK B N, et al. Exercise but not diet-induced weight loss decreases skeletal muscle inflammatory gene expression in frail obese

elderly persons[J]. Journal of Applied Physiology, 2008, 105(2): 473-478.

[32] LÉGER B, DERAVE W, DE BOCK K, et al. Human sarcopenia reveals an increase in SOCS-3 and myostatin and a reduced efficiency of Akt phosphorylation[J]. Rejuvenation Research, 2016, 11(1): 163-175B.

[33] LEI S F, LIU M Y, CHEN X D, et al. Relationship of total body fatness and five anthropometric indices in Chinese aged 20-40 years: different effects of age and gender[J]. European Journal of Clinical Nutrition, 2006, 60: 511–518.

[34] MCFARLIN B K, FLYNN M G, CAMPBELL W W, et al. Physical activity status, but not age, influences inflammatory biomarkers and toll-like receptor 4[J]. The journals of gerontology. Series A, Biological Sciences and Medical Sciences, 2006, 61: 388-393.

[35] MINAMINO T, MITSIALIS S A, KOUREMBANAS S. Hypoxia extends the life span of vascular smooth muscle cells through telomerase activation[J]. Molecular and Cellular Biology, 2001, 21(10): 3336-3342.

[36] MURASAWA S, LLEVADOT J, SILVER M, et al. Constitutive human telomerase reverse transcriptase expression enhances regenerative properties of endothelial progenitor cells[J]. Circulation, 2002, 106(9):1133-1139.

[37] PAPAPETROPOULOS A, GARCIA-CARDENA G, MADRI J A, et al. Nitric oxide production contributes to the angiogenic properties of vascular endothelial growth factor in human endothelial cells[J]. The Journal of Clinical Investigation, 1997, 100(12): 3131- 3139.

[38] PEDERSEN B K, BRUUNSGAARD H. Possible beneficial role of exercise in modulating low-grade inflammation in the elderly[J]. Scandinavian Journal of Medicine and Science in Sports, 2010, 13(1): 56-62.

[39] PETERSEN K F, BEFROY D, DUFOUR S, et al. mitochondrial dysfunction in the elderly: possible role in insulin resistance NIH public access supplementary material refers to web version on PubMed central for supplementary material[J]. Science, 2019, 300: 1140-1142.

[40] PILI R, GUO Y, CHANG J, et al. Altered angiogenesis underlying age-dependent changes in tumor growth[J]. Journal of the National Cancer Institute, 1994,

86(17):1303–1314.

[41] RICHARD N B, PATRICIA M, STAUBER D M, et al. Cross-sectional Age Differences in Body Composition in Persons 60+ Years of Age[J]. The Journals of Gerontology Series A: Biological Sciences and Medical Sciences, 1995, 50A (6): 307-316.

[42] ROGER P. The prevalence of inorganic mercury in human cells increases during aging but decreases in the very old[J]. Scientific Reports, 2021, 11:16714

[43] SAID S S, PICKERING J G, MEQUANINT K. Advances in growth factor delivery for therapeutic angiogenesis[J]. Journal of Vascular Research, 2013, 50(1): 35–51.

[44] SHIMIZU H, NAKAGAMI H, MORISHITA R. Bone metabolism and cardiovascular function update. Cross link of hypertension, bone loss and vascular calcification - common back grounds in renin angiotensin system with anti-aging aspect[J]. Clinical Calcium, 2014, 24(7):53-62.

[45] SIERVO M, OGGIONI C, LARA J, et al. Age-related changes in resting energy expenditure in normal weight, overweight and obese men and women[J]. Maturitas, 2015, 80(4): 406-413.

[46] TESAURO M, MAURIELLO A, ROVELLA V, et al. Arterial ageing: from endothelial dysfunction to vascular calcification[J]. Journal of Internal Medicine, 2017, 281(5): 471-482.

[47] TSUTSUMI M, TSUNENARI R, FUKASE M, et al. Age- and gender-related changes of body composition in Japanese[J]. Osteoporosis International, 1993, 3(S1): 69-69.

[48] XAYMARDAN M, ZHENG J, DUIGNAN I, et al. Senescent impairment in synergistic cytokine pathways that provide rapid cardioprotection in the rat heart[J]. Journal of Experimental Medicine, 2004, 199(6):797–804.

[49] XU C, WANG L, FOZOUNI P, et al. SIRT1 is downregulated by autophagy in senescence and ageing[J]. Nature Cell Biology, 2020, 22(10):1-10.

[50] ZAMPIERI, PIETRANGELO, LOEFLER, et al. Lifelong physical exercise delays age-associated skeletal muscle decline[J]. The journals of Gerontology. Series A, Biological Sciences and Medical Sciences, 2015, 70:163-173.

（发表于《老龄科学研究》2022 年第 7 期）

# 下篇
# 理论热点

# 推进老龄法律法规体系建设

高成运

解决人口老龄化带来的一系列经济社会问题，必须依靠有力的法治保障。"十四五"时期是夯实应对人口老龄化法律制度体系的关键时期，宜立足当前，谋划长远，在老龄立法上有所突破和创新，加快构建中国特色的老龄法律法规体系，有效应对人口老龄化的挑战。

## 一、我国老龄法律法规体系建设现状及主要问题

近年来，我国老龄立法逐步推进，以《中华人民共和国老年人权益保障法》为核心的老龄法律法规体系正在形成。一是体现了对老年人权益保护的高度重视。国家制定了保障老年人权益的专门法《中华人民共和国老年人权益保障法》，颁布的《中华人民共和国民法典》保障了老年人作为民事主体的权利义务。相关法律的调整主体大都包含了老年人，如宪法调整规范的公民、民法典中的自然人、城市居民组织法中的城市居民、村民委员会组织法中的农村村民、消费者权益保障法中的消费者、无障碍条例中的残疾人等。二是体现了对老年人的经济保障。如社会保险法、社会保障基金条例、城市居民最低生活保障条例、农村五保供养条例等对老年人的养老保险、医疗保险、最低生活保障、特困老人生活保障等都有明确规范。三是体现了对老年人的优待和特殊照顾。如旅游法、体育法、公共图书馆法、电影产业促进法、博物馆条例、全民健身条例等都有对老年人照顾、优待的表述，特别是刑法及其修正案还有对

老年人违法犯罪的从宽规定。四是体现了对赡养老人这一中华传统文化的弘扬。如宪法、民法典、刑法等都有明确规定和惩罚措施，个人所得税法还有个税扣除的激励措施。

但总的来看，我国老龄法律规范严重滞后人口老龄化的发展，跟不上新时代老年人需求的变化，对人口老龄化带来的诸多问题从法律上回应不足、支持不够。

第一，基础性涉老法律规范相对欠缺。目前，国家层面的专门性涉老法律，除20世纪70年代末、80年代初全国人大通过、国务院发布的工人退休、老干部离职休养、高级专家离休退休规定外，30多年来，国家层面只有《中华人民共和国老年人权益保障法》，尚没有专门性的涉老行政法规。老龄法律规范多散见于其他相关法律法规之中，我国的宪法、刑法、诉讼法以及各种部门法、地方性法规对老年人特殊权益保护的法律规定都有所体现，但尚未形成体系完备的老龄法律法规。随着我国人口老龄化成为21世纪的基本国情要素，这些关联性法律法规有关老年人的条款显现出局限性，已难以适应人口老龄化所引发的特殊情势。从当前来看，孝老爱亲、养老服务、老年福利、老年健康、老年教育、老年优待、医养结合等方面的基础性法律亟待出台，老龄领域的立法空间极大。

第二，《中华人民共和国老年人权益保障法》配套法规不到位、修订不及时。《中华人民共和国老年人权益保障法》作为老年领域的总法，"软法"特征明显，很多条款都是原则性、概括性、指导性规定，强制性规定欠缺，因此，制定实施条例或细则十分必要。但《中华人民共和国老年人权益保障法》颁布至今，国家层面的实施条例尚未出台，现有的实施条例或办法，主要体现在地方立法层面。且对老年人权益保障法修订的频次和及时性不够。美国的老年人法案自1965年出台以来，至今修订14次，平均每4年修订一次。我国的《中华人民共和国老年人权益保障法》自1996年颁布以来，仅经过3次修订，平均每8年修订一次，其框架体系和内容难以有效满足新时代老年人权益保障的需要。此外，《中华人民共和国老年人权益保障法》主要着眼于解决当下的突出问题，属于补救性立法，无法有效应对动态变化的人口老龄化问题。

第三，老龄法律被政策代替的倾向明显。当前，我国应对人口老龄化问题的解决倾向于政策制定，长期存在以政策代替法律的现象。党的十八大以来，党中央、国务院以及中央各部门出台的老龄规范性政策文件涉及到方方面面，但基本上没有上升为法律法规。《中华人民共和国老年人权益保障法》出台后，国家层面的配套规范基本上也都是政策性文件。国家法律有利于党的政策定型化，更具有普遍性、持久性、国家强制性等优势，老龄政策性文件在老龄事业和产业的实践中承担着实质的法律功能，不适应新时代依法治国基本方略的要求。

第四，老年人社会参与问题仍存在立法空白。当前，我国立法中的年龄歧视思维制约了老年人的社会参与。我国就业促进法、劳动法、劳动合同法等均没有体现年龄平等的理念和要求，在社会就业领域实际上存在着年龄歧视现象。老年人就业中出现的工资待遇、工伤认定等方面的纠纷，依据现有法律很难有效解决，司法实务中存在劳务关系说和劳动关系说的不同看法和做法，老年人的经济参与权利受到影响。随着时代的进步，老年人参与公益、志愿服务的愿望越来越强烈，但法律法规上没有畅通老年人志愿参与的渠道。近年来空巢、独居、失独对老年人带来的孤独、焦虑、抑郁等心理问题开始凸显，精神赡养处于尴尬境地，在老年人的精神文化保障上同样缺乏法律制度安排。因此，必须完善相关法律法规，对老年社会参与予以法律上的平等对待，切实维护老年人的合法权益。

此外，相关部委出台 20 多件涉老的部门规章，相互之间也缺乏有效衔接。目前，各省（市、自治区）都颁布了《中华人民共和国老年人权益保障法》的地方性法规，有 10 多个省还制定了养老服务方面的地方性法规，但地方立法大多是上位法的简单照搬，缺乏结合实际的创新。

## 二、老龄法律法规建设应树立的理念

老龄政策要及时上升为法律。老龄政策的法律化应成为今后我国老龄立法发展的主要方向。在构建老龄法律法规体系时，应逐渐将政策上升为法律，把与我国人口老龄化的结构特点相适应、实践证明行之有效的，及时上升为法律；实践条件还不成熟、需要先行先试的，要按照法定程序作出授权；对不符合老年群体利益和实际需求、不适应改革要求的法律法规，应及时修改和废止，为老龄事务管理提供法律保证，这也是依法治国的必然要求。

从弱势群体的立法理念中跳出来。长期以来，我国将老年人与妇女、未成年人以及残疾人等视为生理性社会弱势群体，通过相应法律法规予以特别保护。其立法理念、立法思路相同，都是以生理性社会弱势群体为调整对象，以保障这些特定群体的合法权益。随着人口老龄化的快速发展，我国已进入老龄化社会，老年人正逐步由社会边缘群体转变为重要的社会参与主体，对社会保障、社会服务、平等参与和精神文化等方面的诉求越来越强烈，必将对整个社会的利益诉求格局变化带来深刻影响。老年人已不再是传统意义上的弱势群体。老龄立法应从弱势群体的立法理念中跳出来，对老年人的保护也不能仅仅局限于其基本生存权的满足，更应注重他们的社会参与和精神生活需求的满足。

立足国情借鉴国际老龄立法经验。发达国家的老龄法律体系比较健全，涉及老年人生活的各个领域。比如，美国先后颁布实施了《美国老年人法》（1965 年）、《社会保障法》（1935 年）、《医疗保险制度》（1965 年）、《年龄歧视就业法》（1967 年）、《雇员退休收入保障法》（1974 年）、《禁止歧视老年人法》（1975 年）、《退休平等法》（1984 年）等，这些法律内容详细，针对性强。日本先后颁布了《国民年金法》（1959 年）、《老人福利法》（1963 年）、《老人保健法》（1982 年）和《护理保险法》（2000 年），以及《终身学习振兴法》（1990 年）、《高龄社会对策基本法》（1995 年）、《防止虐待老年人法》（1995 年）、《高龄社会对策大纲》（2018 年）等数十部法律，为老年人提供了全面、丰富、有力的法律制度保证。当前，我国现行的老龄立法内容体现养老和医疗领域的居多，其他领域涉及较少，以国家法律形式出现的更少。发达国家早于我国进入人口老龄化的行列，在法律建设方面有不少做法对我国推进老龄立法有重要参考价值，要结合我国实际加以借鉴。

应基于老年人的实际需求进行立法。老年人在有关自己事务和利益的问题上应享有参与权、决定权。各地在制定涉及老年人利益的具体措施时，应当征求老年人的意见和建议。应让老年人参与到有关老年人的法律法规制定、实施和监督的过程中来，使法律法规更好地反映和符合老年人的利益。

## 三、加强老龄法律法规体系建设的对策建议

第一，将老龄立法作为贯彻落实积极应对人口老龄化国家战略的重要举措。依法治理是老龄化治理的必然过程，是不断提高运用中国特色社会主义制度有效治理国家能力的具体方略。从我国实际出发，建立同国家治理体系和治理能力现代化相适应的老龄法律法规体系，是全面依法治国的应有之义，也是积极应对人口老龄化的长远措施。2016 年 5 月27 日，习近平总书记在中央政治局第三十二次集体学习时作出"要完善老年人权益保障法的配套政策法规"的重要指示，党的十九大报告提出"构建养老、孝老、敬老政策体系和社会环境，推进医养结合，加快老龄事业和产业发展"。2019 年 11 月，党中央、国务院印发《国家积极应对人口老龄化中长期规划》提出，要夯实积极应对人口老龄化的法律制度基础，到 2035 年，积极应对人口老龄化的制度安排更加科学有效；到 21世纪中叶，与社会主义现代化强国相适应的应对人口老龄化制度安排成熟完备。2021 年 11 月，党中央、国务院印发《关于加强新时代老龄工作的意见》提出："全面清理阻碍老年人继续发挥作用的不合理规定。"2021年 12 月，国务院印发《"十四五"国家老龄事业发展和养老服务体系规划》提出："要完善法治保障。"据全国老龄办预测，2035 年前后我国将进入超老龄社会，因此，"十四五"仍是有效应对人口老龄化、加强法律制度建设的窗口期、机会期。根据国家"十四五"规划，应制定老龄领域的法律法规建设中长期规划，从保障老年人共享改革发展成果、平等参与社会生活、保护老年人各项合法权益入手，突出立法重点，分出轻重缓

急，明确今后五到十年老龄领域立法的重点项目、时间进度和责任部门。

第二，加大修订和完善《中华人民共和国老年人权益保障法》的力度。将其作为老龄领域的总法，进一步强化纲领性、指导性特征，增加修订频次，可每2年至3年修订一次。内容上应重点强化老年人基于其特殊年龄和生理状况所应独享的特殊权益，比如针对和回应贫困、失能、独居、空巢、失独、高龄等特殊老年人群体的需求；同时，应增加农村老年人权益的法律保障。当前，农村养老是一大短板，需要强有力的法律支持。还需要进一步明确政府、社会、家庭在老年人养老中的责任，通过法律规范和引导，真正发挥家庭养老、个人自我养老的作用，形成多元主体责任共担、老龄化风险梯次应对、老龄事业人人参与的新局面。

第三，制定老年人权益保障的专门性法律法规。通过专门立法将老年人权益保障法明确的各项原则性、政策性制度规定予以具体化。一是将制定孝老爱亲法列入立法议事日程。党中央、国务院发布的《新时代公民道德建设实施纲要》明确要求推动孝老爱亲等方面的立法工作，已形成广泛的社会共识，有关部门应抓紧提出立法建议，组织、协调有关方面力量尽快研究起草。二是将制定养老服务条例、老年人优待条例、医养结合促进条例等列入立法项目。三是将老年福利法、老年社会保障法、老年健康促进法、护理保险法、独居空巢老年人照顾条例等作为储备性立法项目，成熟的及时纳入立项，对难度较大又事关重大的法律法规，适时启动调研工作，进行研讨和论证。

第四，调整规范老年人社会参与的立法。对现有法律法规中影响和阻碍老年人继续发挥作用的不合理规定及时修改完善，支持老年人社会参与。一是老年人经济参与的立法，适时启动劳动法、劳动合同法、就业促进法等劳动法规的修订工作，为老年人再就业畅通渠道，使老年人的社会价值得以体现。重点是在劳动法规中增加禁止就业年龄歧视的条款，将老年人再就业定性为劳动关系，适用劳动法的调整规范。同时支持公益性就业岗位向老年人开放，避免带来与年轻人就业的竞争。二是老年人公益参与的立法，适时启动志愿服务条例的修订，增加老年志愿服务的规定，为老年教师、医生、科技工作者等"老有所为"提供法律支持和保障。三是老年人文化参与的立法，适时研究制定老年教育法，为老年人终身学习、终身发展，实现老年人自身价值提供法律保障。

**参考文献：**

[1] 全国人大内司委内务室，全国人大常委会法工委社会法室，等 . 中华人民共和国老年人权益保障法读本 [M]. 北京：华龄出版社，2013.

[2] 肖金明 . 积极老龄化法律对策与法制体系研究 [M]. 济南：山东大学出版社，2015.

[3] 肖金明 . 老年人社会参与政策与法律研究 [M]. 济南：山东大学出版社，2015.

[4] 汪地彻 . 中国老龄法体系构建论 [J]. 辽宁大学学报（哲学社会科学版），2012（6）.

[5] 汪地彻 . 中国老龄法治研究 [M]. 北京：华龄出版社，2017.

[6] 全国老龄工作委员会办公室 . 全国老龄政策理论研究成果选编（2014）[M]. 北京：华龄出版社，2015.

[7] 全国老龄工作委员会办公室 . 农村老龄问题研究 [M]. 北京：华龄出版社，2013.

（发表于《社会治理》2022 年第 8 期）

# 战略转型：从房地产业到老龄宜居产业

党俊武

党的十九届五中全会提出："实施积极应对人口老龄化国家战略"。对于房地产业的发展来说，核心要义是实现从房地产业到老龄宜居产业的转型。对此，我分享几点思考。

## 一、对房地产业转型老龄宜居产业的基本认知

党的十九届五中全会精神有很多亮点，其中最突出的一点就是实施积极应对人口老龄化的国家战略。这项战略关系到全体公民，意义重大。

房地产业经过多年的发展，解决了老百姓"有房住"的问题，并且取得了出色的成绩。时至今日，人民群众更多聚焦于"如何住得更好"的问题。房地产业进入转型发展期，养老成为一个新选择。

首先，房地产业经过几十年的发展后，随着时代发展，自发转型至养老地产、康养产业、文旅产业、特色小镇，这一方向基本正确，整体上契合了应对人口老龄化、城镇化、乡村振兴等战略方向，顺应了业界新潮流。

其次，房地产业开展养老与康养产业以及文旅地产的行动比较早，在探索中取得了一些经验，也付出了代价，甚至出现了巨大资金投入却无疾而终的现象。目前面临一些困境，未来的走势如何？应该好好分析。

归纳要义，从房地产业向老龄宜居转型，核心宗旨在于让未来整个不动产体系适应老龄社会到来的大机遇。

整体看，房地产业从自发转型升级到自觉落实国家战略，该战略涉及人口、经济、社会、政治、文化、生态甚至"一带一路"等多个领域，需要全行业同仁积极探索，值得全社会认真研究和分析。如何自觉落实践行这一国家战略，诸位尚需多努力。

## 二、转型困境及原因剖析

从供给侧看：一是对需求识别不清晰就大举投入。房地产业在转型发展探索中，我们调研了国内外很多项目，感受到产业转型方向基本正确，但发展中的困难还有很多。二是房地产开发企业开发建设养老项目，硬件雷同，但这不是主要问题，关键困局是人气导入路径不明。比如医疗系统三甲医院都要基于国家标准建成，但关键的客流导入，蕴含着大学问。三是软件服务无差异化、服务安排流于一般化。比如养老都强调医养结合，但我们绝对不能与医院"抢饭吃"，抢不来，也不能抢，更没必要抢。四是营销运营上方略缺失，很多康养项目定价高，但没法在市场上有效落地。五是盈利结构和盈利模式概念化，比如健康管理背后与支付体系深度相关，我们是无法介入的。六是定位模糊，比如大家都在倡导中医、文化、旅游、康养，却没法对客群体做明确定位，甚至无法研究明白。

从需求侧来看：第一，品牌决定市场份额，也直接关系客户选择。但养老市场上缺乏知名度高的养老品牌，消费者不知道、不信任供方。第二，消费者知道供方，但所供非所需，内容、价格、方式无法吻合。或者需方进入一个新领域，不仅不了解供方，而且也不完全了解自己。第三，知道自己需要什么，但难以独自做消费决策。类比来说，很多成年人知道自己需要什么，但幼儿选择幼儿园时的决策不是本人决定的，和幼儿园打交道的是幼儿的父母。对老年人也是这样，要研究清楚消费决策系统，尤其很多失智失能老人，其消费决策模型要特别注意。第四，消费群体有消费能力但不知道自己需要什么。这样的大有人在，很多老人有钱但不知道自己需要什么，是这个群体的普遍特征。从业者可以对此深入研究，其中大有文章可做，或可能挖掘新的商业空间。第五，如何适应人生后半段的教育缺位，这个问题目前非常凸显。

从政策创制方看：一是政策发力与需方需求、供方供给难以对接；二是政策条文多但协同不够；三是多部门协调机制不强；四是供需双方政策不匹配，供给侧政策多，需求侧政策相对少；五是政策创制多，但落实落地困难。

原因分析：第一，供方、需方和政策创制均进入一个新领域。远远不是怎样为老人提供服务这么简单的问题，而是一个全新的赛道。第二，我们正在做的文化旅游、康养的运营理念和商业模式，本质上是沿用旧的房地产开发思维，进行开发新的商业新领域，这是不够的。因为老龄宜居产业要从整个不动产体系适应老龄社会要求，旧有理念和模式，开发新产业，无异于南辕北辙。"现实很骨感"，怎么改变这个状态？首当其冲就是要"换脑子"，彻底摆脱房地产开发旧有模式，切换进入老龄宜居产业。否则前景堪忧！

## 三、转型与跨越，应该怎么做？

房地产业要进行产业变革与升级，以求适应老龄社会要求，不再是传统意义上的拿地盖房子，老龄宜居产业主要为解决整个不动产体系适应老龄化的问题。落地中要特别关注几个方面。

第一，要解决现有不动产体系在硬件上不能适应老龄社会要求的矛盾。比如加装电梯是目前很多老旧小区在做的尝试，荷兰的经验告诉我们，这一板块投入巨大，甚至让国家不堪重负。所以硬件上怎样适应老龄人口甚至全龄人群需求，开发商要在建房时就关注和考虑。因为这涉及方方面面，是一个系统大工程，硬件是基础，需要前置。

第二，要考虑现有不动产体系怎样在软件上适应老龄社会要求。房子盖好，远远还不够，更需要把服务做好。这是时下另一个亟待转变的观念。据统计数据，目前我国城市存量住宅的规模相当大，建造房子仅仅是一个开端，配套服务的文章还有很长要做。

研究老龄产业，要研究老人也要研究全龄人群，因为进入老龄社会，不仅是老年人日渐增多，居民寿命也越来越长，要用发展的眼光看问题。

我认为房地产业发展的中心，在逐步向社区转移，尤其是无所不包的社区消费。我们知道，京东、淘宝建立了一个巨大的平台，再加上物流公司，就把社区消费这块"蛋糕"切走了。

在地域选择上，不少企业到郊区找一些地方做养老地产、文旅康养等，其实离开了主战场，离开了人民群众聚集地，很难形成有效模式。我也发现，位于市区的养老项目成功概率很大，凡是空置率高的则大多是郊区的。选对战场、回归城区，挖掘存量的路径被验证有效。

在客户开发方面，我了解到有家企业主要针对老人做旅游服务，有客户希望能继续得到服务，公司就建个养老院，很快就实现了满员入住，各项医养服务业都配套展开。这与很多开发企业"拿地—建项目—找客户"的路线不同，是先有客户，再有项目。这个案例也告诉我们，养老项目大有前景，但还有很多工作要做。

做商业运营的人需要牢牢掌控的是什么？商业模式？资本？土地？都不是，一定要有客户！有客户才有市场。比如越秀等企业围绕刚性消费需求，对刚需老人提供服务，培养自己的客户群体，这个模式就能复制扩大。

还有一个"新事物"不容忽视，就是适老化改造。适老化改造是重大机遇，是房地产业回归社区的"桥梁"。在改造基础之上提供综合性服务体系，是未来的一个方向。现在要回归到城里，回归到社区，通过适老化改造，把客户体系构建起来。

## 四、发展建议

第一，首先要做的是"换脑袋"，房地产业开发建房子的空间是有限的，但未来附加其内的商业空间是无限的，不动产体系服务构建，老龄宜居产业可带来很高附加值。

第二，要重新认识适老化化改造和物业服务体系。光靠房地产业很难支撑下去，要重视在广大社区打造社区服务体系，家政、物业、保姆、托育、养老等。这是当前产业发展的核心策略。比如我在美国看到一个保险公司产品卖得非常好，这无疑也是个大方向。但面临很多电商平台抢占市场的现状，如何突围，需要从业者深入思考、摸索实践。

第三，战略上，要以服务获客，为项目积累客源。建议养老产业重点应布局在城区，远远好于郊区。

总之，产业发展的关键是制定营销战略策略。而时下的当务之急：是通过物业和适老化改造占领平台。做好爆款服务。房地产业应对老龄化的战略才刚刚开始，能做的事情、可挖掘的市场，甚至比上一轮互联网革命空间还要大。

（发表于《城市开发》2021年第8期）

# 我国老龄产业发展趋势、问题与对策建议

王莉莉

如何以老龄产业为核心带动其他产业联动增长，推动老龄社会条件下经济发展走出新路子、形成新业态、发展新经济，"十四五"时期应明晰思路、加快破题。在深入调查、专题研究的基础上，本报告对我国老龄产业发展趋势、存在的主要问题作了分析，并提出了对策建议。

## 一、我国老龄产业发展趋势

### （一）老年人消费需求进一步释放

随着我国老年人口规模的不断扩大，老年人的消费支出与消费需求将显著提升。中国老龄科学研究中心组织编写的《中国老龄产业发展及指标体系研究》一书预测了我国老年人的消费潜力。基准方案显示：按2010年可比价格计算，2030年我国老年人口消费潜力约为11.93万亿元，占GDP比例为8.27%，2050年我国老年人口消费潜力约为40.69万亿元，占GDP比例将达到12.2%；高方案结果显示：按2010年可比价格计算，2030年我国老年人口消费潜力约为15.51万亿元，占GDP比例将达到10.75%，2050年我国老年人口消费潜力约为69.17万亿元，占GDP比例将达到20.7%。

从具体消费行为上来看，也将会有比较明显的变化。一是消费群体内部结构逐渐发生变化。目前我国老年人口中60~69岁的低龄老年人的

比例较大。七普数据显示，我国 60 岁及以上人口中，60~69 岁的低龄老年人口占 55.83%，这些低龄老年人不仅可以发挥余热，还是潜在的消费群体。此外，独生子女父母群体开始进入老年期。这部分老人的教育程度、经济收入、消费观念与以往老年人有很大不同，有效需求明显。二是消费需求逐渐发生变化。医疗、康复、长期照护等刚性消费需求依然明显，同时预防保健、健康管理、休闲娱乐等消费需求不断增长。三是消费模式逐渐发生变化。越来越多的中老年人热衷于网上购物，老年人线上线下相结合的消费模式越来越明显。2018 年 5 月腾讯应用宝发布的《老年用户移动互联网报告》显示，中国目前有 8000 万以上老年网民。老年人在 App 的选择上，不仅涉及理财、购物、广场舞类 App，对金融股票证券类、电视购物特卖、社保医疗养老等内容也非常关心。

## （二）市场融合不断提高

为了满足不同需求偏好的老年人，涉老产品与服务由单一向综合化转变，由提供单一的机构照护服务向居家、社区延伸，甚至将金融、服务、产品等不同行业融合在一个平台上为老年人提供全方位服务。老龄产业的发展将会进一步刺激产业内的分工与合作，老龄金融产业、老龄制造产业、老龄健康产业、老龄服务产业、老龄宜居产业以及老龄文化产业之间，老龄产业与其他相关产业之间的融合与发展也会更加明显。产业内部与产业之间的资源整合、相互支撑与促进将更加突出，老龄产业的发展将进一步带动其他相关产业的发展，同时也将进一步促进老龄产业自身的不断繁荣。

## （三）产业链条与集群加速形成

老龄产业上中下游的产业链条将会进一步完善，也将会形成越来越多的老龄产业集群。如长三角的老龄服务产业、珠三角的老龄制造产业等。特别是在老龄制造产业，老龄用品研发、生产、销售、孵化所形成的空间积聚体，更有利于建立起以企业为主体、市场为导向、产学研用紧密结合的技术创新体系，促进科技成果快速转化，形成区域和品牌效应，最终取得市场优势。

## （四）中端服务市场进一步发展

近年来，老龄产业发展大多以中高端市场为主，但占市场主体的中端服务市场还未形成。造成这一局面的主要原因之一是目前这一代老年人收入水平有限，加上传统的生活习惯，购买产品和服务的意识不强，导致消费需求始终不旺盛。未来，随着市场竞争的不断增强，产品和服务内容的进一步丰富，老龄产业的中低端需求会随之进一步释放，继而推动中端服务市场进一步发展。

## （五）品牌化发展趋势更加明显

随着国家近年来对老龄产业的引导与扶持，社会力量进入老龄产业的步伐将会进一步加快，竞争也会更加激烈。特别是随着越来越多大企业、大集团，如保利、泰康等央企、险资等纷纷进入老龄产业市场，老龄产业集团化、规模化、品牌化的发展趋势也将会更加明显。目前，国内已经出现了很多全国布点、连锁经营的品牌机构，特别是在发展较快的老龄服务行业，许多地方都有比较知名的企业品牌，如北京的寸草春晖、江苏的九如城、浙江的绿康等。

## （六）科技助推产业发展进一步加快

随着信息化社会的发展，以智能硬件、云平台与大数据为核心的智能养老在逐步渗透，将在老龄产业领域发挥着越来越重要的作用。相关企业对智能化产品的研发力度不断加大，特别是在远程医疗、健康管理、养老服务信息平台等方面，智能化、信息化、科技化、网络化的趋势将更加明显。

## 二、我国老龄产业目前存在的主要问题

### （一）缺乏专项规划

尽管我国扶持老龄产业的政策不断出台，特别是在养老服务、医养结合、健康养老等方面，出台的政策尤为集中。但总体来看，仍然缺乏针对性、战略性的专项规划，需要在老龄社会与供给侧结构性改革的背景下，将国家产业结构优化、调整与老龄产业整体发展统筹规划，加快制定老龄产业中长期发展规划，明确老龄产业的发展目标、重点领域与主要任务等。

### （二）缺乏统计指标

要准确反映一国产业发展的现状与规律，必须建立一套科学且行之有效的测度标准与指标体系，这是一个国家把握产业发展现状、研判产业发展走势、制定产业发展规划、出台产业发展政策、促进产业健康发展的根本决策依据，但由于老龄产业范围广阔，涉及多个产业领域，且发展时间较短，发展还不成熟，尚未形成一套自己的统计指标体系，因此在相关数据的搜集与获取、分析与比较方面还存在着巨大的障碍。

### （三）缺乏标准、规范

我国老龄产业发展较晚，相关标准、规范的制定整体滞后，老龄用品、老龄健康、老龄服务方面尤其如此。一些老年辅具用品由于缺乏相应的标准，粗制滥造，一旦发生事故，不仅严重损害老年消费者的权益，更会为整个行业带来负面影响。又如老龄健康、老龄服务业中，相关的服务标准、评估与监管体系仍未有效建立，这不仅容易造成服务产品的参差不齐、恶性竞争，也不利于整个行业形象的树立与发展。

### （四）产业结构尚不健全

目前老龄产业市场以老龄健康产业和老龄服务产业为主，其次是老

龄制造产业，老龄宜居产业仍侧重于大型养老社区，适老化改造产业发展依然较慢；老龄金融产业没有形成充足的市场与规模，产品特色不明显，产品与服务多以个体为主；老龄文化产业也没有形成繁荣的市场。此外，在老龄产业的不同板块内部，也存在着明显的产业结构问题，整体产业结构仍需进一步优化。

（五）产业链条尚未形成

老龄产业的一个重要特征就是混业经营、融合发展，不同板块的产业领域互为支撑、互相配合，形成整体的闭环产业链条，这是老龄产业发展的理想状态。但现阶段我国老龄产业还处于初期发展阶段，整个行业还在摸索前进，老龄产业内部以及老龄产业与其他产业之间的产业融合发展还不明显，上、中、下游的产业链条、产业布局还未形成。此外，在老龄产业的不同板块方面，还存在着运营模式不清晰，产业融合不明显等问题，制约了老龄产业的发展。

（六）产品与服务仍显单一

老龄金融的产品依然很少，产品特色也不明显。许多养老基金理财产品实质上只是大众化的理财产品，并没有针对性地对持有人未来的养老需求进行长期规划和安排，无法真正满足公民的养老需求。另外，在老年照护服务业中，也存在着产品创新不足、针对性较差的问题。许多养老服务企业都是照搬国外模式，或者一窝蜂地去开发高端养老服务项目，缺乏从需求者的角度去挖掘、研制适合中国国情和老年人的服务产品。另外，老龄用品科技含量总体较低，具有自主知识产权的产品较少。

（七）金融支持体系较弱

据不完全统计，目前湖南、甘肃、江西等地成立了养老产业引导基金，湖南、浙江、辽宁等地发行了养老产业专项债券，国家开发银行推出了针对养老项目的专项贷款。但总体来看，目前我国对老龄产业的金融支持环境尚不完善，大部分涉老企业很难从银行贷款，融资手段和渠道少。大部分企业多是依靠集团或企业内部其他业务板块已经形成的财富积累，来支撑老龄产业领域的投资与资金链需求。而对于中小企业来讲，自有资金、民间借贷或其他途径的融资模式仍然是主要渠道。由于我国尚未形成长期照护保险或类似的筹资机制，金融机构也由于种种条件的制约难以大规模进行投资支持，因此，产业发展所需要的资金条件仍然是制约大部分老龄企业发展的重要因素。

### （八）有效需求仍然不足

老年人的收入主要来源于社会养老保险，还有一部分依靠家庭转移收入和资产性收入，老年人的经济收入渠道单一，收入水平依然较低。从目前老年人再就业的渠道与机会来看，老年人通过经营性活动来增加经济收入的渠道更窄、机会更少。另外，老年人的消费观整体上相对保守，对产品和服务的购买意愿较低，这都是影响和制约我国老龄产业发展的重要因素。

## 三、推进我国老龄产业发展的对策建议

### （一）制定老龄产业中长期发展规划

发展老龄产业是老龄社会条件下的一项战略性的系统工程、民生工程和德政工程，必须通过制定中长期发展战略规划，明确老龄产业发展目标、基本任务、发展步骤和重大举措。更重要的是，通过制定中长期发展规划，可以在描画未来发展蓝图的基础上，进一步明确当前需要从哪些方面着力做好准备。

### （二）建立老龄产业指标体系

在现有行业统计指标体系的基础上，根据老龄产业的特点以及不同行业的发展现状，加大对老龄产业指标体系的研究，分行业、分阶段地出台不同行业的统计指标，可先就老龄健康产业、老龄服务产业、老龄

制造产业等先行研究，建立测度标准与指标体系，在此基础上，进一步形成老龄产业的指标体系框架。

### （三）持续完善老龄产业政策体系

产业政策是一个系统性工程，包括产业组织政策、产业结构政策以及产业发展政策等。一是要加强与完善老龄产业组织政策，重点是引导更多企业参与到老龄产业市场中来，扶持龙头企业、吸引中小企业、优化产业内部结构，形成大中小企业协调发展、良性竞争的市场格局。二是要重视与制定老龄产业结构政策，优化老龄产业内部的产业结构，引导、扶持老龄服务、老龄用品等基础较好的老龄产业，同时积极发展老龄金融、老龄宜居、老龄文化、老龄科技等新兴老龄产业，促使老龄产业内部均衡发展、整体推进。三是要加强与完善老龄产业发展政策。实施积极的财政政策，通过财政直接投入、政策扶持等手段引导更多社会力量投入老龄产业，加快制定老龄产业分类目录与政府购买目录，带动老龄产业的整体发展。要加强老龄产业的产业布局政策，引导优化老龄产业的城乡发展、区域发展。进一步拓宽与创新产业金融政策，优化老龄产业的投融资环境，完善与创新土地、税收、人才等相关产业发展政策。同时，要督促出台老龄产业相关标准与规范，特别是老龄用品、老龄健康与老龄服务领域的相关标准和规范的研究、制定与颁布。

### （四）推动老龄产业全产业链发展

进一步让位于市场，充分发挥市场在资源配置中的重要作用，扶持引导老龄产业市场百花齐放、上中下游产业链条全面发展。一是在老龄用品市场，要开发和设计多样化、个性化、人性化的老年用品。加大对老年用品的科技研发投入，加大对技术含量较高的老龄用品的基础研究、产品开发、成果转化以及产业化推广，通过本土化的科研创新，丰富产品种类，降低产品成本与价格。二是在老龄健康和老龄服务市场，要以点带面，加快发展居家、社区老龄服务产业；加快发展社区层面的医养结合服务；加快发展中端、专业型护理机构，培育一些规模小、灵活度高、遍布街道社区的中小型养老服务机构。三是在老龄金融市场，要加快金融创新，根据老年人的财富流特点，开发适合老年人的金融产品，例如保险、基金类等稳健型的金融产品等。四是在老龄宜居产业市场，要积极探索以老龄宜居为主导产业的周边产业开发与延伸，开发混业经营的老龄宜居产品，以尽快培育完整的老龄宜居产业链。

## （五）实现老龄产业集群化发展

结合国家经济产业发展政策、地域经济发展特点，根据地方经济产业结构优势，进行老龄产业的整体布局与产业集群化发展。例如以珠三角为中心，形成老龄制造产业的重点发展区域，通过政策扶持与引导，吸引社会资本研发、设计、生产、制造、销售全产业链；以长三角为中心，孵化老龄服务产业品牌集聚区。同时，要着力扶持本土企业，打造民族品牌。通过政府购买、政府补贴等扶持手段，支持国内老龄产业企业品牌的发展。以这些龙头企业所在区域为中心，辐射、延伸至其他地区，并带动、集聚相关产业共同发展。

## （六）实现老龄产业科技化发展

充分利用互联网、物联网、云计算、大数据和人工智能等新技术来促进老龄产业转型升级。在老龄金融市场方面，可以发展成本低、效率高、覆盖广、发展快的"互联网＋金融"创新模式和业态；在老龄用品市场方面，新一代信息技术与制造业融合形成的智能制造业态，将会促使老龄用品尽快实现智能制造。在老龄服务产业方面，可以运用先进的科技手段，形成互联网＋健康管理的"智慧医疗"体系，借助人体工程设计、移动互联网、大数据、云计算，以及智能穿戴、远程医疗、"互联网＋"照护服务等高科技、信息化手段，大力提高老龄服务产业的服务效率、服务体验与服务能力。在老龄宜居市场方面，可以将智能计算机技术、通信技术、控制技术、多媒体技术和现代建筑艺术有机结合，使居住环境更人性化，更符合老年人的需要。

## （七）不断增加老年人有效需求

未来，需要继续不断提高老年人的收入保障水平，建立科学完善的政府购买服务制度，加快建立起适合中国国情的长期护理保险制度，做到逐步解决服务费用来源的制度性安排问题。一是进一步加强社会养老保险体系，不断提高老年人的养老金收入水平。建立科学的养老金调整机制，确保老年人的养老金替代率处于合理区间。二是加快发展职业年金、企业年金、商业性养老保险，以及个人储蓄性养老保障等，逐步建立起三支柱养老保险制度。三是继续完善社会福利制度，提高特殊困难老年群体的收入水平。四是积极开拓老年人的再就业渠道，加强老年人力资源开发，拓宽老年人增加收入的途径。五是进一步完善政府购买服务制度，抓紧建立长期护理保险制度，进一步强化老年人购买产品和服务的能力，增强其消费意识与消费水平。

（本文获 2022 年度中国人口学会第八届人口科学优秀成果奖（报告类）二等奖）

# 积极贯彻落实《纲要》要求推动新时代老龄产业标准化发展

王莉莉

2021 年 10 月 10 日，中共中央、国务院印发了《国家标准化发展纲要》(以下简称《纲要》)，《纲要》对推动我国全域标准化深入发展，推动标准化全面融入科技创新、产业发展、绿色发展、城乡建设、社会建设，实现农业、工业、服务业和社会事业等各个领域标准的全覆盖，建成推动高质量发展的标准体系具有重要作用，是指导我国标准化中长期发展的重要纲领性文件，对我国标准化事业的发展具有重要的里程碑意义。特别是《纲要》明确提出要推进基本公共服务标准化建设，提升保障生活品质的标准水平，开展养老和家政服务标准化专项行动，这对促进我国老龄产业高质量、标准化发展具有重要的现实意义。

第七次全国人口普查数据显示，截至 2020 年底，我国 60 岁及以上的老年人口总量为 2.64 亿人，占比 18.7%。预计到 2025 年突破 3 亿，2033 年突破 4 亿，2053 年达到峰值 4.87 亿，占全球老年人口的四分之一。伴随着我国人口老龄化的快速发展和我国老年群体规模的日益庞大，老年人及其家庭的各类产品与服务需求不断增长。党和国家高度重视我国老龄事业和产业的发展，党的十九届五中全会将"积极应对人口老龄化"作为我国的国家战略，党的十九大报告明确提出要"加快老龄事业和产业发展"，习近平总书记更多次强调"要培育老龄产业新的增长点"，加快发展老龄产业。顺应老龄社会，发掘经济新动能，推动以老龄产业为核心带动其他产业联动增长，为老龄社会条件下经济发展走出新路子、形成新业态、发展新经济，已经成为新时代我们面临的重要议题。

老龄产业是人类从年轻社会向老龄社会转变的产物，是人类从产业上适应老龄社会的新生事物，也是既定产业体系的新生代和增长点。未来，老龄社会的到来带来规模巨大的产业需求，顺应这一需求而新生的老龄产业，其产品和服务总量将在国民经济中占据越来越大的份额。党的十八大以来，在一系列政策文件的支持与引导下，我国社会资本投入老龄产业的热情持续高涨，极大地推动了老龄产业的快速发展。但同时，我们也发现在老龄产业的发展过程中还面临许多突出的现实问题，包括老龄经济资源配置的市场化机制建设依然薄弱；政策体系依然有待完善；老年群体的有效需求与购买力依然不足；市场产品与服务单一，运营模式创新性与本土化不足、人才队伍缺乏等。特别是由于我国老龄产业发展较晚，产业涉及行业领域众多，老龄产业的标准化建设一直相对滞后，已经成为影响我国老龄产业高质量快速发展的重要制约因素。

《纲要》的印发，不仅对于推动我国全域标准化的深入发展具有重要作用，更是对各行各业标准化发展的全面推动。同时，《纲要》明确提出要围绕老有所养等方面实施基本公共服务标准体系建设工程，开展养老和家政服务标准化专项行动等，更是对我国老龄事业和产业的高质量、标准化发展具有重要的现实意义，具体来看，主要包括以下几个方面：

## 一、加快基本养老服务标准化建设

党的十八大以来，我国老龄产业发展中对于政府与市场的职能定位愈加清晰。特别是在养老服务领域，政府颁布政策、建立制度、保障困难群体的基本养老服务需求，同时，充分发挥市场在养老服务资源中的决定性作为，大力发展养老服务市场，满足老年人日益增长的多元化产品与服务需求，已经成为目前我国养老服务事业和产业发展的主要方向与政策导向。其中，对于构建基本养老服务制度，包括服务对象的选取标准、服务内容的清单制定、服务项目的标准统一、服务费用的制度保障已经成为目前基本养老服务政策的重要内容。《纲要》的发布，明确提出了推进基本公共服务标准化建设，必将极大促进包括基本养老服务在内的各类基本公共服务等领域的各类标准研究、制定与出台。在基本养老服务标准体系内，老年人的身体状况评估标准、家庭收入与经济状况评估标准、服务清单标准、服务质量的评价标准、费用收取标准以及监督管理的具体规范、要求等标准内容，都将会得到极大地推动与完善。

## 二、推动养老服务市场的提质增效

近年来，在一系列政策的支持下，我国的养老服务市场得到了快速发展，政策体系不断完善，财政支持力度不断加大，社会力量投入的积极性被极大调动，出现了针对不同老年人群体、不同服务需求的各类服务产品与模式类型，包括大型的养老服务社区、专业化的照护服务机构、社区居家养老服务也有了明显的提升。服务模式更加多元，服务内容更加丰富，服务水平不断提高，极大地满足了老年人日益增长的养老服务需求。特别是从 2017 年开始，国家在全国范围内开展了提升养老院服务质量专项行动，出台了包括《养老机构服务质量基本规范》《养老机构等级划分与评定》等一系列国家标准，全国 20 余个省份成立了养老服务标准化技术组织，部署开展了 50 余个国家级养老服务标准化试点，极大地推动了我国养老服务市场的规范化、标准化发展。但总体来讲，我国养老服务市场正处于快速发展阶段，还没有到达市场成熟阶段，企业百花齐放、产品与服务层出不穷，市场的规范与标准化发展还存在很大空间。特别是城乡、区域差异明显，农村地区的养老服务市场一直发展滞后，如何通过建机制立标准，来提升农村养老服务基础设施建设，提高农村养老服务供给与质量，在高速发展的同时补齐短板，推动养老服务市场的提质增效，是落实《纲要》要求，使社会发展成果更多更公平地惠及全体人民的重要内容。

## 三、促进医养结合服务的有效融合

近年来，我国大力推进医养结合服务的进展，但在过程中遇到的一个突出问题就是有效融合不够，特别是标准的融合统一问题。目前，医疗卫生系统的标准与养老服务系统的标准仍然处于两种体系内。尽管近年来我国在养老服务内容、需求评估、服务标准、管理规范等各个方面不断加强标准与规范制定，但总体来讲，仍然处于不断发展、完善的过程当中。在这个过程中，既要兼顾自身发展，又要兼顾与医疗卫生服务体系的服务融合、标准衔接、规范统一，仍然面临着许多现实问题。此外，医养结合服务过程中涉及不同部门、不同供给主体，在政策衔接、财政补贴、土地供应、医保核算、联合监督、业务管理等方面也存在部门衔接、协调统一的问题，这都给医养结合的深入推进带来了诸多现实困难。《纲要》明确提出要围绕普及健康生活、优化健康服务、发展健康产业等，建立广覆盖、全方位的健康标准，并且提出推行跨行业跨领域综合标准化，完善国务院标准化协调推进部际联席会议制度，强化部门协同、上下联动等工作机制，这都为促进不同部门之间的标准衔接融合提供了有利的政策依据。

## 四、加强老年消费领域的市场监管

我国老龄产业目前还处于初期发展阶段，发展速度较快，但市场环境与市场秩序、消费者权益维护等方面还存在着许多问题，相关标准、规范制定等方面整体滞后。特别是在老龄制造产业方面，一些老年辅具用品由于缺乏相应的标准，粗制滥造，一旦发生事故，不仅严重损害老年消费者的权益，更会为整个行业带来负面影响。老龄产业发展所需的服务标准、评估与监管体系仍未有效建立，在服务质量评估、服务监督管理等方面仍然滞后，不仅容易造成服务产品的参差不齐，恶性竞争，也不利于整个行业形象的树立与发展。《纲要》的印发，不仅能够有效提升各行各业的标准化水平，更加明确提出要推进以标准为依据开展行业管理、市场准入和质量监管，提出要将企业产品和服务符合标准情况纳入社会信用体系建设，建立标准实施举报、投诉机制，鼓励社会公众对标准实施情况进行监督。这些举措都将会有力地推动包括老龄产业在内的各行各业的行业监管依据与监管水平，切实维护包括老年群体在内的消费者权益。

## 五、提升老龄产业人才队伍的整体素养

从事老龄产业的人才队伍目前存在很大缺口，在老龄服务产业，人才队伍不健全、不专业、数量少、流动性高的现象还非常明显，并且整体人才队伍教育程度、专业水平较低，人才队伍的整体素质亟待提升。《纲要》的印发实施，不仅可以完善产业的整体标准体系，提高产业标准水平，更可以通过标准的制定、宣贯、实施、培训与监督规范服务内容与质量，同时极大程度地提高从业人员的整体技能水平与专业素质，是提升老龄产业人才队伍建设的重要保障。

（发表于《标准生活》2021 年 11 月）

# 厘清认识，加快推进基层医养结合进展

王莉莉

　　人口平均预期寿命延长与自理能力下降紧密联系，即老龄化与失能化往往同时发生，老年人的养老服务需求和健康服务需求与日俱增。从国际经验来看，推进以人为本、适应多元化需求的整合型连续性服务，是各国和地区发展健康养老服务之本。因此，利用政策创新与模式创新，实现医疗和养老资源的有效整合，推动医养结合服务体系的建设，已经成为新形势下中国积极应对老龄化、满足老年人群美好晚年生活的重要举措。

## 一、医养结合政策密集出台的现实背景

　　老龄社会背景下人的需求更加多元。人口老龄化对政治、经济、社会、文化的影响是全面、深入且持久的，具体在服务供给方面，则更加复杂与多元。中高龄老年人不仅需要生活照料、长期护理，对医疗卫生服务的需求也更加强烈，低龄老年人或者即将进入老年期的准老年人更需要健康管理、疾病预防、慢病管理等服务，他们对于老年生活的品质需求更高，对相关医疗卫生服务的需求更加多元。

　　医疗与养老服务的融合发展与供给是必然趋势。一方面，医疗结构开展养老服务"捉襟见肘"。许多医疗机构业务繁忙，且老年人长期住院造成的"压床"现象也造成医疗资源的浪费。另一方面，养老机构提供医疗服务"有心无力"。拥有专业医疗设施与医护人员需要投入较大成

本，且大部分医护人员不愿意到养老机构工作。此外，养老机构对纳入医保定点、医疗机构专业服务指导、开设绿色服务通道需求强烈。医疗与养老服务资源的融合发展是大势所趋。

医养结合是健康中国战略下积极应对人口老龄化的重要内容。随着老龄化程度的不断加深，老年人健康管理、疾病预防、康复护理等方面的需求不断增加，健康国家战略已经成为世界趋势，我国 2016 年发布《"健康中国 2030"规划纲要》，医养结合成为其中的重要内容之一。

## 二、政策制定实施中存在的主要问题

对医养结合的认识存在误差。认为医养结合中的"医"是疾病罹患之后基于诊断、治疗的；"医""养"是针对老年人单方面供养的"养"；认为医养结合就是简单的医疗 + 养老，或者养老 + 医疗。事实上，在健康中国战略背景下，"医"包含了健康管理、疾病预防、疾病诊治、康复护理等全方位、全周期的老龄健康服务。"养"包含了经济、身体、心理、参与等多方面的老年期服务。因此，对于医养结合的认识要结合老年期健康、养老的服务需求，来进行不同方式、程度服务资源的对接与融合。

政策协调融合性不足。医养结合不仅涉及两个不同体系服务资源的对接、融合，更涉及政策、标准、规范等方面的衔接与整合。从目前看来，医养结合涉及医疗卫生、医疗服务、医疗保障等多块业务，涉及到卫健、民政、医保等多个部门，在政策体系、管理理念、服务标准、人才培养、监管体系等方面存在着明显的部门分割与政策碎片，部门间联动机制的形成尚须时日，政策体系间的衔接融合还需要进一步提高。

稳定可持续的支付机制尚未建立。我国老年人支付医养结合服务费用主要是自费和医保报销，商业保险所占比例较小。目前医养结合对医保的依赖逐渐加重，很多地区长护险与现行医疗保障制度捆绑在一起，筹资模式单一、资金来源匮乏，可持续性发展不足。医养结合的评估标准、定价机制也缺乏规范，定价太低无法兼顾运营成本，定价太高老年人消费不起，且由于享受财政补贴、医保报销的情况不同，不同机构在定价方面也缺乏统一规范。

医养结合服务的模式单一。医养结合模式主要为养老机构内设医务室或医疗机构，医疗机构增设长期照护服务或单独开辟养老服务区域，或是养老机构与医疗机构开展服务对接。但服务对接更多集中在急病救治、疾病诊疗过程，针对老年人健康管理、疾病预防、术后康复、长期照护等融合内容较少。居家养老老年人则面临着居家社区养老服务发展滞后、基层医疗卫生机构延伸服务不足的双重困境。

农村医养结合服务发展滞后。农村地区养老服务与医疗卫生服务都存在短板。这一方面是公共服务体系长期以来城乡、区域差异累积下来的结果，另一方面也与目前社会化养老服务观念没有得到广泛普及有关。在农村养老服务本身就存在短板的情况下，再去融合本就薄弱的基层医疗卫生服务资源，更是捉襟见肘，发展明显滞后。

相关标准规范体系不统一。我国医养结合尚处于探索、试点阶段，医疗卫生系统与养老服务系统的服务标准仍处于两种体系内。尽管养老服务内容、需求评估、服务标准、管理规范等各个方面的标准与规范不断加强，但仍处于发展、完善的过程中。此外，医养结合服务过程中涉及到不同部门、不同供给主体，这都给医养结合的深入推进带来了诸多现实困难。

专业化的人才队伍缺失。一方面，养老服务队伍一直处于人数少、流动性强的状态；另一方面，随着医养结合工作的不断推进，执业医师、执业护士、专业护理人员的缺失也日益明显，特别是具有一定专业技能的养老护理员和医疗护理员也存在水平参差不齐、整体素质较低的状态。在管理人员方面，既了解养老机构运营，又了解医疗机构要求的综合型医养结合管理人才更是比较紧缺。

## 三、对推进医养结合发展的几点建议

提高医养服务融合认识。一是相关部门在制定、出台政策时，要有健康和老龄思维，采用全民健康、全生命周期健康的视角。二是在现有各类公共服务体系不断发展、完善的基础上，将原有医疗卫生服务扩大至健康服务，并延伸至老年人个体、家庭或机构，医院、养老机构、企业、社区等主体充分发挥作用，形成完整的医养结合服务链。三是要在现有政策、制度的基础上进行完善，出台新的制度，确保各类服务资源深入融合。

完善医养结合政策体系。一是加快总结长期护理保险试点经验，拓宽筹资渠道，出台科学可行、稳定可持续的长期护理保险制度。二是完善医养结合服务市场引导与扶持政策，探索政府购买、公建（办）民营、服务外包等多种形式，鼓励社会力量投入医养结合服务市场，并且在规划、土地、税费优惠等相关政策方面进一步整合与完善。三是进一步完善医养结合服务监督管理机制，明确、统一服务内容、供给主体、需求评估、质量评价、监督管理的相关标准与规范，不断提高服务质量与管理水平。

创新医养结合服务模式。一是在基层提高全体居民的健康素养、健康意识，包括营养膳食、疾病预防、健康管理以及老年人术后康复指导与运动等。在大力发展居家、社区养老服务、下沉医疗卫生服务的同时，进一步加强医疗、养老等资源在社区、居家层面的融合。二是要进一步发挥地方和基层组织的创新力量，探索不同医养结合服务模式。特别是农村地区，可重点依托乡镇卫生院（所）、农村敬老院、福利院等机构，扩大健康知识宣讲、提高健康素养认识，在提高农村地区医养服务资源的融合上，着力提高农村老年人的健康素养。

加强专业人才培养力度。一是加强全科医生、康复师、养老护理员、医疗护理员等专业人才的教育、培训与就业支持体系，在宣传引导、学费减免、就业扶持等方面加大支持力度。二是优化医养结合机构内医护、养老护理人员的职称评审与晋升机制，为从业人员创造更好的环境，吸引人才、留住人才、发展人才。三是要进一步打破行业限制，放开医护人员多点执业限制，在符合行业监管原则和服务安全、质量的基础上，创造更好的有利于医疗、养老从业人员便利服务、有效对接的机制环境。

建立多部门联动合作机制。一是成立以主要业务部门，如卫健、民政、医保等多部门联动机制，联合协调、统筹管理，确保业务精准对接、服务有效融合、监管权威有力。二是进一步完善医养结合服务标准化体系，包括服务内容、需求评估、服务标准、服务评价等方面的衔接与统一。三是加大对医养结合服务的监管力度，在多部门联动合作的基础上，以卫健部门为牵头单位形成联合监督机制，加大监督力度，不断提高医养结合服务水平与质量。

（发表于《中国社会工作》2022 年 6 月）

# 推进医养结合的新举措及建议

王莉莉

人口平均预期寿命延长与自理能力下降紧密联系，即老龄化与失能化往往同时发生，老年人的养老服务需求和健康服务需求与日俱增。从国际历史经验来看，推进以人为本、适应多元化需求的整合型连续性服务，是各国发展健康养老服务之本。因此，利用政策创新与模式创新，实现医疗和养老资源的有效整合，推动"医养结合"服务体系的建设，已经成为新形势下中国积极应对老龄化、满足老年人群美好晚年生活的重要举措。近年来，在积极应对人口老龄化和"健康中国"的国家战略背景下，医养结合政策密集出台，医养结合模式不断创新，渐成体系。

## 一、医养结合政策密集出台的现实背景

### （一）老龄社会背景下人的需求更加多元

不断提高的人口老龄化与持续较低的生育水平表明，中国将在较长一段时期内处于快速发展的老龄社会已成为基本国情。这一基本国情对中国政治、经济、社会、文化的影响是全面、深入且持久的，具体在服务供给方面，则更加复杂与多元。日益增长的老年人群在规模不断扩大，需求不断增加的同时，也面临着需求层次的变化与升级。对于中高龄老年人群来讲，健康、医疗、康复、护理等服务已经成为刚性需求，他们不仅需要生活照料、长期护理，对医疗卫生服务的需求也更加强烈。而

对于低龄老年人，或者即将进入老年期的准老年人来讲，他们在筹谋晚年生活时，更加需要的是健康管理、疾病预防、慢病管理等服务，他们对于老年生活的品质需求更高，对相关医疗卫生服务的需求更加多元。因此，早在 2011 年国务院印发的《中国老龄事业"十二五"规划》( 国发〔2011〕28 号 ) 中，就已经明确提出要"推进养护、医护型养老机构建设"，即已经开始在老龄服务中强调医疗和养老的服务结合。

### （二）医疗与养老服务的融合发展与供给是必然趋势

从供给端来看，为了满足人们老年期的医疗、养老服务需求，目前中国老年健康服务与养老服务都在快速发展。但一方面，医疗结构在开展养老服务方面"捉襟见肘"。许多医疗机构本身业务工作繁忙，无力开展养老服务，而老年人长期住院造成的"压床"现象也会造成医疗资源的过度占用与浪费，他们亟需向专业的长期照料机构分流"压床患者"，以提高病床的周转率和机构效益。另一方面，养老机构在提供医疗服务方面却"有心无力"。对于大部分养老机构、特别是中小型养老机构来讲，拥有专业的医疗设施与医护人员队伍是需要投入较大成本，且存在一定实际困难的，大部分医护人员并不愿意到养老机构工作。此外，养老机构对纳入医保定点、和对医疗卫生机构的专业服务指导与绿色服务通道需求强烈。因此，在老龄社会不断发展、老年人口的医疗、照料、康复需求日益增长的背景下，医疗与养老服务资源的融合发展已经成为大势所趋。

### （三）"医养结合"是健康中国战略下积极应对人口老龄化的重要内容

根据以往学者的研究，目前中国老年人口的残障期正在不断扩张，功能缺损寿命在余寿中的比重不断扩大，从而使老年人对照料和护理的需求进一步增大。同时，伴随着老龄化程度的不断加深和老年人口数量的不断提高，中国人口的疾病谱系也在发生着重大的变化，已经开始由传染性疾病为主的模式转向以慢性病为主的模式。根据中国老龄科学研究中心 2015 年"中国城乡老年人口生活状况抽样调查"的数据显示，中国城市老年人当中患有慢性病的比例高达 82.0%，农村老年人患有慢性病的比例则高达 83.4%，同时患有两种及以上慢性病的老年人比例达 50.5%，在 80 岁及以上老年人中，患有一种及以上慢性病的比例高达 88.3%。疾病谱系的变化，使老年人健康管理、疾病预防、康复护理等方面的服务需求不断提高，医疗费用开支不断膨胀，这已经成为大多数国家面临的现实问题。因此，健康国家战略已经成为世界趋势，中国也于 2016 年 10 月 25 日发布了《"健康中国 2030"规划纲要》，提出了普及健康生活、优化健康服务、完善健康保障、建设健康环境、发展健康产业等五个方面的战略任务。其中，医养结合已成为其中的重要内容之一。

## 二、目前政策制定和实施中存在的主要问题

### （一）对医养结合的认识存在误差

一是对"医"的认识存在误差，认为医养结合中的"医"就是医疗的"医"，就是诊疗的"医"，是疾病罹患之后基于诊断、治疗的"医"。二是对"养"的认识存在误差，认为医养结合中的"养"就是养老的"养"，是针对老年人单方面供养的"养"。三是对"医养结合"的认识存在误差，认为医养结合就是简单的医疗＋养老，或者养老＋医疗。事实上，在健康中国的战略背景下，这里的"医"已经上升到了健康的范畴，是包含了健康管理、疾病预防、疾病诊治、康复护理等全方位、全周期的老龄健康服务。而对于"养"，普遍地已经认为老年人的"养"不再仅仅是一个经济和照料的问题，而是包含了经济、身体、心理、参与等多方面的老年期服务。因此，对于医养结合的认识就不能简单地等同于目前的医疗和养老资源的叠加，而是需要从更大的范围针对人们在老年期对于健康、养老的服务需求，来进行不同方式、不同程度的服务资源的对接与融合。

## （二）政策协调融合性不足

医养结合事实上是一种医疗服务与养老服务资源的深度融合，包括服务内容、管理、标准、人才、服务输送等多方面、多层次的融合，这不仅涉及两个不同体系上服务资源的对接、融合，更涉及政策、标准、规范等方面的衔接与整合，它不仅需要理论、实践上的深层次融合，更需要政策、管理部门上的有效沟通与对接。但从目前的实际来看，医养结合涉及医疗卫生、医疗服务、医疗保障等多块业务，涉及卫健、民政、医保等多个部门，在政策体系、管理理念、服务标准、人才培养、监管体系等方面存在着明显的部门分割与政策碎片，部门间联动机制的形成尚需时日，政策体系间的衔接融合还需要进一步提高。

## （三）稳定可持续的支付机制尚未建立

目前中国老年人支付医养结合服务中的资金来源主要是自费和医保报销，商业保险所占的比例还比较小。其中医保支付的部分的依然主要集中在疾病诊疗阶段，对于康复护理、术后护理的筹资与支付模式依然很不完善。在目前的医养结合运营模式中，对医保的依赖逐渐加重，很多地区的长期护理保险试点与现行的医疗保障制度捆绑在一起，筹资模式单一，资金来源匮乏，可持续性发展不足，不仅给医保制度的可持续运行带来压力，也成为制约医养结合服务长期、稳定、健康发展的重要因素。此外，对于医养结合服务的评估标准、定价机制也缺乏规范，无论是养老机构还是医疗卫生机构，在开设医养结合服务项目时，定价太低，无法兼顾运营成本，特别是难以调动医疗卫生机构积极性，定价太高，大多数老年人及其家庭消费不起，且由于享受的财政补贴不同，是否享受医保报销的情况不同，不同机构在定价方面也缺乏统一规范，整体价格形成机制尚未确立。

## （四）医养结合服务的模式单一

从目前中国医养结合的发展现状来看，主要的服务模式大都集中在养老机构内设医务室或医疗机构，医疗机构增设长期照护服务或单独开辟养老服务区域，另一种是养老机构与医疗机构开展服务对接，享受医疗机构给养老机构带来的服务便利。且主要的服务对接更多地集中在急病救治、疾病诊疗过程，针对大多数老年人健康管理、疾病预防、术后康复、长期照护过程中医疗与养老服务融合内容较少，且主要集中在机构老年人当中。对于大多数居家、社区的老年人来讲，面临着居家、社区养老服务本身发展滞后、基层医疗卫生机构延伸服务不足的双重困境。

（五）农村医养结合服务发展滞后

与城市地区不同，农村地区无论是在养老服务还是在医疗卫生服务方面，都存在着明显的短板。这一方面是公共服务体系长期以来的城乡、区域差异累积下来的结果，另一方面也与目前社会化养老服务的观念还没有得到广泛普及，特别是在农村地区，无论是老年人还是其家庭成员，对社会化养老服务的接受程度还比较低，在农村养老服务本身就存在短板的情况下，再去融合本就薄弱的基层医疗卫生服务资源，更是捉襟见肘，发展明显滞后。

（六）相关标准规范体系不统一

中国的医养结合服务目前尚处于探索、试点的过程，医疗卫生系统的服务标准与养老服务系统的服务标准目前仍然处于两种体系内。尽管近年来中国在养老服务内容、需求评估、服务标准、管理规范等各个方面不断加强标准与规范制定，但总体来讲，仍然处于不断发展、完善的过程当中。在这个过程中，既要兼顾自身发展，又要兼顾与医疗卫生服务体系的服务融合、标准衔接、规范统一，仍然面临着许多现实问题。此外，医养结合服务过程中涉及到不同部门、不同供给主体，在政策衔接、财政补贴、土地供应、医保核算、联合监督、业务管理等方面也存在部门衔接、协调统一的问题，这都给医养结合的深入推进带来了诸多现实困难。

（七）专业化的人才队伍缺失

一方面，专业的养老服务人员队伍一直处于人数少、流动性强的缺失状态；另一方面，随着医养结合工作的不断推进，执业医师、执业护士、专业护理人员的缺失状态也日益明显，特别是具有一定专业技能的养老护理员、医疗护理员也存在水平参差不齐，整体素质较低的状态。此外，在管理人员方面，既了解养老机构运营，又了解医疗机构要求的综合型医养结合管理人才更是比较紧缺，大都需要一定基础的专业素养和较长时间的从业经验，才能满足医养结合服务工作的实际需要。

## 三、对推进医养结合发展的几点建议

### （一）提高医养服务融合认识

目前对医养结合服务的一个比较大的认识或实践误区就是将医疗和养老简单的叠加或者过于强调对于机构硬件的改造与重建，认为医养结合要么是医疗机构增加养老服务，要么是养老机构内设医疗机构，或者投资新建专门的医养结合机构。要正确认识医养结合的内涵，首先就是要明确医养结合的真正目的在于政策的衔接、制度的完善与服务的融合。一是在健康中国战略下，国家明确提出要把健康融入所有政策，即我们在制定任何政策时，都要有全民健康，全生命周期健康的视角。因此，在养老服务的政策制定中要始终有提高老年人健康素养的意识。同样，在积极应对人口老龄化的国家战略内涵中，各项政策的制定也必须有积极老龄观的视角。在这样的背景下，医养结合并不仅仅单纯地是一项具体工作的开展，而是未来较长时间里，相关主要部门在制定、出台政策时，都要有的健康和老龄思维。二是医养结合的本质在于服务的融合，是在现有各类公共服务体系不断发展、完善的基础上，将相关资源整合、服务融合，是在医中养，养中医，要将原有的医疗卫生服务扩大至健康服务，再将健康服务延伸至老年人个体、家庭或机构，在这个过程，医院、养老机构、企业、社区，特别是基层卫生/养老机构等各个主体充分发挥不同作用，共同形成一个完整的医养结合服务链。三是要在现有政策、制度的基础上，根据医养结合服务的需求，完善现有政策、标准、规范，出台新的制度，确保各类服务资源的深入融合。

## （二）完善医养结合政策体系

一是加快建立长期护理保险制度。目前各地都已经在进行长期照护保险的试点，但总体来讲目前的试点大都与医保捆绑在一起，要加快总结试点经验，拓宽筹资渠道，出台科学可行、稳定可持续的长期护理保险制度。二是完善医养结合服务市场引导与扶持政策。要充分发挥市场作用，进一步放开市场，探索多种方式，包括政府购买、公建/办民营、服务外包等多种形式，鼓励社会力量投入医养结合服务市场，并且在规划、土地、税费优惠等相关政策方面，结合目前已有政策，进一步整合与完善。三是要进一步完善医养结合服务的监督管理机制。进一步明确、统一相关服务内容、服务供给主体、服务需求评估、服务质量评价、服务监督管理的相关标准与规范，责任到部门，不断提高医养结合服务的质量与管理水平。

## （三）创新医养结合服务模式

一是要重点推进医养服务资源在社区、居家层面的融合，目前中国大部分老年人实际居住和活动地主要在家庭和社区，居住在医院、养老机构或其他康复护理机构的老年人总体比例还比较少。在健康中国与积极应对人口老龄化战略背景下，政府、市场、社会等需要在政策、产品与服务、宣传舆论与引导等方面发挥作用，但更重要的是要在基层层面提高包括老年人在内的全体居民的健康素养、健康意识，包括营养膳食、疾病预防、健康管理以及老年人术后的康复指导与运动等。因此，要在大力发展居家、社区养老服务、下沉医疗卫生服务资源的同时，进一步加强医疗、养老等各类服务资源在社区、居家层面的融合，这是未来医养结合最重要的内容。二是要进一步发挥地方和基层组织的创新力量，在原有服务模式的基础上，深入发掘不同服务群体的服务需求，整合资源、因地制宜，创造性地探索不同的医养结合服务模式。特别是在农村地区，可以重点依托乡镇卫生院/所、农村敬老院、福利院等机构，扩大健康知识宣讲、提高健康素养认识、加强疾病预防的普及以及慢病管理的常识宣传，加大对农村地区老年人的术后康复、指导，在提高农村地区医养服务资源的融合上，着力提高农村老年人的健康素养。

### （四）加强专业人才培养力度

一是继续加强全科医生、康复师、养老护理、医疗护理等专业人才的教育、培训与就业支持体系，在宣传引导、学费减免、就业扶持、职业发展等方面进一步优化政策，加大支持力度，扩大医养结合方面的专业人才储备。二是进一步优化医养结合机构内医护人员与养老护理人员的职称评审与晋升机制，从职业发展道路上为从业人员创造更好的环境，能够吸引人才、留住人才、发展人才，逐渐形成稳定的人才队伍。三是要进一步打破职业和行业的限制，特别是要进一步放开医护人员多点执业的限制，在符合行业监管原则和服务安全、质量的基础上，进一步灵活机制，放宽限制，创造更好的有利于医疗、养老从业人员便利服务、有效对接的机制环境。

### （五）建立多部门联动合作机制

一是要成立以主要业务部门，如卫健委、民政部、中医药局、医保局等在内的相关部门的多部门联动合作机制。联合协调、统筹管理，确保业务之间的精准对接，服务的有效融合，监管的权威有力。二是要进一步完善医养结合服务的标准化体系建设，包括医养结合服务的服务内容、需求评估、服务管理、服务标准、服务评价等体系、规范的衔接与统一，促进医养结合服务有据可依、有据可评。三是要加大对医养结合服务的监管力度，在多部门联动合作机制的基础上，以卫健委为牵头单位，形成联合监督机制，在标准、规范统一衔接的基础上，通过不同方式加大监督力度，不断提高医养结合服务的服务水平与服务质量。

（收入《积极应对人口老龄化：内涵、举措和建议》，林宝主编，2021年12月，中国社会科学出版社）

# 国外健康长寿产业的发展及启示

王莉莉　张秋霞　欧阳铮

人口老龄化已成为全球趋势，随着越来越多的国家和地区进入老龄社会，他们在健康长寿产业方面积累了诸多丰富经验。本文围绕国外健康食品、用品，医疗器械与康复辅具、照护服务、健康服务以及老龄文化体育健康产业等，介绍了部分国家在老龄健康长寿产业方面的发展现状和经验，以期为研究和发展我国的老龄健康长寿产业提供一些启示与借鉴。

## 一、国外健康长寿产业发展现状

### （一）健康食品、用品产业

在健康长寿产业中，健康食品、保健品是一个重要行业，许多国家的功能性食品或辅助性用品市场都非常发达与完善。在日本，功能性食品被认定为具有特殊健康用途类的食品。1991 年，日本通过了 FOSHU 法规（Foods for specialized Health Uses），将功能性食品的研发、评审和认证从法律的高度进行了界定与规范。目前，日本市场上已经有千余种功能性用品，并且许多公司可以先期进行研发，经过专门机构的审批认证，即可投入产品的生产和销售。韩国的老年食品市场发展也非常快，许多专卖店和便利店里都有专门的低盐、低糖、低能量的老年健康食品。此外，老年人的衣帽鞋袜等生活用品市场也非常发达，一些衣物设计了多开口和多拉头，方便老年人在躺、卧时均可方便地更换，不受输液及监测管线影响。另外，还有一些穿鞋、穿袜辅助器等用品，可以使老年人能够轻松地穿脱鞋袜。

### （二）医疗器械与辅具用品产业

医疗器械和辅助用品是健康长寿产业中的一个重要产业板块。随着全球人口预期寿命的增加，老年人的带病余寿期也在不断增长，老年人的医疗健康服务需求不断增加，相关的产品、器械和辅助用品研发、生产、制造和销售市场也快速发展。在美国，由于人口老龄化导致的心血管疾病患者数量庞大，因此在医疗设备中最受关注的领域为心血管类产品。

此外，康复辅具产业的发展也是非常快速且完善的。日本辅具市场除了重视行动辅具、通信辅具、护理型辅具外，对老年人的休闲娱乐生活也很重视，开发了一系列老年人电脑产品、助听器等视听读写用品。为了协助老年人继续阅读和书写，日本还发明了很多轻便有效的小玩意。例如折光菱镜、笔固定架、写字座、万用旋钮手把等。整个市场产品定位与针对性强，产品设计人性化、科技化含量高，并配有完善的康复辅具租赁制度，辅具清洗、消毒、租赁等配套市场也得到了相应发展。

### （三）照护服务产业

国外照护服务市场发达，政府主要负责政策制定、法规完善以及监督评估等，照护服务资源则交由企业进行充分的市场化供给。瑞典87%的老年照料服务是政府向营利企业购买而来，仅有10%的老年照料服务来自非营利组织。英国在养老服务的供给上，无论是居家还是养老机构，由政府来参与供给的比例是非常低的。国外照护服务市场发达，服务类型多元，由于市场化竞争充分，服务中更加注重人性化。

### （四）老龄健康服务

国外老龄健康服务基本上构建了一个集疾病预防、诊治、医疗、护理、临终关怀等一体化的健康服务体系与产业链条。如日本构建了"地域综合护理体系"，针对重度护理的居家老人的 24 小时巡回制度。针对独居的高龄体弱长者设有家庭护理支持诊所，还于 2018 年设立了新的护理保险设施"护理医疗院"[1]。

此外，许多国家开始针对失智老年人展开一系列的健康干预与照护服务。日本在 2012 年和 2015 年连续两次推出针对失智症的国家计划——"失智症对策五年计划"。韩国 2012 年制订了《老年痴呆管理法》，强化老年照护资金扶持。澳大利亚健康部 2006 年通过了《2006—2010 针对老年痴呆症行动框架》。

在临终关怀领域，加拿大发展比较成熟。他们的临终关怀机构非常多，包括安宁疗养机构、临终关怀病房、长照中心等，具有多种形式。

（五）老龄文化体育健康产业

文化体育休闲娱乐产业也是未来老龄健康产业中的重要内容。日本在推行《观光立国行动计划》进程中，根据老年人需求，对乡村旅游、温泉旅游、医疗旅游、文化旅游等进行创新性、多元性开发。美国还有专门的集中式旅游养老型社区，如美国佛罗里达西海岸的"太阳城中心"[2]。欧洲许多国家则推行社会福利旅游项目，如进行无障碍旅游设施建设和改造。

## 二、国外发展老龄健康产业的经验

（一）完善的政策制度体系

国外的老龄健康产业之所以能够健康快速发展，与出台了专门的推动相关产业发展的规划和文件密切相关。2017 年，英国就发布了《产业战略：建设适应未来的英国》白皮书，明确提出要提高英国在涉及相关老龄产品、用品、服务、健康、护理模式等方面确保优先地位[3]。同时，像德国、日本、美国等国家都有专门的长期护理保险制度，为老龄健康产业的发展提供了充分的支付制度保障。

此外，完善的法律和标准支撑体系起到了至关重要的作用。在英国，相关的法律体系已经比较完备，他们出台了包括《国民健康服务法》《国民保健法》《全民健康与社区照顾法案》《国家老年服务框架》等一系列法律，还出台了《国家黄金标准框架》，来具体规范服务的标准与质量，包括机构的建设、服务内容、服务管理、服务质量评估等，是确保服务供给与质量的根本法律保障。

### （二）充分开放的市场

国外在发展老龄健康产业中，具有很明显的市场化和专业化特征。英国的混合经济型服务出现与20世纪80年代，政府逐步退出直接服务供给，而是鼓励民营、慈善等多个主题参与服务供给。老龄健康产业市场的参与主体也非常多元，有公共机构也有私营机构，但它们的价格差异完全是根据所提供的服务程度的不同来决定[4]。在英国，即使是公办的养老机构，也很少享有税收、用地等方面的优惠，而是直接参与市场，根据市场规律来运作，补贴也主要是支付给老年人。

### （三）重视个性化需求

日本的老年产品深受老年人的青睐，主要原因在于其个性化设计。例如，日本的"老人尿裤"，在国外市场上一直拥有很高的占有率。美国还有企业专门生适合老年人假牙咀嚼的口香糖。老年用品的设计也很人性化，比如脚踏式开关的电冰箱、简易的拆包裹器、自动配药服药定时器等。此外，许多国外照护服务机构都非常人性化。英国的养老机构规模都不大，一般都在几十张床位，并且在结构中将更多的面积分摊给老年人的居室、活动室，办公面积都不大，同时室内装修也注重温馨和人性化，配备专业化的设备。服务人员的专业化程度也很高，会根据每位入住老人的情况提供个性化的服务，在细节上体现"以人为本"的理念。

## （四）严格认证监督管理

国外老龄健康产业市场对质量监控非常严格。以老龄产品为例，日本、韩国都有专门的老龄产品认证制度来保证产品质量。通过老龄产品认证，确保为老年人提供高质量的服务。日本的认证制度非常具有公信力，在保证服务质量、监管服务过程、确保消费者权益等方面发挥着积极作用[5]。此外，英国还有专门机构来监督、管理、评估养老机构，他们有完整的机制，专业的人员和队伍，定期对养老机构进行检查，并公示结果。此外，国外监督机构普遍非常重视老年人虐待问题。一些地方专门成立虐待老年人问题工作组，还专门建立了老年人虐待支持热线，以获得全社会的关注和投诉。

## （五）重视科技与人才

国外在老年人生活用品和服务上都有科技的大胆运用和创新，例如近年来，日本率先在护理行业引入新技术，促进护理机器人的开发与应用，目前日本已经开发出用于功能恢复的机器人，发布了功能恢复机器人安全性标准。此外，人才培养也是国际发展老龄健康产业中非常重视的内容。如日本在 20 世纪 80 年代末就通过相关法案首次举行"介护福祉士""社会福祉士"的国家资格考试（宋悦，2019）。此外，为了解决医疗、护理从业人员不足以及地区间医疗资质不平衡的问题，日本从 2008 年开始增加医学部入学学生的定员数，以此来确保医疗人才队伍[6]。

# 三、对我国的借鉴与启示

国际老龄健康产业市场在漫长的人口老龄化过程和市场化经济快速发展的情况下，已经形成了成熟的产业模式，政府也已建立了比较完善的政策和制度体系，市场环境比较有序，老年人的有效需求明显，因此相关产业发展迅速。但不同国家有不同的国情与文化特点，有些国际经验可以借鉴，但有些也无法完全照搬，我们在借鉴国际经验时应紧紧围绕中国国情和人文特点，建立起符合中国文化传统、生活习惯和经济水平的老龄健康产业发展模式。

## （一）加快建立长期护理保险制度

目前困扰我国老龄健康产业发展的重要问题就是老年人的有效需求不足，其根本原因在于支付能力不足。我国老年人的收入来源主要是社会养老保障，虽然保障水平不断上涨，但整体收入水平较低。而国际老龄健康产业之所以能够快速发展的原因就在于大多数国家都有专门的长期护理保险制度，从支付端解决了大部分老年人及其家庭的负担，因此能够很快地推动相关产业的发展。我国近年来也在不断进行长期护理保险制度的试点，但总体来讲，试点范围有限，且与医保制度捆绑太紧，可持续性发展的困难较大。因此，需要迫切加快长期护理保险制度的研究设计与推行，可以分阶段分步骤分区域地推进长期护理保险的整体进展，根本性地解决老年人支付能力不足的问题。

## （二）充分发挥市场力量的作用

要加快推进老龄健康服务的市场化进程，发挥政府在政策制定、管理监督、扶持引导以及满足困难老年人基本健康服务需求方面的作用，更多的健康服务要交给市场。引导市场力量进一步细分服务市场、进行市场调研、摸清老年人的服务需求、进行准确科学的市场判断，提供适合老年人不同需求的健康服务产品，特别是在健康预防、健康管理、营养膳食、术后护理、健康养生、健康旅游、健康文化产业等方面，可以着力引导与发展。

## （三）创新产品与服务模式

国际老龄健康产品市场种类繁多，设计细腻，能够充分考虑老年人的身心特点。以日本为例，由于老龄化程度较重，因此各个行业都会考虑适老化的设计与改造。此外，在服务模式中，也应该根据老年人的实际需要，发展不同类型的服务机构。在建设上，不一定贪大求洋，应该着重在功能和服务上提高专业化的水平，针对失能、高龄、痴呆、术后康复、临终关怀等特殊需求群体，建立规模适当、功能齐全、专业化水平较高的照护服务机构。

### （四）完善监督管理机制

我国的老龄健康服务发展较晚，因此在服务质量的评估、监督与管理方面还没有形成一个比较完善的体系。一方面是缺乏相应的评估标准和规范，另一方面也没有一个专门的机构或者组织来负责整个健康服务的监管，我们可以借鉴英国的模式，单独成立一个机构来负责，也可以由某个部门来牵头负责，或者委托第三方的社会组织来负责相关标准的制定、用品和服务评级、优秀品牌评选、龙头企业认定、市场监督评估等系列工作，这都是可以借鉴的做法。

**参考文献：**

[1] 马玉林 . 日本康养政策法规沿革对我国老龄产业发展的启示 [J]. 健康中国观察，2020（01）：92-95.

[2] 方陵生，梁偲 . 英国政府发布产业发展新战略——《产业战略建立适应未来的英国》白皮书 [J]. 世界科学，2018（01）：45-49.

[3] 方陵生，梁偲 . 英国政府发布产业发展新战略——《产业战略建立适应未来的英国》白皮书 [J]. 世界科学，2018（01）：45-49.

[4] 钱童心 . 法国政府支持国内机构投资中国养老市场 [N]. 第一财经日报，2014-08-21.

[5] 田香兰 . 日本老龄产业制度安排及产业发展动向 [J]. 日本问题研究，2015，29（6）：37-49.

[6] 丁英顺 . 日本老龄化的最新状况、社会影响与相关社会政策——2018 年版《老龄社会白皮书》解读 [J]. 日本研究，2019（1）：27-37.

（收入《中国长寿之乡发展报告（2021）》，中国老年学和老年医学学会编，中国农业出版社，2022 年 6 月）

# 我国年龄友好环境的建设现状和发展趋势分析

伍小兰

　　我国已经进入人口老龄化加速发展阶段，截止到 2021 年底，我国 65 岁及以上人口比例已达到 14.2%（国家统计局，2022），超过了 14.0%，也即进入了老龄社会。从人口老龄化社会发展到老龄社会，也即 65 岁及以上人口比例从 7% 上升至 14%，中国只用了 21 年。从老龄社会到超老龄社会，也即 65 岁及以上人口比例超过 20%，这个过程将会明显更快。人口结构形态和社会生活需求的变化，必然要求外部生活环境的相应调整和优化。十年来，我国年龄友好环境建设在理念倡导、政策创制和实践发展上都取得了显著进展，成为我国积极应对人口老龄化的重大理念和实践创新成果。新时代年龄友好环境建设需要紧扣实施积极应对人口老龄化国家战略，按照把积极老龄观、健康老龄化理念融入经济社会发展全过程这一总体要求，建设具有中国特色的年龄友好环境，建设老有所养、老有所医、老有所为、老有所学、老有所乐的年龄友好社会。

## 一、年龄友好环境的内涵、特征

### （一）概念内涵

　　年龄友好环境，也即目前我国诸多政策文本中所称的"老年宜居环境""老年友好环境"，是指适应包括老年人在内的各年龄人群，围绕居住和生活空间的各种环境的总和，狭义是指居住的实体环境，广义则还包括社会、经济和文化等综合环境（伍小兰，等，2016）。这一理念有两个重要内涵。一是全面友好。年龄友好环境的建设维度不仅包括适老空间环境，让老年人出得了门，下得了楼，行得了路，有活动休闲场地，有邻里交流空间；还包括包容性的社会文化环境，例如敬老、养老、助老的社会风尚，老年社会参与支持环境。二是全龄友好。年龄友好环境并不是单单针对老年人，仅考虑老年人的身心特点和特殊要求，而是要面向所有人，适应人们不同生命阶段的生活能力与生活居住环境需求。

年龄友好环境建设和无障碍环境建设密切相关，但是老年人不等于残疾人，老年人在适老化方面的需求与残疾人在无障碍方面的需求存在诸多差异。大多数老年人或者个体在老年期的大多数时间，其生活需求与其他年龄阶段并无太大差异。当然老化也意味着身心功能的逐渐衰退，老年人不同程度地会对设施和服务有着特殊需求。因此，需要通过提供援助性服务和支持性环境，对老年人的生理和心理健康衰退做出适应和补偿，让老年人能在日常生活中达到可能的最佳活动状态和参与水平（于一凡，等，2019）。这就要求统筹考虑城乡空间规划、住房制度、社会服务、医疗卫生等方面的公共政策，帮助处于不同健康和能力状态的老年人生活得更安全、更便捷、更健康。

## （二）基本特征

一是健康性。老年人的实际功能发挥水平是由他们自身所具备的内在能力和外部生活环境共同决定的。因此，建设年龄友好环境应以人的健康生活为中心，促进老年人的生活自理、身体活动和社会参与，能去想去的地方，做想做的事，优化其健康老化轨迹。注重建成环境对健康的影响。通过对住宅、绿地和公园、公交站、商业服务设施等建筑和场所的建设和改造，以及对步行道、自行车道、机动车道的选址与设计，在增进老年人居住舒适感的基础上，促进老年人体力活动和社会参与，从而增进老年人的身心健康。

二是包容性。老年人参与经济社会生活，既能发挥自身专长和作用，还能继续保持或建立必要的社会交往关系。年龄友好环境的参与性体现在，其可以丰富老年人的社会参与活动和社会交往机会，同时老年人也是年龄友好环境的建设者；年龄友好环境的包容性则体现在，年龄友好环境不是"专享"而是"共享"，是面向所有年龄群体的全龄友好环境。

三是安全性。对老年人而言，环境安全是最基本也是最重要的要求。李小云（2012）指出，从室内到室外，从物理空间到社会心理空间，从硬件设施到信息软件技术，应尽量避免各种不安全因素及潜在性危险，为老年人的日常生活和社会活动提供安全的环境。

## 二、我国年龄友好环境建设取得的成就

党的十八大以来，我国积极应对人口老龄化工作不断取得新进展新突破，同时也在积极探索具有中国特色的年龄友好环境建设道路。我国年龄友好环境建设从单项突破到整体推进，形成了基本政策框架，同时在推动建设实践快速发展、吸引社会力量广泛参与、完善标准体系等方面也取得了显著成绩。

### （一）政策体系不断完善

2012 年，全国人大常委会新修订的《老年人权益保障法》首次设立"宜居环境"专章，明确了老年宜居环境建设的基本要求、工作重点，并从政府责任、社会参与等方面进行了全面规定和原则指引。2016 年，全国老龄办、国家发展改革委等 25 个部委共同制定出台了我国第一个关于年龄友好环境建设的指导性文件《关于推进老年宜居环境建设的指导意见》。此后，建设老年宜居环境成为国家老龄政策的一个重要关注点。2017年，国务院印发的《"十三五"国家老龄事业发展和养老体系建设规划》将推进老年宜居环境建设列为专章。国务院办公厅先后印发的《关于全面放开养老服务市场提升养老服务质量的若干意见》（国办发〔2016〕91号）、《关于制定和实施老年人照顾服务项目的意见》（国办发〔2017〕52号）、《关于推进养老服务发展的意见》（国办发〔2019〕5 号）等重要政

策文件，均强调推进老年宜居社区建设，加强社区、家庭的适老化设施改造。

2019 年 11 月，中共中央、国务院印发了《国家积极应对人口老龄化中长期规划》（以下简称《国家规划》）。《国家规划》高度重视老年友好型社会建设，并分近期、远期提出了老年友好社区建设的目标，按动了我国年龄友好环境建设的加速键。2020 年，国务院办公厅相继印发《关于全面推进城镇老旧小区改造工作的指导意见》《关于促进养老托育服务健康发展的意见》，民政部等九部门联合印发《关于加快实施老年人居家适老化改造工程的指导伍小兰：我国年龄友好环境的建设现状和发展趋势分析意见》，以政策"组合拳"推动老年友好环境建设全面融入城市更新、消费升级的双循环新发展格局当中。

## （二）建设实践逐步深入

专项开展年龄友好环境理念倡导和建设试点。按照全国老龄办 2009 年启动的老年友好环境建设试点工作的部署和要求，在试点示范带动下，不少城市逐渐将老年友好环境建设作为推动城市环境和社会事业转型发展的重要突破口。2017 年，上海市率先发布实施地方标准《老年宜居社区建设细则》，推动全市老年友好环境建设迈上一个新台阶。2021 年，为贯彻落实《国家规划》要求，国家卫生健康委、全国老龄办印发《关于开展示范性全国老年友好型社区创建工作的通知》，并配套制定了《全国示范性城乡老年友好型社区标准》《全国示范性老年友好型社区评分细则（试行）》，在全国范围内掀起了新一轮的老年友好环境建设高潮。《通知》将开展示范性全国老年友好型社区创建工作的重点放在提升社区适老宜居水平上，并将建设范围扩大到农村，计划到"十四五"末，在全国建成 5000 个示范性城乡老年友好型社区。

在城市更新和美丽乡村建设中持续推进全国范围内无障碍环境建设，并普遍提升居住环境的适老宜居性。一是在农村持续加大危旧房改造力度。通过多种方式全面保障建档立卡贫困户的住房安全，在美丽乡村建设中持续提升农村生产生活环境的综合质量。老年人是这些政策的主要受益人群。二是加快推进居家适老化改造进程。一方面，实施特殊困难老年人家庭适老化改造工程，将居家适老化改造纳入政府脱贫攻坚和兜底保障范围，对所有纳入特困供养、建档立卡范围的高龄、失能、残疾老年人家庭给予最急需的适老化改造；另一方面，鼓励各地积极引导老年人家庭开展适老化改造，促进养老服务消费提升。三是把社区适老化改造作为城镇老旧小区改造的重要内容。充分考虑老年人的社会交往和日常需要，对城乡老旧社区、老旧楼房及生活服务、医疗卫生、文化设施、文化体育设施等进行适老化改造。四是推动建设完整社区。强调以社区为基本单元，统筹"一老一小"公共服务设施、社区服务和商业设施、慢行系统设施等，打造适老适幼、邻里共享的社区环境。

在养老服务和健康服务体系建设中，提升环境的年龄友好水平。自2019年起，民政部针对农村敬老院的设施条件、设备配置和安全管理，实施了为期三年的改造提升工程。不少地区采取"成熟一个、改造一个"的方式，全面实施乡镇敬老院改造提升工程。在全国范围内大力开展了老年友善医疗机构建设，积极推动基层医疗卫生设施和养老服务设施统筹规划，邻近设置，服务联动，搭建就近健康养老服务网络。

### （三）市场主体参与日益活跃

在市场需求及政策支持的双重拉动下，中国养老宜居市场热度持续不减。随着社会资本深度布局养老市场，养老宜居项目数量快速增长。大型保险公司纷纷发力建设养老社区，推动保险产品与康养服务相嫁接的运营模式。在老年人及其家庭更加注重满足刚性照护需求、更加注重提升康养生活品质的背景之下，养老宜居项目类型更为丰富，涵盖综合性养老社区、医养结合型养老机构、旅居养老项目、社区嵌入式养老服务机构等。这些项目不管是新建还是改扩建，不管体量大小，都对适老宜居的环境品质提出了更专业化、更精细化的要求。

城镇老旧小区改造以及"物业＋养老"模式激活了社会资本进入养老宜居市场的热情。一大批物业企业以及提供养老、托育、家政、便民等方面服务的专业企业投入养老宜居市场。目前已初步形成了市场力量投入的三种方式：通过提供专业化物业服务方式，参与城镇老旧小区改造；通过"改造＋运营＋物业"方式，先投资改造，再获得小区公共空间和设施的经营权，提供物业服务和增值服务；通过"物业＋养老"方式，为社区老年人提供助餐、助浴、助洁、助急、助行、助医、照料看护等养老服务，开展居民结对帮扶老年人活动。

居家适老化改造市场活力不断增强。越来越多的建筑设计、装修装饰、家政服务、养老服务、物业、家电等相关领域企业主体主动拓展适老化改造业务。专注于老年生活空间的系统设计解决方案、适老设备和用品的设计研发与集成服务的市场主体，亦正在快速成长。用供给创新挖掘潜在需求，推动将居家适老化改造与信息化、智能化居家社区养老服务相结合，与智能家居、养老终端设备、康复辅助器具的适老化设计开发相结合，已经成为老龄宜居产业发展的重要方向。

### （四）标准体系更加健全

初步建立了从设施规划到建筑设计领域的工程建设标准体系框架，特别是与老年设施及老年人居住环境相关的国家标准的制定与完善，为年龄友好环境建设提供了基本的依据。近年来，适老宜居相关地方标准、团体标准、企业标准日渐增多。如山东省发布了《居家养老家居适老化改造通用要求》（DB37/T 3095—2018），安徽省出台了《居家适老化改造指南》（DB34/T 3748—2020）、《既有住宅适老化改造设计标准》（DB34/T 3829—2021）。2020年4月，北京市规划和自然资源委员会发布了《北京市既有住宅适老化改造设计指南》。2021年5月，上海市住建委、上海市民政局联合印发《上海市既有住宅适老化改造技术导则》，为住宅适老化改造提供重要技术依据。此外，中国建筑学会标准《室外适老健康环境设计标准》（T/ASC 18—2021）、中国工程建设标准化协会标准《城市社区适老化性能评价标准》（T/CECS 853—2021）、中国老龄产业协会标准《老龄宜居社区智能化养老服务基本规范》（T/CSI 0005—2020）、中国林业与环境促进协会标准《生态康养基地评定标准》（T/CCPEF 056—2019）等团体标准也相继发布。

智能技术适老标准日益引起社会各界的高度关注，涉老国家标准、团体标准不断涌现。2021 年 8 月 20 日，国家市场监督管理总局、国家标准化管理委员会发布了适老家电国家标准《用于老年人生活辅助的智能家电系统架构模型》（GB/T 40439—2021）、《适用于老年人的家用电器通用技术要求》（GB/T 40443—2021）。此外，《移动终端适老化技术要求》（T/TAF 090—2021）以及《智能家用电器的适老化技术》系列团体标准也已正式发布。

## 三、我国年龄友好环境建设存在的主要问题

在人口老龄化快速发展形势下，我国年龄友好环境建设取得了显著进展，但距离满足老年人对美好生活的需求，距离健康老龄化、积极老龄化对环境的支撑要求还有很长的路程，尚存在一些突出问题。

### （一）整体建设滞后于人口老龄化形势

我国是全世界老龄化历程最短、老龄化速度最快的国家之一。时间短、形势紧、建设任务重，可以说是我国年龄友好环境建设所面临的迫切问题。与我国快速人口老龄化相伴随的，是城镇化的快速发展。截至 2020 年，我国 60 岁及以上城市老年人口达到 1.43 亿人，首次超过了农村老年人口（1.21 亿人）；而与此同时，我国的人口老龄化城乡倒置现象进一步加剧，农村人口老龄化率高达 23.81%，高于城市的 15.82%，其中的差距达到 7.99 个百分点（杜鹏，2020）。因此，我国的年龄友好环境建设需要适应城乡人口老龄化形势发展特点，在新型城镇化过程中避免形成新的不适老、不宜居的环境，否则改造起来时间长、难度大、成本高；同时，要积极探索农村年龄友好环境建设的有效路径和模式。

当前，我国城乡老年人的居住和生活环境都面临很多突出的问题。在城市更新和老旧小区改造中，面临着改造资金不足、改造难度大、推进进度不一、政策不完善等突出问题。在增量建设中，则面临如何真正建立"多规合一"的议事机制，如何将年龄友好环境建设纳入新型城镇

化建设、乡村振兴战略和县域经济发展等问题。面对老龄社会的快速发展，在城乡规划、建设和治理当中，亟待以积极老龄观、健康老龄化理念为引领，建设与长寿时代相适应的居住生活环境，系统推动年龄友好环境建设。

### （二）发展现状不平衡不充分

经济社会发展的区域不平衡也体现在年龄友好环境建设领域。由于长期形成的城乡发展鸿沟，我国农村基础设施和民生领域欠账较多，农村人居环境问题比较突出。其主要表现为：基础设施陈旧，基本公共服务设施匮乏，生产生活中的环境污染问题日益突出，农村文化和农村景观退化，等等。即便是在研究层面，针对农村年龄友好环境的调查研究也比较少。不同地区的城市，其年龄友好环境建设也存在明显的区域差异。总体来说，经济发达地区的城市，其发展理念更先进，老龄工作基础更好，年龄友好环境的建设水平要更高一些。年龄友好环境建设的区域不均衡性不仅体现在城乡之间，也体现在城市之间，甚至同一城市的不同城区之间。即使是在城市内部，城区和郊区，老城区和新城区，甚至不同类型的居住小区之间，也存在较大的差异。

老年友好既包含了硬件环境的建设要求，又包含了软性服务及公共政策的要求（王海东，2021）。因此，从促进老年群体健康老化和积极老化的角度来看，我国年龄友好环境建设包括居住、出行、健康支持、生活服务、信息交流、敬老社会文化等多个方面，是一个交互影响的环境建设的连续统一体，其核心在于帮助老年人保持健康与活力，消除参与家庭和社会生活的障碍。然而目前在建设实践中，人们对于年龄友好环境建设还存在认识不足的问题，在建设内容上也缺乏长短期结合、标本兼治的统筹安排。年龄友好环境建设不同于无障碍设施建设，不能仅仅将其视为适老化改造或者便民助老项目，而是还应将其视为积极应对人口老龄化、打造适应未来超老龄社会整体环境保障的关键举措。因此，特别需要明确年龄友好环境建设的核心目标，进而统筹考虑年龄友好环境建设的各个维度，并将其充分地反映到城乡环境建设规划中。

## （三）社区适老宜居水平亟待提升

老年人养老以居家为基础，他们大部分生活在社区，大部分时间在社区度过。老年人的健康和需求状态具有多样性，多数老年人仍能自由行动。但值得注意的是，随着增龄过程中身心功能不同程度的退化，老年人的身体机能可能同时并存多重不同程度的障碍，例如视觉缺损、听觉缺损、行动不便等。这些障碍虽不一定达到失能的程度，却使老年人处于多重不便的境地。对此，需要通过相应的社区生活环境支持来减少环境给老年人带来的压力，使老年人更好地保持健康、独立和自理。然而，目前我国社区的适老宜居性整体上还处于较低水平，住房老旧、社区活动不便、社区设施不齐全、社区服务设施不完善等，是目前比较普遍的问题。

住宅不适老问题突出。2015 年，第四次中国城乡老年人生活状况抽样调查数据显示，接近六成（58.7%）的城乡老年人认为住房存在不适老问题，超过三成（34.5%）的城市老年人住在 20 世纪 90 年代之前建成的老旧住房里。城市老旧小区正在普遍经历住房和居民的双重老化过程，很多老年人面临生活安全风险大、日常上下楼不便等问题。社区户外环境适老性不足的问题也比较突出。不少居住小区道路系统适老性不足，特别是人车混行，管理混乱，造成老年人行路难。户外活动场地及休憩设施匮乏现象也比较普遍。一些居住社区虽然考虑到了居民的休闲活动需要，但在交通、照明、无障碍、舒适度等方面仍存在很多不利于老人使用的问题。

社区健康养老服务设施配套不足。社区服务设施和健康养老服务设施普遍存在配套不足、资源基础薄弱的情况，难以满足老年人就近养老的需求。特别是新型冠状病毒感染疫情防控常态化，对设施的隔离条件、检测条件、物资储备条件提出了更高的要求，需要相应的空间改造和设备投入。大量的社区嵌入式小微养老机构和社区养老服务设施很难具备上述条件，面临很大挑战。

# 四、我国年龄友好环境建设的发展趋势

建设年龄友好型社会，加强年龄友好环境建设，是实施积极应对人口老龄化国家战略的重要内容，需要在新的历史方位审时度势，提出推动我国年龄友好环境建设的发展方向与基本着力点。社会的最大损失不是为了促进功能发挥而产生的支出，而是如果我们未能进行适当的改变和投资而可能失去的利益（世界卫生组织，2016）。年龄友好环境建设的目标和价值，就体现在其是否能促进老年人的实际生活能力提升和功能发挥，特别是在社区这一对老年人来说最为重要的空间单元里更是如此。同时，亟待加强年龄友好环境建设的政策创新和科技创新，推动年龄友好环境建设的提质升级，实现新旧动能转换，从而惠及更多的老年人。

## （一）以促进健康老龄化为建设目标

我国人口平均预期寿命已经超过了 77 岁，进入了名副其实的长寿时代。在长寿时代，社会发展离不开老年人的参与和贡献。随着社会的发展，人们对健康安全、幸福安心、友善无碍、活力有为的生活环境的需求日益凸显。尊重老年人的主体性，促进老年人的功能发挥和生活质量提升，成为国际社会健康老龄化战略的一个关注焦点。作为健康老龄化战略的提出者，世界卫生组织于 2015 年进一步更新和诠释了健康老龄化的概念内涵和政策导向，将健康老龄化定义为发展和维护老年健康生活所需的功能发挥的过程（黄石松，等，2020）。可见，新的健康老龄化定义特别强调人的实际活动能力，并且指出了外部环境对于老年人实际功能发挥的重要支撑作用。这与我国强调以人的健康为中心，促进人的全生命周期的自由全面发展，把积极老龄观、健康老龄化理念融入经济社会发展全过程的内在要求是一致的。

良好的建成环境可以促进老年人的体力活动和社会交往，进而提升老年人的身心健康水平，实现主动健康。因此，应加强科学研究，基于循证策略，将年龄友好环境建设聚焦到促进老年人健康生活上，聚焦到优化老年人的健康老化轨迹上，充分发挥室内外环境的健康效应。于一凡等（2018）的研究发现，促进老年人的健康是各国老年宜居环境建设的关键指标，同时也是老年宜居研究的核心和焦点，其所涉及的学科背景包括医学、老年学，以及社会学、经济学、空间科学等。在健康老龄化视野下，还应特别注重运用好康复辅具协助老年人实现生活再造。随着科技的日新月异，各种不同功能的辅助科技及产品随之蓬勃发展，这些都有助于老年人增进生活功能或提升照护质量。老年人过上独立、自主、自尊的生活，就可以最大限度地减少对他人照顾的依赖，完成原本做不到的事，并能参与更多的社会活动或与社会互动。

## （二）以年龄友好型社区为建设重点

年龄友好环境是不分年龄、人人共享的，其规划建设要能满足人们在不同生命阶段的生活与居住需求。因此，年龄友好环境建设要在注重通用宜居性的基础上，关注基于差异的环境适应性，让所有人（特别是老年人与儿童）都能健康、快乐地生活，打造全龄友好型社区。这也就要求全面加强对居住区的规划和建设，关注家庭的养老托育需要，就近就便满足居民的基本生活需求，抓好社区养老托育服务设施的"微基建"，让社区居民享有更好的、适老适幼的宜居环境。要以城乡示范性老年友好型社区建设为契机，推动年龄友好环境建设的城乡统筹发展，特别是要融入各地新型城镇化和乡村振兴的建设行动，推进将年龄友好环境建设纳入文明城市和美丽乡村测评体系。

立足终生社区、终生住宅，打造全龄友好型社区，建构具有永续性功能的社区生活圈及住宅，满足人民从"有房住"到"住好房"的需求，实现原居安老。为了改变建筑短寿化的局面，适应绿色可持续发展和老龄社会的需要，2018年，中国工程建设标准化协会发布了《百年住宅建筑设计与评价标准》（TCECS-CREA 513—2018），明确了百年住宅的基本理念，构建了中国百年住宅的设计标准和评价标准。这个标准当中就体现了全生命周期和终生住宅的理念，提倡采取适应性设计建造集成技术，结合未来居住可能性进行适老化、适幼化套型研发。将终生社区、百年住宅的理念全面纳入城乡发展规划和住宅建设，在住房、交通、城市环境等领域广泛应用通用性设计和包容性设计技术，推行"住房－健康－服务"三位一体的社区综合解决方案，将是年龄友好环境建设的未来发展趋势。

### （三）以技术创新为发展引擎

技术创新是积极应对人口老龄化的第一动力和战略支撑。为适应人口老龄化快速发展的形势需求，更好满足庞大老年群体的多元化、多层次需求，持续改善老年人生活质量，年龄友好环境的高质量发展离不开科技创新支撑。

随着人口老龄化的深入发展，必然要求充分利用区块链、云计算、大数据、物联网等新一代信息技术，打造智慧化居家社区生活空间，以更少的人力、更低的成本，精准满足老年人的照料需求。特别是要适应新型冠状病毒感染疫情防控常态化的要求，更多运用智慧建筑和智慧家居设计，更多使用物联化、互联化、智能化的技术，并且以技术应用场景的普及带动政策和资金的统筹，推动家庭养老床位和家庭适老化改造的融合发展。当然，科技创新的本质是实现更好的人文关怀；因此，跨越数字鸿沟，实现数字共生，推动智能技术和产品的适老化，广泛开展智能技术应用培训，建设适老信息交流环境，也是年龄友好环境的重要内容。

从适老宜居的角度来看，当前我国房地产业已经进入存量与增量并行的时代，要提升我国住宅产品的性能，打造能适应全生命周期需要的百年住宅，满足安全性、功能性、舒适性、友好性要求，不仅需要调整对住宅的设计建造思维，更需要通过科技创新提升技术手段，改变项目建成投入使用后缺少可改造性和未来适应性的局面。特别是在老旧小区改造中，亟待创新老旧住宅适老化改造技术体系。周静敏（2021）指出，要解决改造技术的瓶颈问题，使老旧住宅成为满足不同类型、不同家庭结构老年人需求的安全、适老、健康、舒适、灵活可变、绿色环保的居家养老空间，实现住宅作为社会优良资产的长久使用。

### （四）以政策创新激活发展活力

中国人口老龄化的速度乃世界上最快之一，同时这也是一个时空上被高度浓缩的快速现代化过程。中国人口老龄化问题的复杂性和严峻性也体现在年龄友好环境建设上。我们同时面临住房贵、住房难、住房差、环境不适老等问题。比如，目前很多老旧小区都在尝试加装电梯，其资金投入大，治理难度高。希望通过改造的途径解决所有老旧环境中的不适老不宜居问题，实际上是不太现实的。这提示我们，要突破"原居安老"的思维，让一部分生活在老旧小区的老年人搬迁到更适合他们居住的地方，通过生命周期内住房的合理转换和调整，提高居住生活质量，满足健康老龄化的需求。实际上，没有电梯的老房子虽然对腿脚不便的老年人是极大的障碍，但是对刚上班的年轻人来说却可能是理想的居所。

随着经济社会的发展和生活水平的提高，老年人提升居住生活质量、追求健康养老生活环境的需求也在不断增长。也正因此，各国人口老龄化的过程往往会伴随着老年人口的迁移。其中既包括短距离改善型迁移，也即从城市中心向郊区扩散或者从郊区向城市中心集聚；也包括长距离的跨城迁移。近年来，我国出现的候鸟式养老、旅居养老等新型养老方式，就是一种很典型的为了改善或者改变居住环境、提升生活质量而进行的迁移行为。老龄宜居公共政策的创新，正应围绕老年人的这种需求来进行，让有需求的老年人能顺利找到最适合自己的居住生活环境，并顺利实现这种迁移。

这就要求逐步建立与老龄社会相适应的居住区规划和住房制度，带动老龄宜居产业发展。一是在住房的规划设计、买卖、租赁、物业管理等全流程各环节，建立年龄友好型住房制度。在商品房买卖和租赁交易中，要充分考虑到老年人的权益保障，维护高龄、无子女、独居、孤寡等老年人的合法权益，强化开发商、房屋中介公司的义务和责任（黄石松，2022）。同时要加大对家庭养老托育住房需求满足的政策支持力度。对和父母同住的家庭、和父母就近居住的家庭、三代同堂家庭、有未成年子女的家庭，在保障房申请、商品房购买上实施差异化优惠政策，建设亲情友好社区和年龄友好社区。二是按照积极老龄观、健康老龄化理念的要求，加大适老宜居环境的供给侧改革力度，按照"区位适宜、配套齐全、便于启动"的思路，加大在规划用地、市政配套等方面的政策支持，鼓励规划和建设普惠型年龄友好型生活社区，合理配置符合适老化精细设计要求的老年住宅、老年公寓和照护设施，强化配置公共服务设施，特别是医疗卫生服务设施、"一老一小"服务设施，满足老年人家庭改善居住生活条件的需求，促进老年人口在城市内部以及城市间的有序流动。这将有利于缓解老旧小区人口结构老化与居住环境品质不匹配的矛盾；有利于缓解不同区域人口老龄化程度与养老服务资源不匹配的矛盾。通过在更大范围内的资源配置来提升老年人健康生活品质，可以推动老龄宜居产业的健康发展，进而带动城市的产城融合、职住平衡，提升城市的内在活力和竞争力。

## 参考文献：

[1] 杜鹏 . 从"七普"数据看中国人口老龄化 [EB/OL].（2021-06-11）[2022-01-20]. https://mp.weixin.qq.com/s/rcrba-LH29eBUOTSF4t7vA.

[2] 国家统计局 . 中华人民共和国 2021 年国民经济和社会发展统计发展公报 [EB/OL].[2022-03-01].http://www.stats.gov.cn/tjsj/zxfb/202202/t20220227_1827960.html.

[3] 黄石松 . 构建年龄友好型住房政策体系 [EB/OL].《人民日报》健康客户端 .（2022-01-03）[2022-01-20].https://m.peopledailyhealth.com/articleDetailShare?articleId=62fc9ffa10f14725ae1506bc230f70c7.

[4] 黄石松，伍小兰 . "十四五"时期我国健康老龄化优化路径思考 [J]. 建筑技艺，2020，26（10）：16–20.

[5] 李小云 . 面向原居安老的城市老年友好社区规划策略研究 [D]. 广州：华南理工大学，2012.

[6] 世界卫生组织 . 关于老龄化与健康的全球报告 [R]. 2016.

[7] 王海东 . 统筹推进，共建共享老年友好型社会 [N]. 健康报，2021–07–26.

[8] 伍小兰，曲嘉瑶 . 中国老年宜居环境建设现状、问题与对策研究 [J]. 老龄科

学研究，2016，4（8）：3-12.

[9] 于一凡，田菲 . 面向老龄化社会的城市应对 [M]. 北京：科学出版社，2019.

[10] 于一凡，王沁沁 . 健康导向下的老年宜居环境建设：国际研究进展及其启示 [J]. 城市建筑，2018，（21）：14-19.

[11] 周静敏 . 建立老旧住宅适老化改造新型技术体系 [J]. 城市规划学刊，2021（3）.

（发表于《老龄科学研究》2022 年第 9 期）

# 大城市养老要聚焦"适地养老"

伍小兰

城市特别是大城市老年人口集聚，老龄化程度高，人口老龄化快速发展叠加家庭小型化和少子化，社会化的养老服务需求急剧增加。让老年人生活更安全、更便捷、更幸福，是新时代大城市积极应对人口老龄化，推进养老服务高质量发展的重要内容。大城养老难，难在养老资源需求和供给空间上的不匹配不协调。破解大城养老难的问题，需要从民生和发展的角度，加大优质适老宜居环境供给，不断健全养老服务体系，着力满足老年人多层次多样化养老消费需求，推动城市建设和治理的全方位适老化转型。

## 一、原居养老与适地养老

居家养老是老年人最普遍的一种养老方式，但居家养老并不简单意味着原居养老。对很多老年人来说，居家养老与原居养老是一致的，即在自己一直居住的家和社区中老去。但对一些人来说，原居养老则不是最令人满意的，比如住房条件过度拥挤、通风差、光线差，基础设施配套差，或者离子女太远等，这些都会给老年人的日常生活以及健康带来诸多不便。

《联合国老年人原则》提出的第一项原则"独立"，列举了6项准则。其中，第五条准则为"老年人应能生活在安全且适合个人选择和能力变化的环境"，第六条准则为"老年人应能尽可能长期在家居住"，这两条准则既强调了居家养老对于老年人的重要性，同时也指出老年人把家安在哪里是会发生变化的。这进一步提示我们，要突破居家养老等于原居安老的思维，对于一部分老年人来说，搬到更安全、更舒适、更适合他们生活需要和健康状况的环境，对于提升全生命周期生活质量、优化健康老龄化生命轨迹，无疑是更好的选择。

综上可见，除了原居安老，居家养老还有一种重要形式就是适地养老，也就是老年人根据自己的健康状况、生活需求和个人偏好等，搬迁到自己喜欢和适合的居家环境安度晚年。破解大城养老难问题，应积极鼓励老年人适地养老，积极推动老年人换房养老、异地养老、旅居养老等。

## 二、适地养老需求不断增长

自 20 世纪 80 年代到 20 世纪末，20 年间形成的城镇老旧小区建筑面积至少有 40 亿平方米，远超棚改房的面积。从现有情况来看，老年人面临着诸多居住问题。城市老年人整体住房条件满意度不太高，还有相当比例的老年人居住在老旧住宅和小区。2015 年第四次中国城乡老年人生活状况抽样调查数据显示，城镇老年人对住房条件满意的比例为 50.7%，29.5% 的老年人居住在 20 世纪 70—80 年代建成的房子中，31.7% 的老年人居住在 20 世纪 90 年代建成的房子中。由于受到建设年代和建设标准制约，老旧小区不适老问题更为突出，没有电梯的老房子多，而且周边用地紧张，养老配套难。另一方面，适老化改造面临多方面的现实制约因素，通过改造现有空间和设施的途径解决所有老旧环境中的不适老不宜居问题不太现实。因此，我们应该认识到，对于有些老年人来说，原居并不必然安老，原居不动可能是他们没有更好的选择，只好"被困在原地"。这就要求通过政策创新和规划创新，在更大范围内促进人口和资源流动，优化城市养老资源空间布局，推动城市功能完善和适老化转型。

当前很多城市，特别是大城市的中心城区、老城区，老旧小区多，而且人口老龄化、高龄化程度都比较高。随着社会经济的发展和人民生活水平的提高，城市老年人追求健康养老生活、主动改善居住品质的愿望不断增强，换房养老、适地养老的需求自然也在快速增长。比如，不少老年人希望将小房换大房，与家人共同居住，或者搬到离子女更近的地方；从无电梯房换成电梯房；从老旧小区换到环境更好或者养老服务配套更好的小区。还有的老年人开启了旅居养老、候鸟式养老等新模式。从其他国家情况来看，人口老龄化的过程往往会伴随着老年人的迁移，既包括短距离改善型迁移，即从城市中心向郊区扩散或者从郊区向城市中心集聚，还包括长距离的跨城迁移。有研究指出，我国老年迁移人口快速增长，其中退休迁移者规模最大，失能迁移者增长最快，住房改善型的退休迁移在发达地区大城市比较集中。未来，伴随老年人口内部群体更替，老年人需求格局也将发生明显变化，他们不仅仅满足于生存保障型的老年生活，而且对于养老生活的规划性和自主性更强，对健康养老、宜居环境的需求更为强烈。为了获得更好的居住环境和养老照料，我国老年人适地养老的需求和规模将会越来越大。

## 三、全方位推进适地养老

面对大城养老的复杂性和严峻性，我们需要树立适地养老也就是让老年人在适合的地方生活和养老的理念，积极优化居住和养老服务资源的空间布局。一方面，从供给端促进城市适老化改造提质扩面，改善老年人原居安老品质，惠及更多老年人；另一方面，要让老年人的居住和生活多一些选择，多一种可能，通过换房而居、异地而居，获得更好的养老居住品质和服务保障。因此，要按照大城市以及城市群一体化发展方向，在更大范围和空间内规划和配置养老资源，实现城市内部不同区域以及城市间的优势互补和共建共享。

一是推进老年人居家适老化改造。通过政府补贴、产业引导和家庭自负的方式，鼓励更多的家庭开展居家环境适老化改造，建立完善老年人居家环境适老化改造机制，优化服务流程，提炼出不同场景的适老化改造标准，为老年人提供一站式改造服务。在人口老龄化程度较高、条件成熟的街道推动家庭养老床位建设，把专业养老服务和适老化生活环境送上门。实施养老服务设施适老化改造提升工程，加强对老城区陈旧设施的升级改造，推动社区养老服务设施面积和适老化水平双达标。

二是建立老年友好型住房制度。有研究者指出，要在住房规划设计、买卖、租赁、物业管理等全流程各环节，充分考虑到老年人权益保障问题。一方面，针对换房养老中存在的实际困难，鼓励金融行业在政策允许范围内，为年龄较高、有资金困难的老年人提供适合的融资解决方案。另一方面，鼓励企业产品创新。无锡有企业曾推出"房屋以旧换新式养老"，老年人可用旧房换取养老公寓居住权，好处在于按市场价以旧换新，老人不用多跑腿，而且养老公寓居住起来更为适老。

三是加大适老宜居居住环境的供给侧改革。按照"区位适宜、配套齐全、便于启动"的思路，加大在规划用地、市政配套等方面的政策支持，鼓励规划和建设普惠型老年友好型、家庭友好型生活社区。合理配置老年住宅、老年公寓、养老照护设施以及"一老一小"家庭设施，强化医疗卫生、养老服务等公共资源配置，满足老年人家庭适地养老需求，促进老年人在城市内部以及城市群城市之间的有序流动，缓解城市不同区域人口老龄化程度与居住环境品质、养老服务资源之间不匹配不适应的矛盾。

四是加强资源统筹，建立养老服务资源共享机制。首先建立"1+1"城区养老服务联合体。一方面，积极推进市区和郊区联合发展，推动城市中心养老机构在外围地区外扩和落地。支持发展康养小镇，更好承接中心城区养老功能外溢。另一方面，推动建立以大城市为中心的都市圈养老服务联合体。建立各类养老服务政策随着老年人走、补贴跟着服务机构转的协同机制，加强都市圈在养老服务人才培养、设施适老化、服务标准化、管理现代化等方面开展全方位的交流合作机制，积极推动城市群内老年人异地养老、旅居养老，有序引导老年人异地康养。

（发表于《中国民政》2022 年第 3 期）

# 加快老年友好型金融环境建设

方　彧

人力资源社会保障部、财政部、国家税务总局、银保监会、证监会联合发布《个人养老金实施办法》（以下简称《办法》），对个人养老金参加流程、资金账户管理、机构与产品管理、信息披露、监督管理等方面进行了具体规定。这是贯彻落实《国务院办公厅关于推动个人养老金发展的意见》（以下简称《意见》）的具体举措，是我国多层次、多支柱养老保险体系建设的又一重磅文件，标志着我国在探索建立中国特色积极应对人口老龄化道路上又迈出坚实的一步。

2022 年 4 月发布的《意见》确立了我国第三支柱养老保险的基础制度框架，从顶层设计拉开了个人养老金制度有序发展的序幕。在《办法》发布后，一系列配套政策措施随即密集出台。比如，在税收优惠方面，财政部、税务总局联合发布《关于个人养老金有关个人所得税政策的公告》；在机构与产品管理方面，证监会发布《个人养老金投资公开募集证券投资基金业务管理暂行规定》，银保监会发布《关于印发商业银行和理财公司个人养老金业务管理暂行办法的通知》《关于保险公司开展个人养老金业务有关事项的通知》。2022 年 11 月 25 日，人力资源社会保障部会同财政部和国家税务总局印发《关于公布个人养老金先行城市的通知》，公布了 36 个先行城市（地区）名单，个人养老金制度正式在先行城市（地区）落地实施。个人养老金制度及相关配套实施细则陆续落地，"个人养老金"时代正在来临。

个人养老金步入快车道发展对我国老年友好型金融环境建设提出了

更高要求，同时也为我国老龄金融高质量发展带来新的机遇。

## 一、践行积极老龄观、涵养健康老龄化理念是建设老年友好型金融环境的基本要素

从个人养老金参加人来看，个人养老金实质上是劳动者个人的"财富储备"，是对未来养老品质生活的未雨绸缪。《办法》明确个人养老金是"个人自愿参加"的制度。那么，劳动者的参与意愿就成为个人养老金发展的关键性要素。就个人而言，在长寿时代大背景下，不仅要积极看待老年生活，更要积极做好人生规划、打好健康基础、做好财富储备。

据预测，"十四五"时期我国60岁及以上老年人口总量将突破3亿，占比超过20%，进入中度老龄化阶段。2035年左右，60岁及以上老年人口将突破4亿，占比超过30%，进入重度老龄化阶段。人口老龄化已然成为我国中长期发展的基本国情，实施积极应对人口老龄化国家战略、探索中国特色积极应对人口老龄化道路是推进中国式现代化进程中所要面临的重大课题。2021年11月发布的《中共中央 国务院关于加强新时代老龄工作的意见》提出，着力构建老年友好型社会。建设老年友好型金融环境是构建老年友好型社会的重要组成部分，全社会进一步树立积极老龄观、涵养健康老龄化理念成为当下建设老年友好型金融环境的基本要素。

## 二、老年友好型金融环境建设应逐步从"金融服务适老化改造"的初级阶段过渡到"以产品为核心竞争力"的进阶阶段

从个人养老金产品来看，其种类主要包括储蓄存款、理财产品、商业养老保险、公募基金等。《办法》明确，参加人自主决定个人养老金资金账户的投资计划，包括个人养老金产品的投资品种、投资金额等。因此，基于个人养老金账户的唯一性，各大金融机构能否成功吸引客户在

本机构开立账户仅仅是其开展个人养老金业务的第一步。能否开发出"具备运作安全、成熟稳定、标的规范、侧重长期保值等基本特征"且具有核心竞争力的个人养老金产品才是各大金融机构在"个人养老金"时代真正面临的"大考"。

近年来，我国在金融服务适老化改造、帮助老年人跨越数字鸿沟等方面进行了大量有益探索和实践，为老年友好型金融环境建设奠定了扎实基础。2020年12月，人民银行办公厅发布《关于提升老年人支付服务便利化程度的意见》；2021年3月，银保监会发布《关于银行保险机构切实解决老年人运用智能技术困难的通知》等文件。然而，以金融服务适老化改造为代表的老龄金融服务水平提升仅仅是我国老年友好型金融环境建设、老龄金融高质量发展的初级版本。各大金融机构要以个人养老金产品开发为契机，充分把握不同年龄群体的特征和个性化金融需求，逐步形成以产品为核心竞争力的老龄金融服务体系。

## 三、加强老年金融消费者权益保护是建设老年友好型金融环境的重要着力点

《办法》明确，个人养老金产品"应当具备运作安全、成熟稳定、标的规范、侧重长期保值等基本特征"。同时指出，个人养老金产品销售机构要以"销售适当性"为原则，依法了解参加人的风险偏好、风险认知能力和风险承受能力，做好风险提示，不得主动向参加人推介超出其风险承受能力的个人养老金产品。由此可见，"安全性"是个人养老金实施过程中的一个关键性指标。

2022年，全国开展了打击整治养老诈骗专项行动。从已发布的养老诈骗典型案例来看，非法集资和非法吸收公众存款在养老诈骗案件中的比例较高。其背后反映的是广大老年人对"理财""增值"的强烈需求和对富足老年生活的美好向往。因此，以个人养老金制度落地为契机，进一步加强老年金融消费者权益保护是建设老年友好型金融环境的重要着力点，也是金融工作的人民性的重要体现。

## 四、老年友好型金融环境建设还需进一步加强政策协同

从个人养老金参与方来看，既有参加人个人、金融机构，也涉及政府部门等。因此，个人养老金制度的落地是一项系统工程，需要政策协同、形成合力。金融是现代经济的核心，是推动经济社会发展的重要力量。老年友好型金融环境建设必须与经济运行、社会保障、民生福祉、文化建设等社会发展各个环节相结合。只有确保相关政策制度目标一致、功能协调、衔接配套，才能真正意义上建成老年友好型金融环境，才能真正意义上打造老年友好型社会，实现老年人共享改革发展成果、安享幸福晚年。

（发表于《健康报》2021 年 4 月 13 日）

（发表于《中国人口报》2022 年 12 月 7 日理论版）

# 旅游养老需求不可忽视

王海涛

截至 2020 年年底，全国 60 岁及以上老年人已达 2.6 亿，占总人口的比重约为 18.4%。如此庞大的老年群体，特别是大约九成以上都是健康活力老年人，他们有时间、有精力，也有一定的经济基础和提高生活品质的愿望，对老年旅游（又叫候鸟养老、旅居养老）服务的需求越来越强烈。全国老龄工作委员会办公室的相关调查显示，每年旅游的老年人数量已经占到全国旅游总人数的 20% 以上。旅游成为健康活力老年人群体的重要养老服务需求之一。

2017 年中国老龄科学研究中心老龄战略研究所在全国 50 家开展过旅游养老的机构调查老年人旅游情况，结果显示近四成老年人参加过旅游养老。除了明确表示没有时间或没有兴趣的老年人以外，阻碍老年人旅游的主要原因是他们获取旅游养老信息的渠道有限。调查同时显示，受教育程度越高，老年人旅游的意愿越强烈。老年人旅游的费用主要来自于养老金、退休金和子女支付，经济情况越好，老年人旅游的频次越高，多集中在每半年一次或每季度一次。

## 一、产品应契合老年人需求

有业内专家认为，按照每位老人一年平均旅游 3 次，每次旅游消费 1500 元计算，我国老年旅游市场规模达到近 10000 亿。由于老年人对价格比较敏感，他们往往成为节假日后错峰游的主力军，不仅推动形成了旅游淡旺季市场的互补，也直接扩大了旅游业淡季业绩增长的空间。

根据老年旅游市场的特征，具有度假属性的休闲产品是老年旅游市场的主导产品，度假住宿、康体疗养两大产品有望成为未来老年旅游的主流产品。

在设计旅游养老产品时，要按照老年人对时间、交通、居住等偏好进行设计。对大多数老年人来说，旅游养老产品的持续时长一般不超过20天，经济情况越好的老年人越能接受时间较长的行程。

老年人更愿意去名胜古迹、园林景区、海滨沙滩等旅游，交通工具方面一般会选择飞机或者高铁出行，住宿倾向酒店或者养老机构。应丰富旅游养老产品的类型，以满足老年人多样化需求，行程安排应足够详细，在控制价格的同时尽量满足老年人对环境、饮食和服务的要求。同时建议统一为老年人购买旅游保险。

中国老龄科学研究中心老龄战略研究所的调查显示，通过各种养老机构推荐获取信息是被访老年人最主要的获取旅游信息的方式，此外包括通过报纸、电视、手机资讯了解，以及子女、亲戚介绍等。因此，旅游养老机构在进行产品宣传时，既应注重和养老机构的合作，也需结合各类传统媒体和新媒体的传播。

老年群体是对价格比较敏感的消费群体，绝大部分被访老年人（91.6%）愿意为单次旅游支付的费用低于5000元，大部分被访者在旅游养老中每天能接受的花费为200元以内，只有13%左右的老年人表示愿意把钱花在养生或购买特产方面，因此旅游养老机构应灵活调整产品定价。

## 二、优质服务要跟上

当前全国旅游养老服务还存在一些问题。例如旅游养老产品的相关规范全国没有统一的标准，包括价格标准、服务标准、赔偿标准、旅游标准等。制订统一的标准，有助于老年人提前了解相关标准信息，规范管理市场。

与此同时，由于老年旅游服务价格低、利润低、风险多、要求多等特点，各机构对于老年旅游线路的开发并不热心，产品相对比较单一，老年人的多样化、多层次的服务需求远未得到满足。

适老化配套设施有待完善。老年游客往往希望在一个地方停留较长的时间，期间涉及吃、住、休闲、购物等各类需求，配套设施越完善，旅客消费额往往越大，老年人也不例外。

当前旅游养老市场还缺少信息化的管理平台，具体来说，包括对老人的管理，如健康信息、老人病历、联系人信息、健康评估等。同时还应对全国为老年人提供旅游服务的相关机构进行统一管理，包括机构情况、服务内容、收费标准等。

老年旅游的市场不断壮大，与此同时也滋生了一些乱象。例如老年人参团被加价是旅游市场中存在的潜规则之一。另外，虽然国家相关规定明确要求旅行社不得拒绝 60 周岁及以上的老年人参团，但不同的旅行社对老人出境游体检机构与体检项目的要求，以及年龄限制等也大相径庭。由于老年人对价格敏感，且应对强制购物和自费等现象时维权意识较低、沟通能力有限，很容易掉进低价团"陷阱"。

## 三、医疗旅游产业刚刚起步

当前，我国医疗旅游产业整体还处于起步阶段，缺乏优质、完善、全程的医疗旅游服务及支撑系统。应加快对各旅游地点医疗资源的深入开发和整合，满足老年人对医疗旅游服务的迫切需求。为应对老年人在旅游过程中突发疾病，应完善紧急救治机制，降低老年人在旅游过程中发生意外的风险。

此外，现有的旅游产品或是倾向于旅游功能忽略了养老医疗等配套设施建设，或是养老功能完善而旅游条件不足，且多是从旅游地产开发的角度进行产品设计，业态单一，老年医疗保健、休闲文化产业鲜有涉及，没有充分发挥银色医疗产业链的价值。

总之，当前和未来一段时间，健康活力老年群体对老年旅游服务的需求会越来越强烈，老年旅游服务的发展程度也关系着广大老年群体生活品质是否能有效提升。无论是政府、市场、社会和家庭都需认真对待，相关部门应在"十四五"期间做出有针对性的制度安排。

（发表于《健康报》2021 年 4 月 13 日）

# 积极涵养健康老龄化理念

欧阳铮

日前，北京市老龄工作委员会办公室、北京市老龄协会发布的《北京市老龄事业发展报告（2021）》指出，北京 60 岁及以上常住人口在常住总人口中占比超过 20%，北京正式进入中度老龄化社会。在此之前，上海、江苏、浙江等省市已步入中度老龄化社会。

面对老龄化带来的挑战，帮助老年人实现健康老龄化变得更加重要和紧迫。即要使老年人在身体、精神和社会功能方面保持良好的状态，预防疾病的发生并支持其治疗。此前，国家卫生健康委等 15 部门联合印发《"十四五"健康老龄化规划》（以下简称《规划》）提出，到 2025年，老年健康服务资源配置更加合理，综合连续、覆盖城乡的老年健康服务体系基本建立，老年健康保障制度更加健全，老年人健康生活的社会环境更加友善，老年人健康需求得到更好满足，老年人健康水平不断提升，健康预期寿命不断延长。

《规划》为推动老年健康服务高质量发展描绘了清晰的路线图，其中"强化健康教育，提高老年人主动健康能力"被放至首条。国家政策文件中提出"主动健康"这一概念，意在关口前移、预防先行。主动健康，意味着在依靠外部力量维持老年人的生活尊严和质量之外，更需要促使老年人主动通过内部力量保持健康，在身体、精神和社会功能方面都保持良好的状态。这不仅可以提高老年人个体健康水平，保障生活质量，还能为家庭减负，为社会节约更多的公共医疗资源。

推动老年健康服务高质量发展，加快主动健康目标在老年人群体中的落地，关键的抓手应是促进健康行为。推动主动健康，促进健康行为，或可从以下几个方面着手。

调动老年人关于疾病预防的主动意识，提高老年人的健康素养，需要全方位加强健康教育，以高健康素养水平促进主动健康。根据健康状态，老龄化人口大致可分为三类人群：健康老龄化人群、常态老龄化人群和病态老龄化人群。其中，病态老龄化人群需要重点防治；健康老龄化人群是社会和个体所努力的方向和目标；而常态老龄化人群则充分具备可塑性，也应是老龄化工作的重心。

规范媒介信息传播，让老年人能高效便捷获取优质健康信息。当下，互联网已成为健康信息传播的主要载体之一。然而，老年人对互联网的应用情况不容乐观，集中表现为对良莠不齐的信息甄别能力不足、使用互联网主动获取内容的能力不够等，极易产生误判，甚至落入诈骗陷阱。因此，短期来看，净化网络生态、阻止虚假信息传播、丰富优质健康信息供给很有必要。而从长远来看，则应不断增强老年人群体的媒介素养，通过各种"反哺"计划等缩减代际信息鸿沟。

对于健康行为的坚持，是老年人保持健康状态的重要影响因素。不过，由于老年人受教育程度不同，对健康的认知和理解也各异，因此健康行为的促进主体，除了老年人自身外，也需要家人、社区及政府等外部力量协助。其中，社区在老年人健康行为促进方面大有可为。社区的护理干预，包括心理咨询、健康知识科普、慢性病跟踪随访、医疗保健指导等，都对促进老年人健康行为有很大的帮助。

关注老年人的健康行为及生活方式，有助于推动实现全社会老年人的健康老龄化，这也是我们积极应对人口老龄化的必然要求。引导全社会树立积极老龄观，并将健康老龄化理念融入经济社会发展全过程。我们定能将挑战转化为机遇，探索出一条适合中国国情的应对老龄化挑战之路。

（发表于《光明日报》2022 年 09 月 07 日）

# "十四五"时期我国老龄产业发展趋势及思路

杨晓奇

## 一、引言

"十四五"时期是我国发展老龄产业的战略机遇期。一方面，面对日益严峻的人口老龄化，党的十九届五中全会提出要实施积极应对人口老龄化的国家战略，积极开发老龄人力资源，发展银发经济。此后，发展银发经济被纳入到《中华人民共和国国民经济和社会发展第十四个五年规划和 2035 年远景目标纲要》当中。2021 年发布的《中共中央国务院关于加强新时代老龄工作的意见》和 2022 年发布的《"十四五"国家老龄事业发展和养老服务体系规划》对发展银发经济做了系统部署和安排。另一方面，随着新型冠状病毒感染疫情在全世界肆虐，我国宏观经济面临很大下行压力，老龄产业作为经济发展的一个新的增长点，对于稳定经济增长意义重大，对此，要加大力度发展老龄产业。

## 二、"十四五"时期老龄产业发展面临的需求环境

### （一）老年人口增加开始提速

受到新中国成立后人口出生高峰的影响，老年人口的增长速度并不是平稳的。受第一次人口出生高峰的影响，2009 年到 2018 年我国老年人

口快速增长，年均增长840万人。2018年到2022年，老年人口增长率放缓，年均增长720万左右。受第二次人口出生高峰的影响，2022年到2036年我国老年人口急速增长，年均增长1106万，"十四五"时期是我国老年人口进入急速增长的转折期。老年人口增长开始提速，为老龄产业发展带夯实了需求基础。

## （二）独居、失能、高龄老年人持续增加

随着老年人规模的不断扩大，风险老年人家庭和需要照料的老年人规模不断扩大。一是空巢独居老年人不断增加。调查数据显示，2015年我国仅与配偶居住和独居老年人占到51.3%，其中独居老年人占到13.1%。未来我国空巢独居老年人口规模还将增加。二是失能老年人数量不断攀升。中国到底有多少失能老年人，不同的调查有不同的数据，综合不同调查，我们认为老年人失能率基本在10%~13%，按照这个比例计算，2021年我国60岁及以上老年人2.67亿，其中失能老年人大概在2600万到3400万。随着老年人规模的不断扩大，失能老年人也会持续增长。三是高龄老龄年人数量不断增长，预计"十四五"期间突破3000万，21世纪中叶超过1亿。无论是独居、失能还是高龄老年人，都需要多样化、多层次的服务、产品来满足，这为老龄产业发展提供了强大动力。

## （三）独生子女一代父母开始步入中高龄

独生子女一代出现彻底改变我国依靠家庭力量养老的传统模式。"十四五"时期，独生子女一代的父母即将步入中高龄阶段，身体健康状况将会越来越不乐观。一般来说，大部分低龄老年人健康状况尚可，中高龄老年人老年健康状况明显下降。调查数据显示，60~64岁老年人中认为自己身体健康非常好或比较好的占比40%左右，而在75~79岁的老年人中这一比例只有25%。从失能率来看，70岁以后老年人失能率呈加速上升态势。满足独生一代父母养老的需求，必须大力发展老龄产业，加快发展机构服务、医疗服务、护理服务、康复服务，利用社会化的服务弥补家庭养老力量的不足。

## （四）低龄老年人的需求更加多样化

随着经济社会的发展，目前不断进入老年期的这些人的平均文化程度都比以前退休的那些人更高。调查数据显示，2015 年，我国老年人口中初中和高中文化程度占比为 25.8%，大专及以上文化程度占比 3.1%。与 2000 年相比，分别提高了 14.3 个和 1.1 个百分点。健康状况更好，人均预期寿命 2000 年为 71.4 岁，到 2020 年达到 77.9 岁。积累的财富更多，退休金更高。他们退休以后，比以前的老年人更有能力追求高质量的生活，不仅有物质方面的需求，更有精神方面的需求。事实上，不同的个体对精神层面的需求是不同的，这也就决定了老龄产业要满足广大老年人多层次、多样化的需求。

# 三、老龄产业重要领域现状

近年来，大力发展老龄产业的共识基本形成，政府对老龄产业的扶持政策不断出台，部分领域产业发展初具规模，产值不断提高，提供的就业岗位不断增加。下面重点介绍老龄文化、老龄服务、老龄用品、老龄金融、老龄宜居、老龄健康等领域产业发展状况。

## （一）老龄文化产业

老龄文化产业是老龄产业的顶层产业，包括教育、文化、旅游以及休闲娱乐等产业，既涉及产品也涉及服务。老年教育近年来发展较快，但市场化程度不高。2016 年，国务院印发了《老年教育发展规划（2016—2020 年）》（国办发〔2016〕74 号），推动老年教育加快发展。目前，我国各级各类老年大学（学校）已超过 7 万所，在校学员超过 800 万人。办学主体既有政府、高校、事业单位、基金会，也有企业，呈多元化趋势。师资力量不断加强，教学内容不断丰富，基本形成了省、市、区（县）、街道（镇）、社区（村）五级办学网络。相对于需求而言，我国老年教育资源存在总量上的短缺和结构上失衡。从总量上看，教育资源短缺，一方面是由于政府投入的教育经费比较少，另一方面是盈利模式不清晰，社会资本投入的积极性不高，市场化力量不足，老年教育产业还没有形成。从结构上看，那些办学条件好的老年大学，课程内容丰富，往往一座难求，而那些办学条件差的老年大学，很难招到学生，有些社区老年大学缺乏吸引人的课程难以为继。老年旅游产业近年来也有了快速增长，一批老年旅游目的地和旅游线路产品初步形成，专业的老年旅游指导机构和供给商不断增多，旅游模式不仅限于观光旅游，旅居养老、医疗旅游、乡村旅游等旅游模式加快发展。2019 年，我国老年（60 岁及以上）旅游人数占全国旅游总人数的比例超过 20%，老年旅游市场规模超过 1 万亿元。但从总体上上看，我国老年旅游专业化水平不高，品牌尚未形成，旅游产品良莠不齐，人才缺乏，旅游场所公共服务适老化水平不足。

## （二）老龄服务产业

老龄服务业是老龄产业中相对比较成熟的一个产业，市场需求量大，企业投资热情高，政府也非常重视。

老龄服务产业的政策密集出台。相对于老龄产业中的其他行业，老龄服务业是政府出台政策最多的领域。2013 年，国办印发了《关于加快发展养老服务业的若干意见》（国发〔2013〕35 号），这是近年来支持养老服务业发展的第一个重要文件，开启了养老服务业的快速发展模式。此后，国家层面相继出台了《关于全面放开养老服务市场提升养老服务质量的若干意见》（国办发〔2016〕91 号），《关于加快推进养老服务业放管服改革的通知》（民发〔2017〕25 号），《关于推进养老服务发展的意见》（国办发〔2019〕5 号），《民政部关于进一步扩大养老服务供给，促进养老服务消费的实施意见》（民发〔2019〕88 号），《关于推进养老机构"双随机、一公开"监管的指导意见》等若干意见。意见从土地政策、财政政策、投融资政策、监管政策、人才政策等各个方面给产业发展提供了支持。在国家政策出台之后，地方政府相继出台了类似的扶持政策。

老龄服务的市场规模逐步扩大。从市场组织来看，不同类型的老龄服务的市场组织纷纷进入老龄服务市场，不断扩大老龄服务的投资。房地产商、商业性或非盈利性的老龄服务机构等市场组织是最初的老龄服务市场投资者，后来大型央企、保险资金，外资纷纷进入老龄服务市场，包括医疗、保险、地产、智能科技等类型的组织进入市场中，快速地扩大了市场规模。尤其是大型的国企进入市场，在老龄服务领域实施从上游到下游的全产业链的布局，推动老龄服务市场规模的迅速扩大。从机构养老服务看，截至 2020 年底，全国共有养老机构和设施 32.9 万个，养老床位合计 821.0 万张，床位数比 2013 年增长了 66.29%，老龄服务取得了较快发展。

智慧养老服务快速发展。随着新一代信息智能技术和老龄服务业的融合，智慧养老快速发展。2017 年工信部等部门专门下发了加快发展智慧健康养老产业的文件，资本纷纷进入智慧养老领域。很多机构或智能科技企业建立信息平台，使老龄服务的供给和老年人的需求对接更精确，更及时。智慧养老模式同时也融合居家社区和机构服务，实现了老龄服务资源的整合利用，解决了服务资源分散化、碎片化利用，提高了资源利用效率，也促进了老龄服务的快速发展。

## （三）老龄用品制造产业

随着老年人口规模的不断扩大，我国对老年用品的重视也不断提高。目前，我国基本形成了集研发、生产和服务为一体的老龄用品制造产业体系。老年用品的种类已经由最初的保健食品、医疗器械、药品扩展到电子电器，康复器具，生活辅助类产品。但相对于发达国家的老龄用品制造产业，我国无论从种类还是技术含量上都有相当大的差距。据统计，全世界有六万多种老年用品，日本有四万多种老年用品，我国仅有六千多种。

老龄用品制造产业行业发展不均衡。按照中老年人的不同需求对产品进行划分，老龄用品制造产业的产品大体包括日用品、服饰、辅助生活器具、助行器材、电子电器、保健用品、医疗器械、医药用品、护理用品、殡葬用品等。这十类老年用品中，保健品起步较早，发展速度也比较快，市场规模也比较大。据测算，2015 年我国国内老年养生保健品消费市场规模约为 2232.23 亿元，比上年增加 12.3%。老年医药用品市场规模增长也比较快，一般来说，75 岁以上老年人的用药消耗基本上是 65 岁以下人群的 5 倍，因而老年人用药占到总体药品消费的一半。随着我国老年人规模不断扩大，未来老年人药品消费会快速增加。医疗器械行业发展一直处于上升趋势，2018 年医疗器械生产企业达 17236 家，十年增长 31.2%，其中中小企业占到 90%，主营收入年平均在 3000 万～4000 万。研发投入费用平均占到总营业收入的 3%～5%，逐年上升。康复辅具产业发展势头逐步加快，2019 年市场规模约为 6495.5 亿元，生产企业近 500 家，配置机构 2000 多家，从业人员 1 万多人。产品数量快速增长，每年生产假肢约 7 万件，矫形鞋 12 万只以上，矫形器 13 万件以上，轮椅 350 万辆以上。截至目前，出台 101 项国家标准，5 项行业标准，康复辅具领域初步建立了标准化体系。老年服饰和老年日用品发展相对比较滞后，老年服饰不到服装市场的 5%，老年日用品市场没有引起企业足够的重视。整体来看，相对于老龄服务，老龄用品的发展并未受到足够的重视，目前市场上的老龄用品质量、环保、技术以及适老化程度都还很低，而且 80% 产品依赖进口，真正国产的很少，整个产业处于起步阶段。

## （四）老龄健康产业

老龄健康产业是老龄产业中的基础产业，其未来的发展方向是提高健康产出，而不是提高医疗药品产出在 GDP 中的比重。从全生命周期来看，健康产业包括健康管理、体育健身、疾病预防、慢病治疗、康复护理等各方面。在体检市场，主体仍然是医疗机构，包括医院、基层医疗机构、专业公共卫生机构以及其他医疗卫生机构。民营体检机构也在快速发展，体检人次和机构数量不断增长，出现了美年健康、爱康国宾等全国性或区域性的体检机构，体检的服务质量向高端发展，2016 年，体检行业规模超过 1100 亿元。民营医疗机构也在快速发展，2015 年，民营医院数量首次超过公立医院。康复服务加快发展，目前全国二级以上的综合医院普遍设立了康复医学科，20 多万社区建立了社区康复服务站。

运动康复是康复服务的新业态，目前的运动康复机构以民营为主，主要集中在北京、上海和广州等一线城市，北京有 20 多家运动康复机构。

### （五）老龄金融产业

随着个体寿命的不断延长，退休后的生活就需要在工作期间做好安排，老龄金融产业逐步发展起来。目前，很多市场主体开发出一些老龄金融产品，以满足长寿社会的需要，但是老龄金融还没有形成一定的业态。

银行类金融机构开发的老龄金融产品主要包括养老理财产品和住房反向抵押贷款。近年来，很多商业银行都发行过养老理财产品，这些产品和其他普通的理财产品没有太大区别。为了进一步推动养老理财产品的发展，2021 年 9 月 10 日，银保监会发布《关于开展养老理财产品试点的通知》，选择"四地四家机构"开展养老理财产品试点。这些理财产品投资期限基本在 3 年以上，以固定收益类产品投资为主。开展养老理财产品试点意味着养老理财产品发行开始步入正轨，也意味着监管机构对养老理财产品的监管逐渐加强。住房反向抵押贷款其目的是盘活老年人拥有的住房，为老年人养老提供经济保障。目前为止，中信银行和兴业银行开发过相应的产品。此外，一些长期的养老储蓄产品也属于银行类老龄金融产品。

保险类金融机构开发的老龄金融产品主要包括商业养老保险、住房反向抵押养老保险和养老保障管理产品。目前我国商业养老保险的密度约为 339.74 元 / 人，保险的深度为 0.48%。整体来看，商业养老保险虽然在发展，但无论是密度还是深度，都远远低于发达国家，如美国个人退休账户（IRA）的养老保险密度为 1258.7 美元 / 人，保险深度为 2.3%。住房反向抵押养老保险与银行提供的住房反向抵押贷款类似，旨在利用老年人的房产为老年人提供经济保障。目前，幸福人寿推出了"幸福房来宝"产品成为市面上第一款住房反向抵押养老保险产品。养老保障产品包括团体和个人养老保障产品，团体养老保障产品 2009 年开始发展，个人养老保障产品 2013 年开始发展。截至 2019 年末，养老保障管理业务已经突破 1.1 万亿，其中个人养老保障业务占比超过 95%。

基金类金融机构开发的老龄金融产品主要指的是养老目标基金，是指以追求养老资产的长期稳健增值为目的，鼓励投资者长期持有的公开募集证券投资基金。2018 年 8 月，证监会正式批复了华夏、南方、广发等 14 家基金公司的 14 只基金成为首批养老目标基金产品。截至 2022 年 1 月 18 日，市场共有养老目标基金 177 只，市场规模超过 1000 亿。信托类金融机构开发的老龄金融产品主要包括养老消费信托、养老金融信托、养老产业信托。养老消费信托数量少，规模小，门槛低，目前已有低于 100 元的普惠化个人消费信托产品入市。养老金融信托的门槛比较高。国内最早的养老金融信托产品是兴业银行与专业信托公司联合推出的"安愉信托"，委托人要求认购金额最低为 600 万元，一次性认购，可以灵活指定初始受益人与后备受益人，自认购 3 年封闭期后的任何一年开始，可选择一次性支付或按季度支付。养老产业信托在市场上较多，约有 9 款，尤其是康养项目的数量较多。

### （六）老龄宜居产业

随着老龄社会的到来，宜居的概念日益凸显。目前的家庭住宅、社区环境以及交通出行等设施等都亟待适老化，宜居环境的建设迫在眉睫。从产业的角度来看，主要包括增量的建设和存量的改造。增量的建设主要在老年住宅和综合性养老社区、养老服务机构的建设和开发。老年住宅和综合性养老社区发展相当快，主要定位在高端老年人群，确实也满足了部分老年人的需求，但是在发展过程中存在圈地卖房子的嫌疑。很多开发商受到房地产市场调控政策的影响，于是转型到老龄房地产领域，但由于对老年住宅和综合性养老社区缺乏深入的了解，匆匆上马，建设了大量房子，后续的服务难以持续，跟正常的房地产开发没有太大的区别。很多开发商在市内拿不到土地，就选择在郊区和风景名胜区建设，入住率不高，运转举步维艰。更有开发商通过会员制、服务费提前趸交、床位费用趸交等形式拿到巨量资金，缓解了项目运行的资金压力，但资金链存在断裂的风险，交款人的权益难以得到保障。存量的改造主要包括住宅的适老化改造、小区环境的适老化改造、出行环境的适老化改造。目前住宅的适老化改造还没有形成产业化规模，主要通过政府补贴的形式为政府兜底的高龄、失能、残疾老年人群提供改造，加装电梯是其重要的内容。全国 2000 年以前建成的小区近 17 万个，粗略估算，需要加装 250～300 万部电梯，市场规模前景可观，但在实际当中由于与居民沟通难题、沉淀资金量大、盈利模式待解、回本周期长等原因让社会资本望而却步。以北京市为例，北京老旧小区数量为 5100 个，2019 年北京加装电梯完成 555 部，累计完成 1462 部，加装电梯仍有很大缺口。

## 四、老龄产业发展面临的问题

### （一）老龄产业顶层设计滞后

党的十八大以来，在一系列政策的支持下，民间资本进入老龄产业市场的热情不断增加，老龄产业迎来了快速的发展。但在实践当中，仍然存在很多问题，产业政策体系不完善，产业发展不均衡，供给和需求不对称等。之所以这样，重要原因是老龄产业发展的顶层设计滞后。目前我国老龄产业发展既缺乏中长期规划，也缺乏五年规划。由于没有明确的规划，从政策出台到产业实际发展都处于一种自发状态。这样既不利于老龄产业快速成长，也不利于满足广大老年人的多层次多样化的需求。

### （二）老龄产业的有效需求不足

老龄产业发展缓慢最根本的原因还是有效需求不足，导致老龄产业发展缺乏内生性动力。2020 年我国 2.64 亿老年人，实际领取城乡居民养老保险待遇的人数为 1.6 亿人，这一部分老年人养老金非常低，收入很大部分依靠子女转移。1.27 亿老年人参加城镇职工养老保险，其中大部分是企业职工，2020 年的平均月人均养老金为 2900 元。低水平收入导致老年人能接受的服务价格就很低，调查数据显示，大部分老年人能够接受的机构养老服务价格在 2000 元以下 [1]。随着"60 后"这一代人进入老年期，他们拥有一定的房产以及其他金融资产，消费能力会进一步提升，对老龄产业的发展有可能起到一定的推动作用，但是也要看到，受到传统文化的影响，是否愿意将拥有的资产转化为有效需求，还是一个值得期待的事情。

### （三）管理体制机制尚未理顺

近年来，为了促进老龄产业的快速发展，从中央到地方出台了很多扶持政策，但是由于管理体制机制尚未理顺，很多政策都难以落地，导致政策出了不少，但是效果并没有达到预期。此外，老龄产业中的很多行业处于起步状态，有些行业政府多头管理，多头管理意味着没人管理，即使有规划，也没有部门去落实，行业的发展处于无序当中。因此，落实已经出台的老龄产业政策，应该进一步理顺管理体制机制，明确管理部门，保证打通政策的"最后一公里"。

### （四）老龄产业专业人才缺乏

经济发展是一个产业转型升级的过程，新的产业不断出现，传统产业不断消失。产业转型升级需要人力资源转型升级的配合，否则产业转型升级难以实现。老龄产业是在国家产业转型升级过程中不断涌现出的新的产业，同样面临人才资源缺乏的问题，从管理人才、研发人才、服务人才都面临严重不足，尤其是在老龄服务业中表现最为突出，从基层的养老护理员到从事管理的职业经理人，都很缺乏，人才缺乏成为制约产业发展的重要因素。

### （五）市场组织定位不够清晰

老龄产业市场上产品的同质性严重，从市场的角度看，企业没有对市场进行很好地进行细分，没有对老年人的个性化、多样化的需求进行

---

① 根据中国第四次中国城乡老年人生活状况抽样调查数据计算得到。

精准的识别，而是将老年人看作一个整体，跟着其他企业走，产品难免不受欢迎。其根源在于对市场没有进行深入的调研，对老年人的不同需求没有进行分析，产品满足不了特定群体的需求。找准市场定位，需要挖掘特定老年人群的需求，根据需要生产相应的产品。

### （六）部分行业市场监管力度不足

老龄产业整体还处于起步状态，很多行业的监管还没有跟上，对产业的发展带来不利影响。很多商家生产的劣质产品、提供的低质量服务进入市场，破坏了市场秩序，影响了消费者的信心。一旦消费者信心受到打击，产业的发展就会受到影响。因此，在产业发展的初期，市场监管就应该及时跟进，确保市场主体在竞争中有一个公平的环境。

## 五、老龄产业发展的趋势

### （一）产业跨界融合进一步加强

老龄产业是众多产业的集合，跨界融合是大趋势。老龄产业的跨界融合包括多个方面，老龄产业和老龄事业之间的融合，老龄产业和其他产业的融合，产业之间的融合。老龄产业的跨界融合近年来在老龄服务业中很明显，如金融服务业和老龄服务业之间的融合，保险服务、房地产和老龄服务之间的融合，物业服务和老龄服务之间的融合，反季节性的旅居和养老以及老龄服务之间的融合，农业种植、旅游、老龄服务以及产品之间的融合，各种融合模式都在推动着产业的快速发展。未来，文化产业、健康产业、服务产业、产品制造业、金融服务业、宜居产业之间的融合会进一步加强，新的产业模式、新的业态不断出现，以老年人需求为导向，实现资源的整合和优势互补。

### （二）产业的科技支撑会进一步提高

我国老龄产业的科技支撑能力不断增强，一方面能够解决人口年龄变动带来的劳动力不足问题，如老龄服务业，它是一个劳动密集型产业，由于人口结构老化，年轻劳动力的减少，劳动力成本不断提升。利用人工智能技术，将机器人等产品应用到服务当中，解决劳动力成本上升带来的问题。另一方面也只有不断提高产品的科技含量也才能满足老年人不断增长的需求，促进产业的发展。我国老龄用品制造行业，整体技术含量比较低，自主研发的少，以引进为主，巨大的消费市场被国外产品占据。随着我国经济发展战略的调整，国内消费市场的启动，发展老年用品，只有不断利用新工艺、新材料、新技术、新装备开发适合老年人身心特点和特殊需求的产品，强化安全性、可靠性和实用性，不断丰富产品品种，产品才会有市场，用品产业也才会发展起来。

### （三）产业发展的需求导向进一步增强

产业发展的源动力是需求，没有需求的产业是发展不起来的，老龄产业也不例外，当前，老龄产业发展过程中有些行业需求和供给不匹配，一方面某些行业发展缓慢，产品和服务无人问津，难以满足老年人的需求，另一方面老年人的需求得不到满足，尤其是部分城市老年人的需求得不到满足。归根结底，是市场对老年人的需求了解不清，哪些是老年人的刚性需求，需求弹性比较小，哪些是老年人的一般性需求，需求弹性比较大，都缺乏深入的分析和调研。要实现需求和供给较好的对接，企业必须深入对市场进行调研，从老年人的有效需求出发，精准市场定位，提供满足老年人需要的产品和服务

### （四）产品和服务质量进一步提升

不断提高产品和服务的质量是老龄产业发展的大趋势。党的十九大报告提出要坚持高质量发展，中央经济工作会议提出要开展提升质量行动，"十四五"国民经济与社会发展纲要提出以高质量发展为主线，

高质量发展理念将会渗透到老龄产业中的每一个行业。早在 2017 年，第 14 次中央财经领导小组会议就提出要提高养老院服务质量，几年来，民政部会同其他相关部门相继出台多个文件，不断完善相关标准和

监管制度，持续提高服务质量。未来，在政策的驱动下，老龄产业的发展将会从追求数量速度的外延式发展转向质量效益的内涵式发展，企业需要在管理、服务、技术、人才、标准等方面下功夫，挖掘老年人特殊需求，精准市场定位，以老年人为本，提供符合老年人实际需要的产品和服务。

## 六、发展老龄产业的建议

### （一）编制老龄产业发展规划

作为宏观经济的一个新增长点，老龄产业的发展应该有一个明确的规划。一是对老龄产业进行深入的研究，细分老龄产业的各个行业，充分了解老龄产业各行业的发展现状。二是做好老龄产业的中长期规划，对未来两个十五年发展老龄产业做出战略安排，明确重点任务，实现产业均衡发展。三是做实老龄产业发展的工程，如老年教育计划，采取多种形式，举办老年大学和学校。中医慢病防治工程，在医养结合中大力推广中医，降低医养结合的成本。老龄智造计划，扶持一批老龄智造企业，鼓励老龄智能化系列产品的研发、设计、生产和销售，消除老年数字鸿沟。

### （二）完善老龄产业扶持政策

发展老龄产业，完善相关的财税、人才、土地、金融等扶持政策非常重要。从财税政策来看，切实发挥财政资金引导民间资本参与老龄产业的发展。完善财政补贴政策，从补供方转向补需方，从补建设转向补运营，奖补结合，以服务效果作为激励依据。从金融政策来看，金融机构应该开发适应老龄产业发展的信贷服务项目和信贷品种，增加融资方式和渠道，充分发挥政府信用担保作用，为老龄产业提供融资。从人才政策来看，构建三支队伍组成的人才梯队，即管理人才队伍，高素质的技术人才队伍，高素质的技能人才队伍，关键是要建立和完善人才的招聘机制、培养机制、考核机制以及管理机制等等。从土地政策来看，要将公益性的老龄服务用地纳入到城乡发展规划，同时将部分闲置的公益性用地调整为老龄服务用地，缓解当前服务用地紧张的局面。

### （三）提高需求端的支付能力

老龄产业需求端的支付能力是决定产业发展的决定性因素。提高支付能力，应该从以下几个方面发力，一是完善分配制度，扩大劳动在收入分配中的占比，进一步降低收入的基尼系数，扩大中产阶层，为老龄金融发展奠定基础。二是完善社会保障体系，调整养老金体系结构，着力发展第二、第三支柱，切实建立起真正的三支柱养老金体系。三是发展老龄金融，着力盘活目前老年人手中的房产等存量资源，为老年人消费提供支撑。四是建立长期护理保险制度，为失能、半失能老年人照护提供资金，也为长期照护市场提供稳定的资金来源。五是为老年人再就业创造条件，提高老年人就业收入。

### （四）以社区为中心促进各类产业协调发展

社区是老年人的活动中心，多年来，我们一直强调加强社区养老服务的发展，事实上，随着少子老龄化的发展，社区是各类服务和产品发展的落脚点，通过社区促进养老服务、老年教育、老年健康、老年金融、老年用品、物业服务等各种服务和用品融合发展，同时将老年人服务和幼儿服务统筹安排，促进"一老一小"服务协调发展。充分发挥政府、市场、老年人、志愿者的作用，共同促进产业成长。

### （五）加强政策的落实和督察

老龄领域的很多文件是多部门联合发文，虽然各部门有分工，但执行起来并不是很顺畅，有时因为缺乏牵头部门，政策落实中出现的很多问题得不到解决。因此，在不断完善政策的同时，加强政策的落地，明确执行部门，强化政策落实的督查。各级政府将专项规划的贯彻、政策的执行纳入政绩考核体系，并建立起相应的问责制度。引入第三方评估制度，加强社会公众对规划、政策实施的监督。

**参考文献：**

[1] 杨晓奇 . 我国老龄事业面临的问题及建议 [J]. 社会福利（理论刊），2021（8）.

[2] 刘妮娜 . 中国城乡老年人的基本情况及家庭关系 .// 载中国城乡老年人生活状况调查报告（2018）[M]. 北京：社会科学文献出版社，2018.

[3] 张文娟、魏蒙 . 中国老年人的失能水平到底有多高？——多个数据来源的比较 [J]. 人口研究，2015（5）.

[4] 胡宏伟 . 中国城乡老年人健康及医疗卫生状况分析 .// 载中国城乡老年人生活状况调查报告（2018）[M]. 北京：社会科学文献出版社，2018.

[5] 陈泰昌 . 构建失能老年人照护体系，应对老龄服务核心问题 [J]. 老龄科学研究，2018（6）.

[6] 党俊武 . 全面推进老龄经济产业是加快内循环的重大战略主攻方向 [J]. 老龄科学研究，2020（9）.

[7] 李晶，等 . 中国老年教育研究 [J]. 老龄科学研究，2015（3）.

[8] 范振，杨俊凯 . 2020 年老年旅游市场发展报告 .// 载中国老年文娱产业发展报告（2020）[M]. 北京：社会科学文献出版社，2020.

[9] 民政部 . 2020 年民政事业发展统计公报 [EB/OL]. 中华人民共和国民政部网站，2021-09-10. https://images3.mca.gov.cn/www2017/file/202109/1631265147970.pdf.

[10] 陈娟 . 老年用品产业发展前景广阔 [N]. 中国工业报，2019-06-12（002）.

[11] 中研研究院 . 2020—2025 年中老年保健品行业市场深度分析及发展策略研究报告 [EB/OL]. https://www.360kuai.com/pc/971d01855a8917be2?cota=4&kuai_so=1&tj_url=so_rec&sign=360_7bc3b157.

[12] 王宝亭，等 . 创新引领我国医疗器械行业健康发展 2018 年我国医疗器械行业发展状况 .// 载中国医疗器械行业发展报告（2019）[M]. 北京：社会科学文献出版社，2019.

[13] 2021 年中国康复辅具市场调研报告 产业竞争现状与投资前景研究 [EB/OL]. https://wenku.so.com/d/af7cc38150cabbe0c50b6a2a073653df?src=www_rec，2021-

04-04.

[14] 魏彦彦 . 我国老龄制造业发展现状、问题与趋势分析 [J]. 老龄科学研究，2020（10）.

[15] 武留信 . 中国健康服务业发展新趋势与新业态 .// 载中国健康管理与健康产业发展报告 No2（2019）[M]. 北京：社会科学文献出版社，2019.

[16] 商业养老保险潜力巨大 消费人群呈年轻化趋势 [N]. 2021-07-21.https:// finance.sina.com.cn/money/insurance/bxdt/2021-07-21/doc-ikqciyzk6754381.shtml.

[17] 张栋，孙博 . 养老服务金融：养老财富储备体系的跨行业探索 .// 载中国养老金融发展报告 2020[M]. 北京：社会科学文献出版社，2020.

[18] 养老目标基金规模破千亿！市场数量已达 177 只 [EB/OL]. https://www.163. com/dy/article/GU2K9TR1051987V2.html, 2022-01-19.

[19] 养老金融正在爆发！盘点市面上三类养老信托 [EB/OL].https://www.sohu. com/a/429306516_120053697 2020-11-03.

[20] 北京老旧小区加装电梯不需要 100% 同意 但盈利模式仍待解 [EB/OL]. https://www.360kuai.com/pc/970d934457af2843b?cota=4&kuai_so=1&tj_url=so_ rec&sign=360_57c3bbd1&refer_scene=so_1.

[21] 新浪财经 . 人社部张纪南：企业职工月人均养老金 2900 元 [EB/OL].https:// finance.sina.com.cn/money/insurance/bxdt/2021-06-17/doc-ikqciyzk0121595.shtml，2021-06-17.

[22] 吴玉韶 . 从老龄政策看产业发展新趋势 [J]. 中国社会工作，2020（1）.

（发表于《兰州学刊》2022 年 8 月）

# 老龄经济

杨晓奇　　党俊武　　王莉莉

随着人口老龄化的不断加剧，老龄问题逐步变成一个重要的经济问题。对于这一问题的认识，其实并不是一蹴而就的，有一个深化的过程。将老龄问题和经济问题联系起来，首先想到的是银发经济或者是老龄产业，由于老年人规模日益庞大，老年人的消费将会形成一个庞大的市场，成为内需的重要组成部分。其实老龄产业或者银发经济仅仅是老龄问题显现为经济问题的一小部分。深入分析，老龄问题演化为经济问题，涉及到经济发展的方方面面，从企业生产方式到各类产业，都将发生深刻变化，经济发展进入老龄经济时代。本章首先从老龄社会的视角阐述了老龄经济的形成，分析了老龄经济的特征。接下来重点介绍了老龄经济的增长点老龄产业的发展现状及存在问题。最后对老龄产业的发展进行了展望，并提出了相关建议。

## 一、老龄经济的形成和特征

### （一）老龄经济的形成

#### 1. 人口老龄化日益加剧

人口老龄化是世界性趋势，2000 年，全球 60 岁及以上老年人口占总人口超过 10%，代表着整个世界进入老龄社会。目前，发达国家基本上都迈入老龄社会，日本、意大利等少数国家向超老龄社会迈进。据预测，

21 世纪末，绝大多数国家迈入老龄社会，届时非洲大陆的人口平均预期寿命将超过 78 岁。我国也是 2000 年进入老龄社会，相对于已经进入老龄社会的发达国家，我国人口老龄化速度非常快，老年人口规模巨大。21 世纪中叶以后，我国人口老龄化将进入一个稳定期，人口老龄化水平始终在高位徘徊。伴随着人口老龄化是人口高龄化，到 21 世纪末预计高龄化率将达到 38%，三个老年人当中就有一个高龄老年人。

**2. 经济发展受到人口老龄化的深刻影响**

人口老龄化从供给和需求两个方面会对宏观经济产生深刻而长远的影响。从供给方面来看，经济发展受到劳动力、资本、技术以及全要素生产率等因素影响。我国劳动力的稀缺性不断提高，劳动力成本不断上升，对于我国劳动密集型产业的发展带来较大的冲击。资本主要来源于国民储蓄。随着人口老龄化的加剧，养老、医疗、照料以及服务设施等福利支出逐步增加，福利支出的增加会不断挤压国内储蓄总额的空间，预计到 2050 年我国用于福利支出的费用将占到 GDP 的 23%~27%。储蓄减少会带来投资的降低，不利于经济增长。技术创新作为经济发展的另外一个重要因素，很多学者也认为随着人口老龄化的发展，劳动年龄人口不断老龄化，影响到技术创新，因为一个人的创新能力呈倒 U 形，中年是创新能力最旺盛的时期，年龄越大越不利于创新。基于以上几个因素，未来人口老龄化会对经济发展潜力产生影响，相关研究表明，2011—2050 年，人口老龄化因素可能使我国年均潜在经济增长率下降约 1.7 个百分点。

从需求方面来看，经济的发展活力受到影响。从内需来看，人口总量和年龄结构的变化对消费需求产生重要影响。我国的人口总量将会很快达到顶峰，人口总量过了顶峰以后会持续下降，将带来消费需求总量的下降。人口年龄结构的老化导致老年人规模日益庞大，一般来说，老年人的消费水平要低于劳动年龄人口。因此，即使在人口总量不变的情况下老年人越多，整体的消费规模会缩小。更何况，整体人口规模将会不断缩小，消费规模会走低。同时，应该看到我国老年人整体收入水平比较低，尤其是广大农村老年人收入更低，这都是制约消费扩大的重要因素。从外需看，我国对外出口面临一系列的挑战，继续通过出口拉动需求面临非常大的不确定性，因此，随着人口老龄化的不断加剧，经济需求不足有可能成为制约经济发展的重要因素。

**3. 老龄经济是老龄社会经济发展的形态**

人口老龄化带来的问题本身是一个综合性问题，既是人口问题、经济问题、社会问题，也是政治问题、文化问题，甚至是生态问题。站在当前的经济社会视角来看，人口老龄化给经济社会带来很多负面影响，需要采取更多措施进行应对。但是从社会形态来看，人口老龄化的不断发展改变了整个经济社会的结构，形成了一个新的社会形态，即老龄社会。因此，解决人口老龄化所带来的这些问题就变成如何去适应老龄社会问题，而不是把它们当作负面问题去解决。从经济层面积极应对人口老龄化带来的各种问题就是如何去调整当前的这种经济结构，去适应老龄社会，形成老龄社会下的经济即老龄经济。

## （二）老龄经济的内涵及特征

### 1. 老龄经济的内涵

老龄经济是老龄社会下经济活动的总称，既包括宏观经济也包括微观经济。老龄经济活动涉及的对象是全年龄段人群，既包括劳动年龄人口，也包括非劳动年龄人口。

对于老龄经济的研究目前还处于起步阶段，需要指出的是，老龄经济和目前学术界探讨比较多的"银发经济""老龄产业"有一定的联系和区别。

和银发经济的联系和区别。银发经济的概念最初来源于欧洲，2015年，欧盟委员会在报告中提出"银发经济"，指"来自于人口老龄化和超过50岁公众和消费者支出相关联的经济机会，以及与具体需要有关的支出"。可见，在最初定义银发经济的概念时，将它的研究对象定位在50岁以上的人群。国内的学者在研究银发经济时，虽然也没有给出统一的概念界定，但基本上也都将银发经济的研究对象定位在老年人，研究老年人的经济活动。可见，银发经济是老龄经济的一部分。

和老龄产业的联系和区别。老龄产业在学术界讨论比较多，但大部分学者将老龄产业的研究对象定位在老年人，从供给侧的角度研究企业的行为，探讨政府的政策，分析产业的发展及其存在的问题。因此老龄产业是老龄经济的一部分内容，是老龄经济的一个的增长点。当然，老龄产业也可以从不同的视角去研究，可以分为"大老龄经济产业""中老龄经济产业""小老龄经济产业"。"大老龄经济产业"指适应老龄社会并高于年轻社会的新的经济产业体系。这个概念和老龄经济在内涵、研究对象方面基本相同。"中老龄经济产业"指的是着眼于向老而生的个体全生命周期需求的产品服务体系。"小老龄产业"指的是面向老年期的产品服务体系。"小老龄经济产业"就是老龄经济的一个增长点。

**2. 老龄经济的特征分析**

（1）老龄经济意味着经济发展从生存型经济转向生命型经济

人类经济经过漫长的发展，基本上可以分为两类，一类是生存型经济，另一类是生命型经济。生存型经济主要是满足人的基本需要，如吃、穿、住、行等。生命型经济以生存型经济为基础，它以满足人的更高层次的精神需求为目标。在漫长的人类社会发展过程中，同一时间生存型经济和生命型经济基本是同时存在的，不同的是谁占主导位置。老龄经济到来之前，人类的经济虽然在不断发展，但占主导位置的是生存经济，经济的中的产出只能满足大部分人的基本生存需求，只有极少部分人可以获得满足他们高层次需求的物质。也就是说，虽然这一段时间人类经济以生存型经济为主，但同时也存在生命型经济。随着老龄经济的到来，经济发展进入了高度发达的阶段，经济中的产出不仅可以满足大部分人的生存，而且可以满足大部分人的高层次需求，经济发展逐步由生存型经济向生命型经济转变。当然，生命型经济占主导位置，并不是说生存型经济就不存在了，生存型经济依然存在，只不过不占主导位置了。由此可见，老龄经济意味着经济发展从生存型经济向生命型经济转变，经济发展以满足大部分人的高层次需求为目标。

（2）老龄经济意味着经济发展从物本经济转向人本经济

人类在漫长的发展过程中，经济发展的目标就是利用有限的资源生产足够的产品满足大部分人的物质需求，解决大部分人的生存问题。因此，在衡量一国的经济发展时，以最终产品为标准，计算最终产品的价值，很少关注物质资源的增加到底给人带来多大的幸福，经济的发展是否就一定会带来人的发展，人在经济发展中更多充当工具。随着老龄经济的到来，经济发展进入了高度繁荣的阶段，人的基本需求得到满足，经济的发展更多去满足人的发展。从经济供给的角度来看，生产大规模标准化的产品或许就不再是未来企业生产的最佳方式，通过定制化的产品满足人的个性化需求将是未来企业提供产品的方式。当经济逐步过渡到老龄经济，无论从经济发展的目的还是经济组织方式都将发生深刻变革，这种变革将会随着老龄经济的发展日益明显。

（3）老龄经济意味着经济发展从竞争经济转向竞合经济

从经济的发展历程来看，竞争始终是经济发展中的主基调，虽然以合作理念为核心的经济理论一直广为提倡，但合作也仅仅停留在政治家的口头。随着经济发展的日益高度繁荣，全球化的程度不断提高，经济的发展单单依靠竞争很难持续长久，合作和竞争才是经济发展的最佳理念。尤其是世界性的疾病大流行，让人类进一步认识到合作的重要性，只有在合作中发展经济，经济才有可能持续，否则，一味通过竞争去发展经济，经济发展只能停滞甚至倒退。

（4）老龄经济意味着经济发展中需求不足成为常态

老龄经济是老龄社会的产物，随着老龄社会的发展而发展。老龄社会是低生育率社会，同时也是人口年龄结构老化的社会。从总量来看，老龄社会的人口总和生育率低于正常人口替代水平，导致人口总量在减少，在已经进入老龄社会的欧美发达国家这一点很明显。尤其是像日本，最为典型。从人口结构来看，出生率降低，寿命延长，人口结构不断老化。一般来说，老年人消费水平不及年轻人的消费水平，因此，人口数量的减少以及人口结构的老化，导致整个国家消费水平降低，需求不足成为经济发展发展过程中最重要的制约因素。

（5）老龄经济是全生命周期型经济

老龄社会毋庸置疑是长寿社会，和短寿社会相比，长寿社会意味着个体在年轻时就必须考虑老年期的生活。为了顺利度过老年期，个体必须在年轻时为自己的老年期做好准备，这种准备包括方方面面，如健康、养老金等。一方面，长寿社会的到来，个体在退休后还有很长时间余寿，余寿期依靠基本养老保险很难维持和退休前同样的生活水平，这就需要个体在年轻时期做好金融储备为自己的老年期使用。另一方面，老龄经济的发展，意味着大部分人已经解决温饱问题，向高质量的生活水平迈进，也有能力为自己的老年期做准备。发达国家的老龄金融快速发展也充分说明了这一点。因此，随着长寿社会的到来，个体需求的变化，从全生命周期的视角发展经济成为经济发展的重要特征。

## 二、老龄产业的现状及问题

由于老龄经济涉及的面比较广，下面重点分析老龄产业的发展。老龄产业作为老龄经济的一个增长点，目前取得了长足发展，但也存在总量和结构上的问题。

### （一）老龄产业发展现状

经过多年的发展，大力发展老龄产业的共识基本形成，政府对老龄产业的扶持政策不断完善，产业发展初具规模，产值不断提高，提供的就业岗位不断增加，老龄文化、老龄服务、老龄用品、老龄金融、老龄宜居、老龄健康等领域等有了较快的发展。

**1. 老龄文化产业**

老龄文化产业是老龄产业的顶层产业，包括教育、文化、旅游以及休闲娱乐等产业，既涉及产品也涉及服务。老年教育近年来发展较快，但市场化程度不高。2016 年，国务院印发了《老年教育发展规划（2016—2020 年）》（国办发〔2016〕74 号），推动老年教育加快发展。目前，我国各级各类老年大学（学校）已超过 7 万所，在校学员超过 800万人。办学主体既有政府、高校、事业单位、基金会，也有企业，呈多元化趋势。师资力量不断加强，教学内容不断丰富，基本形成了省、市、区（县）、街道（镇）、社区（村）五级办学网络。相对于需求而言，我国老年教育资源存在总量上的短缺和结构上失衡。从总量上看，教育资源短缺，一方面是由于政府投入的教育经费比较少，另一方面是盈利模式不清晰，社会资本投入的积极性不高，市场化力量不足，老年教育产业还没有形成。从结构上看，那些办学条件好的老年大学，课程内容丰富，往往一座难求，而那些办学条件差的老年大学，很难招到学生，有些社区老年大学缺乏吸引人的课程难以为继。老年旅游产业近年来也有了快速增长，一批老年旅游目的地和旅游线路产品初步形成，专业的老年旅游指导机构和供给商不断增多，旅游模式不仅限于观光旅游，旅居养老、医疗旅游、乡村旅游等旅游模式加快发展。2019 年，我国老年（60 岁及以上）旅游人数占全国旅游总人数的比例超过 20%，老年旅游市场规模超过 1 万亿元。但从总体上上看，我国老年旅游专业化水平不高，品牌尚未形成，旅游产品良莠不齐，人才缺乏，旅游场所公共服务适老化水平不足。

**2. 老龄服务产业**

老龄服务业是老龄产业中相对比较成熟的一个产业，市场需求量大，企业投资热情高，政府也非常重视。

老龄服务产业的政策密集出台。相对于老龄产业中的其他行业，老龄服务业是政府出台政策最多的领域。2013 年，国办印发了《关于加快发展养老服务业的若干意见》（国发〔2013〕35 号），这是近年来支持养老服务业发展的第一个重要文件，开启了养老服务业的快速发展模式。此后，国家层面相继出台了《关于全面放开养老服务市场提升养老服务质量的若干意见》（国办发〔2016〕91 号），《关于加快推进养老服务业放管服改革的通知》（民发〔2017〕25 号），《关于推进养老服务发展的意见》（国办发〔2019〕5 号），《民政部关于进一步扩大养老服务供给，促进养老服务消费的实施意见》（民发〔2019〕88 号）等若干意见。意见从土地政策、财政政策、投融资政策、监管政策、人才政策等各个方面给产业发展提供了支持。在国家政策出台之后，地方政府相继出台了类似的扶持政策。

老龄服务的市场规模逐步扩大。从市场组织来看，不同类型的老龄服务的市场组织纷纷进入老龄服务市场，不断扩大老龄服务的投资。房地产商、商业性或非营利性的老龄服务机构等市场组织是最初的老龄服务市场投资者，后来大型央企、保险资金，外资纷纷进入老龄服务市场，包括医疗、保险、地产、智能科技等类型的组织进入市场中，快速地扩大了市场规模。尤其是大型的国企进入市场，在老龄服务领域实施从上游到下游的全产业链的布局，推动老龄服务市场规模的迅速扩大。从机构养老服务看，截至 2019 年底，全国共有养老机构和设施 20.4 万个，养老床位合计 775.0 万张，床位数比 2013 年增长了 56.97%，每千名老年人拥有床位数从 24.4 上升到 30.5，老龄服务取得了较快发展。

智慧养老服务快速发展。随着新一代信息智能技术和老龄服务业的融合，智慧养老快速发展。2017 年工信部等部门专门下发了加快发展智慧健康养老产业的文件，资本纷纷进入智慧养老领域。很多机构或智能科技企业建立信息平台，使老龄服务的供给和老年人的需求对接更精确，更及时。智慧养老模式同时也融合居家社区和机构服务，实现了老龄服务资源的整合利用，解决了服务资源分散化、碎片化利用，提高了资源利用效率，也促进了老龄服务的快速发展。

### 3. 老龄用品制造产业

随着老年人口规模的不断扩大，我国对老年用品的重视也不断提高。目前，我国基本形成了集研发、生产和服务为一体的老龄用品制造产业体系。老年用品的种类已经由最初的保健食品、医疗器械、药品扩展到电子电器，康复器具，生活辅助类产品。但相对于发达国家的老龄用品制造产业，我国无论从种类还是技术含量上都有相当大的差距。据统计，全世界有六万多种老年用品，日本有四万多种老年用品，我国仅有六千多种。

老龄用品制造产业行业发展不均衡。按照中老年人的不同需求对产品进行划分，老龄用品制造产业的产品大体包括日用品、服饰、辅助生活器具、助行器材、电子电器、保健用品、医疗器械、医药用品、护理用品、殡葬用品等。这十类老年用品中，保健品起步较早，发展速度也比较快，市场规模也比较大。据测算，2015 年我国国内老年养生保健品消费市场规模约为 2232.23 亿元，比上年增加 12.3%。老年医药用品市场规模增长也比较快，一般来说，75 岁以上老年人的用药消耗基本上是 65 岁以下人群的 5 倍，因而老年人用药占到总体药品消费的一半。随着我国老年人规模不断扩大，未来老年人药品消费会快速增加。医疗器械行业发展一直处于上升趋势，2018 年医疗器械生产企业达 17236 家，十年增长 31.2%，其中中小企业占到 90%，主营收入年平均在 3000 万～4000 万。研发投入费用平均占到总营业收入的 3%～5%，逐年上升。康复辅具产业发展势头逐步加快，2019 年市场规模约为 6495.5 亿元，生产企业近 500 家，配置机构 2000 多家，从业人员 1 万多人。产品数量快速增长，每年生产假肢约 7 万件，矫形鞋 12 万只以上，矫形器 13 万件以上，轮椅 350 万辆以上。截至目前，出台 101 项国家标准，5 项行业标准，康复辅具领域初步建立了标准化体系。老年服饰和老年日用品发展相对比较滞后，老年服饰不到服装市场的 5%，老年日用品市场没有引起企业足够的重视。整体来看，相对于老龄服务，老龄用品的发展并未受到足够的重视，目前市场上的老龄用品质量、环保、技术以及适老化程度都还很低，而且 80% 产品依赖进口，真正国产的很少，整个产业处于起步阶段。

### 4. 老龄健康产业

老龄健康产业是老龄产业中的基础产业，其未来的发展方向是提高健康产出，而不是提高医疗药品产出在 GDP 中的比重。从全生命周期来看，健康产业包括健康管理、体育健身、疾病预防、慢病治疗、康复护理等各方面。在体检市场，主体仍然是医疗机构，包括医院、基层医疗机构、专业公共卫生机构以及其他医疗卫生机构。民营体检机构也在快速发展，体检人次和机构数量不断增长，出现了美年健康、爱康国宾等全国性或区域性的体检机构，体检的服务质量向高端发展，2016 年，体检行业规模超过 1100 亿元。民营医疗机构也在快速发展，2015 年，民营医院数量首次超过公立医院。康复服务加快发展，目前全国二级以上的综合医院普遍设立了康复医学科，20 多万社区建立了社区康复服务站。运动康复是康复服务的新业态，目前的运动康复机构以民营为主，主要集中在北京、上海和广州等一线城市，北京有 20 多家运动康复机构。

### 5. 老龄金融产业

老龄金融产业是随着个体寿命的不断延长，退休后的生活就需要在工作期间做好安排，老龄金融逐步发展起来。目前，很多市场主体开发出一些老龄金融产品，以满足长寿社会的需要，但是老龄金融还没有形成一定的业态。

银行类金融机构开发的老龄金融产品主要包括养老理财产品和住房反向抵押贷款。据统计，截至 2020 年 7 月 24 日，2020 年发行了 142 款养老理财产品。这 142 款理财产品当中，一是理财子公司产品增多，占到产品总数的 28%；二是养老理财产品发行银行集中度较高，三是整体风险等级较低，四是多为固定收益类产品，五是以封闭式运作为主，六是运作期限较长，期限 3 ~ 5 年产品较多。住房反向抵押贷款其目的是盘活老年人拥有的住房，为老年人养老提供经济保障。目前为止，中信银行和兴业银行开发过相应的产品。此外，一些长期的养老储蓄产品也属于银行类老龄金融产品。

保险类金融机构开发的老龄金融产品主要包括商业养老保险、住房反向抵押养老保险和养老保障管理产品。2017 年我国商业养老保险的密度约为 297.02 元，保险的深度为 0.46%。整体来看，商业养老保险虽然在发展，但相对于发达国家来说，无论是密度还是深度，都远远低于发达国家，我国居民在商业养老保险的方面的投入还很低。住房反向抵押养老保险与银行提供的住房反向抵押贷款类似，旨在利用老年人的房产为老年人提供经济保障。目前，幸福人寿推出了"幸福房来宝"产品成为市面上第一款住房反向抵押养老保险产品。养老保障产品包括团体和个人养老保障产品，团体养老保障产品 2009 年开始发展，个人养老保障产品 2013 年开始发展。截至 2018 年末，养老保障管理业务已经超过 6000 亿元，其中个人养老保障业务占到将近 95%。

基金类金融机构开发的老龄金融产品主要指的是养老目标基金，是指以追求养老资产的长期稳健增值为目的，鼓励投资者长期持有的公开募集证券投资基金。2018 年 8 月，证监会正式批复了华夏、南方、广发等 14 家基金公司的 14 只基金成为首批养老目标基金产品。截至 2021 年

5月底，市场共有养老FOF产品113只（不同份额合并统计），数量占比72%；养老FOF规模合计706亿元，占全部FOF类产品规模的比重为58%。信托类金融机构开发的老龄金融产品主要包括养老消费信托、养老金融信托、养老产业信托。养老消费信托数量少，规模小，门槛低，目前已有低于100元的普惠化个人消费信托产品入市。养老金融信托的门槛比较高。国内最早的养老金融信托产品是兴业银行与专业信托公司联合推出的"安愉信托"，委托人要求认购金额最低为600万元，一次性认购，可以灵活指定初始受益人与后备受益人，自认购3年封闭期后的任何一年开始，可选择一次性支付或按季度支付。养老产业信托在市场上较多，约有9款，尤其是康养项目的数量较多。

### 6. 老龄宜居产业

随着老龄社会的到来，宜居的概念日益凸显。目前的家庭住宅、社区环境以及交通出行等设施等都亟待适老化，宜居环境的建设迫在眉睫。从产业的角度来看，主要包括增量的建设和存量的改造。增量的建设主要在老年住宅和综合性养老社区、养老服务机构的建设和开发。老年住宅和综合性养老社区发展相当快，主要定位在高端老年人群，确实也满足了部分老年人的需求，但是在发展过程中存在圈地卖房子的嫌疑。很多开发商受到房地产市场调控政策的影响，于是转型到老龄房地产领域，但由于对老年住宅和综合性养老社区缺乏深入的了解，匆匆上马，建设了大量房子，后续的服务难以持续，跟正常的房地产开发没有太大的区别。很多开发商在市内拿不到土地，就选择在郊区和风景名胜区建设，入住率不高，运转举步维艰。更有开发商通过会员制、服务费提前趸交、床位费用趸交等形式拿到巨量资金，缓解了项目运行的资金压力，但资金链存在断裂的风险，交款人的权益难以得到保障。存量的改造主要包括住宅的适老化改造、小区环境的适老化改造、出行环境的适老化改造。目前住宅的适老化改造还没有形成产业化规模，主要通过政府补贴的形式为政府兜底的高龄、失能、残疾老年人群提供改造，加装电梯是其重要的内容。全国2000年以前建成的小区近17万个，粗略估算，需要加装250万~300万部电梯，市场规模前景可观，但在实际当中由于与居民沟通难题、沉淀资金量大、盈利模式待解、回本周期长等原因让社会资本望而却步。以北京市为例，北京老旧小区数量为5100个，2019年北京加装电梯完成555部，累计完成1462部，加装电梯仍有很大缺口。

## （二）老龄产业发展面临的问题

### 1. 老龄产业和老龄事业认识不清

回顾进入老龄社会的二十年，我们在积极应对人口老龄化工作时经常提到发展老龄事业和老龄产业，但是对于老龄产业和老龄事业的边界并没有分清楚。哪些领域应该交给市场做，哪些领域应该交给政府做，到目前为止还没有明确的认识，有些人认为满足老年人的需求带有一定福利色彩，不应该让市场来满足，政府应该承担起应有的责任，有些人认为满足老年人的需求政府没有足够的财力支持，应该交给市场，这些都没有达成广泛的共识。实践当中，由于政府和市场的边界不清楚，带来很多危害，本来应该由政府履行监管义务，结果政府没有做好，产品良莠不齐，欺骗消费者，影响了消费者信心。本该由市场进行经营，结果政府派人经营，扭曲了价格形成机制，破坏了市场公平。

### 2. 管理体制机制尚未理顺

近年来，为了促进老龄产业的快速发展，从中央到地方出台了很多扶持政策，但是由于管理体制机制尚未理顺，很多政策都难以落地，导致政策出了不少，但是效果并没有达到预期。此外，老龄产业中的很多行业处于起步状态，有些行业政府多头管理，多头管理意味着没人管理，即使有规划，也没有部门去落实，行业的发展处于无序当中。有些行业根本就没有明确的部门去管，造成行业的发展处于真空监管当中。因此，落实已经出台的老龄产业政策，应该进一步理顺管理体制机制，明确管理部门，保证打通政策的最后一公里。

### 3. 老龄产业专业人才不足

经济发展是一个产业转型升级的过程，新的产业不断出现，传统产业不断消失。产业转型升级需要人力资源转型升级的配合，否则产业转型升级难以实现。老龄产业是在国家产业转型升级过程中不断涌现出的新的产业，同样面临人才资源缺乏的问题，从管理人才、研发人才、服务人才都面临严重不足，尤其是在老龄服务业中表现最为突出，从基层的养老护理员到从事管理的职业经理人，都很缺乏，人才缺乏成为制约产业发展的重要因素。

### 4. 老龄产业的有效需求不足

老龄产业发展缓慢最根本的原因还是有效需求不足，导致老龄产业发展缺乏内生性动力。以老龄服务为例，调查数据显示。大部分老年人能够接受的机构养老服务价格在2000元以下。现实情况是，2.64亿老年人，实际领取城乡居民养老保险待遇的人数为1.6亿人，这一部分老年人养老金非常低，收入很大部分依靠子女转移。1.27亿老年人参加城镇职工养老保险，其中大部分是企业职工，2020年的平均月人均养老金也仅有2900元。随着"60后"这一代人进入老年期，他们拥有一定的房产以及其他金融资产，消费能力会进一步提升，对老龄产业的发展有可能起到一定的推动作用，但是也要看到，受到传统文化的影响，是否愿意将拥有的资产转化为有效需求，还是一个值得期待的事情。

### 5. 市场定位有待清晰

老龄产业市场上产品的同质性严重，从市场的角度看，企业没有对市场进行很好地进行细分，没有对老年人的个性化、多样化的需求进行精准的识别，而是将老年人看作一个整体，跟着其他企业走，产品难免不受欢迎。其根源在于对市场没有进行深入的调研，对老年人的不同需求没有进行分析，产品满足不了特定群体的需求。找准市场定位，需要挖掘特定老年人群的需求，根据需要生产相应的产品。

### 6. 市场监管有待进一步加强

老龄产业整体还处于起步状态，很多行业的监管还没有跟上，对产业的发展带来不利影响。很多商家生产的劣质产品、提供的低质量服务进入市场，破坏了市场秩序，影响了消费者的信心。一旦消费者信心受到打击，产业的发展就会受到影响。因此，在产业发展的初期，市场监管就应该及时跟进，确保市场主体在竞争中有一个公平的环境。

## 三、老龄产业发展的趋势及建议

### （一）老龄产业发展的趋势

**1. 产业跨界融合进一步加强**

老龄产业是众多产业的集合，跨界融合是大趋势。老龄产业的跨界融合包括多个方面，老龄产业和老龄事业之间的融合，老龄产业和其他产业的融合，产业之间的融合。老龄产业的跨界融合近年来在老龄服务业中很明显，如金融服务业和老龄服务业之间的融合，保险服务、房地产和老龄服务之间的融合，物业服务和老龄服务之间的融合，反季节性的旅居和养老以及老龄服务之间的融合，农业种植、旅游、老龄服务以及产品之间的融合，各种融合模式都在推动着产业的快速发展。未来，文化产业、健康产业、服务产业、产品制造业、金融服务业、宜居产业之间的融合会进一步加强，新的产业模式、新的业态不断出现，以老年人需求为导向，实现资源的整合和优势互补。

**2. 产业的科技支撑会进一步提高**

我国老龄产业的科技支撑能力不断增强，一方面能够解决人口年龄变动带来的劳动不足问题，如老龄服务业，它是一个劳动密集型产业，由于人口结构老化，年轻劳动力的减少，劳动力成本不断提升。利用人工智能技术，将机器人等产品应用到服务当中，解决劳动力成本上升带来的问题。另一方面也只有不断提高产品的科技含量也才能满足老年人不断增长的需求，促进产业的发展。我国老龄用品制造行业，整体技术含量比较低，自主研发的少，以引进为主，巨大的消费市场被国外产品占据。随着我国经济发展战略的调整，国内消费市场的启动，发展老年用品，只有不断利用新工艺、新材料、新技术、新装备开发适合老年人身心特点和特殊需求的产品，强化安全性、可靠性和实用性，不断丰富产品品种，产品才会有市场，用品产业也才会发展起来。

**3. 产业发展的需求导向进一步增强**

产业发展的源动力是需求，没有需求的产业是发展不起来的，老龄产业也不例外，当前，老龄产业发展过程中有些行业需求和供给不匹配，一方面某些行业发展缓慢，产品和服务无人问津，难以满足老年人的需求，另一方面老年人的需求得不到满足，尤其是部分城市老年人的需求得不到满足。归根结底，是市场对老年人的需求了解不清，研究不深，哪些是老年人的刚性需求，哪些是老年人的普通需求缺乏深入的分析和调研。要实现需求和供给较好的对接，企业必须深入对市场进行调研，从老年人的有效需求出发，精准市场定位，提供满足老年人需要的产品和服务。

**4. 产品和服务质量进一步提升**

不断提高产品和服务的质量是老龄产业发展的大趋势。党的十九大报告提出要坚持高质量发展，中央经济工作会议提出要开展提升质量行动，"十四五"国民经济与社会发展纲要提出以高质量发展为主线，高质量发展理念将会渗透到老龄产业中的每一个行业。早在 2017 年，第 14 次中央财经领导小组会议就提出要提高养老院服务质量，几年来，民政部会同其他相关部门相继出台多个文件，不断完善相关标准和监管制度，持续提高服务质量。未来，在政策的驱动下，老龄产业的发展将会从追求数量速度的外延式发展转向质量效益的内涵式发展，企业需要在管理、服务、技术、人才、标准等方面下功夫，挖掘老年人特殊需求，精准市场定位，以老年人为本，提供符合老年人实际需要的产品和服务。

## （二）发展老龄产业的建议

**1. 制定老龄产业发展规划**

目前老龄产业的发展处于自发状态，既没有五年规划，也没有中长期规划。作为经济发展的一个新的增长点，老龄产业的发展应该有一个明确的规划。一是对老龄产业进行深入的研究，细分老龄产业的各个行业，充分了解老龄产业各行业的发展现状。二是做好老龄产业的中长期规划，对未来两个十五年发展老龄产业做出战略安排，明确重点任务，实现产业均衡发展。三是做实老龄产业发展的工程，如老年教育计划，采取多种形式，举办老年大学和学校。中医慢病防治工程，在医养结合中大力推广中医，降低医养结合的成本。老龄智造计划，扶持一批老龄智造企业，鼓励老龄智能化系列产品的研发、设计、生产和销售，消除老年数字鸿沟。

**2. 完善老龄产业政策**

发展老龄产业，完善相关的财税、人才、土地、金融等产业政策非常重要。从财税政策来看，切实发挥财政资金引导民间资本参与老龄产业的发展。完善财政补贴政策，从补供方转向补需方，从补建设转向补运营，奖补结合，以服务效果作为激励依据。落实税费扶持政策，严格贯彻现有的税费优惠政策。从金融政策来看，金融机构应该开发适应老龄产业发展的信贷服务项目和信贷品种，增加融资方式和渠道，充分发挥政府信用担保作用，为老龄产业提供融资。从人才政策来看，构建三支队伍组成的人才梯队，即管理人才队伍，高素质的技术人才队伍，高素质的技能人才队伍。关键是要建立和完善人才的招聘机制、培养机制、考核机制以及管理机制等。从土地政策来看，要将公益性的老龄服务用地纳入到城乡发展规划，同时将部分闲置的公益性用地调整为老龄服务用地，缓解当前服务用地紧张的局面。

**3. 提高需求端的支付能力**

老龄产业需求端的支付能力是决定产业发展的决定性因素。提高支付能力，应该从以下几个方面发力，一是完善分配制度，扩大劳动在收入分配中的占比，进一步降低收入的基尼系数，扩大中产阶层，为老龄金融发展奠定基础。二是完善社会保障体系，调整养老金体系结构，着力发展第二、第三支柱，切实建立起真正的三支柱养老金体系。三是发展老龄金融，着力盘活目前老年人手中的房产等存量资源，为老年人消费提供支撑。四是建立长期护理保险制度，为失能、半失能老年人照护提供资金，也为长期照护市场提供稳定的资金来源。五是为老年人再就业创造条件，提高老年人就业收入。

**4. 以社区为中心促进各类产业协调发展**

社区是老年人的活动中心，多年来，我们一直强调加强社区养老服务的发展，事实上，随着少子老龄化的发展，社区是各类服务和产品发展的落脚点，通过社区促进养老服务、老年教育、老年健康、老年金融、老年用品、物业服务等各种服务和老年用品融合发展，同时将老年人服务和幼儿服务统筹安排，促进"一老一小"服务协调发展。充分发挥政府、市场、老年人、志愿者的作用，共同促进产业成长。

### 5. 加强政策的落实和督察

老龄领域的很多文件是多部门联合发文，虽然各部门有分工，但执行起来并不是很顺畅，有时因为缺乏牵头部门，政策落实中出现的很多问题得不到解决。因此，在不断完善政策的同时，加强政策的落地，明确执行部门，强化政策落实的督查。各级政府将专项规划的贯彻、政策的执行纳入政绩考核体系，并建立起相应的问责制度。引入第三方评估制度，加强社会公众对规划、政策实施的监督。

**参考文献：**

[1] 总报告起草组．国家应对人口老龄化战略研究总报告 [J]．老龄科学研究，2015（3）．

[2] 杨晓奇，等．我国老年人收入、消费现状及问题分析 [J]．老龄科学研究，2019（5）．

[3] 李金娟．"十四五"期间"银发经济"发展路径研究 [J]．北方经济，2021（2）．

[4] 党俊武．全面推进老龄经济产业是加快内循环的重大战略主攻方向 [J]．老龄科学研究，2020（9）．

[5] 党俊武．树立老龄经济新思维 [J]．老龄科学研究，2020（1）．

[6] 杨晓奇．积极应对人口老龄化国家战略与发展老龄经济 [J]．老龄科学研究，2021（3）．

[7] 李晶，等．中国老年教育研究 [J]．老龄科学研究，2015（3）．

[8] 范振，杨俊凯．2020 年老年旅游市场发展报告．// 载中国老年文娱产业发展报告（2020）[M]．北京：社会科学文献出版社，2020．

[9] 民政部．2019 年民政事业发展统计公报 [EB/OL]．中华人民共和国民政部网站，2020-09-08 http://www.mca.gov.cn/article/sj/tjgb/202009/20200900029333.shtml

[10] 陈娟．老年用品产业发展前景广阔 [N]．中国工业报，2019-06-12．

[11]2020—2025 年中老年保健品行业市场深度分析及发展策略研究报告 [EB/

OL]. https://www.360kuai.com/pc/971d01855a8917be2?cota=4&kuai_so=1&tj_url=so_rec&sign=360_7bc3b157.

[12] 魏彦彦 . 我国老龄制造业发展现状、问题与趋势分析 [J]. 老龄科学研究，2020（10）.

[13] 王宝亭，等 . 创新引领我国医疗器械行业健康发展 2018 年我国医疗器械行业发展状况 . // 载中国医疗器械行业发展报告（2019）[M]. 北京：社会科学文献出版社，2019.

[14]2021 年中国康复辅具市场调研报告 产业竞争现状与投资前景研究 [EB/OL]. https://wenku.so.com/d/af7cc38150cabbe0c50b6a2a073653df?src=www_rec, 2021-04-04.

[15] 党俊武 . 新时代老龄产业发展的形势预判与走向前瞻（上）[J]. 老龄科学研究，2018（11）.

[16] 武留信 . 中国健康服务业发展新趋势与新业态 .// 载中国健康管理与健康产业发展报告 No2（2019）[M]. 北京：社会科学文献出版社，2019.

[17] 腾讯网 . 最新！142 款养老理财产品分析 [EB/OL]. https://xw.qq.com/cmsid/20200802A09EN600, 2020-08-02.

[18] 为什么养老目标基金更适合 FOF 模式 [EB/OL]. https://finance.sina.com.cn/money/fund/jjzl/2021-07-08/doc-ikqciyzk4204191.shtml, 2021-07-08.

[19] 养老金融正在爆发！盘点市面上三类养老信托 [EB/OL]. https://www.sohu.com/a/429306516_120053697, 2020-11-03.

[20] 北京老旧小区加装电梯不需要 100% 同意 但盈利模式仍待解决 [EB/OL]. https://www.360kuai.com/pc/970d934457af2843b?cota=4&kuai_so=1&tj_url=so_rec&sign=360_57c3bbd1&refer_scene=so_1.

[21] 新浪财经 . 人社部张纪南：企业职工月人均养老金 2900 元 [EB/OL]. https://finance.sina.com.cn/money/insurance/bxdt/2021-06-17/doc-ikqciyzk0121595.shtml, 2021-06-17.

[22] 吴玉韶 . 从老龄政策看产业发展新趋势 [J]. 中国社会工作，2020（2）.

（收入《中国老龄化社会 20 年：成熟、挑战与展望》，杜鹏主编，人民出版社，2021 年 12 月）

# 中国人口老龄化和老年人家庭照顾

李　晶

## 一、老年人照顾问题的提出

**1. 人口年龄结构老化已成为普遍态势**

中国采用联合国标准，以 60 周岁作为个体进入老年期的年龄分界，以 60 周岁及以上人口数占总人口的比例超过 10% 作为社会人口老龄化的指标。中国于 1999 年进入老龄社会。2000 年第五次全国人口普查数据显示，中国 60 周岁及以上人口为 1.3 亿，占总人口的比例为 10.2%。其后，中国人口老龄化程度快速提高。根据国家统计局发布的数据，截至 2018 年底，中国 60 周岁及以上人口已达到 2.49 亿，占总人口的比例为 17.9%。据全国老龄办预测，到 2050 年，全国 60 岁及以上老年人口将增加到 4.87 亿左右。

人均预期寿命延长是一个社会人口年龄结构老化的最主要原因。国家统计局发布的数据显示，2015 年中国人口平均预期寿命为 76.34 岁，其中男性 73.64 岁，女性 79.43 岁。根据世界卫生组织发布的数据，2015 年全球人口平均预期寿命为 71.4 岁，日本世界第一为 83.7 岁，澳大利亚、瑞士、新加坡、法国、加拿大等国不低于 82 岁，美国为 79.3 岁。比较显示，中国的人均预期寿命虽然仍低于发达国家，但正在逐渐接近发达国家的水平。

中国是目前世界上人口最多的国家，老年人口的绝对数量也居世界首位。目前中国是世界上唯一一个老年人口数量超过两亿的国家。中国还是世界上人口老龄化速度最快的国家之一。国际比较显示，65 岁及以上人口老龄化水平从 7% 提高到 20%，法国用了 154 年，瑞典用了 122 年，美国用了 105 年，英国用了 97 年，日本用了 36 年，而预计中国将仅用 34 年（国家应对人口老龄化战略研究总课题组，2014）。

中国幅员辽阔，区域发展不平衡，人口老龄化也具有显著的区域差异。首先体现在不同地区之间的老龄化水平差距较大。如上海早在 1979 年就已经成为"老龄化城市"，目前仍然是全国老龄化水平最高的地区。而 2010 年第六次全国人口普查时，青海、宁夏、新疆、西藏等地还未进入老龄化阶段（姜向群，杜鹏主编，2015）。与中西部地区比较，中国东部大部分地区的人口老龄化程度较高。其次体现在城乡之间人口老龄化程度差距不断拉大。根据人口普查数据，2000 年农村老年人口比例比城镇高 0.84 个百分点，2010 年增长为 3.5 个百分点（邬沧萍，2016）。大量农村青壮人口到城镇务工，是致使农村人口老龄化的程度和速度高于城镇的主要原因。

本文主要探讨在人口老龄化背景下的老年人家庭照顾问题。随着人均预期寿命延长，老年人越来越多。当高龄老年人越来越多的时候，生活需要他人照顾的老年人也随之增多。在传统的年轻社会里，老年人都是在家庭里被照顾的。而在现代的老龄社会里，一方面因为老年人数增多，另一方面由于是家庭养老功能弱化，使得照顾老人成为一个更加长期和艰巨的任务。本文要探讨的，正是在这样的社会背景下老年人的照顾问题，包括：哪些老年人需要照顾？谁是主要照顾者？家庭照顾中主要的困难和问题是什么？老年人及其家庭能否获得相应的社会支持？等等。

**2. 失能老人数量增多**

根据全国老龄办第四次中国城乡老年人生活状况调查，2015 年中国 60 岁及以上老年人中 32.1% 患有一种慢性病，50.5% 患有两种及以上慢性病。随着年龄的增长，老年人慢性病患病率越来越高。女性老年人寿命一般较男性长，但健康状况较差，女性老年人的慢性病患病率（85.7%）高于男性老人（79.4%）。

老年人的失能风险也随年龄增长而增大。根据北京大学与中国疾病预防控制中心等单位联合实施的"2011 年全国老年健康影响因素跟踪调查"，中国 65 ~ 79 岁老年人的失能率为 7.94%，80 岁及以上老年人的失能率上升至 36.30%。在 65 岁及以上的老年人中，女性失能率为 32.18%，男性为 20.77%（姜向群，杜鹏主编，2015）。

老年痴呆患者是较为特别的一类失能老人，也是最难照顾的失能老年人群。老年痴呆患病率随年龄增长快速提高。阿尔茨海默病（Alzheimer's disease, AD）是老年痴呆症的最主要类型。国内调查显示，中国 60 岁及以上的人群中 AD 的患病率为 4.2%，85 岁以上者的患病率则高达 30%（王华丽，于欣，2006）。目前中国老年人中大部分是低龄老人，占到一半以上，80 岁及以上的高龄老人只占老年人数的大约七分之一。可以想见，在人口高龄化的发展趋势下，高龄老年人数量不断增多，老年痴呆患者将越来越多，今后痴呆老人的照护问题将更加严峻。

### 3. 独居老人数量增加

根据 2015 年第四次中国城乡老年人生活状况抽样调查数据，中国空巢老年人的比例为 51.3%，其中 38.2% 的老年人只与配偶居住，13.1% 的老年人独自居住。随年龄增长，独居老人比例不断增加。如 60 ~ 64 岁老年人独居的比例为 7.2%，70 ~ 74 岁为 15.0%；而 85 岁及以上老年人独居的比例增长到 23.7%，将近四分之一。不过，在 85 岁之前，只有四到五成的老年人与子女同住；85 岁之后，与子女同住老年人的比例超过一半，达到 56.0%。可见，大部分高龄老人与子女同住，而独居的高龄老人亦不在少数。

分性别看，女性老年人独居的比例为 15.0%，男性老年人独居的比例为 11.0%，女性高于男性。随着人均预期寿命的延长，老年人丧偶问题突出。由于女性预期寿命比男性更长，老年女性的丧偶风险高于男性。此外，中国婚配传统中男性通常较女性年长，这更加剧了女性老年人的丧偶风险。在独居老年人中，生活最困难的是那些从未正式就业的丧偶女性。因为未曾正式就业，她们没有稳定的退休保障，经济上主要依靠配偶和子女。其中，丧偶又缺少子女转移性收入的老年女性最容易陷入贫困。

中国老年人总体文化水平较低，而女性更低。2015 年第四次中国城乡老年人生活状况抽样调查数据显示，老年女性受教育水平低于男性。男性老年人中没上过学的占 14.5%，上过小学的占 46.0%，上过中学的占 35.0%，上过大专及以上的占 4.7%；女性老年人中没上过学的多达 43.2%，上过小学的占 37.3%，上过中学的占 17.8%，上过大专及以上的仅有 1.7%。也因此，老年女性正式就业的比例低于男性。2015 年，中国曾正式就业及尚未退休的城市老年男性比例为 62.8%，而在城市老年女性中只有 53.0%。

与其他居住安排的老年人相比，独居老年人特别是独居老年女性的照顾问题尤其值得关注。

## 二、失能老年人的家庭照顾

### 1. 失能老人主要由家庭照顾

伴随人口老龄化的高龄化趋势，中国失能、半失能老年人数迅速增加，意味着大量老年人需要他人照料。目前中国的延续性医疗服务机构和康复护理服务机构都比较短缺，失能老年人主要由家庭照护，主要照料者是配偶和子女。在大部分农村地区，社会服务短缺，家庭照顾几乎是唯一的选择。根据中国健康与养老追踪调查（China Health and Retirement Longitudinal Study, CHARLS）2011—2012 年全国基线调查数据，农村失能老年人的主要生活照料者首先是配偶（44.9%），其次是子女及其配偶（31.1%）；少部分是其他亲属（7.1%）和其他非亲属（1.8%）；还有 15.1% 的自理困难老人无人照料（姜向群，杜鹏主编，2015）。

家庭照顾受到居住安排的影响。如前所述，现代社会子女数量减少，家庭规模变小，社会流动频繁，居住安排离散。即使同居一地，是否与子女同住，还会受到主观意愿和居住条件的影响。事实上，无论在城市还是农村，人户分离的现象都很常见。年轻人结婚后大多与父母分开居住，空巢家庭越来越多，独居或仅夫妇共同居住的老年人比例逐年上升。根据 1999 年发布的《中华人民共和国老龄问题国家报告》，其时大部分老年人与子女共同居住，共居比例为 72%，在农村更高达 77%。而根据第四次中国城乡老年人生活状况抽样调查数据，2015 年，中国城乡合计空巢老年人已经超过一半，占 51.3%，城镇地区空巢老年人占 50.9%（独居占 12.0%，只与配偶居住占 38.9%），农村地区空巢老年人占 51.7%（独居占 14.3%，只与配偶居住占 37.4%）。

低龄阶段，老年人照顾以配偶为主。2015 年第四次中国城乡老年人生活状况抽样调查显示，低龄老年人的照料者以配偶为主，如 60～69 岁老年人的照料者是配偶的占到 72.1%，是儿子和儿媳的占到 17.5%，是女儿和女婿的占到 5.8%。在高龄阶段，80 岁及以上的老年人的主要照料者是子女，其中又以儿子和儿媳为主。高龄老年人的照料者是配偶的只有 18.2%，是儿子和儿媳的有 56.5%（儿子 41.9%，儿媳 14.6%），是女儿和女婿的有 15.5%（女儿 15.1%，女婿 0.4%）。

**2. 配偶照顾和子女照顾**

通常来看，女性照料者比男性照料者多。按照传统角色分工，女性更多地承担家庭事务和照顾工作。由于女性在一生中更多参与家庭事务，她们比老年男性更容易适应晚年的生活状态。由于女性的平均预期寿命高于男性，越到高龄阶段越是明显。2015 年第四次中国城乡老年人生活状况抽样调查数据显示，女性老年人占比为 52.2%，男性老年人为 47.8%；而在 80 岁及以上的老年人中，女性老年人占到 57.6%，男性仅占 42.4%。也因此，男性老年人有配偶的比例高于女性，81.0% 的老年男性有配偶，而老年女性有配偶的比例只有 63.3%。从照料的角度看，男性老年人中有 57.9% 由配偶提供照料，女性老年人中有 32.9% 由配偶提供照料。与此同时，由于女性老年人的患病率和失能率均高于男性，在一些空巢家庭，不少老年男性不得不承担起照料患病或失能配偶的重任。由于男性老年人相对较少参与家庭事务，在生活上对配偶的依赖性较大。一旦妻子患病或失能，常常陷入无所适从的状态。从某种程度上说，作为照顾者的男性老人比女性老人面临更多困难和更大挑战。

进入高龄阶段，尤其在配偶去世之后，大部分老年人开始与一名子女家庭同住。按照传统，照顾老年父母仍然以儿子为主，但女儿的作用越来越重要。大量调查显示，儿子更经常地从经济方面资助父母，而女儿更多在日常照料和情感慰藉方面支持父母。主要照料者是儿子还是女儿，存在着显著的城乡差异。根据2015年第四次中国城乡老年人生活状况抽样调查：在城市，主要照料者为配偶的占41.7%，儿子家庭占34.2%，女儿家庭占14.6%；而在农村，主要照料者为配偶的为45.3%，儿子家庭占42.9%，女儿家庭为7.0%。

**3. 失智老人的家庭照顾最为困难**

在失能老年人照护中，最困难的是照顾失智老人。除了失去生活自理能力之外，失智老人还伴有认知障碍和精神障碍，有的甚至有攻击行为和自伤风险，这不仅加大了照护的困难，还对照护者尤其是老年照护者的身心健康有很大损伤。研究显示，失智老人的照护者普遍存在焦虑、抑郁等心理问题（向寒梅、黄淑华，2008）。

大量研究显示，最令失智老人家庭照护者烦恼的问题有：①缺乏看护技能，难以应对患者的痴呆症状和精神症状；②无法与患者正常沟通，情感受挫；③担心患者的安全问题，如跌倒、走失等；④照顾任务繁重，造成照护者自身身心疲惫；⑤缺乏私人时间和空间，社会交往减少甚至缺失；⑥经济负担过重（李永彤，等，1990；白姣姣，等，2006；张睿，等，2008；吴军，等，2010；穆福骏，潘乃林，2012）。

在照护机构数量短缺而收费较高的情况下，目前中国失智老年人中绝大部分仍然要靠家庭照护。由于家庭照护者缺乏准备和必要的技能，一方面很多失智老年人得不到好的照顾，另一方面家庭照护者疲惫不堪。在家照顾失智老人最主要的困难是得不到专业指导和支持。郭振军等（2016）在全国16个大中城市28家三级甲等医院的精神科、老年科、神经科或干部科的记忆门诊，对752名45岁及以上认知功能下降为主诉的就诊者的照料者进行调查，结果显示，仅有6.52%的痴呆家属照料者曾经接受过痴呆照护培训。这还是大中城市，而且患者到记忆门诊就医的情况。在广大小城市和农村地区，这个比例会低很多。对于没有就诊的患者，接受培训的可能性几乎为零。

因此政府加强对于家庭照护者的支持政策非常重要。目前中国精神卫生服务能力不足，专业的老年痴呆患者的康复护理机构非常少，社区心理卫生服务也比较欠缺。应加强社区公共卫生服务体系建设，开展早期预防、筛查、及时干预、康复等服务，为失智老人的家庭照护者提供培训服务、心理辅导、喘息服务以及其他支持等。

### 4. "纯老户"的家庭照顾

随着人口老龄化的快速发展和人均寿命的延长，在家庭分类中出现了一个新的类型，称为"纯老户"，或"纯老年人家庭"，指家庭全部人口都在 60 周岁及以上，包括独居老人户、老年夫妇户、老年人与父母或其他老年亲属同住的家庭户等。以北京市为例，截至 2015 年底，北京户籍人口中的纯老年人家庭人口有 48.2 万，占老年人口总数的 15.4%。2015 年第四次中国城乡老年人生活状况抽样调查显示，36.6% 的被访老年人家庭中还有其他老年人需要照料。随着高龄老人越来越多，年轻老人照顾高龄父母的现象将会越来越多。

在两代人的纯老年人家庭中，年轻的老年人和他们的高龄父母同住，并照顾后者。根据中国人民大学中国调查与数据中心负责实施的中国老年社会追踪调查（China Longitudinal Aging Social Survey，CLASS）2014 年数据，全国老年人中有 8.9% 需要照料自己或配偶的父母。分城乡看，城市老年人需要照料父母的比例（10.2%）高于农村老年人（7%）。分性别看，男性老年人需要照料父母的比重（10.6%）高于女性老年人（7.5%）（黄国桂，等，2017）。

## 三、老年人社会服务现状

赡养老人是传统家庭制度的一项主要功能。随着现代工业化和城镇化的快速推进，在人口老龄化背景下，加之计划生育政策长期实施的影响，中国家庭的子女数减少，空巢和独居老年人增多，家庭养老功能明显弱化，很多老年人在有需要时无法得到子女的扶助。为此，政府开始考虑如何为更多的老年人提供机构养老服务和社区养老服务。其主要措施一方面是在社会福利事业上的加大投入；另一方面是推进社会福利社会化，鼓励社会力量积极参与兴办社会福利事业。

2011 年，国务院办公厅印发《社会养老服务体系建设规划（2011—2015 年）》，这是中国第一个养老服务方面的专项规划，首次对"社会养老服务体系"的内涵给出较全面的界定。并提出，"社会养老服务体系建设应以居家为基础、社区为依托、机构为支撑，着眼于老年人的实际需求，优先保障孤老优抚对象及低收入的高龄、独居、失能等困难老年人的服务需求，兼顾全体老年人改善和提高养老服务条件的要求。"2013 年，国务院下发《关于加快养老服务业发展的若干意见》，特别提出要发挥市场在资源配置中的基础性作用，推动社会力量逐渐成为养老服务业的主体。2017 年，国务院把中国老龄事业发展规划和社会养老服务体系建设规划合并，印发了《"十三五"国家老龄事业发展和养老体系建设规划》。该规划再次确认将"居家为基础、社区为依托、机构为补充、医养相结合的养老服务体系更加健全"作为未来五年老龄事业的发展目标。这是目前中国养老服务体系的基本框架。

传统的公办养老机构主要接收"三无"孤寡老人，以供养为主。在政策鼓励下，近年来民办养老机构发展迅速。早期，大部分民办养老机构也以供养型为主。与公办养老服务机构相比，民办养老服务机构对于市场的需求更加敏感，较早开始从供养型机构向护理型机构转变。大量民办机构的建立促进了养老服务种类的增加和品质的提升，能够为不同年龄和健康状况的老年人提供从供养到护理的连续性服务。

由于绝大部分老年人住在家里，做好社区居家服务应是老年人社会服务的重点。但与中国社会保障制度取得较大进展相比，目前中国的社会养老服务显得比较滞后。我们在各地的调查发现，大量社区日间照料中心、老年人活动中心，甚至农村互助老人幸福院，实际上都成为健康状况较好、生活自理老人的文化娱乐活动场所，而没能为那些不能自理的老人提供实质性的帮助。从需求方来看，一方面，老年人对于社会养老服务的了解比较有限，使用过的也比较少。另一方面，受传统观念影响较深，不少老年人，尤其是高龄老人，对于社会服务的接受程度不高。

很多老年人和他们的子女在生活照料事宜上普遍不愿意麻烦外人。特别是在农村，很多老人认为不应该接受和自己"没关系"的人的帮助。即使可以接受部分生活服务和卫生服务，心理和精神方面的需要满足仍然只能来自家庭。

然而，随着家庭对老年人照顾能力的减弱，老年人及其家人也希望获得必要的社会服务。特别是失能老年人，他们对他人的依赖性较强，如果家人不能提供相应的生活照顾，就需要社会化的生活照料服务，包括个人护理、生活起居、助餐、助浴、保洁、洗涤、助行、购物、代办事务、陪同就诊、紧急救援等。这类服务大多需要服务人员上门进行。同时，社区也可以为老年人及其家庭提供集中照护服务，如在社区建立托老所和日间照料中心等。社区养老服务机构有诸多好处。一是老人不离开熟悉的环境，老人和子女在观念上都比较容易接受；二是老人可以随时入住或返回家中，入住模式比较灵活；三是可以利用很多社区资源而降低成本，对老人来说价格比较便宜。

健康问题是导致老年人生活质量下降的直接原因，社区卫生服务也是老年人最为迫切的需要之一，包括为行动不便的老年人提供上门的医疗服务，为罹患较严重疾病的老年人提供专业康复护理服务，为老年人提供紧急救援服务等。

## 四、家庭支持政策迫在眉睫

如前所述，在推动社会服务发展的同时，家庭照护对于老年人仍然至关重要。受西方发达国家的影响，从传统的家庭养老为主转变为社会养老为主一度被认为是今后社会发展的必然趋势。然而，国际社会的经验教训表明，社会养老并不能替代家庭养老，相反，过度的社会福利不仅会给政府带来沉重的财政负担，也会使个人过度依赖政府福利，个人和家庭的责任感减弱。这也是欧洲福利国家进行社会政策改革的主要原因之一，而改革的一个重要方向就是支持家庭发挥更大的作用。

过去十年里，中国政府和社会各界对家庭养老进行政策支持的共识逐渐形成。《中国老龄事业发展"十二五"规划》已将"老年家庭建设"列为主要任务之一，提出了完善家庭养老支持政策，发挥家庭养老的基础作用等具体要求。《"十三五"国家老龄事业发展和养老体系建设规划》明确提出，"逐步建立支持家庭养老的政策体系，支持成年子女与老年父母共同生活，履行赡养义务和承担照料责任。"政策制定者已经认识到，政府的主要职能应是政策调控和指导监督，在社会服务上应尽量发挥家庭、社会和市场的作用。最切合老年人需要的社会保障和福利服务应当以家庭为基础，其目标应是帮助老年人尽量生活在家里、由家人来照顾。

老年人家庭所需要的政策支持主要包括经济保障、住房保障、社区生活服务、社区卫生服务、对家庭照料者的支持等。其中，经济保障和住房保障是最基本的生存保障，社区生活服务和卫生服务为在家居住的老年人提供最基本的社会服务。此外，家庭支持政策还应包括对家庭照料者提供所需要的支持。在失能老年人中，只有很小一部分能够在养老机构得到照护，大部分仍然住在家里，依靠家庭照料者的照顾。在一些养老服务体系较完善的国家和地区，在为老年人提供各类服务的同时，也为老年人的家庭照料者提供各种支持性服务，主要包括为家庭照料者提供护理津贴、护理假期、喘息服务等支持。

护理津贴是对家庭照护者的一种经济补贴，给予那些在家照护长期患病和生活不能自理老年人的家庭照护者一定的照护津贴，既能使老年人获得更好的家庭照护，也能缓解照护者的经济压力。

护理假期是指子女在父母患病或其他需要照顾时可享受的假期。目前中国在职人员的法定假期中，与家庭相关的只有探亲假。而探亲假期只有与配偶或父母异地居住的职工才能享受。政府应设立更加宽松的护理假期，保证在职人员在必要时陪伴和照顾父母。目前中国部分省市已开始实施独生子女护理假期，但大部分地区尚未有相关规定。

喘息服务是指为长期（一年以上）照顾卧病在床失能老人的家人提供临时性的替代照护服务，让长期处于照护压力而身心疲惫、精神压抑的家庭照料者得到"喘息"机会，并通过一定心理干预给予他们充分理解、安慰和支持。长期照顾患病或失能老人可能导致照料者健康状况变差、社会交往和闲暇时间减少、心理压力增大，最终陷入身心俱疲的状态。在这种情况下，不仅照护质量不能保证，整个家庭的生活秩序都会被打乱。为解决这个问题，社区服务机构可为家庭照护者提供护理知识和技能培训；也可为家庭照护者提供喘息服务支持，如派人到老人家里提供替代照顾服务、协助老人在社区托老所短时入住等。

　　总之，在老龄化形势日趋严峻的形势下，完善家庭支持政策已经迫在眉睫。为老年人家庭提供必要的经济保障、住房保障、社区生活服务、社区卫生服务，为家庭照料者提供护理津贴、护理假期、喘息服务等支持，使老年人尽量生活在家里，由家人来照顾，将大大改善老年人及其家庭的生存状况、提高老年人及其家庭的生活质量，这应是今后中国发展老龄社会服务的方向。

**参考文献：**

[1] 白姣姣，丁俭，王峥. "对老年痴呆亲属照护者真实体验的质性研究" [J]. 中华护理杂志，2006，41（12）：1065-1069.

[2] 国家应对人口老龄化战略研究总课题组. 国家应对人口老龄化战略研究总报告 [M]. 北京：华龄出版社，2014.

[3] 郭振军，赵玫，吕晓珍，等. 痴呆居家照料培训需求现状及影响因素分析 [J]. 中国公共卫生，2016，32（1）：108-112.

[4] 黄国桂，杜鹏，陈功. 中国老年人照料父母的现状及相关心理问题研究 [J]. 老龄科学研究，2017，5（5）：15-25.

[5] 姜向群，杜鹏. 中国人口老龄化和老龄事业发展报告 2014[M]. 北京：中国人民大学出版社，2015.

[6] 李永彤，陈昌惠，罗和春，等. 老年性痴呆病人亲属心理健康状况 [J]. 中国心理卫生杂志，1990，4（1）：1-5.

[7] 穆福骏，潘乃林. 老年痴呆患者家庭焦虑照护者体验的质性研究 [J]. 护理管理杂志，2012，12（6）：441-442.

[8] 王华丽，于欣. 中国阿尔茨海默病的流行病学现状 [J]. 中华全科医师杂志，2006，5（6）：358-360.

[9] 邬沧萍 . 全面建成小康社会积极应对人口老龄化 [M]. 北京：中国人口出版社，2016.

[10] 吴军，于芸，周青，等 . 社区老年痴呆照护者体验的现象学分析 [J]. 中国社会医学杂志，2010，27（4）：215-216.

[11] 向寒梅，黄淑华 . 老年痴呆患者看护者心理状况的分析 [J]. 南华大学学报·医学版，2008，36（5）：710-711.

[12] 张睿，杨莘，王玲，李峥 . 老年痴呆患者照护者照顾感受的质性研究 [J]. 中华护理杂志，2008，43（7）：589-592.

（发表于《国家社会家庭：生育保障制度与女性的全面发展》2021 年 4 月。）

# 强化社会敬老

## 李 晶 魏彦彦

为提升老年人的获得感、幸福感和安全感，2021年发布的《中共中央 国务院关于加强新时代老龄工作的意见》提出"构建老年友好型社会"，而"强化社会敬老"被列为其中一项重要工作。中国社会已经进入新的历史发展阶段，继续大力弘扬中华民族孝亲敬老传统美德是新时代老龄工作的重要内容。本章简要梳理社会敬老的内涵和传统、取得的成就和存在问题，解析今后社会敬老的重点任务和创新路径，并就进一步强化社会敬老提出政策建议。

## 一、社会敬老的发展历程

### （一）社会敬老的内涵和传统

孝亲敬老是中华民族的传统美德。"孝亲"主要指子女对父母的敬爱和赡养，"敬老"则是由家庭伦理扩展出的对所有老年人的尊重和关爱。我国自古就有"老吾老以及人之老，幼吾幼以及人之幼"（《孟子·梁惠王上》）的传统。孝亲敬老是传统社会的基本伦理要求和社会治理原则，作为一种文化基因，在现代社会仍然是被高度认同的行为准则和道德规范。

在现代老龄社会，老龄工作成为国家的公共事务，社会敬老得到法律保障和政策支持。依据我国宪法，"中华人民共和国公民在年老、疾病或者丧失劳动能力的情况下，有从国家和社会获得物质帮助的权利。国家发展为公民享受这些权利所需要的社会保险、社会救济和医疗卫生事业"。《中华人民共和国老年人权益保障法》（以下简称《老年法》）是我国唯一的一部老年专门法，也对老年人从国家和社会获得物质帮助、享受社会服务和社会优待、参与社会发展和共享发展成果等权利作出了明确规定。早在 1984 年全国首次老龄工作会议上，"发扬中华民族敬老、爱老、养老的优良传统"就被列为我国老龄工作的主要任务之一。2017 年党的十九大报告提出要"构建养老、孝老、敬老政策体系和社会环境"，对构建孝亲敬老政策体系和社会环境提出了更高要求。在 2021 年《中共中央　国务院关于加强新时代老龄工作的意见》中，将"强化社会敬老"列为"构建老年友好型社会"的一项重要工作。

从老龄工作层面看，"孝亲敬老"的基本内涵是，在尊重老年人自主性的基础上，建设给予老年人经济支持、生活照顾和精神慰藉等全面支持的文化氛围、制度安排和生活环境。进入人口老龄化社会 20 多年来，社会敬老工作不断推进，贯穿于整个老龄工作和老龄政策之中。九月初九重阳节是中国传统的敬老节日，《中华人民共和国老年人权益保障法（2013 年修正版）》将重阳节定为我国法定的老年节，体现出国家对老年人的尊重和关怀，意味着传统孝亲敬老的文化精髓从政府层面得到肯定。自 2010 年起，为增强全社会的老龄意识和敬老意识，全国老龄工作委员会在每年重阳节当月组织开展为期一个月的"敬老月"活动，在全国广泛组织和动员政府有关部门、企事业单位和社会组织为老年人办实事、做好事。此外，定期举办全国孝亲敬老模范个人和先进集体的评选表彰活动、召开孝亲敬老学术会议、为老年人提供优待和便捷服务等，已经初步形成社会敬老的优良传统。

### （二）社会敬老取得的成就

#### 1. 评选表彰

表彰模范、树立典型是推进社会敬老的有效方式。《老年法》规定，"各级人民政府和有关部门对维护老年人合法权益和敬老、养老、助老成绩显著的组织、家庭或者个人，对参与社会发展做出突出贡献的老年人，按照国家有关规定给予表彰或者奖励"。

在评选表彰先进组织和机构方面，最有代表性的是全国老龄委从2012年起在全国开展"敬老文明号"创建活动。创建活动广泛动员社会各界参与尊老敬老社会活动，落实老年优待政策，推动基层老龄工作，提高为老服务水平，提升社会各界的敬老意识。创建活动以落实各项惠老优待政策、创新为老服务方式方法、提高为老服务质量、推动社会主义精神文明建设为主要内容，每三年进行一次评比表彰。此外，全国老龄办还在全国范围内评选"中华孝亲敬老楷模""全国孝亲敬老之星"和"全国敬老模范单位"。孝亲敬老模范人物和优秀单位的评选表彰活动在全社会营造了敬老爱老助老的社会氛围，产生了巨大的示范效应。

### 2. 老年优待

老年优待是在老年人享受宪法和其他法律规定基本权利之外的优待权益，是国家和社会为老年人提供的更加多样化的服务。老年人优待是我国建设和谐老龄社会的特色，在依法维护老年人合法权益的基础上，进一步提高和改善老年人的生活质量。

《老年法》设专章对老年人享有的社会优待进行规定，并要求不按规定履行优待老年人义务的，由有关主管部门责令改正。2013年12月，全国老龄工作委员会办公室、最高人民法院、中共中央宣传部等出台《关于进一步加强老年人优待工作的意见》（以下简称《意见》）。根据《老年法》和《意见》，老年人优待项目和范围主要包括政府服务优待、卫生保健优待、交通出行优待、商业服务优待、文体休闲优待、维权服务优待等六个方面。政府主导、社会参与是老年优待的实施原则。老年优待的广泛实施显示我国从重视和满足失能、高龄、贫困等困难老年群体需求，逐步发展普惠型的优待政策。

### 3. 敬老会议

定期召开孝亲敬老重要学术会议。2014年11月，由全国老龄工作委员会办公室主办、中国老龄科学研究中心承办的首届全国敬老文化论坛在北京举行。论坛的主题是"传承中华美德，创新敬老文化"。会议发布了《北京宣言》，向全社会提出传承和弘扬敬老文化的倡议。2019 年 12 月，由全国老龄工作委员会办公室、中国老龄协会主办，中国老年学和老年医学学会、中国老龄事业发展基金会、汉中市人民政府承办的首届中华孝亲敬老文化传承与创新大会在陕西省汉中市举行。大会以"孝亲敬老向上向善"为主题，传承与创新中华孝亲敬老优秀文化，增强全社会积极应对人口老龄化的思想观念。2020 年 12 月，由全国老龄工作委员会办公室、中国老龄协会主办，赣州市政府承办的第二届中华孝老爱亲文化传承与创新大会在江西省赣州市召开。这次会议以"孝文化传承与法治建设"为主题，旨在增强全社会积极应对人口老龄化的思想观念，实施积极应对人口老龄化国家战略，推进老龄事业全面协调可持续发展。

**4. 国情教育**

2018 年 2 月，全国老龄办、中共中央组织部、中共中央宣传部等 14 部门印发《关于开展人口老龄化国情教育的通知》。习近平总书记指出，"要在全社会开展人口老龄化国情教育、老龄政策法规教育，引导全社会增强接纳、尊重、帮助老年人的关爱意识和老年人自尊、自立、自强的自爱意识"。为配合各地各部门更好地开展人口老龄化国情教育工作，全国老龄工作委员会办公室组织编写了《人口老龄化国情教育知识读本》，为人口老龄化国情教育提供内容、素材及背景资料。每年敬老月期间，各地老龄部门组织开展人口老龄化国情教育活动，包括面向全社会老年人开展书画摄影、手工制作等比赛，同时举办人口老龄化国情教育知识竞赛和征文比赛等丰富多彩的活动。

### （三）社会敬老存在的问题

#### 1. 社会宣传不够充分

虽然我国比较注重社会敬老的宣传教育，但仍然不乏将老年人描述为脆弱形象的媒体报道。不可否认老年人确实存在需要帮助的一面，但并不能因此给老年人贴上脆弱、无用的标签。在当今信息化时代，由于价值多元受到越来越多人的接受，个人价值观比以往任何时代更容易受到各种媒体宣传的影响。在这种社会环境里，社会主流意识形态提倡和引导人们建立正向的社会价值观格外重要。

### 2. 学校教育尚未深入

自 2018 年以来，全国老龄办等多部门推动进行人口老龄化国情教育，但迄今为止主要是在老龄工作部门、涉老政府部门和部分老年人群体中开展，在学校开展的人口老龄化教育尚未深入。研究显示，在学生群体中对老年人仍然存在偏见，这和当前我国学校教育的考核评价机制有关，同时也反映出人口老龄化问题的重要性仍然未被充分认识。积极应对人口老龄化已经成为国家战略，老龄化国情教育应从娃娃抓起，从小建立对于老年人和老龄社会的客观认识。

### 3. 实践途径仍然欠缺

表彰社会敬老的先进单位和先进个人为社会树立了正面典型和学习榜样，但目前这类表彰活动的覆盖面较窄，对个人和单位的要求较高，对于普通人日常生活实践的指导还不够直接。社会敬老是政府主导下的全民行动，对于广大群众来说，为老服务的社会实践渠道和途径还比较少，需要各级政府和社会组织创造更多机会和平台，鼓励和引导更多人参与社会敬老的项目和活动，让社会敬老意识通过实践活动得到更广泛传播。

### 4. 责任主体有待明确

目前政府在社会敬老创建活动中的定位比较明确，包括加强制度建设和法治建设，研究并制定社会敬老政策的长远发展规划，加强财政支持等。但其他社会主体的责任还不够明确，如各类企事业单位、社会组织等，特别是各类传媒，在加强尊老敬老主题教育、引导集体和个人践行孝亲敬老文化等方面的职能发挥不够充分。此外，还有大量老年人抱持负面老龄观，认为自己跟不上时代发展，甚至认为自己是社会和家庭的负担。应通过多种渠道帮助老年人树立积极老龄观，建立和加强自我责任和自我服务意识。

# 二、社会敬老的重点任务和创新路径

敬老文化在中华民族的历史进程中发挥了重要作用，既是家庭代际和睦的调节器，又是社会持续发展的助推器。进入新时代，强化社会敬老更是成为构建老年友好型社会的重要内容。本文通过梳理新时代强化社会敬老的重点任务，并在现有发展的基础上，探讨其发展的创新路径，以期为实施积极应对人口老龄化国家战略营造良好的社会敬老环境。

## （一）继续开展人口老龄化国情教育

### 1. 深化人口老龄化国情教育

首先，人口老龄化教育要面向全体社会成员。习近平总书记指出，要着力增强全社会积极应对人口老龄化的思想观念，积极看待老龄社会，积极看待老年人和老年生活。知者行之始，我国应对人口老龄化的"思想未备"问题突出，缺乏积极应对人口老龄化的新视角，老龄政策和实践中存在的问题，其根源在于理念滞后。人口老龄化国情教育要面向全社会，营造全社会关心、支持、参与积极应对人口老龄化的良好氛围。

其次，要聚重点人群。一是党政领导干部，将人口老龄化国情教育纳入各级党校（行政学院）干部培训课程，纳入党委（党组）理论学习中心组学习内容。通过国情教育，可以提高各级党政领导科学认识和把握人口老龄化客观规律的能力，提高战略意识、理论素养和决策水平，发挥政府主导作用，统筹公共资源和社会力量，共同应对老龄化进程。二是中小学生，对青少年群体开展国情教育，可以积蓄积极应对人口老龄化的支撑力量和后备力量。在个体层面，在生命早期要准备好应对个体老化的挑战，进行知识技能、身心健康和生活方式的储备；在群体层面，少年人心里播下"老吾老以及人之老"的种子，他们会成为是孝亲敬老的联结者、传承者和践行者。三是广大老年人，通过教育增强老年人积极应对人口老龄化的新理念、新知识、新技能，倡导积极老龄观、健康老龄化、幸福老年人理念，为老年人的社会参与创造条件，做新时代有作为、有进步、有快乐的"三有"老人。

第三，要创新传播形式。在经济高速发展的今天，数字生活给我们带来了前所未有的便利，科技发展是人类智慧的结晶，老年人也应该成为受益群体。应丰富人口老龄化国情教育大讲堂的传播形式，积极探索开展网上人口老龄化国情教育，融传统媒体与新媒体传播于一体，有效提升老龄化国情讲座的引领力、传播力和影响力。开展人口老龄化国情教育还应树立问题导向，把全社会对老龄问题认知的焦点问题和老年人最急需的知识纳入教育内容，为全社会积极应对人口老龄化赋能。

**2. 加强宣传营造良好敬老社会氛围**

首先，要加强敬老爱老宣传工作。老龄宣传工作涉及众多部门，要形成老龄工作部门、新闻媒体和相关部门的合作机制。加强协调，整合工作资源，形成老龄宣传工作的合力。要充分发挥媒体各自的优势，媒体联动，共享信息资源。要有创新的精神和思路，还要有老龄的大视野。充分发挥主流媒体和新兴媒体的作用，聚焦社会关注的热点问题，进行集中报道，重点引导全社会增强接纳、尊重、帮助老年人的关爱意识和老年人自尊、自立、自强的自爱意识。应科学评价老年群体的作用和地位，用积极的态度，重新认识老年人和老年生活，形成爱老助老的良好氛围。

其次，要展示敬老爱老显著成果。通过开展敬老爱老教育活动、走访慰问活动、老年维权活动和为老服务活动等，解决老年人的"急难愁盼"，为老年人送温暖、办实事，增强老年人的参与感、获得感和幸福感，让老年人共享改革发展成果。开展敬老爱老主题宣传活动，展示在积极应对人口老龄化过程中取得的成就，展示具有民族特色、时代特征的孝亲敬老文化。积极宣传老年人对社会发展作出的贡献，讲好老年人正能量故事，展示老年人对年轻人"传帮带"，将老年人的经验传承下去。

**（二）实施中华孝亲敬老文化传承和创新工程**

首先，把孝亲敬老纳入社会主义核心价值体系建设。习近平总书记强调："要把弘扬孝亲敬老纳入社会主义核心价值观宣传教育，建设具有民族特色、时代特征的孝亲敬老文化"。在中华民族对自身文化传统更加自信的新时代背景下，孝亲敬老等中国传统美德被吸纳进社会主义核心价值观体系，成为新时代道德建设的组成部分。加强宣传具有民族特色、时代特征的孝亲敬老文化，引导全社会关注、关心和支持老龄事业发展，构建养老、孝老、敬老社会坏境。

其次，发掘孝亲敬老时代内涵。孝德是中华民族的首要美德，在新时代精神下，孝亲敬老实践的途径和方式日益多样化，创新发展孝亲敬老文化的实践是积极应对人口老龄化国家战略的重要内容。在新时代背景下，在存留传统孝文化合理内核的基础上弘扬创新，不断丰富其内涵，扩充其外延，建构孝亲敬老新的时代内涵，走出一条中国特色积极应对人口老龄化道路。

实施中华孝亲敬老文化创新工程。每年在重阳节当月，全国老龄工作委员会组织开展为期一个月的"敬老月"活动，这是一项全国性的爱老敬老社会活动。每年举办一次中华孝亲敬老文化传承和创新大会，旨在传承与创新中华孝亲敬老优秀文化，增强全社会积极应对人口老龄化的思想观念，推进中国老龄事业全面协调可持续发展。持续开展全国"敬老文明号"创建和全国敬老爱老助老模范人物评选，树立和表彰当代先进典型。深入开展宣传教育，增强全社会人口老龄化国情意识，推动形成积极应对人口老龄化广泛共识。

## （三）创新评选表彰机制

### 1. 创新开展评选表彰活动

首先，创新方法，注重评选表彰的实效性。持续推进"敬老文明号"创建活动。全国"敬老文明号"的评选表彰主要面向基层和工作一线。围绕老年人实际需求，工作重心下移，从细节从小处出发，创新评选方法，关注为老服务实效，提高创建的参与率和实效性。同时，结合时代楷模、道德模范等评选，选树表彰孝亲敬老先进典型。

其次，加强监督，实现对评选表彰的规范管理。广泛听取群众特别是老年群众的意见建议，把群众的满意程度作为评选的第一依据。制定考评标准，采取单位申报、逐级推荐、公众评议的程序开展，规范程序，控制数量，保证质量。加强对评选及表彰活动的监督管理和信息公开，引入第三方考评机制。同时，加强考核，实现动态管理。已挂牌的全国"敬老文明号"每3年集中考核一次，考核采取检查、调研、暗访等方式进行，符合考核标准的单位继续认定为全国"敬老文明号"。

第三，强化宣传，发挥敬老榜样的引领作用。推广先进、树立榜样。定期组织全国"敬老文明号"创建单位开展交流，宣传、总结、推广全国"敬老文明号"的典型事迹和先进经验。充分利用广播、电视、报刊和新媒体宣传平台，讲好先进典型的敬老文明故事，营造浓厚的养老、孝老、敬老社会氛围。

**2. 推进评选表彰制度化建设**

党的十八大以来，习近平总书记多次对党和国家功勋荣誉表彰工作作出重要指示，强调要充分发挥党和国家功勋荣誉表彰的精神引领、典型示范作用，推动全社会形成见贤思齐、崇尚英雄、争做先锋的良好氛围。因此，在实施积极应对人口老龄化战略的背景下，推进敬老先进评选表彰制度化就成为顺应新时代老龄工作发展的应然之举。

建立健全敬老模范评选表彰制度，加强统筹规划，贯彻落实积极应对人口老龄化国家战略。由全国老龄工作委员会统筹协调、牵头组织评选表彰活动，各相关部门要充分发挥职能作用，加强协作配合，共同做好评选表彰工作。严格按照规定的标准和程序开展评选，坚持群众路线，组织各方面广泛参与，维护评选表彰活动的公正性和权威性。注重精神激励，坚持以精神奖励为主，充分发挥其精神引领、典型示范作用。持续开展孝亲敬老模范人物的评选表彰活动，积极营造敬老爱老助老的社会氛围，提高人们的道德意识，促进新时代老龄事业的发展，让孝亲敬老成为国家意志、公民素养和社会风尚。

（四）创新为老志愿服务

**1. 纳入学校社会实践活动**

把为老志愿服务与学校教育相结合。面向在校学生的人口老龄化国情教育的核心是在学生的认知观念、知识储备以及实践能力等层面进行

"适老化"建构，帮助学生在认知社会中树立积极老龄观，在思想品德方面传承孝亲敬老的优良传统美德，在社会实践中落实为老志愿服务的行动。将为老志愿服务纳入中小学综合实践活动和高校学生实践内容。在课程教学过程中积极对"孝亲敬老"主题活动进行创新，宣传孝亲敬老实践活动，引导学生的日常行为规范，培养学生具有良好的"孝亲敬老"品德意识，将"孝亲敬老"行动落到实处。

将为老志愿服务与人才培养相结合。在制度上，把志愿服务纳入人才培养总体方案。作为人才培养体系中不可或缺的一环，实践育人不仅是教育改革持之以恒的方向，也是教育主动适应新时代要求的关键所在。学生志愿服务为实践育人开拓了新途径，搭建了新平台。优化课程建设新体系，在语文以及思政课体系中，强化孝亲敬老等有关课程的开发力度。把志愿服务与人才培养相结合，将志愿服务列为实践教学的重要内容。

**2. 开展社会为老志愿服务**

科学助老，不断健全为老志愿服务机制。积极应对人口老龄化是系统工程，需要全社会共同努力，要扩大社会参与，科学开展社会为老志愿服务。通过综合监管、社会追踪调查、动态分析等办法，积极完善为老志愿服务机制，落实关爱服务措施，精准开展志愿服务关爱活动。建立失智老年人防走失关爱机制和农村留守老年人动态普查机制，定期开展摸底调查。利用追踪调查等调查方法定期进行数据动态分析，链接各种资源，增强老年人的社会支持网络。

智慧助老，用科技丰富为敬老志愿服务。探索智慧助老方式，不断研究与创新为老志愿服务内容。依托信息科技，优化资源配比，让老年人享受到数字技术发展成果，可以让更多的爱心人士加入到志愿服务活动中来，有效弥补当前为老志愿服务存在的短板，打造并推动形成"我为人人，人人为我"的志愿服务良性循环。加快推进"互联网＋志愿服务"智慧平台建设，打通智慧养老服务与为老志愿服务融合发展的有效路径。通过老年人智能手机科普课堂，解决老年人不会用智能手机的问题，提高老年人的数字生活质量，帮助老年人跨越"数字鸿沟"。依托智慧平台，把时间和公益挂钩，帮助志愿者记录服务时长，并以虚拟货币的形式存储起来，可以提高"时间银行"志愿服务项目的可操作性。

全面助老，打造为老志愿服务新局面。建立"积分养老"机制，拓宽积分兑换渠道，将为老志愿服务纳入个人信用体系建设，积极引导城乡居民加入为老志愿服务队伍，特别是动员低龄老年人，通过"时间银行"等互助养老方式，为高龄老年人提供志愿服务，把老有所为和老有所养结合起来，让有活力的老年人在为老志愿服务工作中有更多作为。推动志愿服务向为老志愿服务项目扩展，引导各类志愿服务组织积极参与为老服务活动。多方面、多平台、多层次为有需求的老年人提供心理慰藉、健康保健、应急救助、法律援助等服务。广泛动员社会力量，形成"深怀敬老之心、倾注爱老之情、笃行为老之事"的新时代为老志愿服务新局面。

## （五）加强老年优待工作

### 1. 拓展老年优待项目

老年人优待是政府和社会在做好公民社会保障和基本公共服务的基础上，在医、食、住、用、行、娱等方面为老年人提供更加多样化的服务，包括为老年人提供各种形式的经济补贴、优先优惠和便利服务。

第一，加强生活保障优待服务。根据各省市的实际情况，对八十周岁及以上老年人发放高龄津贴。对经济困难的老年人给予养老服务补贴，依法免除农村老年人兴办公益事业的筹劳义务。符合城镇住房保障条件的老年人申请保障性住房的，在同等条件下应当优先安排。进行农村危旧房屋改造时，应当优先安排符合条件的老年人。各级人民政府和有关部门所属的服务窗口、社区事务受理服务机构应当为老年人办理相关事项提供咨询引导、操作指导、优先办理等服务。供水、供电、供暖、燃气、通信、邮政和广电网络等服务行业和网点应当为老年人提供优先和便利服务，并对有特殊困难、行动不便的老年人提供特需服务和上门服务。

第二，优化卫生保健优待服务。卫生健康部门组织实施国家基本公共卫生服务项目，每年为65岁及以上老年人提供一次免费健康体检服务，免费建立健康档案和提供健康指导，并为行动不便的老年人提供巡回医疗、上门诊疗或者开设家庭病床等服务。医疗卫生机构通过完善挂号、诊疗系统管理等，开设专用窗口或快速通道、提供导医服务等方式，为老年人就医提供方便和优先服务，并免费提供担架和轮椅等助老服务器具。医疗机构与养老机构建立业务协作机制和预约就诊快速通道，逐步推进面向养老机构的远程医疗服务工作，并为老年人提供优先、便利和优惠的医疗服务。

第三，配套交通出行优待服务。鼓励对乘坐城市公共交通车辆的65周岁及以上老年人给予费用优待。在售票区域，设置老年人购票专用窗口，并及时为老年人购票提供服务；在候乘场所和停靠站点，设置老年人等候专区或老年人优先标志，并为行动不便且无人陪同的老年人提供引导、咨询和协助服务。

第四，拓展公共文化优待服务。免费向老年人开放博物馆、美术馆、科技馆、纪念馆、公共图书馆和文化馆等公共文化设施；免费为老年人提供公益性文化、体育服务活动；旅游场所对老年人免费或优惠开放，鼓励旅游景区内收费的游览观光交通工具和游览项目对老年人给予优惠。

第五，强化权益保障服务。人民法院应建立老年人立案快速通道，提供优先接待、优先受理等服务，方便老年人立案。对高龄、失能等行动不便的老年人，可以预约上门立案。司法行政部门应当建立健全法律援助服务网络，简化申请程序，为老年人就近申请和获得法律援助提供便利。对无力支付律师费用，符合条件的老年人应依法给予援助。

**2. 创新老年优待方式**

统一老年人基本公共服务优待项目。我国城乡老年人享受公共服务优待的整体水平较低，各地老年人获得优待的政策标准地区差异较大，具有较强的地域局限性。应建立全国老年人基本优待制度，逐步消除地域限制，使不同户籍老年人同样能够享有共同的基本优待。

明确老年人接受公共服务的基本优待项目。在现行的老年人优待政策中选择普遍性的项目作为老年人基本优待项目，在全国范围内统一执行。同时，引导社会力量积极参与老年人优待服务的供给，促进老年人优待服务水平的提高。

传统方式与智能化方式并行，共同保障老年人享有优待。随着社会科技的进步和移动互联网的快速普及，更加方便快捷的老年人电子优待证应运而生。老年人电子优待证遵循自愿申领、即时办结的原则，进一步拓宽老年人亮证渠道，确保老年人能够快捷享受各项老年人优待政策。老年人凭居民身份证、老年人电子优待证、港澳居民来往内地通行证、台湾居民来往大陆通行证、护照和各省（自治区、直辖市）颁发的老年人优待证中任何一种有效证件，均可享受老年人优待政策。部门之间应做好对接，优化工作流程，实现互通互认。在大数据技术相对成熟条件下，适时推行以身份证替代老年人优待证实体证，进一步减轻老年人办证负担。

## 三、强化社会敬老的政策建议

### （一）进行老龄社会公民教育

人口老龄化是世界普遍趋势，也是 21 世纪中国的基本国情。人口老龄化不仅对经济社会发展有整体性影响，也改变着每个人的生活方式。2018 年全国老龄办牵头开展人口老龄化国情教育，并组织编写了《人口老龄化国情教育知识读本》。2020 年 10 月党的十九届五中全会提出"实施积极应对人口老龄化国家战略"，继续深入开展人口老龄化国情教育不仅更加必要，还应纳入常态化的公民教育体系。

公民教育是现代民族国家的产物，其目的是提高公民素质，培养道德高尚、积极负责的社会成员。道德高尚是对公民素质养成的要求，而积极负责是公民参与社会生活、承担相应社会责任的体现。健全完善的公民教育体系应包含当前和未来社会对每个公民的基本要求，并通过多种形式使每个公民建立起积极的国家认同感和社会责任感。国际比较研究显示，受背景因素和结构因素影响，不同国家的公民教育有自己的价值取向和实施途径。孝亲敬老传统是我国独特的社会文化传统，应成为老龄社会公民教育的组成部分。

人口老龄化公民教育贯穿个人整个生命历程，包括从家庭、学校，到社会，在不同人生阶段应担负的主要责任。其中学校教育尤其重要。学校是对公民进行社会化的社会制度，是正式的公民教育的组织机构。公民教育是学校德育教育的一部分，应在学校的思政课程中加入人口老龄化相关内容。立足于中国老龄社会的现实，将中华优秀敬老传统文化蕴含的思想观念、人文精神和道德规范纳入教育课程体系，并与社会实践相结合。在社会层面，应结合公民道德建设，将老龄社会公民教育与社会公德、职业道德、家庭美德相结合。

## （二）建立敬老社会诚信体系

人口老龄化公民教育在强调知识学习的同时，也要重视社会实践，建立敬老社会诚信体系就是强化敬老行动、提高公民素质的一种促进模式。2021年《国民经济和社会发展第十四个五年规划和2035年远景目标纲要》提出要"提升公民文明素养"，具体做法包括"完善市民公约、乡规民约、学生守则、团体章程等社会规范，建立惩戒失德行为机制。弘扬诚信文化，建设诚信社会"，为建立社会诚信体系提供了政策基础。

孝亲敬老是中华民族的传统美德，诚信也是中华民族推崇的优秀品质。随着社会主义市场经济体系的建立，市场化的经济信用制度和组织逐步完善，但社会诚信体系尚不健全。与经济信用相比，社会诚信体系建设是国家治理体系和治理能力现代化的重要途径，其所涵盖的范围更加广泛。

敬老社会诚信是中国特色社会信用体系的组成部分，建立在人际平等、年龄平等的基础之上。国家是制定社会诚信体系的责任主体，制定敬老社会诚信体系的规范和标准，政府主导的权威机构对其进行认证实施和监督管理，实施守信奖励和失信惩戒。在应用上，对于重要政府职务人选的甄选、任命、考核，以及对于特定社会公益组织岗位的任命、评价等，都可以作为重要的参考指标。利用传统媒体和新媒体进行宣传倡导，使其成为社会治理的一个活跃机制。现代信息技术的发展有助于社会诚信体系的建立和应用。

## （三）构建社会敬老慈善文化

讲求效率的市场分配、体现公平的税收分配和注重责任的慈善分配是现代社会的三次财富分配机制，通过三次分配，政府、市场和社会相互弥补不足，使社会更加公平。随着社会力量壮大，作为财富第三次分配方式的慈善事业在构建和谐社会中发挥的作用将越来越大。

敬老是儒家慈善思想的组成部分。孔子"仁"的思想是儒家学说的核心，是儒家道德规范体系的根本原则，奠定了儒家慈善观的基础。"人不独亲其亲，不独子其子，使老有所终，壮有所用，幼有所长，鳏寡孤独废疾者皆有所养"（《礼记・礼运》）。孟子认为，君主施仁政可使百姓"出入相友，守望相助，疾病相扶持，则百姓亲睦"（《孟子・滕文公上》）。传统中国社会始终存在以家族为核心的慈善传统。中国现代意义上的慈善事业起步较晚，到现在仍然很不发达，一个重要的原因是慈善思想主要停留在以家族文化为基本社会脉络的熟人文化中。随着社会发展，需大力推动建立在普遍性原则上的现代慈善文化，社会敬老是现代慈善文化发展的一个重要推动力。

为建立相互信任关怀的良善社会秩序，表达善意和爱心成为现代社会公民责任的一部分。在敬老慈善文化的基础上，可建立敬老慈善组织或设立专项慈善基金，通过学校教育、社会教育、组织公益慈善活动等形成社会共识。包括策划组织开展各种形式的敬老慈善活动，表彰宣传敬老慈善个人、企业和组织等。活动形式多样，鼓励人人参与，量力而行，各尽所能。推进敬老慈善事业对于促进社会公共事业发展、提高公民道德素质和社会责任感、缓解社会冲突、加强社会凝聚力等都有十分积极的作用。

**参考文献：**

[1] 杜鹏.中国老龄化社会 20 年：成就挑战与展望 [M].北京：人民出版社，2021：270.

[2] 新华网 . 习近平：推动老龄事业全面协调可持续发展 [EB/OL].(2016-05-28). http://www.xinhuanet.com/politics/2016-05/28/c_1118948763.htm.

[3] 陈淼，唐冰 . 新型冠状病毒感染疫情时期老年人媒介形象研究 [J]. 新闻研究导刊，2021（5）.

[4] 江颖，白莉 . 小学校园里的老龄化认知实证调查：小学生对老年人的印象、态度和对自己未来老年期的认知期望 [J]. 老龄科学研究，2021（12）.

[5] 栾文敬，刘静娴 . 青年大学生老年歧视研究述评 [J]. 老龄科学研究，2016（5）.

[6] 吴玉韶，郭平 . 2010 年中国城乡老年人口状况追踪调查数据分析 [M]. 北京：中国社会出版社，2014：451-456.

[7] 杨慧，吕静 . 基于认知层面的代际关系分析——重阳节调查报告 [J]. 河北大学学报（哲学社会科学版），2008（3）.

[8] 洪明，许明 . 国际视野中公民教育的内涵与成因 [J]. 国外社会科学，2002（4）.

（收入《中国老龄化社会 20 年——成就挑战与展望》，杜鹏主编，人民出版社，2021 年 12 月）

# 心理情绪状态与身体疾病的对应关系

张秋霞

中国城乡老年人 75% 以上至少患有一种慢性病，高血压患病率高达 58.3%，糖尿病患病率高达 19.4%，"带病生存"成为老年人普遍的身心状态。身体疾病影响心理和情绪状态比较容易观察和理解，患病的人更容易陷入焦虑，恐惧，抑郁、悲伤和愤怒等各种不良情绪中，导致心理功能的偏差和失衡。大家已意识到，心理和情绪状态反过来也会影响身体健康，身心作为一个整体的观念正深入人心。心理活动分为意识（你明确知道的）和潜意识（真实存在但是没有被认识到，潜意识内容非常庞大），"我"也可以分为作为身体的"我"（肉体的我）和心理上的"自我"（我是什么样性格脾气的人）。我们需要深入了解，心理和情绪会在身体的哪个部位或系统表现出来，不同的心理和情绪会对应于哪些疾病？了解这些对应关系，我们可以有意识地改善心理反应，正确排解自己的情绪，在治疗和干预相关的疾病（包括身体疾病和心理疾病）时读懂潜意识的诉求。病症是身体的警报，是潜意识在用自己的语言告诉你你没有认识到、感觉到的心理内容。

高血压是老年人常见的慢性病，年龄和动脉硬化是原因之一，在心理上，动脉代表着传输和交流，它的弹性和伸缩性随着年龄而消失，沟通能力也趋于僵化，在潜意识中造成内在心理压力升高，投射回身体。另外，处于冲突中并逃避冲突是高血压的另一个含义，高血压的人藉由过多的活动和过度的活力，使自己和周围的人不去注意冲突，攻击性被卡在意识中不能通过行动来释放，控制这种压力本身又增高了血压。这类型的高血压是心理上的自我在内部发动的战争。

糖尿病已被视为身心疾病，罹患糖尿病的人是因为身体无法处理糖类，在心理上则是渴望甜食导致过量，这是因为他渴望爱却无法得到满足或没有处理爱的方法和技巧，于是将这种需求转移到了食物上，爱的体验和味觉上的甘甜非常相关。

抗拒是与爱相反的心理上保护自己的防卫机制，抗拒会强化"我"与"非我"的界限，过敏就是对某些被个体认为是有害物质的过度反应，是心理上强大的抗拒和攻击性没有去攻击外在的事物，而是攻击在了自己的身体上，并且这种攻击性有扩大化的倾向而且大部分并没有被自己的意识察觉到，于是表现为过敏现象反复发作并越来越严重。

身体和心理情绪，互为因果，身心一体的不和谐以疾病的形式表达着心理层面的诉求，潜意识中存在的问题因为看不见，才会形成身体疾病让我们看见。古语有云，喜伤心，怒伤肝，思伤脾，忧伤肺，恐伤肾，五种情志易走五种器脏，情绪是从内心发出的东西，就算同样的情绪造成的疾病，不同个人的疾病背后也是具体的、个性化的事件意义。心理情绪与疾病的相互关系是在群体和医疗中观察到的一种现象，研究这种现象为想了解自己疾病原因的人提供了一种新方向，一些新感悟。

**参考文献：**

[1] Thorwald Dethlefsen, Rudiger Dahlke. 疾病的希望：身心整合的疗愈力量，2020 年 11 月。

（发表于《中国老年》2021 年 11 月）

# 乡土公共性建构：破解农村互助养老发展困境之道①

罗晓晖

## 一、引言

自 2008 年河北省邯郸市肥乡县前屯村在全国首创农村互助幸福院以来，在民政部门的推动下，互助养老作为一种养老模式在河北省乃至全国迅速推广。虽然互助养老在实践中有多种形式，但互助幸福院仍是最主要的形式。回顾互助养老的发展历程，一方面是各地互助幸福院数量和规模的大幅增长，据民政部 2018 年第四季度例行新闻发布会介绍，党的十八大以来，民政部会同财政部实施了农村互助幸福院建设专项，支持农村地区建设 8.2 万家互助幸福院②；另一方面却是实地调研中普遍存在的互助幸福院闲置、形同虚设、运行艰难等现实问题。学者们从定位不清[1]、经费不足[2]、管理不规范[3] 等方面探讨互助养老陷入发展困境的原因，在一定程度上对互助养老的生存发展境遇作出了描述和解释，但这些研究主要聚焦于影响互助养老的外部原因，更多是从引导、规范互助养老发展的政府等外部主体处寻找问题，而对互助养老的真正参与主

① 基金项目：科技部国家重大研发计划"我国人群增龄过程中健康状态变化特点与规律的研究"子课题"健康状态影响因素的分析研究"（2018YFC2000303）。

② 民政部 2018 年第四季度新闻发布会文字实录 [EB/OL]. http://www.mca.gov.cn/article/zwgk/xwfbh/n13/.

体—老年人及村庄居民关注不足，未能触及互助养老陷入发展困局的内在原因。从互助养老发源地前屯村确定的"村级主办、互助服务、群众参与、政府支持"原则来看，"互助服务、群众参与"是互助养老赖以存续的重要基础。那么，在互助养老的发展实践中，老年人接纳互助服务的养老模式吗？村民积极参与了吗？他们的认知或行为何以形成？如何促进老年人和村民对互助养老的接纳和参与？对这些问题的探讨或有助于我们一步步接近互助养老发展问题的本质。公共性在一般的意义上可被理解为公众在公共事务中的参与，而互助养老实际上是指以老年人为主的村庄居民共同参与提供老年公共服务，因此公共性为我们透视互助养老发展问题提供了有益的理论视角。本文将以公共性为视角，从参与主体的角度对农村互助养老陷入发展困境的内在原因进行分析，并尝试提出通过乡土公共性建构推动农村互助养老发展的政策建议。

## 二、互助养老的产生缘由：从家庭养老转向社区互助

人口老龄化城乡倒置和城乡二元结构的双重背景，使农村养老问题成为中国养老问题的重点和难点。2008 年，河北省邯郸市肥乡县前屯村在全国首创农村互助幸福院，旨在解决经济有保障、身体健康的农村空巢老人的生活照料和精神慰藉问题，受到国家民政部的高度关注。以《社会养老服务体系建设规划（2011—2015 年）》提出"在农村 ……积极探索农村互助养老新模式"为肇始，农村互助养老由民间自发行为上升为国家政策。2012 年，民政部全面推广肥乡模式，各地广泛开展农村互助养老的实践。2018 年，发展互助养老进入政府工作报告。行政力量的推动使得互助养老作为农村的一种养老模式受到越来越多的关注。

农村互助养老涉及到公共服务问题。城乡发展不平衡的一个突出表现是公共服务发展水平的不平衡，在城市公共养老服务尚且供给不足的情况下，农村养老公共服务的滞后可想而知，服务供给少和水平低的问题并存。虽然农村也有一些养老机构，但主要是针对五保老人的，由于对入住对象的限定由来已久，其他老年人也不愿到养老机构入住。2008

年后，我国正式推动居家养老服务的发展，尽管《中国老龄事业发展"十二五"规划》提出"到 2015 年末，城市街道和社区基本实现居家养老服务网络全覆盖，80% 以上的乡镇和 50% 以上的农村社区建立包括老龄服务在内的社区综合服务设施和站点"的要求，然而至今农村的居家养老服务总体上仍处于起步阶段，少数经济发达的农村地区居家养老服务有所发展，大量经济欠发达的农村地区还是空白。对于绝大多数住在家里养老的老年人而言，公共养老服务几近于无。

长期以来，依靠家庭养老是农村的养老传统，然而，改革开放以来家庭发挥的养老功能在不断弱化。随着家庭的小型化和城镇化、现代化的快速推进，越来越多的年轻人到城市谋生，农村空巢老人的比例不断提高。第四次中国城乡老年人生活状况抽样调查数据显示，农村空巢老年人占老年人的比例达到 52.2%。[4]25 从第一家互助幸福院的产生来看，数名老人在家中去世而无人知晓，是村干部建设幸福院解决空巢老年人照护问题的直接动因①。前屯村的情况并非个案，媒体资讯中不乏空巢老年人在家发生意外的报道，这些触目惊心的案例直接反映出家庭养老功能的弱化。

在国家公共养老服务难以全面覆盖和家庭养老功能严重弱化的背景下，农村养老应该向何处去？既然家庭无法像以前一样发挥切实的养老功能，农村老人又不能大规模进入城市养老，那么社区互助或许可以弥补家庭养老功能的不足，解决空巢老年人的照护难题。

## 三、公共性视角下农村互助养老发展困境分析

### （一）文献回顾及本文的研究视角

近年来，互助养老在受到政策倡导推动的同时，也面临着诸多实践中的问题。对以肥乡互助幸福院为代表的互助养老模式的研究表明，尽

---

① 肥乡推行"互助养老"模式能否破解养老困境 [EB/OL]. http://hebei.hebnews.cn/2015-11-23/content_5180098.htm.

管具有政府投入要求低等优势，但在推广过程中普遍存在设施闲置、后续资金不足、不符合一些农村地区的实际等多方面问题。[5]在大多数省份，肥乡模式并没有得到很好地推广，相当部分的农村互助幸福院存在徒有其表、重建轻管，甚至无人入住等现象。[6]缘何超越家庭范围、在社区层面另辟蹊径解决农村养老问题的美好愿望难以实现？互助养老在发展中面临的挑战是什么？有研究者认为基层政府在互助幸福院建设上存在敷衍现象，[7]还有研究者认为互助养老在发展中面临缺乏相关法律规范、相关政策支持不足、缺乏社会支持氛围、互助领域狭窄等现实瓶颈，[8]这些研究在一定程度上揭示了互助养老发展不顺利的原因，但因对互助养老参与主体关注不足而未能触及问题的本质。也有研究者敏锐地发现农村互助养老的核心不在于推动互助养老院等硬件设施建设，而在于激活老年人守望相助的认知，将相互间零散的互助行为有效地组织起来，达到充分利用老年人力资源，开展方便及时的相互服务，并实现老年人参与社会的目的，"自助—互助"的理念和行为才是互助养老的核心。[9]

实际上，互助养老在本质上是农村的公共服务，而互助的理念和行为则是蕴含于其中的公共性。公共性是一个内涵丰富的概念，在不同的理论视角下，公共性有不同的内涵。阿伦特强调公共空间或公共领域对公共性的承载[10]，哈贝马斯对公共性的阐述也是基于对公共领域的理解，关于公共领域，他强调其中的公共交往和公共参与[11]32、35。一般而言，"公共性"以个人为基础且超越极端个人主义或利己主义，着重于参与机制和公众基于该机制参与公共活动的过程，唯当"公"或者"公意"在这种参与中得以达成时才具有公共性。[12]"公共性"是相对于私领域的封闭性、排他性而言的，指一系列维系公共生活的基本结构和法则，具有共有性、包容性和公开性的特点。[13]总体来说，公共性建立在具有公共意识、公共精神和公共参与能力的个人基础上，在这些个体参与公共事务的过程中，公共性也随之生成，共同体得以巩固。公共性的理论视角启发我们不应将眼光局限于互助养老的外部推动力量，而应更加关注互助养老参与主体的参与认知和行为对互助养老发展实践的影响，即真正决定互助养老发展状况的内在原因。

### （二）农村互助养老发展困境溯源：乡土公共性缺失

在互助养老的发展中，公共性是基础和根本动力。公共性发育充分，老年人和村民积极参与，是互助养老切实发挥功能并实现可持续发展的重要保障，而实践中的公共性缺失则直接导致了互助养老的发展困境。公共性缺失，具体表现为以下两个方面：

一方面，老年人互助意识淡薄，互助行为较为有限。传统观念将老年人同质性地视为被照顾的对象，然而老年群体以社区街道和公共空间为依托的互助行动，不仅具有自助功能，还是公共性的重要来源。[14]世界卫生组织提出的积极老龄化政策框架将"参与"视为三个政策支柱之一，我国《老年人权益保障法》将社会参与作为老年人的一项重要权利，这些都是对老年人公共性的强调。然而，在农村互助养老发展实践中，老年人的公共性却体现得不足。

长期以来的家庭养老传统使老年人已经习惯分散的家庭养老模式，即便很多家庭现在已经不能提供足够的支持，老年人对于在家庭外集中养老的接受度还是很低。从学理上说，中国传统社会是以个人为中心、以私人道德维系的差序格局[15]30，公共利益和私人利益界限的模糊决定了"差序格局"不可能成为公共性发育和生长的沃土[12]。老年人普遍还是基于个人本位和家庭本位，认为养老问题是家庭的事情，是子女的事情，既然自己有子女也就不需要到互助幸福院集中养老。[7][8]许多地方的互助幸福院刚建起来时都没有老年人愿意入住，在村干部的多方动员下，才有少数老年人愿意试住。笔者在河北省调查时了解到，闲置的互助幸福院不在少数。实际上，一些愿意到互助幸福院居住的老年人或许也并不是出于对互助的向往，而是还有个人利益方面的考虑。以前屯村互助幸福院为例，由于获得了一定的财政补贴，老年人在互助幸福院居住不需缴纳水电暖费用。据当地负责人介绍，老年人住互助幸福院比住在家里费用上还要省，如此一来，老年人入住互助幸福院是否真的是基于对互助理念的认同就存疑了。即便是入住互助幸福院，老年人普遍也都是管好自己的事情即可的心态，互助行为非常有限，大多停留在一起聊聊天的最低限度。总体而言，互助并没有成为老年人的内化理念，个人本位、家庭本位的老年人主要还是以个人为中心来考虑自身的养老问题，他们并未成为互助养老赖以发展的公共性的生产主体。

另一方面，村民在互助养老中参与不充分，支持力度较弱。从公共性视角来看，互助养老的互助显然不应局限于老年人之间，而应扩展至整个村庄。然而村民在互助养老中参与意愿不强也少有参与行为，对互助养老的支持非常有限。

在理念上，村民亦普遍秉持作为子女不应送老年人到互助幸福院的观念，因为千百年来农村老年人都是在家里养老，除非是无子女的五保老人，有子女的老年人若到家庭以外养老，子女可能受到"不孝"的非议。为了维护自身的"孝顺"形象而倾向于让父母在家里养老，显然是只注重私人利益而忽视养老公共利益的存在。实际上，村民的公共参与意识弱可能并不仅仅存在于互助养老这一个领域，而是在村庄更广泛的层面上普遍存在。有研究已明确提出，在大多数实行家庭承包、一包到底、没有形成统分结合的村庄，农民家庭的经济取向是向外的，农民更多的是从参与外部经济活动而获得相对较好的收入，他们参与村庄发展的意识淡薄。[16] 在支持行为上，村民对互助幸福院的人力、物力和财力支持都极为有限，他们较少以志愿者的身份在互助幸福院提供服务，也较少给予互助幸福院金钱或物质方面的馈赠，导致互助幸福院的运转高度依赖于村集体和政府的财政支持。而当前村集体经济普遍羸弱，县级政府财政支持资金也不充足，由此互助幸福院也就普遍陷入难以为继的尴尬境地。

不能忽视的是，就互助养老而言，公共参与制度的缺乏实际上也削弱了村民公共性生产的基础。在政府的关注下，互助幸福院建设成为行政强力推动的项目，即与村民利益密切相关的互助幸福院需不需要建、应该如何建完全由政府主导，全然忽略了村民的意见和建议，这种情况下村民无疑对互助养老没有参与积极性。以河北省为例，省级层面出台了《关于大力推进农村社会养老"幸福工程"的意见》，在压力型体制下，各地建设数字不断飙升，而只关注上级下达任务完成的政绩工程模式无疑造成农村社区成员对互助养老的不信任，没有农民的参与，互助养老必然成为无源之水。[17]

### （三）农村改革背景下乡土公共性缺失的原因分析

前文对农村互助养老发展实践中公共性缺失的表现进行了阐述，并提出农村传统养老文化、互助养老相关政策执行方式等具体因素制约了公共性在互助养老中的发育成长。农村互助养老中的公共性缺失实际上是乡土公共性缺失的表现之一，结合农村改革的进程来看，乡土公共性缺失背后无疑有更为深层的结构性原因。农村改革之后，乡土社会的公共性危机已经成为知识界的共识。[18] 与传统农村社区相比，当下的乡村已经发生了巨大的变化，其中一个重大变化就是经济体制改革日益塑造原子化的个人，社会关系的变化使得原来熟人社会的村庄变成"半熟人社会"[19]9，乡土公共性危机正是农村改革进程中社会结构和人际关系变化在现实中的映照。

人民公社时期，依靠行政力量，国家实现了对农村社会的高度整合。实行家庭联产承包责任制后，家庭成为基本生产单位，农村社会关系在很大程度上集中表现为家庭之间的关系，这种带有较明显的亲族性的社会关系具有封闭性、排他性特点[20]，已表现出明显的个人主义倾向。随着国家力量从农村撤离，传统的宗族制度和新兴的村民自治制度在维系村庄社会秩序上都表现出乏力的状态，村庄共同体不断走向解体。"守望相助、疾病相扶"是宗族在保持农村社会秩序方面的重要作用之一[21]，"守望相助"的传统也是今天互助养老进入政策层面的社会文化基础，传统的互助行为主要就是依托家族或宗族开展。然而，现代国家的建构使得宗族得以发挥作用的外部环境发生了变化，大部分农村的宗族力量极大地弱化，传统宗族趋向衰落。从贺雪峰将农村社会结构划分为团结型村庄、分裂型村庄和分散型村庄的类型学划分来看，除了一些华南农村外，华北、长江流域等大部分农村的宗族血缘关系都发生了不同程度的断裂，与之相伴的是宗族认同和行动能力的下降。[22] 即便是在一些宗族仍在发挥作用的农村，从宗族的构成便可知其作用范围主要还是限于基于血缘关系的相对封闭的私领域，从根本上说，宗族生产的公共性也是有限度的"公"。此外，作为村民自治组织载体的村委会凝聚村民的作用也日渐式微。随着社会治理重心的下移，本应以维护村民利益为要务的村民自治组织日益行政化，村干部成为政府在农村的代理人。[23][24]农村税费改革以后，在取消农业税的同时，"三提五统"、共同生产费等也一并被取消，导致村级组织失去经济来源，农村公共事务在普遍意义上出现了停滞，概言之税费改革削弱了村级组织兴办集体公共事务的能力，村级组织与村民之间失去利益联结，村庄和村民之间的联系进一步被削弱，村庄共同体走向解体。

总之，随着传统宗族制度的衰落和村级组织凝聚村民作用的弱化，维系村民间联结的纽带逐渐消解，村庄整合能力下降，日益原子化。在原子化状态下，维系传统社区的文化资源急剧流失，人们对社区的共同归属感和认同感难以建构起来，村庄和村民的集体意识减退，协作意识和能力下降，针对农村的这种发展状态，一些研究者将其称为"乡土衰败"或"组织衰败"。[25][26][27]乡镇政府、村级组织进行社会整合的能力被削弱，农村社会整合也因此充斥着多重矛盾，呈现张力性整合的特征。[16]并且，随着城镇化的推进，中西部农村还出现日益空心化的趋势，村庄日益成为空巢老人、留守妇女、留守儿童的村庄，一些进城务工的青壮年村民将生活的希望寄托于城市，从心理上割断了与村庄的联系，对村庄的发展、村庄公共事务并不关心。空心化与原子化相叠加，不断侵蚀公共意识、公共精神、公共参与产生和持续的社会、文化、心理基础，进一步加剧了乡村的公共性危机。

## 四、以乡土公共性建构助推农村互助养老发展

基于公共性之上的互助是互助养老的发展内核和根本动力。互助养老的互助不应限于老年人之间，还应扩展至老年人与村民之间，乃至村庄与村庄之外的主体之间，互助的范围越大，互助的作用才能越好地发挥。若村庄具有内生的公共性，互助的意识和行为被激发出来，互助养

老的形式也将得到拓展，不再局限于当前占据主流的互助幸福院这种集中供养形式。促进农村互助养老良性、可持续发展，必须着力培育乡土公共性。

## （一）发展社区公共事务凝聚村民

塑造乡村公共空间，通过有助于促进社区福利的社区公共事务，加强村庄与村民之间的利益联结，增强村庄的凝聚力，重塑村庄共同体。从社区建设的角度着眼，那些有助于解决家庭和国家都难以解决、而每个家庭又都必然面对的问题的途径或办法，如与老人娱乐、老人健康特别是高龄老人护理有关的措施和办法才有可能成为把社区成员结成共同体的重要纽带。[28] 因此，互助养老本身就是能够凝聚人心的社区公共事务，而要使互助养老真正能够凝聚人心，就必须改变目前由政府主导、以行政推动为主要手段的治理方式，要从制度上为包括老年人在内的全体村民的参与创造条件，使其无论是在互助养老实施前还是实施中都能充分发表自己的意见，并最终成为互助养老发展的责任主体，在互助养老实践中有积极地参与和投入。

一些地方已经开始对单一行政力量推动的互助养老发展模式进行反思，认识到了"要我发展"村民没有积极性、互助养老难以持续的弊端，计划变"要我发展"为"我要发展"，政府对有发展意愿的村庄给予重点扶持。由于中西部农村普遍公共服务缺失，因此除了互助养老外，有助于促进社区福利的社区公共事务还有广阔的发展空间，如社区公共文化项目、关爱留守妇女儿童项目等都可能成为凝聚村庄共同体的载体。但尤为重要的一点是，要通过这些与村民切身利益直接相关的公共事务的开展，促进村民在项目中的参与及在社区层面的融入，如此才能激发村民参与公共事务的内在动力，增加村民之间的信任与合作，逐步增强社区共同体意识。就互助养老而言，除了要吸引村民积极参与外，还要尽可能发挥老年人的主体性作用。老年群体是社区内的主要人群，要通过挖掘老年群体的潜力，发挥其在社区公共性再生产过程中的积极作用。[29]

## （二）培育农村社会组织

社会组织具有培养公民意识、提升公共参与能力的作用已成为一种研究共识。[30] 在一定的条件下，作为国家与农民之间的中间组织的农村社会组织，能够与其他一些基层组织共生合作，共同构筑乡土"新公共性"，从而再造乡土团结，扭转农村社会的原子化趋向。[18] 随着人口老龄化程度的加深，我国积极推进基层老年协会的建设，旨在发挥其自我管理、自我教育、自我服务的功能，老年社会组织由此获得了极大的发展。各地老年协会发展参差不齐，在发展好的地方，老年协会不仅加强了老年人与老年人及其他村民，乃至村民之间的横向联系，还大大激发了村庄内的志愿精神和志愿行为，为互助养老的发展奠定了基础。浙江老年协会不仅紧密团结了老年人，还因其连带性吸纳功能将其他村民亦吸引在老年协会周围。[31] 此外，一些非老年的村民也积极加入老年协会的志愿者队伍，为老年人提供助餐等服务。陕西助老汇社会工作发展中心在泾阳依托村级老年协会，培训养老协管员，推行"邻里互助"居家养老服务项目，为高龄、独居和身体行动不便的老人服务，在解决老年人生活困难方面成效显著，还带动了家庭和社区对老年人的关注。浙江和陕西的案例表明，只要具备了互助的内核，互助养老不应被囿于互助幸福院的模式，针对居家老年人的邻里互助或许具有更广泛的适用性和更高的效益。当然，如何通过基层老年协会或其他农村社会组织来实现对老年人乃至村庄的组织化，增强村民之间的横向联结，是村庄公共性生产的关键，也直接关系到互助养老的发展。

## （三）重建乡土公共精神

公共精神存在于社会共同体中，它致力于公共事务关系，并愿意积极参与共同体的改善和社会公共秩序的建构，以构建适合于人们社会生存和发展的道德价值规范和社会政治制度的思想和行为意识。[32] 培育乡土公共精神，是建构和巩固村庄共同体的重要途径。培育乡土公共精神的具体途径包括：一是政府应加大农村公共服务供给，引导村级组织回归自治功能；二是要鼓励和支持农村社会组织开展公益活动，传播公共精神，为村庄成员参与公共事务、公共生活创造条件；三是通过社区教育、老年教育等形式，加强对包括老年人在内的村庄全体成员关于公共精神的教育，加深其对于公共精神的理解，鼓励和引导其积极参与村庄公共生活；四是以传统文化为载体，构建村庄成员的归属感、认同感和价值感，培育公共精神，使共享的文化成为公共精神的根基。一些地方依托传统孝道文化，激发了村庄内乃至更大范围内针对老年人的关爱和志愿行为，在互助养老方面取得了显著成效。

实际上，乡土公共性建构与农村互助养老发展不是简单的因果关系，而是相互促进的关系。一方面，公共性是互助养老的立基之本与发展之源，加强乡土公共性建构，提升老年人和村民的互助意识，促进其互助行为，才能真正破解当前农村互助养老的发展困局；另一方面，互助养老作为能够加强村民社会联结的社区公共事务本身就承载着公共性，其发展又将进一步促进乡土公共性的再生产。

**参考文献：**

[1] 吴香雪，杨宜勇. 社区互助养老：功能定位、模式分类与机制推进 [J]. 青海社会科学，2016（6）.

[2] 王伟进. 互助养老的模式类型与现实困境 [J]. 行政管理改革，2015（10）.

[3] 杨立春. 农村空巢老人参与互助养老的现实困境与实施路径 [J]. 农业经济，2019（8）.

[4] 全国老龄工作委员会办公室编. 第四次中国城乡老年人生活状况抽样调查总数据集 [M]. 北京：华龄出版社，2018.

[5] 周娟，张玲玲. 幸福院是中国农村养老模式好的选择吗？——基于陕西省榆林市 R 区实地调查的分析 [J]. 中国农村观察，2016（5）.

[6] 李张光. 尴尬"肥乡模式" [N]. 民主与法制时报，2016-04-08.

[7] 赵志强. 农村互助养老模式推行的挑战与对策 [J]. 农村经济与科技，2013（4）.

[8] 金华宝. 农村社区互助养老的发展瓶颈与完善路径 [J]. 探索，2014（6）.

[9] 刘妮娜. 互助与合作：中国农村互助性社会养老模式研究 [J]. 人口研究，2017（4）.

[10][ 美 ] 汉娜·阿伦特. 人的条件 [M]. 竺乾威，等，译. 上海：上海人民出版社，1999.

[11][ 德 ] 哈贝马斯. 公共领域的结构转型 [M]. 曹卫东，等，译. 上海：学林出版社，1999.

[12] 李友梅，肖瑛，黄晓春. 当代中国社会建设的公共性困境及其超越 [J]. 中国社会科学，2012（4）.

[13] 田毅鹏. 东亚"新公共性"的构建及其限制 [J]. 吉林大学社会科学学报，2005（6）.

[14] 田毅鹏. 老年群体与都市公共性构建 [J]. 福建论坛（人文社会科学版），2011（10）.

[15] 费孝通. 乡土中国生育制度 [M]. 北京：北京大学出版社，1998.

[16] 王思斌. 我国农村的分化性发展与张力性整合——近四十年我国社会变迁的一个透视 [J]. 北京大学学报（哲学社会科学版），2018（5）.

[17] 赵志强. 农村互助养老模式的发展困境与策略 [J]. 河北大学学报（哲学社会科学版），2015（1）.

[18] 吕方. 再造乡土团结：农村社会组织发展与"新公共性" [J]. 南开学报（哲学社会科学版），2013（3）.

[19] 贺雪峰. 新乡土中国（修订版）[M]. 北京：北京大学出版社，2013.

[20] 王思斌. 经济体制改革对农村社会关系的影响 [J]. 北京大学学报（哲学社会科学版），1987（3）.

[21] 贺雪峰. 中国传统社会的内生村庄秩序 [J]. 文史哲，2006（4）.

[22] 贺雪峰. 论中国农村的区域差异—村庄社会结构的视角 [J]. 开放时代，2012（10）.

[23] 徐勇. 村民自治的成长：行政放权与社会发育 [J]. 华中师范大学学报（人文社会科学版），2005（2）.

[24] 方明. 新农村建设背景下村民自治的困境与思考 [J]. 江苏社会科学，2016（6）.

[25] 徐勇.在社会主义新农村建设中推进农村社区建设 [J].江汉论坛，2007（4）.

[26] 田毅鹏".村落终结"与农民的再组织化 [J].人文杂志，2012（1）.

[27] 芦恒，芮东根".抗逆力"与"公共性"：乡村振兴的双重动力与衰退地域重建 [J].中国农业大学学报（社会科学版），2019（2）.

[28] 蔡骐.城市化、老龄化与社区建设 [J].中州学刊，2005（1）.

[29] 朱爱华.老年群体与新兴农村社区公共性再生 [J].科学经济社会，2014（3）.

[30] 潘修华.社会组织发挥公民素质提升功能的现状与改善 [J].理论探讨，2017（4）.

[31] 邓燕华，阮横俯.农村银色力量何以可能—以浙江老年协会为例 [J].社会学研究，2008（6）.

[32] 姜涌.共同体中的公共精神 [J].马克思主义哲学论丛，2017（3）.

（发表于《长白学刊》2021 年 7 月）

# 刍议文化活动中的老年人组织化参与

罗晓晖

## 一、引言

在全球人口老龄化的背景之下，世界各国都在积极探索应对人口老龄化之道。联合国在第二次老龄问题世界大会上制定了《积极老龄化政策框架》，并将健康、参与和保障确立为积极老龄化政策框架的三大支柱，其中的"参与"意指老年人根据自己的能力、需要和喜好，参与社会经济、文化和精神活动（邬沧萍，等，2018）。积极老龄化理念在世界范围内受到了广泛的认可，也成为我国应对人口老龄化的理论指引和行动指南。我国将老年人参与社会发展的权利上升到法律高度，通过法律保障老年人参与经济、政治、文化和社会生活。老年人的社会参与状况关系到积极老龄化理念在我国的践行，然而在实践中，促进老年人的社会参与的途径和实现机制方面都存在诸多的困难。组织化参与是促进老年人社会参与的一种可行且有效的途径，本文拟以老年社会参与中的文化参与为例，对文化活动中老年人组织化参与的相关问题进行初步探讨，以期对畅通老年人的社会参与途径、促进其社会参与有所启发和助益。

## 二、组织化参与的背景

### （一）现代化进程推动社会活动朝组织化方向发展

与工业化以及科技的发展相伴随，人类社会在现代化进程中逐渐从传统社会向现代社会演进。现代社会的显著特征之一是社会分化和高度的社会分工，为了减少在完成某些社会活动中社会交往的不确定性，建立彼此之间稳定的合作关系，各种组织应运而生。可以说，组织是现代社会中的一种建立在理性主义基础上的群体活动形式。组织的广泛建立，使得社会成员不再是以相对隔离的自然存在状态进行个体活动，而是越来越多地以群体形式进行稳定、经常的合作。如果将组织视为一种静态结构，人们主动或被动形成组织，并通过相互合作实现组织目标的过程就是组织化。

随着社会分工的发展，组织化无疑是现代化进程中社会发展的必然趋势。在现代社会，人们在组织中进行社会交往，组织在满足人们开展社会活动需要的同时，又凭借组织规则对人们的行为具有一定的约束力，这是组织对于人们社会交往的重要意义。在现代化进程推动下，社会活动的组织化转向作为一种总体性的社会变迁，产生的影响全面而深远。老年人的文化活动参与朝着组织化方向发展，是其中的一个方面。

### （二）老年文化公共服务供给不断增加

自《中华人民共和国国民经济和社会发展第十一个五年规划纲要》首次提出"基本公共服务均等化"的政策目标后，我国基本公共服务的发展方向日益明确，各个领域的公共服务供给不断增加。党的十九大指出，我国社会主要矛盾已经转化为人民日益增长的美好生活需要与不平衡不充分的发展之间的矛盾。立足社会主要矛盾，满足人民的美好生活需要，需要推动公共服务的进一步高质量发展。随着国家对公共服务供给重视程度的不断提高，各级财政的投入力度不断加大，各级各类文化、体育、老年服务设施的覆盖率逐年提升，为老年文化活动的组织化参与提供了场所，奠定了硬件基础。城乡社区是各类公共服务落地见效的重要平台，在文化、体育和老年等领域公共服务增量提质政策目标的引导下，各地城乡社区积极组建了各类老年文化组织，广泛开展了丰富多彩的文化活动，为老年文化活动的组织化参与提供了渠道。

### （三）老年人社会参与意愿逐渐增强

参与既是积极老龄化政策框架的三大政策支柱之一，也是我国老年人的法定权益。但因为生存和发展的环境不同，老年群体内部具有很强的异质性，不同老年群体的社会参与意愿不尽相同。与高龄老年人相比，现在的低龄老年人拥有更高的受教育程度、更好的经济状况及更健康的体魄，他们在基本的物质需要得到满足之后，对精神生活、自我实现也有更高的追求。这就决定了他们大多不会选择社会隔离状态，而是更加愿意走出家门，参与社会，在群体活动中充实自己、展示自己，重新找到自己的价值。

老年群体的边界是开放的，其构成是动态变化的，如果从动态和群体更替视角去看待老年群体，我们会发现，现在即将进入老年期的准老年人具有更强社会参与意愿的特征更为明显。从实践来看，文化活动是老年人社会参与的重要载体。总体上，老年人逐渐增强的社会参与意愿是老年文化活动组织化参与的主观条件，而老年人日渐提高的参与能力和较好的身体条件，则为老年文化活动的组织化参与提供了重要保障。

## 三、组织化参与的内涵

### （一）老年文化组织

在社会科学中，组织有广义和狭义之分。广义的组织是指人们从事共同活动的所有群体形式，狭义的组织则是指为了实现特定的目标而有意识地组合起来的社会群体，如企业、政府、学校、医院、社会团体等。一般而言，社会学研究所关注的组织主要是指狭义的组织（王思斌，2006）。本文也是在狭义上使用"组织"概念，旨在强调老年文化组织是基于特定的目标有意识地组合而成的这一基本特征。具体而言，老年文化组织是指为了满足老年人精神文化需求，以及实现其他附着于其上的目标，按照共同约定的规则组合和活动的老年群体。

### （二）老年文化活动的组织化参与

老年文化活动的组织化参与建立在老年文化组织形成的基础上。没有老年文化组织，就没有老年文化活动的组织化参与。但是，仅有老年文化组织，如果组织成员不能在共同认可的组织目标的引导下、在协同互动中促进组织的有序运转，则这种参与也不能称为真正意义上的组织化参与。一般来说，老年文化活动的组织化参与是指为了实现文化方面的某种目标，老年人组成文化组织，通过相互合作形成有机整体参与文化活动的行为方式。在某种程度上，老年文化活动的组织化参与也可视为老年文化组织的成员真正组织起来，即超越人员和物资要素的机械组合、实现组织各要素有机整合的发展过程。

老年文化活动的组织化参与所具有的特征与老年文化组织的状况紧密相关。组织的目的、规模、层级、规范程度、建立主体不同，其组织化参与亦会呈现不同的特征。然而，相对于非组织化参与，老年文化活动的组织化参与又表现出以下这些具有共性的特征：

第一，具有目标导向性。老年文化活动的组织化参与是在一定的目标引导下开展的。这里的目标具有政治的或社会的合法性，且不是个人目标，而是被组织成员广泛认可的共同目标。组织成员围绕组织目标开展老年文化活动，是否达成目标也因此而成为衡量组织成员参与成效的重要指标。

第二，具有规范约束性。老年文化活动的组织化参与以老年文化组织为基础，明确的规范是组织的基本构成要素，具体包括组织的性质、目标、任务、架构、活动规则，成员的权利、义务等。在组织规范的制约下，老年人的组织化参与首先要通过一定的程序获得组织身份，在此基础上，老年人遵循根据组织目标和任务确定的分工合作规则开展活动。活动规则的存在，也使得组织化参与在时间和频率上有所规划和安排。与非组织化参与相比，前者具有经常性和稳定性，后者则往往具有较强的不确定性。

第三，具有群体协同性。老年文化活动的组织化参与是老年人在文化活动中的群体性参与形式，与非组织化参与具有鲜明的个体性、独立性不同，组织化参与在群体性及群体内部的合作性、协同性上较为突出。在组织成员的协同努力下，推动组织实现既定目标尤为重要。

## 四、组织化参与的意义

对于不同的组织建立者而言，老年文化组织及老年人的组织化参与具有不同的意义。总的来说，对于政府、社区等主体而言，满足老年人精神文化需求和加强基层社会治理的意义兼而有之；对于老年人而言，其意义主要在于更好地满足自身精神文化需求。

### （一）是加强基层社会治理的重要手段

第一，有利于加强对老年人的思想教育，使其拥有积极向上的精神风貌。组织化的老年文化活动是弘扬和培育社会主义核心价值观的重要载体，也是展示和传播优秀的中国传统和现代文化的重要阵地。充分利用好这一载体和阵地，对于帮助老年人改变消极甚至错误的思想观念，形成健康的精神风貌，具有十分重要的意义。将国家的大政方针、时事要闻，特别是诸如人口老龄化国情教育等与老年人生活密切相关的一些内容融入文化活动中，还能使老年人在思想上与时俱进，同党中央保持高度一致。随着人口老龄化程度的加深，老年群体日益庞大，老年人的思想阵地被谁占领关系到基层社会治理的效果。通过组织化的文化活动，用健康积极的价值观占领老年人的思想阵地，是加强基层社会治理的有效途径。

第二，有利于减少社会矛盾，促进社会和谐。群体性、协同性是组织化的文化活动区别于个体独立开展的文化活动的显著特征。在这个意义上，组织化的文化活动如同老年人之间的黏合剂，能够有效减少老年人之间的社会隔离，促进他们的交往、融合和相互理解，增强他们的团结协作，减少老年群体内部矛盾的发生。此外，以组织形式开展的老年文化活动将参与各种健康积极的文化活动的老年人积极向上、老有所乐、老有所为的群体形象展示出来，有助于增进其他年龄人群对老年群体的理解和正面认知，减少他们对老年人的误解和歧视，这是代际和谐的重要基础。总体上，组织化的老年文化活动能够将一些潜在的社会矛盾化解于无形，对于促进基层社会的和谐稳定具有重要意义。

### （二）是满足老年人精神文化需求的有效途径

第一，为老年人常态化参与文化活动提供了保障。首先，个体参与文化活动往往具有较大的不确定性，相比较而言，常态化参与文化活动能更好地满足老年人的精神文化需求。文化组织有被组织成员共同认可的目标，加入组织后，老年人会逐渐将组织的集体目标内化为自己的个人目标。明确的目标能够有效激发老年人参与组织开展的各类文化活动的内在动力，增强老年人的参与主动性和积极性。其次，较为正式的入会程序和组织成员身份的获得，以及对于组织的归属感，也能促进老年人参与文化活动。并且，群体性的参与形式具有示范带动效应，能够对组织成员的参与产生驱动力。最后，组织有比较明确的活动规则，其活动的时间、内容等都有预先安排。规则对于老年人而言既是一种引导也是一种约束，能够有效减少老年人参与文化活动的随意性。

第二，有助于提升老年人参与文化活动的体验。群体性的文化活动参与能够为老年人创造良好的活动氛围，相互协作的活动形式也为老年人提供了向他人学习的机会，有助于提高老年人的文化活动技能。在群体性活动中，老年人突出的技能或表现更易获得他人的关注和赞许，这有助于提高老年人的自我效能感，使老年人获得在组织中有更好表现或更大作为的正向激励。此外，正式组织的形成需要以一定的物质条件作为支撑，这就意味着组织化参与在拥有专门活动场地、活动设备、专业指导等方面相比个体化参与具有更为明显的优势。总的来说，更好的物质条件和主观感受，都能让老年人在组织化参与中有更好的体验。

# 五、组织化参与的路径

老年文化活动组织化参与的路径与组织的建立方式密切相关。组织有外部力量推动建立和自发建立两种主要形式，相应地，组织化参与也有外力推动参与和自发主动参与两种主要路径。相比较而言，前者反映了老年人组织化参与的被动性，后者则体现了老年人组织化参与的主动性。在实践中，老年人对于组织化参与的路径表现出一定的偏好。有研究指出，老年人的社会活动参与表现出极强的"政府依赖"情结，即对由街道等各级政府、社区以及一些合法的组织和机构开展的活动更有参与的热情和积极性（王莉莉，2011）。这在一定程度上反映出老年人在文化活动的组织化参与中被动性较强、主动性不足的特征。

## （一）外力推动参与

### 1. 依托政府参与

随着人口老龄化程度的加深，国家对于满足老年人的文化活动参与需要日益重视，并出台了相关的法律、法规、政策，为老年人组织化参与文化活动提供了制度支持。《中华人民共和国老年人权益保障法》第七十二条规定，"国家和社会采取措施，开展适合老年人的群众性文化、体育、娱乐活动，丰富老年人的精神文化生活"；第三十八条规定，地方各级人民政府和有关部门、基层群众性自治组织，应当建立适应老年人需要的文化体育活动服务设施和网点，就近为老年人提供服务；第五十九条规定，"博物馆、美术馆、科技馆、纪念馆、公共图书馆、文化馆、影剧院、体育场馆、公园、旅游景点等场所，应当对老年人免费或者优惠开放"。这几条基本反映出政府在为老年人提供组织化的文化服务方面的指导思想：一是从总体上明确了政府负有丰富老年人精神文化生活的职责；二是政府应加强老年文化体育服务设施建设，提高公共文化服务对于老年人的可及性；三是公共文化设施或场馆应落实对老年人免费或优惠开放的优待政策。在上述基本原则的指导下，全国老龄委16个成员单位联合印发的《关于进一步加强老年文化建设的意见》，国务院办公厅印发的《老年教育发展规划（2016—2020年）》等文件，为老年人组织化参与文化活动的具体方面提供了详细的指导。历次中国老龄事业发展规划也有对于老年文化活动组织化参与的专门部署。总体上，这些法律、法规、政策在宏观层面为各级政府组织老年人开展各类文化活动指明了方向。

根据上述法律、法规、政策，政府积极加大对文化体育设施的建设力度，增加基本公共文化服务供给，老年文化活动组织化参与赖以实现的物质条件明显改善，老年文化公共服务可及性明显提高。2019年，全国2325个县（市、区）发布公共文化服务目录，494747个行政村（社区）建成综合性文化服务中心（佚名，2020）。这些建在基层的文化服务中心贴近老年人，是最便于老年人开展群体性文化活动的场所，在实践中，老年群体也是这些文化服务设施最主要的使用者。截至2019年末，全国共有公共图书馆3196个，图书总藏量111781万册，电子图书86557万册，阅览室座席数119.07万个（佚名，2020）。这些图书馆是老年人学习休闲的好去处。截至2019年末，全国共有群众文化机构44073个，其中乡镇综合文化站33530个，全国群众文化机构共有馆办文艺团体8094个，演出17.65万场。由文化馆（站）指导的群众业余文艺团体44.18万个，馆办老年大学769所。2019年，全国群众文化机构共组织开展各类文化活动245.11万场次，比2018年增长11.7%；共计服务78716万人次，比2018年增长11.6%。（佚名，2020）当前，在我国很多城乡社区活跃着多支老年文艺团体，它们是群众业余文艺团体的重要组成部分，也是这些文化馆（站）提供的专业指导的直接受益者。馆办老年大学在专业师资方面具有优势，对于满足老年人的学习需求发挥了积极的作用。

公共文化设施或场馆对老年人免费或优惠开放，是政府鼓励老年人积极参与公共文化生活的重要优待举措。在政府的推动下，优待政策的执行取得了一定的成效。第四次中国城乡老年人生活状况抽样调查数据显示，2015年，13.4%的老年人享受过公园门票减免，10.1%的老年人享受过旅游景点门票减免，4.8%的老年人享受过博物馆、公共图书馆等公共文化场所门票减免（全国老龄工作委员会办公室，2018）。分城乡来看：

城镇老年人享受优待的比例显著高于农村老年人。城镇老年人中，享受过公园门票减免的占 22.6%，享受过旅游景点门票减免的占 16.9%，享受过博物馆、公共图书馆等公共文化场所门票减免的占 8.5%；在农村，享受过这三方面优待的老年人所占比例分别为 3.5%，2.7%，0.8%（全国老龄工作委员会办公室，2018）。与城市相比，农村公共文化设施较为匮乏，公共文化服务供给相对不足，这是造成农村老年人享受公共文化设施或场馆优待政策比例较低的主要原因。

近年来，政府还开展了一批主题活动、系列活动，并形成了一些老年文化活动品牌。从 2010 年开始，全国老龄委每年开展"敬老月"活动，老年文体活动是该活动的重要组成部分。2003 年，全国老龄委发出号召东部发达地区的离退休老年知识分子向西部欠发达地区提供文化科技援助的倡议，由此开启了"银龄行动"并持续至今。老年人的积极参与使"银龄行动"成了老年文化科技公益活动品牌中的精品。原文化部、原国家广播电影电视总局于 1999 年创办中国老年合唱节，经过二十多年的发展，中国老年合唱节已成为丰富老年人精神文化生活、展示老年人积极向上精神风貌的重要平台。原文化部设立的"群星奖"作为社会文化类政府最高奖，专门设立了老年参赛组别，奖项评选活动吸引了大量老年人参加。全国老龄办等部委连续多年成功举办《红叶风采》重阳节文艺晚会，各地老年文艺团体踊跃参加，并带来很多高质量的文艺作品。全国老龄办主办的中国老年艺术节已经成功举办数届，参与人数多，活动内容广，涉及合唱、舞蹈、服饰表演、综艺、书画、摄影、戏剧和广场舞等多个方面，成为全国老年文化活动爱好者的盛会，获得老年人的广泛认可。国家体育总局、全国老龄办和中国老年人体育协会主办的全国老年人体育健身大会，为老年人提供了交流体育技能、展示健身成果的平台，极大地提升了老年人参加体育健身活动的兴趣和热情。除了这些全国性的活动外，各地文化部门、老龄部门、体育部门还开展了大量区域性和地方性的文体活动。与全国性的活动相比，区域性和地方性的文体活动数量更多，内容更贴近当地的文化、民俗传统，对老年人具有更好的可及性，是老年人组织化参与文化活动的重要载体。

### 2. 依托社区和社会组织参与

社区既是老年人的主要生活场所，也是老年人最方便参与文化活动的场所。文化建设作为社区建设的一项重要内容，既有在社区培育健康的公共价值观的政治属性，也有丰富居民文化生活的服务属性。从其服务属性来看，老年人既是社区文化建设的重点服务对象，也是其主要依托对象。

绝大部分社区为老年人设置了文化活动场所，且分设室内、室外场所，室内场所一般供老年人开展文艺活动，室外场所则一般供老年人用于体育健身。不过这些场所的设施条件和面积往往差异较大，因各个社区的地理位置、经济状况等条件而异。此外，社区通常还招募有兴趣、有特长的老年人，组成老年文艺、体育团体，并将其作为主要的社区群众文化组织予以重点扶持。扶持的内容较为广泛，包括提供活动场地、聘请专业师资、配备活动所需设备、购置服装和道具等，为他们解除物质条件和专业指导方面的后顾之忧。社区还经常为老年文化团体创造多样化的活动参与机会。对于老年人来说，这些活动是重要的交流和展示平台。一方面，很多社区会在重要的传统节日组织自己的文化活动，文艺演出是比较常见的活动形式，在演出中，老年文化团体往往发挥着主力军作用；另一方面，在县（市、区）、街道等组织的文化活动中，在社区的推荐下，社区老年文化团体有机会代表社区参加活动。在实践中，很多社区的优秀老年文化团体代表社区参加社区之外的各种文艺体育赛事，并取得了较好的成绩。需要说明的是，上述社区促进老年文化活动组织化参与的做法主要是就城市社区而言，农村因为公共文化设施和服务的滞后，目前所做仍非常有限。

改革开放以来，伴随着经济体制、社会体制和行政管理体制的改革，社会的职能逐渐从政府和企业中分化出来，社会组织的生长空间扩大，数量不断增长。一些文化类社会组织的产生，为老年文化活动的组织化参与提供了平台，这些组织开展的活动对于丰富老年人精神文化生活的意义毋庸置疑。此外，有研究显示，城市居民更多地参与社团活动，有助于提高社会普遍信任（胡荣，等，2006）。也就是说，对于城市老年人来说，参与社团组织的文化活动有助于提高社会普遍信任，从而促进社会融合与社会和谐。应当说，这一研究结论对于农村老年人也具有一定的适用性。在实践中，文化娱乐组织和民俗／民间文化组织是老年人组织化参与所依托的主要组织类型。由于老年人在参与公共文化生活方面有着相当的被动性，绝大多数主要面向老年成员的文化娱乐组织和民俗／民间文化组织，是在社区居委会或村"两委"的推动下成立的。

第四次中国城乡老年人生活状况抽样调查数据显示，2015 年，我国参与文化娱乐组织的老年人仅占 3.66%，比例较低。分城乡来看，城市老年人参与文化娱乐组织的占 5.44%，显著高于农村老年人（1.72%）；分性别来看，男性老年人参与文化娱乐组织的比例为 2.82%，低于女性老年人（4.44%）。相较而言，2015 年，我国参与民俗／民间文化组织的老年人所占比例更低，仅 2.30%。分城乡来看，城市老年人参与民俗／民间文化组织的比例为 2.39%，和农村老年人（2.21%）大致相当；分性别来看，男性老年人参与民俗／民间文化组织的比例为 2.98%，高于女性老年人（1.68%）[①]。总体上，在两类文化组织的参与率上，老年人在文化娱乐组织中的参与率更高。这主要是因为，文化娱乐组织的门槛较低，技术性也相对较弱。上述数据表明，通过社会组织参与组织化的文化活动作为一种参与途径，在促进老年人组织化参与方面发挥的作用较为有限，且其作用在城乡、不同性别老年人之间存在差异。我国城市老年人参与两类文化组织的比例均高于农村老年人，老年人文化娱乐组织参与率的城乡差异则更为明显。此外，两类文化组织的参与率均存在显著的性别差异，但两类性别差异的性质并不相同，男性老年人和女性老年人参与率的高低对比随着参与组织的变化而发生了转换。在城乡培育更多的文化组织，增加和畅通农村老年人参与文化组织的渠道，既是重要的也是必要的。结合不同类型的组织来看，文化娱乐组织要尽可能地增加男性老年人的参与渠道，而民俗／民间文化组织则要尽量为女性老年人提供更多的参与渠道。

---

① 数据来源：根据第四次中国城乡老年人生活状况抽样调查数据计算得出。

### 3. 依托市场参与

在巨大的老年人口总量下，老年人的消费潜力使银发经济成为各路资本竞相追逐的领域，老龄文化产业不乏企业家关注和投资。随着老年群体的更替，进入老年期的人口中有越来越多的受教育程度较高、经济状况较好、身体比较健康者。随着老年人在文化产业中的消费需求和消费能力不断提高，市场也从供给侧对其给予了积极的回应。老龄文化产业中直接面向老年消费者的是老龄文化产品和服务。文化活动是文化产品和服务的主要组成部分，这些活动大多以组织化形式开展。从这个意义上说，市场也是老年人参与组织化文化活动的一个渠道。

不同于政府、社区、社会组织等主体，市场在促进老年人组织化参与方面有自己的定位。老年人的精神文化需求具有总量大和内部差异大的特点，因此存在着溢出公共文化服务范围的需求，以及超越公共文化服务基本水平的特殊、高端需求。能够满足这些服务需求，正是市场作为老年人组织化参与渠道的独特价值，也是市场发挥作用的空间。

目前，市场在促进老年人组织化参与方面的作用发挥具有以下几个特点。一是文化产品和服务的领域不断扩大，从以往的娱乐、休闲、旅游等领域，向学习、形象展示、价值实现等领域拓展，产品和服务种类日渐丰富。基于老年人旺盛的学习需求和公办老年学校一座难求的现状，一些企业也开始涉足老年教育行业，开设针对老年人兴趣爱好的知识、技能培训课程。因应老年人参与社会、自我展示、追求价值实现的需要，不少企业开始针对老年人提供演艺、影视等方面的产品或服务。二是把握科技化、信息化的大趋势，开发具有科技性、依托互联网的文化服务和产品，使老年人的文化消费具有鲜明的时代特征。目前市场上有多款用于老年人学习或文化康养的 App，这类 App 的出现，让老年人也分享到互联网时代的便利，能够随时随地参与文化活动。三是紧扣老年消费热点，激活老年文化潜在消费需求。随着国民健康素养的提高，广场舞作为一种欢快轻松的健身方式蔚然成风。老年人是广场舞的主要参与者，各地都活跃着不计其数的老年广场舞队伍，而广场舞经济也被企业家们视为重要的经济增长点。目前广场舞经济已超越了广场舞学习本身，其中还包括舞蹈学习周边的内容，如舞蹈服饰出售等，形式上也不再局限于线上或线下某种单一的模式，而是实现了线上与线下两种形式的结合。四是与老年人多样化、差异化的需求相比，当前市场提供的老龄文化产品和服务仍不够丰富，供给和需求的匹配度也有待提高。一方面，老年人在某些方面的需求尚未被市场捕捉到，相应的产品和服务提供还是空白；另一方面，市场提供的一些文化产品和服务出现了错位和滞销的状况。今后，随着老年人精神文化需求的逐步释放，以及市场在文化产品和服务的研发、投放方面精准度的提高，市场在满足老年人组织化参与方面的作用将进一步发挥出来。

### （二）自发主动参与

老年人自发成立、自愿加入的社会组织，根植于老年人，具有广泛的群众基础，最能反映老年人在文化活动参与方面的真实意愿和需求。与其他主体提供的参与渠道相比，从老年人内部产生的社会组织在满足其参与需求方面具有更大的优势。

城乡社区老年协会是老年人自发成立的老年社会组织的典型代表。2012 年，全国老龄办下发《关于加强基层老年协会建设的意见》，极大地促进了城乡社区老年协会的发展。根据全国老龄办的统计：截至 2015 年底，全国共建有城乡社区老年协会 55.4 万个，建会率达到 81.9%；其中城市社区老年协会 80 436 个，建会率 85.79%，农村老年协会 468438 个，建会率 82.10%（全国老龄工作委员会办公室，2017）。城乡社区老年协会通常设有若干老年文化活动小组，如书画组、合唱组、腰鼓队、舞蹈队等，老年会员基本都能找到与自己兴趣爱好相符的小组加入。这些小组通常都有对成员的分工，以及简单的管理办法和活动时间安排。大多数城乡社区老年协会组织会开展丰富多彩的日常活动，文化活动是其中的重要内容。这些文化活动通常在老年文艺骨干的带领下开展，内容贴近老年人的生活，形式契合老年人的喜好。最重要的是，老年人可以根据自己的需求确定活动内容和形式，实现深度参与。

第四次中国城乡老年人生活状况抽样调查数据显示，2015 年，全国 10.2% 的老年人参加了老年协会。与较高的建会率相比，能够通过老年协会组织化参与文化活动的老年人口比例仍然较低。分城乡来看，城市老年人参加老年协会的比例为 10.9%，略高于农村老年人（9.5%）；分性别来看，男性老年人（11.1%）参加老年协会的比例高于女性老年人（9.4%）。（全国老龄工作委员会办公室，2018）活动满意度是老年人对老年协会活动开展情况的综合评价。由于文化活动是老年协会日常活动的重要组成部分，因此，总体满意度可以间接反映老年人对老年协会开展的文化活动的满意状况。参加了老年协会的老年人中，近八成（76.7%）对老年协会组织的活动感到满意，可见对老年协会开展的活动满意的老年人占大多数。城市老年人（79.1%）感到满意的比例高于农村老年人（73.7%）。男性老年人（76.4%）和女性老年人（77.0%）感到满意的比例大致相当。（全国老龄工作委员会办公室，2018）从会员对老年协会活动内容的偏好来看，参加了老年协会的老年人中，51.8% 的老年人希望老年协会开展学习 / 娱乐方面的活动，说明超过一半的老年会员有在老年协会参与学习 / 娱乐方面活动的意愿。城市老年人和农村老年人希望老年协会开展学习 / 娱乐活动的比例分别为 55.3% 和 47.4%，城市老年人对老年协会开展学习 / 娱乐活动有更高的期待。男性老年人和女性老年人希望老年协会开展学习 / 娱乐活动的比例分别为 54.9% 和 48.5%，男性老年人更希望老年协会开展学习 / 娱乐活动。（全国老龄工作委员会办公室，2018）。

作为一种有利于老年人深度参与的组织，老年协会对于老年人在文化活动方面的组织化参与具有重要意义。但是，从老年人的参与率来看，老年协会作为老年人组织化参与文化活动之渠道的作用尚未充分发挥出来，其作用的进一步发挥有赖于城乡社区老年协会覆盖率的提高，以及老年人参与率的提高。其中，后者更为重要，特别是要提高农村老年人和女性老年人的参与率。

城乡社区老年协会有章程及各项内部规章制度，是相对正式的老年人自发组织。与之相比，较为常见的老年人自发成立的合唱团、广场舞队等是非正式的组织。这些文化团队活跃在公园、小区，也是老年人自发主动参与文化活动的一种组织化渠道。

## 六、组织化参与的主要文化活动

### （一）学习教育

受国际上"终身教育"理念的影响，中国的老年教育从 20 世纪 80 年代开始兴起并不断发展，至今已走过三十多年的历程。1995 年，终身教育制度作为我国教育的基本制度之一，被写入《中华人民共和国教育法》，成为具有法律依据的教育制度安排。《中华人民共和国老年人权益保障法》从国家法律的层面，明确了老年人在继续接受教育方面的权利，以及各级政府和社会力量在发展老年教育方面的责任。在数次修订中，有关老年教育的条款一直得以保留并不断完善。在此基础上，《国家中长期教育改革和发展规划纲要（2010—2020 年）》把重视"发展老年教育"列入其具体内容，国务院办公厅印发的《老年教育发展规划（2016—2020 年）》对加快发展老年教育做出了全面的部署和安排，成为我国老年教育发展的重要政策指引。上述法律、法规、政策对政府和社会开展老年教育活动提出了要求，也为老年人获得组织化参与老年教育活动的渠道提供了制度保障。

在实践中，组织化的老年教育资源供给有不同的形式，既有比较正式的学校教育（典型代表是各级各类老年大学），也有老年社区教育、老年远程教育、老年社会教育等相对非正式的形式。社区既是老年人的生活场所，也是老年人的主要活动场所，老年社区教育依托社区或社区社会组织开展，在物理距离和教育内容上都非常贴近老年人的需求。城乡社区广泛建立的老年协会，在开展老年社区教育方面普遍发挥了积极作用。远程老年教育以广播、电视和互联网等信息媒介为载体，在服务可及性方面优势最为突出。老年社会教育主要依托图书馆、文化馆、博物馆、纪念馆等公共文化设施开展，其形式主要包括读书、讲座、交流等。在教育内容上，当前的老年教育主要包括健康教育、休闲教育、知识技能教育等几大类别，但退休教育、生命教育等方面的内容较为匮乏（李晶等，2015）。第四次中国城乡老年人生活状况抽样调查数据显示，2015

年，我国参加老年大学、老年学校或各种老年远程教育的老年人所占比例为 1.9%，城镇老年人的比例（2.9%）高于农村老年人（0.9%）（全国老龄工作委员会办公室，2018）。可见，目前能够组织化参与老年教育的老年人口比例还很低。这固然有老年人主观参与意愿方面的原因，但我国组织化的老年教育资源供给不足，不能很好地满足老年人不断增长的学习需求，也是其中不容忽视的重要原因。

尽管同老年人的需求相比还存在差距，但我国老年教育已达到一定的规模却是不争的事实。数据显示，截至 2018 年，我国共有老年大学、老年学校等老年教育机构 6.2 万多所，参加学习的老年学员达 814 万余人，通过远程教育、社区教育等形式参与学习的老年人也达到了数百万（张晓林，2018）。可以说，形式多样的老年教育在一定程度上满足了不同受教育程度、不同兴趣爱好老年人的学习需求，并在推动老年人组织化参与学习活动、提升老年群体文化素质方面发挥了一定的积极作用。

## （二）休闲娱乐

休闲娱乐活动是老年人文化生活的重要组成部分。随着老年人参与休闲娱乐活动意愿的增强，群体性的休闲娱乐活动日益受到老年人的青睐。在实践中，老年人自发或在社区引导下成立合唱团、舞蹈团、乐器演奏团、书画组、摄影组、模特队、太极拳队、门球队、健步走队、健身操队等，并以表演者、队员的身份参与，是老年人组织化参与文化活动的表现。近年来，各地轮番开展老年广场舞比赛，其他一些热门休闲娱乐项目方面的赛事也纷纷举行。这些赛事为老年人组织化参与休闲娱乐活动提供了渠道。在旅游方面，老年人和同学、朋友组成旅行团，或是参加旅行社基于旅行路线和体验而设计的旅行团，都是组织化参与旅游休闲活动的途径。中国在线旅游平台"携程旅行"于 2019 年发布的《老年群体旅游行为报告》显示，一部分老年人倾向于和老同学、社区好友组成夕阳红旅游团，他们不依赖家庭，有着独立的社交圈，旅游成为其新型社交方式（佚名，2019）。

在发展基本公共文化服务的过程中，政府积极推进文化惠民工程，各地文艺工作者除了为基层群众送上歌曲、戏剧、舞蹈等方面的群众喜闻乐见的文艺演出外，还让文艺培训、展览展示等活动走进社区，走进人民群众的生活，老年人成为这些文化公益活动的切实受益者。2019年，全国文化和旅游部门所属艺术表演团体共组织政府采购公益演出15.73万场，观众达1.2亿人次，利用流动舞台车演出11.26万场次，观众达0.89亿人次。此外，文化和旅游部还大力开展戏曲进乡村工作，2019年，为国家级贫困县的12984个乡镇配送了8万场戏曲演出（佚名，2020）。除了政府开展的文化公益活动外，一些具有社会责任感的企业、社会组织也举办了大量的公益演出，使众多老年人观看到了高质量的文艺节目。

### （三）公益活动

公益活动是指个人或组织开展、参与的不以获得经济收益为目的，而旨在增进社会公众利益的活动。随着经济的发展和社会文明的进步，我国的社会公益事业获得了长足发展。在公益精神的感召下，一些富有奉献精神的老年人不再单纯追求经济报酬的获得，而是更希望在为他人、为社会做贡献的过程中实现自我价值。老年人参与公益教育、公益服务、公益演出等，都是其在组织化文化公益活动中的积极参与。

"银龄行动"是目前启动时间较长、参与者和受益者范围均较广的全国性老年公益活动，文化、教育是其中重要的活动领域。大量医疗卫生、文化教育、农业科技等方面的老专家、老教授，为援助西部而参与志愿行动，从对口帮扶扩展到深入基层，从智力援助扩展到形式多样地从事有益于社会发展的活动，取得了重要的经济效益和社会效益。

第四次中国城乡老年人生活状况抽样调查数据显示，2015年，全国近一半（45.8%）老年人参加了公益活动。在不同的公益活动类别中，参加文化科技推广活动的老年人尽管比例不高，但也占到了2.4%。分城乡来看，城市老年人（3.1%）参加文化科技推广活动的比例高于农村老年人（1.5%）；分性别来看，男性老年人（3.0%）参加文化科技推广活动的比例高于女性老年人（1.8%）。随着年龄的增加，老年人参加文化科技推广活动的比例呈明显下降趋势，60~64岁老年人参加文化科技推广活动的比例为 3.0%，而 85 岁及以上老年人的参与比例不足 1 个百分点。（全国老龄工作委员会办公室，2018）参加文化科技推广活动，需要老年人有文化科技方面的知识储备，教育对老年人参与文化科技推广活动有明显的正向作用。随着受教育程度的提高，老年人参加文化科技推广活动的比例从未上过学老年人的 0.5% 上升至本科及以上老年人的 9.9%。健康状况对老年人参与文化科技推广活动也具有正向作用。健康自评越好的老年人，其文化科技推广活动参与比例越高，健康自评为"非常差"的老年人的参与比例仅 0.8%[①]。总的来看，城市、男性、低龄、受教育程度高、健康状况好的老年人是文化科技推广活动参与比例相对较高的群体。

## 七、存在的问题及对策建议

### （一）存在的问题

#### 1. 组织化程度低

随着公共文化服务供给的增加以及老年人社会参与意愿的增强，老年人在文化活动中的组织化参与比例也在逐步提升，但总体而言，以个体方式参与文化活动的老年人仍占绝大多数。这反映了当前老年人在参与文化活动方面组织化渠道的不足。政府、社区组织的文化活动多在重大节日开展，活动开展频率低。我国老龄产业目前尚处于起步期，对老年文化服务和产品的供给十分有限。老年人自发成立的组织尽管数量不少，但其中也有相当部分是在政府自上而下的推动下成立的，自发的动力不足，因此在实践中较少主动开展文化活动。上述问题的存在，制约了老年文化活动资源的组织化供给。

#### 2. 老年人组织化参与不均衡

当前，我国老年人在文化活动中的组织化参与是不均衡的，具体表现为以下两个方面。一是城乡老年人的组织化参与不均衡。与城市老年人相比，农村老年人在文化活动中的个体化参与更为普遍。在城市，政

---

① 数据来源：根据第四次中国城乡老年人生活状况抽样调查数据计算得出。

府、社区、市场和老年人自发成立的组织在老年文化活动的组织化参与方面都能不同程度地发挥作用；而在农村，由于政府公共服务匮乏，老龄产业的发育不足以及社区功能的薄弱，这些主体所能发挥的作用非常有限。只有在那些老年协会建设得较好的农村，老年协会才能够在一定程度上组织老年人参与文化活动。二是不同区域老年人之间的组织化参与不均衡。在经济发达地区，老年人有更多的组织化参与渠道；而在经济落后的中西部地区，老年人的组织化参与渠道非常匮乏。经济落后地区的政府部门往往更关注经济建设，对文化设施建设特别是涉老文化设施建设一般关注较少。

### 3. 老年人的主动参与程度低

老年人是老年文化活动的主体，组织化开展老年文化活动，要充分考虑老年人的需求，并让老年人参与其中。然而，目前我国的政府、社区、市场在提供老年文化活动的组织化资源方面，对老年人的主体地位考虑不足，老年人通常都是被动地参与到这些活动当中。这就不可避免地造成资源供给与老年人的实际需求错位。另外，尽管在老年人自发成立的组织中，老年人主动参与的程度较高，但真正由老年人自发成立且运转良好的组织数量并不是很多。因此，在老年文化活动的组织化参与中，老年人的主动参与程度总体上有待提高。

## （二）政策建议

### 1. 增加老年文化活动资源的组织化供给

政府、社区、市场以及老年人本身在促进老年文化活动的组织化参与方面，都可以发挥相应的作用。政府应加强老年文化场所和设施建设，常态化地开展品牌性的老年文化活动，拓展老年人参与文化活动的平台。社区要充分考虑老年人的文化活动需要，在设施建设、设备配备、活动开展等方面，为老年人的组织化参与创造条件。社区还应对老年人自发成立的文化组织给予必要的支持，使这些组织能够更好地运转并组织老年人开展文化活动。市场要对老年人的文化活动需求进行深入调查，并提供适销对路的文化服务或产品。老年人应增强自助互助意识，自发建立更多的老年文化组织，并使之良性运转，更好地满足自身对于文化活动的组织化参与需求。

### 2. 促进老年文化活动资源组织化供给的均衡化

推动城乡老年人在文化活动方面组织化参与的均衡化发展。政府在加强城市老年文化活动资源组织化供给的同时，应重点加强农村老年文化设施建设或公共服务供给，为农村老年人的组织化参与创造条件。村级正式组织应鼓励和支持农村老年协会的发展，对其正常运转给予必要的场地和资金支持。推动区域老年人组织化参与的均衡化发展。经济落后地区的政府应改变观念，认识到帮助老年人组织化参与文化活动的重要意义。推动不同主体在老年文化活动资源的组织化供给方面更加均衡地发挥作用，政府、社区、市场都要积极谋划，结合自身优势，增加老年文化活动资源的组织化供给。

### 3. 提高老年人的参与程度

突出老年人在老年文化活动组织化参与中的主体地位。在政府、社区、市场组织的老年文化活动中，要改变老年人被动参与的状况，为老年人的主动参与创造条件，使老年人可以顺畅地表达自己的意愿和需求，并将其需求满足落实到文化活动资源的组织化供给中，提高资源供给与老年人需求的契合度。在全社会培育和树立积极老龄观，转变老年人在老年文化活动参与中的被动依赖心态，增强老年人主动、自发建立老年文化组织的意识。促进老年人在文化组织中的积极参与，提升老年人组织化参与文化活动的体验和质量。

**参考文献：**

[1] 胡荣，李静雅 . 城市居民信任的构成及影响因素 [J]. 社会，2006（6）：45–61+209–210.

[2] 李晶，罗晓晖，张秋霞，等 . 中国老年教育研究 [J]. 老龄科学研究，2015（10）：40–51.

[3] 全国老龄工作委员会办公室 . 城乡社区老年协会工作手册：试用本 [M]. 北京：华龄出版社，2017.

[4] 全国老龄工作委员会办公室 . 第四次中国城乡老年人生活状况抽样调查总数据集 [M]. 北京：华龄出版社，2018.

[5] 邬沧萍，彭青云 . 重新诠释"积极老龄化"的科学内涵 [J]. 中国社会工作，2018（17）：28-29.

[6] 王莉莉 . 中国老年人社会参与的理论、实证与政策研究综述 [J]. 人口与发展，2011（3）：35-43.

[7] 王思斌 . 社会学教程 [M].2 版 . 北京：北京大学出版社，2006：115.

[8] 张晓林 . 以习近平新时代中国特色社会主义思想引领我国老年教育事业蓬勃发展：在第五次会员代表大会上的工作报告（摘要）[J]. 老年教育（老年大学），2018（4）：13-20.

[9] 佚名 . 携程老年旅游：独立时尚线上化老"玩"童不输小年轻 [EB/OL]. [2021-05-24]. https://baijiahao. baidu.com/s?id=16467925914776667992&wfr=spider&for=pc.

[10] 佚名 . 中华人民共和国文化和旅游部 2019 年文化和旅游发展统计公报 [EB/OL]. [2021-05-24]. https://www.mct.gov.cn/whzx/ggtz/202006/t20200620_872735.htm.

（发表于《老龄科学研究》2021 年第 6 期）

# 老年群体更替背景下老年人力资源开发和利用研究

罗晓晖

老年群体更替是人口老龄化的客观规律之一。从学理的角度来看，老年群体更替是老年群体的动态形式，是社会学的群体概念和人口学的同期群概念的综合，它蕴含着社会结构变化推动老年群体变化，老年群体变化形成新的社会需求，而老年群体的新需求进一步引发老龄问题多元变化的老龄社会变迁机理。

实施积极应对人口老龄化国家战略，我们在制定各项具体老龄政策时，应对老年群体更替给予足够的重视。自 2020 年开始，60 年代出生群体陆续进入老年期，这一重要老年群体更替现象将一直持续到 2029 年。与 40 年代、50 年代出生的老年人相比，60 年代出生群体因其出生和成长的时代不同而具有与之前老年群体不同的特征，为我国老年人力资源开发带来诸多新机遇。

## 一、新老年群体中低龄老年人规模巨大

60 年代群体数量优势明显，而数量不仅是人力资源的重要构成方面，也是其基础和前提。新中国成立后，我国共出现了三次人口出生高峰。20 世纪 50 年代末开始的三年自然灾害之后，大量的补偿性生育使得我国生育率在一段时期内保持在较高水平，由此形成了始于 1962 年并一

直持续到 1972 年的第二次人口出生高峰，十年左右时间累计出生人口超过 28295.41 万。与第一次和第三次人口出生高峰相比，第二次高峰期出生人口的规模最大。

60 年代群体是第二次高峰期出生人口的主体，随着这部分人口逐步进入老年期，我国将迎来低龄老年人的数量高峰。因此，在未来十年左右的时间里，我国将有大量低龄老年人力资源待开发。

## 二、新老年群体受教育程度明显提高

人力资源素质不仅构成国力的内容，而且是比人力资源数量更为重要的国力要素，对后者有较强的替代性。受教育程度与人力资源的文化素质、能力水平有密切关系，是反映人力资源素质的重要方面。

得益于新中国成立后经济社会的发展和教育事业的进步，60 年代群体受教育程度明显高于 40 年代和 50 年代群体。CGSS2017 年调查数据显示（如图 10），随着出生年代的推迟，文盲率呈下降趋势，40 年代群体的文盲率为 23.1%，而 60 年代群体的文盲率仅为 9.3%。此外，接受过初中、职高 / 普高 / 中专 / 技校、大专、本科及以上教育的群体所占比例总体上随出生年代的推迟而提高。与 40 年代群体相比，60 年代群体接受过初中、职高 / 普高 / 中专 / 技校教育的比例分别提高了 14 个和 8.4 个百分

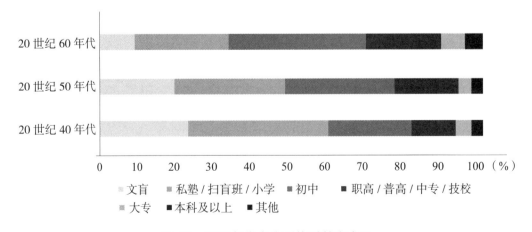

图 10　不同年代出生群体受教育水平

点。60 年代群体中接受过高等教育的比例也明显更高。相较于 50 年代群体，60 年代群体接受过大专、本科及以上教育的比例分别提高了 2.7 个和 1.9 个百分点。这预示着我国老年人力资源的素质将逐步提高，老年人力资源开发也将获得更多机会和选择。对于素质较高的老年人力资源，既可以直接利用他们已有的丰富知识技能或经验智慧，也可以基于他们已有的教育基础和较强的学习能力，对其开展必要的职业培训，使其胜任新的工作或岗位要求。

## 三、新老年群体健康状况有望得到改善

健康的体魄是人力资源的必备素质之一。健康素养相对稳定，且与健康行为密切相关，并对健康结果产生直接影响，通过健康素养可以从侧面了解未来低龄老年群体的健康状况。已有研究表明，健康素养受到很多因素的影响，而文化程度是影响健康素养水平的首要因素，随着文化程度的提高，健康素养水平随之增加。具体而言，文化程度越高，个体获取健康信息的渠道更多，理解和接受健康信息的效果更好，对健康行为的执行力也更强，更趋向于选择健康的生活方式，这表现为个体健康素养的提高和健康状况的进一步改善。由于 60 年代群体的受教育程度较 40 年代和 50 年代群体有明显提高，可据此推测认为新的低龄老年群体健康素养将高于目前的低龄老年群体，而这也将体现在他们最终的健康结果即健康状况上。

在宏观层面，个体的健康状况还受到公共卫生服务供给状况的影响，国家卫生与健康事业的发展是国民健康水平提升的保障。卫生与健康事业在不断发展进步，新的低龄老年群体将从中获益，健康状况也将因此而得到改善。

# 四、新老年群体信息化适应能力较强

信息化对人类的生产和生活方式产生了全面而深刻的影响，也构成老年人力资源开发的重要时代背景之一。互联网是信息化的重要载体，对互联网适应能力的强弱直接关系到个体融入信息化时代的广度和深度。

互联网在我国兴起于 20 世纪 90 年代末，正值 60 年代群体职业生涯的初期或中期阶段，这部分人群较早地接触和使用了互联网，逐渐接受和适应了信息化的工作和生活方式。CGSS2017 对被访对象过去一年使用互联网（包括手机上网）的情况进行了调查，数据显示（如图 11），60 年代群体从不使用互联网的比例仅为 47.5%，远低于 40 年代和 50 年代群体，而有时使用、经常使用及使用非常频繁的比例均高于 40 年代和 50 年代群体，三者合计超过四成（44.7%）。由此可知，互联网在新老年群体中的普及率已达到较高水平。互联网也是一部分新老年群体的重要信息获取渠道，与 40 年代和 50 年代群体相比，60 年代群体将电视、报纸、广播等传统媒体作为最主要信息来源的比例最低，而将互联网作为最主要信息来源的比例最高，达 28.0%（如图 12）。在上网时间方面，60 年代群体每周平均上网时间大约为 6.9 小时，而 40 年代和 50 年代群体仅为 3.4 小时和 3.6 小时。可见，对于相当一部分 60 年代群体而言，使用互联网已成为他们的一种生活方式。

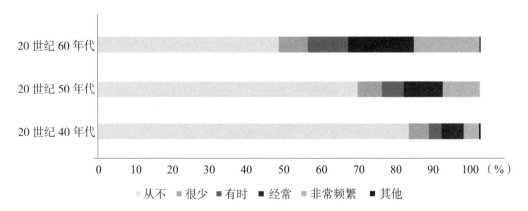

图 11　不同年代出生群体过去一年使用互联网的情况

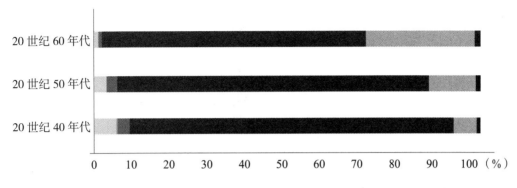

图 12　不同年代出生群体最主要的信息来源构成

随着信息科学技术的发展，未来信息化的触角还将向经济社会发展的各领域进一步延伸，60 年代群体对信息化技术的适应和驾驭能力无疑将为其继续服务经济和社会发展、贡献经验和智慧带来巨大的便利。

## 五、新老年群体或具有更高的社会参与意愿

与 40 年代和 50 年代群体相比，60 年代群体子女数量减少。CGSS2017 调查数据显示，40 年代和 50 年代群体分别平均有 3.23 个和 2.08 个子女，而 60 年代群体因为在生育年龄适逢计划生育政策的全面实施，普遍生育数量较少，平均只有 1.99 个子女。从子女数量构成来看（如图 13），40 年代群体有 3 个及以上子女的几乎占到一半（49.3%），与此形成鲜明对照的是，有一半左右（46.5%）的 60 年代群体只有 1 个子女，有 3 个及以上子女的只占 13.5%。子女数量较少，在家庭内部子代需要父辈提供的各种代际支持也会相对减少，也就是说，相比于 40 年代和 50 年代群体，60 年代群体会更少受到家庭事务的束缚，他们在继续参与经济和社会发展方面将有更多的时间和自由。

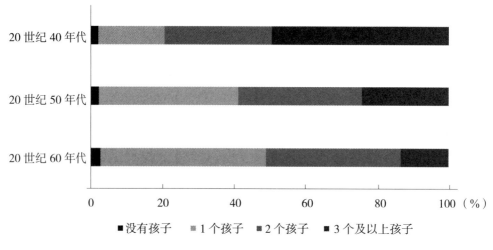

图 13　不同年代出生群体的子女数量构成

　　经济状况关系到老年人的工作和生活选择，与 40 年代和 50 年代群体相比，60 年代群体有更好的经济保障。在参加基本养老保险和基本医疗保险方面，不同年代出生群体获得保障的状况差异不大。商业保险作为社会保障的补充，可以弥补社会保障的不足，进一步提高参保者的经济保障水平。但是，购买商业保险是一种自愿的市场行为，是否购买一方面取决于个人的经济状况，另一方面也取决于个人的风险防范意识。CGSS2017 调查数据显示（如图 14），60 年代群体购买商业医疗保险的比例远高于 40 年代和 50 年代群体，达到 11.2%，购买商业养老保险的比例为 7.8%，也明显高于 40 年代和 50 年代群体。可见，60 年代群体具有更强的自主性，对未来生活有更主动的规划和安排。经济保障水平的提高，意味着 60 年代群体陆续进入老年期后，迫于经济压力被动再就业的老年人数量会减少，更多的老年人将会在经济没有太多后顾之忧的情况下，出于实现自我价值的精神层面需求，更加自主地选择适合自己的社会参与方式。

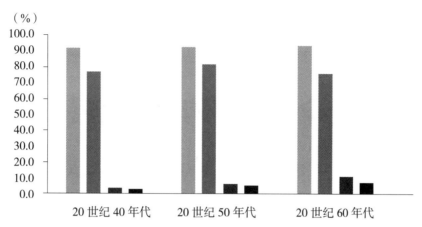

　　（％）
100.0
90.0
80.0
70.0
60.0
50.0
40.0
30.0
20.0
10.0
0.0

20 世纪 40 年代　　　20 世纪 50 年代　　　20 世纪 60 年代

■ 城市基本医疗保险 / 新型农村合作医疗保险 / 公费医疗
■ 城市 / 农村基本养老保险
■ 商业性医疗保险
■ 商业性养老保险

**图 14　不同年代出生群体参加保险项目的情况**

　　老年群体的变化导致老龄问题的变化，在制定政策时如果还停留在对以往老年群体的认识上难免落入刻舟求剑的窠臼。当前的老年群体更替，意味着我国将进入一个低龄老年人力资源数量增长、素质提高的历史机遇期，如果开发充分而有效，有望创造第二次人口红利。抓住机遇窗口期，需要着重从以下几方面发力：

　　一是兼顾退休制度改革的公平和效率，积极推动具有可操作性的延迟退休政策落地见效，同时还要减少提前退休的激励因素，避免各种形式的提前退休。

　　二是进一步研究 60 年代群体的特征和需求，在此基础上，加快制定与其特征及需求相适应的人力资源开发政策，要确保这些政策能够调动新老年群体参与经济社会发展的积极性，且能够为其提供各种切实支持和保障。

　　三是着力完善老年人力资源公共服务，增加政策咨询、信息发布、技能培训等方面的服务供给，为新老年群体更好地参与经济社会发展提供便利。

　　（本文获中国老龄协会 2021 年度老龄政策理论研究优秀奖）

# 建立健全养老机构综合监管机制

陈泰昌

进入 21 世纪以来，我国人口老龄化速度加快、程度加深，65 周岁及以上老年人口占总人口比重已由 2000 年的 7.0% 上升至 2019 年的 12.6%。伴随人口老龄化和少子化进程，社会养老需求不断增加，养老服务发展不平衡不充分的问题显现。党的十九届五中全会明确提出，实施积极应对人口老龄化国家战略，加强和创新社会治理。满足老年人家庭日益增长的社会养老服务需求，是积极应对人口老龄化的重要任务，是社会治理的重要组成部分。

与居家养老、社区养老相比，机构养老能够为老年人尤其是生活自理能力受限的老年人提供更为系统和专业的照护服务，因此在发达国家养老服务体系中占有重要位置。在目前我国的整个养老服务体系中，虽然强调"机构为补充"，但从其所起的作用来看，特别是在为老年人提供长期照护服务方面，机构养老是重要的支撑。近年来，随着养老服务"放管服"改革的推进，养老服务社会化取得了长足进展，市场环境不断优化，养老服务和产品更加丰富，养老机构特别是民营养老机构的发展进一步加快。国家统计局数据显示，我国养老服务床位数从 2010 年的 314.9 万张增加到 2020 年的 823.8 万张，十年间翻了一番还多。

与此同时，我国养老服务的社会化还面临着一些难题，各地养老机构时有发生纠纷。近期，有媒体记者调查发现，国内多地都曾发生过养老机构"跑路"或宣布破产事件，给老年人及家属带来钱财上的损失。诸如此类的负面新闻，也在一定程度上影响了社会对养老机构的接受度，并进一步影响到养老服务业的发展。对养老机构在发展中表现出来的问题，需要采取多种有针对性的措施，切实保障老年人及其家属的正当权益，并促进整个养老服务体系从高速发展向高质量发展转变。

养老机构"跑路"或宣布破产，大体上有两种原因。一是经营困难。从整体来看，养老服务业是一个高投入、高付出、低收益、回报周期长的行业。我国当前老年人入住养老机构意愿不强，养老机构特别是新兴民营养老机构的市场运作模式不清晰、存在不同程度的融资难问题，在偿债能力、盈利能力方面存在较大的不确定性。中国老龄科学研究中心此前发布的《中国养老机构发展研究报告》显示，超过三成养老机构处于亏损状态。养老机构一旦出于现实压力经营不下去，或因投资失败导致资金链断裂，其所能提供的养老服务会难以为继。二是恶意圈钱。个别养老机构打着"新业态"的旗号，以销售会员卡、优惠卡等名义，怂恿老年人存入一笔钱以获得优先入住和服务费用打折优惠的资格。在"会员"累积到一定程度时，机构运营者便会携款逃之夭夭。

事实上，近年来，中央及地方一直在不断探索加强养老服务监管。国务院办公厅 2019 年印发的《关于推进养老服务发展的意见》规定，对养老机构为弥补设施建设资金不足，通过销售预付费性质"会员卡"等形式进行营销的，采取商业银行第三方存管方式确保资金管理使用安全。民政部 2020 年发布的《养老机构管理办法》规定，民政部门应当加强对养老机构非法集资的防范、监测和预警工作。北京市民政局等部门 2018 年发布《北京市养老服务机构监管办法（试行）》规定，除利用自建或自有设施举办的养老服务机构外，严禁实施会员制。会员制收费额度原则上不能超过经营者可抵押物估值。会员费不得投资风险行业。此外，一些地方公布了养老服务机构"白名单"，以免老年人受骗。

促进养老服务高质量发展，关键要完善科学有效的综合监管机制，发挥政府监管、社会监督、行业自律等协同作用，营造公平竞争、健康有序的市场环境。一是要强化部门协作机制。各地各有关部门要充分认识依法加强养老机构综合监管的重要意义，加强组织领导与协调配合，打破部门壁垒，共享数据，形成工作合力，进行联合执法，堵住监管漏洞。二是要强化事前防控机制。深入开展宣传教育，及时发布典型案例，加强公众风险提示，大力普及防诈骗知识和法律常识，帮助广大老年人提高安全防范意识和能力。三是要强化事中监管机制。加强养老机构内部管理、规范服务处理程序，深入开展养老机构非法集资风险专项排查工作，加强行业监管、分类化解处置。加强对养老机构特别是养老地产、旅居养老等新业态的关注，查找风险隐患。四是要强化事后追责机制。依法严厉打击侵害老年人合法权益的违法犯罪活动，部署开展专项行动；加快案件执行速度，提高执行效率，切实保障广大老年人的利益。

（发表于《中国人口报》2021 年 3 月 29 日理论版）

# 保障老年人权益需多方发力

陈泰昌

"只有从各环节全方位发力，形成老年人、家庭、社会和政府共同参与、各尽其责的基本格局，才能切实维护老年人合法权益。"

国务院印发《"十四五"国家老龄事业发展和养老服务体系规划》（以下简称《规划》），强调要落实依法治国要求，依法保障老年人合法权益，其中具体要求包括落实市场主体信用承诺，加强市场秩序监管；健全养老服务综合监管制度，优化养老服务营商环境，推进养老服务标准化建设；切实防范各类侵权风险，加强涉老矛盾纠纷化解和法律援助，规范中高端机构养老发展等。

我国早已进入老龄化社会，老年人口规模日益庞大、老龄化程度日益加深。2021 年，我国 60 岁及以上的老年人口总量为 2.67 亿，"十四五"期间预计将超过 3 亿，我国将进入中度老龄化社会。未来 20 年，老年人口将逐步占到总人口的三分之一，由原来的家庭依附群体、社会边缘群体转变为重要的社会利益群体，整个社会的利益诉求格局将随之发生深刻变化。保障广大老年人的合法权益，不仅关系到老年人获得感、幸福感和安全感的提升，而且关系到社会稳定、国家发展的大局。

进入 21 世纪，特别是党的十八大以来，随着经济社会和老龄事业的快速发展，我国老年人权益保障工作取得了长足进步，初步形成了中国特色的老龄政策法规体系：修订了老年人权益保障法，地方制定了相应的配套法规；民法典和基本医疗、公共卫生、公共文化等领域的专门法律增加了涉老条款；出台了养老服务、老年人医疗服务、康复护理、老年教育、无障碍环境建设、老年用品产业发展等方面的政策举措、管理规范、技术标准。老龄领域法律法规的针对性、时效性明显增强。

同时也要看到，我国老年人权益保障工作基础仍然较为薄弱，侵害老年人权益问题仍然突出。一是子女赡养纠纷时有发生。百善孝为先，子女赡养父母不仅是中华民族的传统美德，而且是法律明确规定的义务。但现实生活中，子女不尽赡养义务的现象并不少见。对此，《规划》明确提出，要传承弘扬中华民族传统美德，建立常态化指导监督机制，督促赡养人履行赡养义务，防止欺老虐老弃老问题发生，将有能力赡养而拒不赡养老年人的违法行为纳入个人社会信用记录。这有助于激活我国传统孝道文化，强化家庭成员赡养、照料老年人的责任意识，巩固和提升家庭养老功能，发挥家庭养老的基础性作用。

二是养老服务纠纷增多。数据显示，截至 2020 年年底，全国共有各类养老机构和设施 32.9 万个，养老床位合计 821 万张。入住养老机构已经成为一种重要的养老方式。但近些年来，养老院工作人员殴打辱骂老人的报道不时见诸媒体。同时，国内多地都曾发生过养老机构"跑路"或宣布破产的事件，给老年人及其家属带来钱财上的损失。对此《规划》明确提出，要加强对养老服务机构的行为监管，严防欺老虐老行为；推动养老机构服务安全基本规范、服务质量基本规范、等级划分与评定等国家标准的实施。这些措施将对加强养老机构建设和运营监管、提高老年人机构养老质量、防止"圈钱"欺诈发生具有重要意义。

三是老年人消费纠纷层出不穷。一方面，由于缺少完善的服务标准和市场规范，市场上存在着适老产品功能性不足、质量参差不齐等问题；另一方面，一些商家采取各种虚假宣传手段，向老年人推销价格昂贵的伪老年用品，但由于缺少完善的质量标准，导致老年用品消费领域面临执法难问题。对此《规划》提出，要严查老年人产品和服务消费领域的侵权行为，并广泛开展老年人识骗防骗宣传教育活动。这些措施将有助于加强对老年用品和服务的质量和市场监管，提高老年人自身防范意识，维护公平竞争市场秩序，让老年人放心消费、安全使用。

老年人权益保障问题是综合性问题，此次《规划》从立法、执法、司法、普法、守法等多个方面作出了诸多具有针对性的规定，各地各部门也要结合自身职责和实际情况，推进任务落实。总之，只有从各环节全方位发力，形成老年人、家庭、社会和政府共同参与、各尽其责的基本格局，才能切实维护老年人合法权益，形成老有所养、老有所依、老有所乐、老有所安的良好社会局面。

（发表于《法治日报》2022 年 3 月 2 日）

# 养老服务人才队伍建设路径探究

陈泰昌

  党的二十大报告指出，实施积极应对人口老龄化国家战略，发展养老事业和养老产业，优化孤寡老人服务，推动实现全体老年人享有基本养老服务。随着我国进入高质量发展阶段，群众对养老有更高的期盼。积极应对人口老龄化，必须贯彻以人民为中心的发展思想，把老年人需求摆在更加突出的位置，使老年人老有所养。当前，我国养老服务人员的基本现状可以概括为"三高、三低、三大"。三高是指高风险、高强度、高流失；三低指低学历、低层次、低薪酬；三大指年龄大、负担大、责任大。养老服务人员数量不够、质量不高，严重制约了养老服务供给和行业发展，亟待加强人才队伍建设，优化人才供给结构。

## 一、我国当前养老服务人才队伍建设存在的主要问题

### （一）政策支持乏力

  当前对于养老服务人才培养的政策支持力度不足，聚焦程度不高，远远滞后于人才培养需求。已出台的涉及养老服务人才的大都是原则性、指导性的政策文件，缺乏具体的实施方案和操作细则。政策对培养养老服务人才院校的财政支持力度较小，鼓励引导院校发展养老服务专业的作用尚未形成。各地虽然相继出台关于养老机构的奖励和补贴政策，但力度仍显不足，支持效果不明显。养老服务相关法律法规不健全，养老

服务过程出现纠纷时，社会舆论偏向老年人，服务人员对于自己的工作职责界定不清晰，也缺乏相关的法律法规依据，难以有效维护自身合法权益。

## （二）培养规划不清晰

职业是利用专门的知识和技能获取合理报酬的工作。现代服务业发展过程中，通过赋予专业技能和科技含量的手段，很多传统的谋生手段成为了货真价实的职业。但社会上对养老服务的认知还停留在既不需要学历，也不需要技能，人人都能干的活儿，尚未对其是一种职业形成共识。当前对如何构建适应养老服务业发展的人才培养体系还未形成完整的设想，现有政策文件从具体培养目标提出举措，但缺乏从职业发展的角度培养人才的整体规划。

## （三）职业培训不规范

由于现实用人的紧迫性和重视程度不足，养老服务人才培养周期较短，且一直停留在"技能技术"上。养老机构员工普遍上岗速度较快，一些身体状况符合条件的下岗失业人员和灵活就业人员，经过两三天的简短岗前培训就直接从事养老服务工作。培训内容过于单一，机构只提供基本、简单的基本照顾护理知识或技能培训，鲜少涉及养老服务价值观、职业素养、道德规范，没有引导养老服务人员形成现代化服务意识。

## （四）激励机制缺失

整体而言，养老服务人员的薪资水平和福利待遇整体偏低，工作强度大，缺乏健全的考核机制，回报和付出不成正比。薪酬标准单一，薪资分配没有体现个体劳动强度和服务水平的差异性。晋升机会少、周期长压缩了养老服务人员的职业上升空间，打击了其从业积极性。大部分养老服务人员日均工作时间在8小时以上，部分机构实行养老服务人员包干制，以24小时为周期倒班，工作压力很大。这些因素导致养老服务人员队伍不稳定，流动性大。养老服务行业的负面印象对大学生择业产生了消极影响，养老服务人才一毕业就流失。

### （五）行业标准欠缺

养老服务人员的准入门槛和规范化管理水平较低。虽然近年来出台了一些养老服务行业标准方面的政策文件，但大多不全面、不清晰，特别是对从业人员的专业要求与评价体系不明确，如何体现和提高老年人的照护需求质量，并没有相关明确的标准。国家相关政策和法律法规目标不明确，引领性不足，导致机构培养人才队伍时缺乏目标。养老服务人员掌握专业技能需要大量时间精力，缺乏有针对性的目标，将导致其事倍功半，难以在短期内成为社会需要的复合型人才。其次，缺乏明确的目标也不利于养老服务人员进行合理的职业规划，降低其职业认同感。

### （六）社会认可度低

社会上对养老服务工作的评价大都是"伺候人"的工作，但相较于保姆、护士等同样是"伺候人"的工作，养老服务人员的社会认可度更低。一方面，这是因为养老服务人员的工作强度高、收入低已成为社会的普遍印象，被贴上"脏累差"的标签。另一方面，社会上存在一定重幼轻老的现象，一个家庭里"小公主""小皇帝""小祖宗"层出不穷，但鲜有"老公主""老皇帝""老祖宗"。老年人得不到足够的关注，照顾老年人的养老服务人员的社会认可自然比不上照顾孩子的月嫂和照顾病人的护士等。

## 二、对策建议

### （一）完善顶层设计，强化政策保障

一是加强顶层设计。研究制定养老服务人才专项发展规划，明确行业发展目标，指明职业发展方向，把加强养老服务人才队伍建设作为落实积极应对人口老龄化国家战略的重要内容。制定具体的养老服务人才

发展实施方案，包括养培养、留用、职业发展、职称评审、待遇保障、倾斜政策等。二是强化督促指导。结合实施方案，加强部门协同和资源整合，建立考核评估机制，确保各项工作落实落地。建立养老服务人才信息和信用管理系统，完善信息采集和大数据管理，积极开展养老服务人才调查、统计、评估和信用公示。三是完善法律法规。推动建立针对养老服务人员的法律法规，加强普法宣传和法律援助，增强养老服务人员的法律意识，帮助其依法维护自身的合法权益。加大监督和惩处力度，严厉打击养老机构不符合规定用工以及损害养老服务人员合法权益的行为。四是加大资金投入。将养老服务人才队伍建设经费纳入财政预算，统筹利用好现有人才发展基金、教育费附加、就业补助资金、失业保险基金等资金渠道，按规定支持养老服务人才队伍建设。大力拓宽社会融资渠道，鼓励各类公益性社会组织或慈善组织加大对养老服务人才队伍建设投入。

### （二）明确培养方向，夯实人才基础

一是优化培养方向。鼓励引导院校开发建设以养老服务与管理为主体，涵盖家庭护理、医疗康复、健康管理、社会工作、康复辅具应用等学科的养老服务专业。逐步将养老服务相关专业纳入教育部《普通高等学校本科专业目录》，创新培养体系和培养模式，增加更多的专业课程和技能训练，扩大学生的就业范围，提高人才培养层次。二是加强师资力量。优化人才引进机制，吸引相关专业的高层次人才，逐步扩大养老服务专业的师资队伍。落实"双师型"教师队伍建设，让院校教师在机构和企业兼职或挂职，承当一定的任务和指标，带领学生真正进入"工作场景式"教学。吸收来自养老机构的专业人员或行业代表到院校开展教学工作，提升师资综合水平，培养复合型人才。三是推动产教融合。逐步探索建立产教深度融合的养老服务人才培养协同机制，加强教学内容与实际工作的对接。通过政策引导院校与养老机构通过联合办学、校内实训、在职培训、等方式建立养老服务产教研基地，帮助学生提高实际操作水平和职业素养。鼓励机构参与院校养老服务人才培养的全过程，

提高在业人员整体素质。

### （三）强化培训实效，提升人才素质

一是规范培训标准。全面推行养老护理员等从业人员就业岗前培训，对未取得相关学历与经验的，提供不少于 3 个月的岗前培训。持续实施养老护理员等从业人员职业技能提升培训，并将法律知识、职业道德、从业规范、质量意识、健康卫生等要求贯穿养老服务人员职业生涯全过程。二是完善实训基地。依托院校教学场地和师资力量，加强养老服务培训基地建设，明确培训基地需有全职且具备实际授课能力和教学经验的师资队伍。将养老机构在职人员，城市下岗失业人员、农村剩余劳动力等纳入培训对象，挖掘养老服务人力资源。三是健全资格认证。加大继续教育和学历教育扶持力度，鼓励养老服务人员利用业余时间完善自身知识结构。进一步细化职业资格类型及其认证标准，引导认证体系精准化规范化发展，细化人才分类。将养老护理员的初级、中级、高级评定上升为国家承认的职业资格职称，提高养老护理员专业资格的社会认可度。

### （四）健全激励机制，加快人才引进

一是规范薪酬标准。建立养老服务从业人员薪酬调查和信息发布制度，定期调查发布养老护理员等一线服务人员市场工资水平和薪酬指导标准，引导养老服务机构综合考虑从业年限、劳动强度、技能水平等因素，合理确定薪酬等级，建立薪酬待遇自然增长机制。强化养老服务机构规范用工意识，依法与员工签订劳动合同，严格按规定落实各项社会保险待遇。二是健全激励措施。鼓励地方政府联合机构推动养老服务人才引进计划，对当地急需的养老服务人才进行的房屋补贴、生活补贴、疫情专项补贴等。为入住养老机构的养老行业从业人员父母提供补贴。举办养老护理职业技能竞赛，设置养老护理等赛项，优胜者享受国家一类职业技能大赛相应待遇，完善并落实获奖选手表彰奖励、技能等级晋升等政策。三是拓宽人才引进渠道。支持多渠道引进社会工作、康复护

理、老年营养、心理咨询等方面养老服务专业技术人才以及养老服务经营管理人才。鼓励各类公共就业服务平台加强养老服务人才供需对接，提供政策咨询、就业指导、职业介绍等服务帮扶。开展线上招募，打破行业隔阂，创新招聘和培养方式，让更多人认识养老服务并加入到该行业。

### （五）完善人才机制，拓展职业空间

一是完善人才使用机制。引导养老服务机构薪资分配向从事一线服务的养老护理员和专业技术人员倾斜，支持养老服务机构优先从养老护理员等一线服务人员中遴选技术骨干承担专业技术或业务管理工作。鼓励在养老服务机构等级评定、质量评价、补贴支持等工作中，加大取得职业技能等级证书的养老护理员配置情况所占评价权重。二是构建职业发展通道。开展养老服务人才职业规划的设计与实施，明确不同阶段的职业目标，引导行业构建可预期的螺旋式上升职业通道。鼓励具备条件的养老服务机构结合职业规划适当丰富技能等级，建立与个人收入挂钩的等级晋升制度，实现养老服务人才职业发展。三是建立行业规范。督促养老服务机构制定员工守则，引导从业人员养成良好品行、提升服务水平。建立健全养老服务行业职业道德准则，发挥行业组织自律作用，规范从业人员职业行为，减少养老服务纠纷。建立全国养老行业诚信体系，将从业期间发生过欺老虐老行为的养老服务从业人员拉入黑名单。四是制定评价标准。在人才细分领域的基础上制定养老服务人员水平评价标准，包括管理层的经营评价、专业人才的技能评价，以及普通一线员工的行为规范评价等。加快完善养老护理员等养老服务技能人才职业技能等级社会化认定机制，结合养老机构服务质量星级评定，推动养老服务人员水平评定工作。

### （六）加大宣传力度，提高社会地位

一是加强舆论宣传。注重文化软环境的塑造，充分利用媒体宣传效应，弘扬孝亲敬老的文化传统，营造全社会敬老养老助老的社会氛围。

推动人口老龄化国情教育，加大对养老服务人才积极效应的宣传力度，培养养老服务文化，塑造养老服务从业人员的良好形象，改变社会对养老服务行业的偏见，引导更多人参与养老服务行业中。二是加大表彰激励力度。按照国家有关规定开展养老服务先进单位和先进个人表彰活动，表彰对象向基层一线养老服务机构和养老护理员倾斜。加大养老服务从业人员先进事迹和职业精神宣传力度，提升养老服务从业人员职业尊崇感和社会认同度。

（发表于《中国社会工作》2022 年 12 月）

# 积极应对人口老龄化的世界大会与中国行动

张福顺

2022 年是维也纳老龄问题世界大会召开 40 周年，也是马德里第二次老龄问题世界大会召开 20 周年。两次老龄问题世界大会在全球范围内产生了广泛而深远的影响，开启了世界各国共同讨论、共同应对人口老龄化问题的"全球行动"。

## 一、两次世界大会取得丰硕成果

1982 年 7 月 26 日至 8 月 6 日，联合国在奥地利维也纳召开第一次老龄问题世界大会，124 个国家的代表团、162 个联合国的专门机构、政府间和非政府间国际组织的代表、顾问、观察员 1000 余人参加了这次大会，共同讨论人口老龄化社会的未来。

大会的主题，一个是"人道问题"，另一个"发展问题"。"人道问题"是如何满足老年人特殊需要的问题，而"发展问题"则是老年人口增长和人口老龄化对经济、社会发展的影响及其相互关系，如何使老年人参与社会发展，并对社会发展作出贡献等问题。大会一致通过了《老龄问题维也纳国际行动计划》，在老年人保健和营养、保护老年消费者、住房和生活环境、家庭、社会福利、收入保障和就业、教育等 7 个领域提出了 51 条行动建议，敦促各国政府制定政策和方案，保障老年人权益，发挥老年人潜能。

20 年后，2002 年 4 月 8 日至 12 日，联合国在西班牙马德里召开第二次老龄问题世界大会，这是国际老龄领域召开的又一次重要会议。时任联合国秘书长科菲·安南在发言中指出，"老年人是连接过去、现在和未来的桥梁，他们的智慧和经验构成了名副其实的社会命脉"，希望"老年人不是一个被分割的全体……不要把老年人视作与我们格格不入的不同人群，而要视作将来的我们自己"。联合国第五十六届大会主席韩升洙发言时指出，"老龄化不是只被特殊个体、社会或国家所关注的问题，而是一个影响所有个体、社会和国家的共同问题"，在未来岁月里，"人口老龄化将是一个如同全球化一样有塑造未来能力的普遍力量"。大会号召，全世界要携起手来，共同建立一个"不分年龄，人人共享的社会"。

会议通过了《政治宣言》和《2002 年马德里老龄问题国际行动计划》，确定了老年人和发展、促进老年人的健康和福祉、确保建立有利的支助性环境等三项优先行动，倡导老年人积极参与社会、经济、文化、体育、娱乐和志愿活动，继续为社会作出贡献；采取适当社会保护和社会保障措施，促进老年职工就业，解决老年人尤其是老年妇女贫困问题；老年人完全有权获得预防、保健和康复护理，延缓患病和残疾，接受治疗以改善生活质量；加强有关政策的制定和执行，"创造一个对所有人，不分男女老少，都具有包容性和凝聚力的社会"。

中国政府代表团应邀出席了这两次大会。在维也纳大会上，中国代表团介绍了我国人口结构变化和发展趋势，积极宣传中国敬老、爱老、养老的优良传统，就如何满足老年人特殊需要，促进老年人广泛进行社会参与，对社会发展作出贡献等，交流了中国的方针政策和经验做法。在积极学习别国经验的同时，阐明了中国立场，提出了中国主张，表示愿同世界各国一道，用实际行动应对人类社会共同面临的老龄化挑战。

在参加马德里大会时，中国代表团介绍了我国老龄事业发展方针、政策和行动，提出各国应根据本国国情，将老龄问题纳入经济和社会发展计划，使老年人与其他社会成员"一起享有人类进步发展的成果"。

## 二、中国政府积极落实行动计划

在老龄问题世界大会召开后，中国政府积极、务实地支持和履行联合国有关老龄问题的决议，落实两次老龄问题世界大会通过的行动计划，倡导和践行"愿长寿者颐养天年"的联合国老年人原则，将"独立、照顾、自我实现、尊严"的原则和理念列入国家的法律法规和政策制度中，积极呼吁国际社会和各国政府要关心和重视老龄问题，立足国情，让老年人在家庭和社会中享受到"成就、健康、安定和满足"的生活，促进经济社会繁荣协调发展。

中国政府将老龄工作列入政府工作议事日程，专门成立老龄工作组织机构，负责研究和解决老龄问题，创造性地提出了符合中国国情的"老有所养、老有所医、老有所为、老有所学、老有所乐"的工作目标，颁布实施了《中华人民共和国老年人权益保障法》，设立老年节，老年人经济供养与医疗保障不断改善，老年福利、文化、教育、体育事业蓬勃发展，广大老年人的获得感、幸福感、安全感显著提升。

党和国家领导人对人口老龄化和老年人问题十分重视，很多重要论述和指示对中国老龄事业的发展起到了极其重要的推动作用。习近平总书记指出，"人口老龄化是世界性问题，对人类社会产生的影响是深刻持久的"，有效应对人口老龄化，"事关国家发展全局，事关亿万百姓福祉"。习近平总书记强调，"要积极看待老龄社会，积极看待老年人和老年生活……要把积极老龄观、健康老龄化理念融入经济社会发展全过程"，大力弘扬孝亲敬老传统美德，"落实好老年优待政策，维护好老年人合法权益，发挥好老年人积极作用，让老年人共享改革发展成果、安享幸福晚年"。中国政府将老龄事业发展纳入统筹推进"五位一体"总体布局和协调推进"四个全面"战略布局，老龄事业和养老服务体系建设不断取得新成就。"十三五"时期，国家健全了老龄政策法规体系，完善了老年人权益保障机制，扩大了基本社会保险覆盖范围，提高了养老保险待遇和养老金水平，增加了养老服务机构和设施数量，养老床位从 672.7 万张增加到 821 万张，老年人健康水平得到进一步提升，人均预期寿命提高至 77.9 岁。

# 三、将积极应对人口老龄化上升为国家战略

人口老龄化已经成为世界人口发展的大趋势，低生育率和长寿让几乎所有国家和地区的人口都在变老，根据联合国经济和社会事务部、人口司《世界人口展望 2019》预测，2019 年至 2050 年，全世界 65 岁及以上的老年人将大幅增加，从占世界人口的 1/11 上升至 1/6，2050 年时，65 岁及以上的老年人将达到 15 亿人。

人口老龄化也是今后较长一段时期中国的基本国情。面对日益严峻的人口老龄化形势，为了实现经济社会高质量发展，保持代际和谐与社会活力，维护国家安全和社会和谐稳定，我国从实现"两个一百年"奋斗目标，实现中华民族伟大复兴的中国梦的战略高度，将积极应对人口老龄化上升为国家战略。

"十四五"时期，是我国应对人口老龄化的重要窗口期，我国政府将全面贯彻实施《国家积极应对人口老龄化中长期规划》，不断夯实应对人口老龄化的社会财富储备；优化生育政策，促进人口长期均衡发展；落实《关于加强新时代老龄工作的意见》《"十四五"国家老龄事业发展和养老服务体系规划》，积极培育银发经济，健全养老服务体系，完善老年人健康支撑体系，促进老年人社会参与，着力构建老年友好型社会，走出一条中国特色积极应对人口老龄化道路。

（发表于《中国社会工作》2022 年第 11 期）

# 从五个环节做好老年人能力评估工作

王晓庆　　王菲菲

老年人能力评估工作是精准识别老年人需求、有效提升养老服务的重要环节，更是积极应对人口老龄化的有效举措。老年人能力评估是指政府部门或其委托专业评估机构依据评估标准，对老年人的身体状况进行评估定级，并以此为结果，给予经济补助、床位分配、保险认定等福利待遇的制度安排。《中共中央 国务院关于加强新时代老龄工作的意见》要求，2022年年底前，建立老年人能力综合评估制度，评估结果在全国范围内实现跨部门互认。做好老年人能力评估工作是民政部门的重要职责。根据北京、上海、广州、深圳等地的实践，笔者认为，开展老年人能力评估工作，需注重五个环节。

一是标准制定。老年人能力评估标准既有国家标准，也有地方标准。民政部在《老年人能力评估》行业标准基础上，制定《老年人能力评估规范》国家标准，从自理功能、运动功能、认知与心理功能、感知觉与社会参与4个维度进行评估。北京市《老年人能力综合评估规范》，上海市《老年照护统一需求评估标准》，广州市《老年人照顾需求等级评估规范》，各具特色。各地可根据需求人数、评估力量、结果应用等实际情况，选取适合本地的评估标准。标准的确定，关系着老年人需求数量、评估成本，进一步会影响到公共财政投入、养老服务资源供给，因此要提前预判，慎重选择。

二是系统搭建。老年人评估数据采集、存储、管理、应用，需建设相应的评估信息系统。独立开发评估信息系统，成本较高。当前，省市级集中开发、县乡级分散使用的方式较为可行，既有利于数据管理维护，又有利于节约成本，进而实现移动互联化、平台统一化、管理分层化。老年人能力评估信息系统开发要注重与现有信息系统对接，如公安户籍、残联评级、医疗保险、低保救助等信息。此外，还要做好数据安全工作，平衡信息公开与隐私保护的关系。

三是队伍组建。人社部颁布实施的《老年人能力评估师国家职业技能标准》，明确评估师是为有需求的老年人提供日常生活活动能力、认知能力、精神状态等健康状况测量与评估的人员，并对技能和知识提出了要求，指明评估人员职业化发展方向。民政部门在选择评估队伍时，可采取自行评估、委托机构、部门合作等方式。如广州市家庭经济核对和养老服务指导中心负责评估管理业务，各区民政部门委托社会组织开展具体评估业务。评估人员以社工、医疗、护理人才为主。同时，还需加强评估队伍培训教育，提升职业道德和业务能力，确保评估质量。

四是流程完善。老年人能力评估工作顺利开展，从政策制定、宣传推广，到申请提交、现场评估，再到记录保存、结果认定，有时还需重新评估、行政复议，涉及一套完整流程。政策宣传方面，采取广播电视、报纸网络、社区宣传等多种渠道，使老年人广泛知晓。政策执行方面，要充分关注老年人失能失智实际情况，对于无法前往评估地点的老年人，可安排上门评估。结果确认方面，需得到老年人认可，若有异议，可以进行复评。流程设计需简洁高效，资料档案要完整可查，不断推进规范有序发展。

五是资源整合。老年人能力评估工作，无论是政策制定、资源供给、社区支持，都需要各部门密切配合、全社会共同努力才能完成。因此，必须加强党和政府对评估工作的组织领导，确保评估工作顺利开展。在经费筹集方面，要采取公共财政、社会资助、个人承担等多种方式相结合。在结果应用方面，要注重与政府相关部门业务相结合。

（发表于《中国民政》2022 年 12 月）

# 老龄社会文艺创作与文化传承

魏彦彦

文艺作为反映人类精神世界的核心载体，凝聚着一个国家和地区的民族精神及资源禀赋，在实现中华民族伟大复兴的进程中担负着重要的历史使命。

老龄社会的文艺创作，要坚持以人民为中心的创作理念。秉持对老年群体的人文关怀，精准把握他们的文化需求，用情表达他们的心声；展现老年人积极向上的精神风貌，彰显中华文化传承与创新的力量；向社会传递积极老龄观，营造孝老爱亲、向上向善的文明风尚；大力弘扬老骥伏枥的精神，讲好新时代老有所为的故事。

老龄社会的文艺创作，要满足广大老年人的精神需求。老年人养老不仅是吃饱穿暖，文化需求同样重要。近年来，老龄文化事业蓬勃发展，老年文化产品焕发光彩，文学艺术、电影电视、图书音像、网络出版、公益广告等诸多领域，涌现出了一大批老年题材的优秀作品，《一切如你》《乐龄唱响》《福寿中国》《忘不了餐厅》《老有所依》《嘿，老头！》《天黑得很慢》等。这些老年群像浓缩了肩负着变革的民族记忆和时代印记，不仅实现了创作视角和理念的与时俱进，也在呈现方式、传播形式等方面迭代创新，一些现象级的作品更是深受各年龄段观众的喜爱，引导全社会积极看待老年人，积极面对老年生活，积极看待老龄社会。

老龄社会的文艺创作，要为老年人提供更多文化精品。要真正为老年人创作，把握新时代老年人的特点，讴歌新时代老年人深厚的家国情怀和老当益壮的进取精神。把老年题材纳入文学艺术创作、电影电视剧制作、报刊图书音像出版等领域，在内容和形式上不断创新，为老年人提供具有时代特征的优秀作品。要打造适老化的全媒体传播体系，以互联网思维优化资源配置，提高老年文化产品的传播力和影响力，营造清朗的老年文化。

文化是一个国家、一个民族的灵魂。文化传承，就是要把历史创造的物质财富和精神财富，延续到下一个时代和下一代人群中去。21世纪，我们进入了信息时代和长寿时代，也进入了多样性文化生态的时代，我们的传统文化和民族文化面临着前所未有的时代挑战。在此背景下，充分发挥老年人在文化传承中的作用，就显得尤为迫切。

老年人是传统文化的保持者。他们在其一生中所经历的一切——知识积累、技能积累和经验积累，都浓缩了历史的记忆、质朴的民族信仰和情感，内化为生命的一部分而成为难以忘怀的生命经验。而丰富的阅历滋养了他们的自强不息、厚物载德和有容乃大，这多种多样的符号使老年人的文化基因极具原生态的味道，他们所保存的文化更有传统神韵。

老年人是民族文化的传承者。现在，只要谈及老年人文化生活，很多人就会想到琴棋书画、吹拉弹唱、保健养生、健身舞蹈等。只要一提起老年文化建设，就想到老年文化设施建设、社区老年文体组织建设、老年文体活动的开展等。虽然老年人通过参与社区老年文化活动，参与社会生活是十分必要的，但只有这些是远远不够的。文化传承有自己的路，让老年人来传承我们的民族文化、传统文化、大众文化，就是一条这样的路。

在当前物质生活不断丰富、社会保障逐步完善的情况下，老年人对精神文化的需求越来越强烈。要践行"积极老龄化"的理念，就不可忽视文化在养老中的内涵与价值，而"文化传承"是老年人社会参与、实现文化养老最主要的一种体现。老年人除了以自己的文化优势直接贡献于社会外，更为重要的在于他们起着文化传递的作用，发挥自己丰富的人生阅历、经验储备和知识积淀等独特优势，通过传帮带的方式，将优秀的民族文化和实践经验传递给年轻一代，从而在传承中体现老有所为，实现晚年的人生价值。

（发表于《中国老年报》2022年9月28日理论版）

# 后记

　　有效应对人口老龄化事关国家发展全局和亿万人民福祉。党的十八大以来，党中央高度重视老龄工作，注重顶层设计，加强统筹兼顾，做出了一系列重要决策部署。党的十九届五中全会正式将积极应对人口老龄化上升为国家战略，2021 年 11 月 18 日，中共中央、国务院印发《关于加强新时代老龄工作的意见》，对实施积极应对人口老龄化国家战略和加强新时代老龄工作提出新要求，作出新部署，推动我国老龄事业和产业高质量发展步入快车道。

　　理念是行动的先导。要实施积极应对人口老龄化国家战略，就必须对人口老龄化的基本国情和发展趋势有准确的认识和判断，对人口老龄化的发展规律和应对策略有科学的研究和把握。中国老龄科学研究中心是国内研究老龄问题的国家级权威机构，成立三十多年来，一直深耕老龄科学，研究范围涵盖了老龄科学的各个领域，从中心成长起来的专家学者，精于从多学科综合、系统、深入地研究老龄问题。2021 年至 2022 年这两年来，在中国老龄科学研究中心领导班子的带领下，全体科研人员站位新时代，心无旁骛，聚焦我国老龄社会中的重大战略问题和人民群众的急难愁盼问题，开展了一系列综合性和前瞻性研究，取得了可喜进步和丰硕成果。

　　为了更好地总结中国老龄科学研究中心的研究成果，促进老龄科研水平的提高，推动产学研用深度融合，特汇编了中心 2021—2022 年老龄科学研究成果。本书收录的理论研究文章，都是中心的研究人员写作完成（个别文章与他人合作完成）并且公开发表的。本论文集是中国老龄科学研究中心全体科研人员在老龄科学领域辛勤耕耘、不懈探索的结果，也是中国老龄科学研究中心强基础、扬优势、促发展的结果。

在此结集成册，以期与广大读者共享老龄科学研究的果实，一起为建设一个更美好的老龄社会而努力。

高成运

2023 年 2 月